JN421088

여성복지론

정은 · 은선경 · 박효진

창지사

머리말

"고맙습니다. 서로 사랑하세요."

– 김수환 추기경의 마지막 가르침 중–

'그때가 좋았어.'

'그래, 어수룩하던 그때가 좋았어.'

하늘의 절반에서 들려오는 소리들이다.

그러한 입장에서 본다면 우리 사회는 분명히 새로운 패러다임의 지평을 열어 가고 있는 시대이다. 뇌 안에 잠든 IPJP(Identity, Potentiality, Job matching, Partner)를 찾아야 한다. 인공 지능(AI), 사물 인터넷(IoT), 만물 인터넷(IoE)에 익숙해져야 한다. 4차 산업 혁명, 지능 정보 사회, 끊임없는 새로워짐(becoming new)을 향해 나아가는 것이 최선이라고 밀어붙이는 바람에 눈에 보이는 고개만 넘으면 끝인 줄 알았는데 하나를 넘으면 더 높은 고개가 나타난다. 산을 넘으면 또 산이다.

지난 50여 년간 한국의 사회 복지는 선성장·후복지의 정책 지향에 의해 부차적으로 취급되어 왔다. 특히 여성은 노인, 장애인, 아동과 더불어 늘 주변화된 존재로 인식되었다.

단순 보호 대상으로서의 여성이 아니라 여성 자신의 독립성, 자율성, 주체성을 인정하면서 여성과 관련된 제반 분야에 관심을 갖기 시작한 것은 1983년 한국여성개발원(현재 한국여성정책연구원)이 개원하면서부터다. 국제연합(UN)은 1975년을 '세계 여성의 해'로 공표하고 이후 10년간을 여성 발전의 시기로 정하였다. 아울러

1908년 열악한 작업장에서 화재로 숨진 여성들을 기리며 세계 여성의 지위 향상을 위하여 매년 3월 8일을 '세계 여성의 날'로 지정했다.

모든 여행길은 첫 걸음에서 시작된다.

우리나라에도 여성부가 신설되었고, 이후 여성가족부로 개편되었다.

2017년 문재인 정부는 국민들의 삶을 국가가 책임지기 위한 '모두가 누리는 포용적 복지국가'를 주요 국정 목표로 세우고 사회 복지 정책을 추진하고 있다. 사회 복지 현장 또한 더욱 변화하고 발전하게 되리라는 희망을 키운다.

과연 여성들은 가부장제 아래에서 발생하던 불평등과 성차별의 문제를 넘어서 성장과 발전의 장애들을 극복할 수 있는 삶의 이야기를 쓰게 될 것인가.

'미래는 여성의 것이다.'라고들 이야기한다.

직관을 중요시하며, '힘'보다 '권한 위임'에 관심을 갖는 여성들은 이제 틈새가 아닌 포효하는 주체로서 세상에 여성의 소리들을 담고자 한다.

여성들이 바라는 복지 사회는 '국가와 한 사회의 성원으로서 인간의 존엄성과 인간다운 생활을 누릴 권리를 동등하게 보장받음으로써 여성의 건강, 능력, 관계 등 행복의 조건들을 자신의 관점에서 바라볼 수 있는 상태'를 의미한다. 인생을 바라보는 시선은 분명 자신의 것이어야 하기에 그렇다. 이러한 소망을 담아 이 책의 저자인 정은, 은선경, 박효진은 여성에 대한 문제 의식을 바탕으로 사회 복지 차원에서 여성복지론을 정리해 보고자 하였다.

창지사와의 인연을 감사하게 생각한다. 늘 푸르른 하늘과도 같은 상큼한 분위기를 전해 주던 편집부 직원 여러분께도 진심으로 감사드린다.

2018년 8월

대표 저자 정은

차 례

우리 인구의 절반은 여성이다.

그러나 사회에서 지배적인 위치를 차지하고 있는 남성들은 그들 스스로가 여성의 삶에 어떤 영향을 미치고 있는지, 남성이 중심인 사회에서 여성들은 어떤 삶을 살고 있는지 자각하지 않았다. 여성과 남성이 더불어 살고 있고 또 그렇게 살아야 할 삶의 마당에서 공평과 정의 그리고 평등의 기준에 사뭇 못 미치고 있다는 현실적 상황을 인식하며, 여성들은 '안으로부터 밖으로' 나오기 시작했고 변화는 그렇게 시작됐다. 사회에 적응하기 위해서 역사가 만들어 놓은 남성적인 세상에 여성 스스로 적응하지 않으면 사회라는 개방된 공간에서 자유로운 동행은 허락되지 않을 것이다.

사회 복지는 시혜나 자선이 아니라 국민의 권리라고 헌법에 명시되어 있다. 민주주의가 많은 차별을 해소했고, 사회 복지가 제대로 이루어지는 복지 사회를 지향하고는 있지만 여성에 대한 성차별은 여전한 과제로 인식되고 있는 것이 현실이다. 앞으로 여성복지정책은 어떤 방향으로 수립되고 집행되어야 할 것인가!

제1장
여성 문제와 사회 복지

1. 사회적 배경

세계화로 표방되는 사회 곳곳의 새로운 변화들은 여성에게 새로운 기회가 될 것이라고 전망한다. 국가 경쟁력 향상을 위해 여성 인력의 개발과 활용이 필수적이라는 주장과 세계화를 뒷받침하고 있는 정보 통신 기술의 발달로 글로벌 스탠더드(global standard)가 한국 사회로 도입되면서 서구 사회의 남녀평등 이념과 제도들이 비교적 수월하게 수용되었던 것이 사실이다.

이렇게 여성 정책이 확장되는 변화 속에서 여러 차례에 걸친 「가족법」 개정, 「남녀고용평등법」과 「여성발전기본법」 및 「남녀차별금지법」의 제정, 여성을 우대하는 이른바 적극적 조치(affirmative action)의 부분적인 도입, 여성가족부 설치 등의 가시적인 성과를 이루어 낼 수 있었다.

그러나 이러한 외형적 법 제도의 변화에도 불구하고 우리 사회의 곳곳에 뿌리 깊은 가부장적 관행과 의식들은 여전히 여성은 우리 사회에서 인간으로서나 주체로서가 아니라 대상으로 인식되고 있으며 전통적 성 역할을 요구받고 있다.

일하는 여성 대부분은 가정 내에서 가사 노동과 자녀 양육을 전담하는 이중 부담을 안고 있는 반면, 가정 밖 일터에서 가족 부양은 남성 가장의 책임이라는 이데올로기 때문에 지난 외환 위기(IMF)에서 경험했듯이 우선 해고 대상은 항상 여성이 되는 경우가 많다.

우리의 일상생활, 가정, 공적 사회의 도처에 성별 분업, 가부장제 이데올로기가 여전히 남아 있는 것이 현실인 것이다. 이렇듯 사회의 구조적 조건은 이를 유지시키는 사회의 이념적 재생산 구조와 필연적 연관을 맺는다. 인간을 특정한 사회 질서에 예속시키고 사회에서 행할 역할에 대한 자격을 부여한다. 그런데 이념은 그 기능을 존재 가능성, 윤리의 수준에서 행하고 있다. 우선 이념은 인간들에게 무엇이 존재하는가, 그들은 누구인가, 어떻게 그들은 세상과 관계를 맺는가를 규정해 준다. 또한 무엇이 가능한가를 말해 주며, 나아가서 무엇이 옳고 그른가, 좋고 나쁜가를 가르쳐 준다. 따라서 여성의 복지를 위하여 현재 무엇이 존재하고 있고, 무엇이 그들에게 가능하며, 무엇이 옳은 것인가를 말하는 이념의 재생산 메커니즘을 분석할 필요가 있다.

사실 사회 전반에서 괄목할 만한 큰 변화가 없는 성차별적인 우리의 현실에서 여성을 위한 새로운 정책의 실효성이 의문시되지만, 그럼에도 불구하고 여성복지에 대한 이러한 욕구는 지금까지의 여성 정책 발전을 분석하여 새로운 틀 안에서 전반적인 발전을 모색해야 한다는 견해로 모아졌다. 그 새로운 틀은 성 주류화(gender mainstreaming) 정책, 성 인지적(gender sensitive) 정책 등이다.

2. 여성 문제와 사회 복지

변혁의 시대에 살고 있는 여성들은 사회·경제적으로 역할이 변화하고, 가정에서나 사회에서 차지하는 지위가 변하게 되었으며, 아울러 여성의 욕구에도 상당한 변화가 일어나게 되었다. 사회 복지의 일차적 관심은 인간의 기본적인 욕구들에 대한 해결이다. 산업 사회의 시장, 경제적 체제의 숱한 차별 속에서도 묵묵히 받아들여 왔던 여성들의 소리가 권리 신장과 기회 균등이라는 차원에서 높아지고 있다. 이제 사회의 한 구성원으로서 여성의 생존을 위한 제반 욕구를 충족시킬 수 있는 사회 지원 체제로서의 사회 복지를 마련하기 위하여 여성이기 때문에 겪는 여성의 문제를 짚어 보기 위한 노력은 우리 사회로부터 시작되어야 한다.

사회 문제가 무엇인가에 대하여 생각할 때 우리 모두는 나름대로의 경험 속에서 생각하게 될 것이다. 매년 새로운 질병(AIDS, MERS)이 등장하고 세계의 일각에서는 굶주림으로 죽어 가는가 하면 다른 한쪽에서는 무리한 다이어트로 인해 육체적 고통을 당하면서도 다이어트 시장은 엄청나게 신장되고 있다. 국제 분쟁과 전쟁이 끊임없이 일어나는 현실, 범죄와 환경 오염, 교육 문제, 교통 문제, 중독 문제, 지역차별주의, 성차별주의 등을 일컬어서 사회 문제라 할 수도 있을 것이다.

인간의 고통은 우리 각자가 이해할 수 있는 어떤 것이다. 왜냐하면 우리는 적든 크든 고민, 슬픔, 분노, 부정, 차별, 학대 등으로부터 고통을 당해 왔기 때문이다. 어떤 이들이 고통받고 있는 것을 보게 되면 사람들은 동정심을 갖고 도울 수 있는 방법을 찾으려 한다. 그러나 너무나 오랜 세월 동안 한결같이 누군가의 '일부'로서 보호받고 지탱되며 힘을 얻어 살아온 여성의 의존적 세계는 그 자체가 복지 체계였다고 간주되어 왔다.

그 복지 체계는 여성에게 과연 완벽했을까? 그래서 여성의 문제를 정의하기 전에 사회 문제의 주요 특성을 생각해 보고자 한다.

1) 사회적 인과 관계

사회 문제를 생각하는 출발점은 사회 문제 발생의 원인(cause)과 그 특성에 있어서 사회적(social)이라는 데 두어야 한다. 사회 문제에 대한 고민은 불완전한 사회체계에 의하여 발생한다. 즉 어떤 특정한 인간이 사회 체계에 참여해야만 한다거나 혹은 배제되어야만 한다는 오도된 신념에 의하여 발생하기도 한다. 성차별주의는 성차별주의자의 심리적인 욕구와 사회적 지위 상실에 대한 두려움 때문에 생길 수도 있는 것이다. 사회 문제의 원인은 복잡하고 미묘하다. 에이즈(AIDS)가 전염되는 것은 육체적인 현상이지만 그것은 부적절한 성교육의 책임, 즉 하나의 사회체계의 실패라고도 할 수 있는 것이다. 흡연, 알코올 등의 현상 또한 성인, 독립, 자유, 매혹이라는 달콤한 언어로 유혹하는 광고에 의해 조장된 개인 차원의 문제로 단순화할 수는 없을 것이다. 세계적으로 진행되고 있는 여성 빈곤화의 심각성을 단순히 '게을러서 그렇지 뭐!'라고 이야기할 수 없는 것과 같은 것이며, 오늘날 증가하고 있는 미혼모 문제의 원인 규명 또한 개인의 도덕성만을 문제시할 수 없는 것과 같다.

2) 문제로서 평가

사회 문제는 사회 속에서 살고, 선과 악, 옳고 그름, 바람직한 것과 바람직하지 않은 것, 인간들이 이해하고 평가하는 것으로서의 사회 질서에 위협을 주는 것과 위협을 주지 않는 것에 대하여 나름대로의 관점을 갖고 있는 인간들에 의하여 하나의 문제로 인정되어지고 평가되어진다. 사회 문제에 대한 정의들은 도덕적 평가의 강력한 요소를 포함하고 있으며, 종종 사회 속에서 혹은 사회의 중요한 하부구조 속에서 돌출되어진 가치 지향성을 내포하고 있다. 인구 문제에 대한 농경 사회의 평가와 현대 사회의 평가의 차이를 예로 들어도 좋다. 우리나라의 인구 정책은 다산을 사회 문제로 인정하고 평가하여 가족계획협회의 사업 목표는 1990년까지 출산율 감소였다가 1991년 기관명을 '가족보건복지협회'로 바꾸어 사업의 내용

또한 건전한 성 문화를 위한 성교육에 초점을 두어 전개하고 있다. 정부 차원에서 출산이 권장되고 있는 현실이다. 그동안 가족보건복지협회의 구호는 '3/3/35(3자녀를 3년 터울로 35세 이전에 단산)', '아들 딸 구별 말고 둘만 낳아 잘 기르자!', '둘도 많다!', '잘 기른 딸 하나 열 아들 부럽지 않다!', '하나만 낳아도 삼천리는 초만원!' 등등이었다.

실제로 사회 문제로 인정된 몇몇 현상이 개인들이나 사회에 별다른 위해를 끼치지 않을 수 있다는 점에서 사회적 위험이 사회 문제로 인식·인정되지 않기도 하는데, 이러한 무관심 속에서 고통당하는 사람들이 발생하기도 한다.

3) 시민의 관심

사회 문제에 대해서는 비교적 눈에 띌 정도로 비등한 여론이 존재한다.

Martin Luther King 목사는 그의 동료들과 미국의 인종차별주의를 하나의 사회 문제로 여론화시켰으며, Betty Friedan은 『여성의 신비(*The Feminine Mystique*)』(1963)라는 책을 통하여 미국 여성들에게 '의식화(consciousness)' 운동을 일으키면서 여성들이 직업적, 교육적, 경제적, 사회적 부당 대우를 받아 왔다는 것을 여론화시키는데 주력했다. 이태영 박사는 '가정법률 상담소'를 통하여 가족 관계와 가정생활을 규율하는 「가족법」의 인간 차별, 남녀 차별적 요소를 제거하고자 줄기차게 지난 40여 년 동안 개정 운동을 벌였으며, 그 결과 「가족법」이 대폭 개정되어 1991년부터 시행되고 있다. 전체 시민의 관심거리는 카리스마적 자질을 가진 한 개인, 즉 예언자, 행동주의자, 혁명가 혹은 순교자 등에 의하여 선동되거나 고조되거나 가속화될 수 있다. 성공적으로 폭넓은 지지와 관심을 끌어 온 조직화된 단체로는 '성폭력 상담소', '여성의 전화', '한국여성민우회'의 역할을 들 수 있다. 한국여성단체연합이 중심이 되어 가정 폭력·성폭력에 대해 국가가 적극 개입하여 예방하고 처벌해야 할 사회적 범죄임을 분명히 했다는 점에서 큰 의미가 있으며, 「가정폭력범죄의 처벌 등에 관한 특례법」 등은 여성 인권 보장법이라 할 수 있다.

결론적으로 중요한 점은 해로운 상황이 유효적절하게 하나의 사회 문제로 인정되려면 거기에는 전체적이고 일반적인 관심이 존재해야만 한다.

4) 안락한 사람들에 대한 영향력 행사

사회 문제는 직접적인 고통을 당하는 사람뿐 아니라 그렇지 않은 다른 사람들에게도 영향을 미쳐야 한다. 많은 사람들이 비록 그들 자신이 직접적으로 피해를 입지는 않는다 할지라도 그들 또한 사회 문제에 의하여 피해를 입게 될 것이라는 사실을 인식하도록 해야 한다. 빈곤한 사람들은 생존을 위하여 국가에 의존하지 않을 수 없게 되고, 그들을 돕기 위하여 부담하는 세금 때문에 고통은 공유되어진다. 성차별주의로부터 직접 고통당하지 않은 사람들은 그러한 사회 문제들이 사회로부터 유용한 지적 에너지, 창조성, 인력 등을 박탈해 감으로써 사회와 자신에게 막대한 손해를 끼친다는 것을 알게 될 것이다. 사람들이 자동차의 리콜 제도를 정착시켰듯이 그들과 별 관련성이 없는 사회적 위험에 대해 '방관자'의 입장에만 서 있지 않게 되었다. 다른 사람의 고통에 대해 '관찰자'로 남아 있지 않게 되었으며, 싫든 좋든 그러한 상황들에 개입할 수밖에 없게 되었다.

사회 문제에 의하여 직접적인 영향을 받지 않는 개인들의 사회 문제 개입은 경제적인 관심이나 그들 자신이 해를 입을 두려움 때문에 발생되는 것만은 아니며, 타인의 고통이 그들 자신의 인도주의 정신이나 혹은 도덕적 규범에 위배되기 때문에 발생할 수도 있을 것이다. 사회 문제가 존재함으로써 위배된다고 생각되는 정의, 진리, 자유, 가치에 대한 의무감 때문에 하나의 사회 문제에 대한 전체적인 합의에 참여하지 않을 수 없게 되었다.

미투(#Me Too) 운동은 1987년을 전후하여 우리나라에 민주화가 이루어졌듯이, 2018년을 전후하여 남성 중심적 성차별 문화를 극복하는 진짜 혁명, 역사적 이정표가 되리라 전망한다. 영국에서 여성 참정권을 얻기 위한 투쟁을 이끌었던 Suffragette 이후 100년이 지나 '미투(#Me Too)'로 이어진 운동은 그야말로 지옥을

뚫고 나온 저항이었다. 2018년 1월 29일 한 여성 검사의 방송 인터뷰를 통한 성추행 피해 폭로 이후 문화 예술계, 체육계, 법조계, 교육계, 종교계, 정치계, 의료계를 총망라했다. 전방위로 번져 나가는 미투(#Me Too)는 성차별과 성폭력이 권력 관계에서 위계와 강요에 의한 것임을 재확인시켜 주고 있다.

도대체 남성들은 어떤 사회화 과정을 거쳐 왔는가. 남성 중심주의, 여성의 비인격화, 여성 학대의 주범들, 생존자가 아닌 피해 여성에게 왜 거절하지 않았느냐는 질문을 던질 수 있는가. 그에 대한 답은 누가 해야 하는가. 여성들이 스스로 여성 폭력 문제를 해결할 수 있었다면 이미 훨씬 전에 해결했을 것이다. 이 또한 사회화 과정을 거쳐 온 것이기에 #With You! #Me first!, 더 나아가 성폭력이 뿌리 뽑힐 때까지가 아니라 성차별이 사라질 때까지 성 평등 사회 운동으로 번져 나가야 한다. 아울러 시스템화하고 정책화해야 할 것이다.

5) 특별한 행동

사회 문제의 중요한 특성 중의 하나는 사회 문제를 완화하거나 해결하고자 하는 의도와 함께 그 문제 자체가 상당한 규모를 가진 특별한 '행동 혹은 개입'을 유발시킨다는 것이다. 예컨대 알코올 문제를 해결하기 위한 '음주문화센터', 자연을 사랑하며 환경 문제를 풀어 나가는 '풀꽃세상을 위한 모임', 길상사가 이끌어 가는 '맑고 향기롭게', 천주교의 '자녀안심하고 학교보내기운동 국민재단', '여성의 전화', 미혼모를 위한 '마리아의 집', '가정법률 상담소' 등은 정의로운 사회 실현을 위하여 전개하는 사회 운동의 소산이라고 할 수 있을 것이다. 여성가족부가 'Ministry of Gender Equality & Family'라 명명된 것을 보더라도 남녀평등의 강력하고 폭넓은 사회 행동은 성차별주의가 우리 사회의 충분한 사회 문제라고 하는 합의에 의해 출발한 것임을 인정하는 것일 것이다.

6) 여성 문제에 대한 사회 복지의 필요성

21세기의 사회는 민주 시민 사회, 과학 기술 사회가 될 전망이다. 현재까지의 사회보다 발전된 사회 상황으로 인해 여성들이 의식을 전환하고 능력 향상을 도모하지 않을 수 없는 미래 사회는 여성성(Feminity), 상상력(Fiction), 감성(Feeling)으로 대표되는 3F의 시대가 될 것이라고들 한다. 3F의 특성은 여성에게 유리한 조건들이다.

그러나 정보화라는 새로운 체제가 준비되는 과정에서 기존의 성 역할의 제약 속에서 사회 발전에 기여할 수 있는 구체적인 터전을 마련할 수 없는 채로 복지 수혜자의 위치에 머물러야만 했던 여성이라는 존재로서의 의식은 '단일 기준' 대 '이중 기준'이 적용되는, 남성과 여성이 '유사한 상황 속에 있었던 적이 거의 없는' 현실에서의 출발점이라는 것이다.

국가의 도움 없이는 빈곤 상태로 떨어질 수밖에 없는 취약 계층인 여성의 복지 의존성은 '수동성과 의존성, 자신감 결여'로 묘사되기도 했다. 많은 여성들은 '자신들을 돌보아 줄 남성'을 원해야 했고, '새로운 여성의 모습'은 있을 것 같지 않은 세계로 몰아가면서 '가정' 속에 도사리고 앉아 있기만 하면 여성의 안전은 영원히 보장되고 지속되리라던 낡은 가치 체계는 이제 더 이상 버팀목이 돼 주지 않는 현실이다.

많은 여성들은 가정 안의 안온하고 자그마한 세계를 원하면서 동시에 그 작은 울타리에서 벗어나 넓은 세계를 향해 문을 열고 그 세계 속에 동참하고 싶은 욕구를 키워 왔다. 다만 이 두 가지 욕구를 조화시키는 것이 현실적으로 불가능해 어느 한편을 접어야 했던 것일 뿐이다. 이러한 사회에 동참하기 위해 슈퍼우먼에서 울트라 우먼에 이르기까지 열심히 일하는 여성들은 스스로에게 부과해 왔던 모든 희생과 만성적인 과로에 시달리며 힘겨운 생활을 해야만 한다.

21세기에는 다양한 변화와 여성 자신의 의식 성장으로 여성의 역할 변화에 의한 복지 요구가 크게 변화되었음에도 불구하고, 사회적 상호 작용을 통하여 역할을 새로이 정립하고 기존의 역할을 변화시켜 적응해 나가야 하는 여성들은 사회적 재통합에 부가적인 어려움을 겪고 있다. 이는 기존의 아내와 어머니라는 전통적 역할에 전념하기 위해 너무도 오랫동안 사회와 노동 시장으로부터 격리되어 있었기 때문이다.

7) 여성복지의 범주

우리나라의 여성복지는 1950년대에는 전쟁으로 인해 배우자를 사별한 여성과 매매춘 여성을 중심으로 한 시설 보호였으며, 1960년대에는 이촌향도의 사회적 현상에 편승해 도시로 편입되어 온 근로 여성과 가출 여성에 대한 시설 보호의 시대였다. 1960년대 후반부터 1970년대에 이르러 사회 구조와 인간의 심층 의식 속에 잠재되어 있는 불평등의 요소를 파헤쳐 보려는 움직임이 일게 되면서 일반 여성 전체가 경험하는 여러 가지 문제에 대한 복지 전반을 포함하려는 움직임이 있었지만 결국 여성복지는 일반 가정의 주부들에 대한 상담의 시대였다고 정의할 수 있겠다. 그러나 1983년 한국여성개발원(현재 한국여성정책연구원)의 개원과 더불어 여성 정책 연구가 활기를 띠기 시작하면서 「남녀고용평등법」, 「모자법」 등이 제정되고 여성 정책, 가족 정책이란 용어들을 쉽게 접할 수 있게 되었다.

20세기의 한계를 넘어서서 변화를 도모하는 21세기는 여성이 중심이 되는 시대가 될 것이라는 전망을 하는 시대적 흐름과 함께 여성복지의 범주는 빈곤 모자 가족, 매매춘, 미혼모, 가출, 근로 여성 문제 등과 함께 일반 여성의 인권 문제와 복지 문제, 사회 참여와 자아실현을 돕는 여건 조성(경력 단절 여성 지원), 성 평등 정책 추진 운동으로 확대되어 가고 있다.

그러나 일반적으로 여성복지를 범주화할 때 광의와 협의로 나누어 접근하고 있으며, 최근에는 여성들이 자신의 일생에서 경험하는 다양한 삶의 형태에서 독특한 자신만의 개인사를 갖는다는 차원에서 여성들이 겪는 주요 문제, 역할, 생애주기를 중심으로 구분하기도 한다.

광의의 여성복지는 모든 여성을 대상으로 하는 사회 복지, 사회 보장의 요소인 공공 부조, 사회 보험, 사회 복지 서비스에 의한 복지 급여를 의미하지만 여권론적인 시각을 바탕으로 여성의 권리 구제 등 인권 보장 기능과 평등, 발전, 평화를 위한 제도 개선을 포함한다. 반면에 협의의 여성복지는 주로 취약 계층을 위한 대책으로 특별한 문제와 욕구를 가진 대상에 따라 저소득 한 부모 가구에 대한 생활 보장, 성매매 여성 사회 복귀 지원, 미혼모 예방 및 보호 대책, 여성 장애인 복지 서비스, 근로 여성에 대한 복지 대책, 가정 폭력 피해 여성을 위한 지원 대책 등이 포함된다.

궁극적으로 여성복지는 양성평등의 조화로운 복지 사회를 기본 목표로 하여 여성의 건강 증진과 여성의 경제력 보장 및 모든 여성의 다양한 욕구를 충족시키고 전 생애 주기 동안에 연속적인 복지 서비스를 받을 수 있도록 전개되어야 할 것이다.

3. 여성복지의 개념과 발달 배경

여성이 원하는 사회는 어떤 것이며 바람직한 여성복지의 정책 방향은 어떤 것이 되어야 할까에 대한 생각들은 분분하다. 어떤 정치 이념을 기반으로 하든 현대 국가는 가부장제 체제를 옹호하고 이용해 왔다는 비판을 받는다. 자유주의 체제 국가는 가정에서의 여성 억압을 공적인 영역에 속하지 않는다는 이유로 외면·조장하고 여성을 저임금 하급 노동자로 활용하다가 불필요하면 가정으로 돌려보내는 방식으로 노동력 관리를 해 왔다. 사회주의 체제 국가는 여성들을 실질적인 권력 구조로부터 소외시키면서 여성의 노동력을 사회적 생산 활동에 동원함으로써 본인의 의사와 관계없이 가사 노동과 사회 노동이라는 이중의 부담을 지웠다. 결국 여성 문제에 대한 의식이 없다면 그 국가는 언제든지 여성 억압의 기제로 작용할 수 있다는 인식을 필요로 한다.

사회의 경제·사회적 자원 및 그에 의한 생산물의 교환과 분배를 결정하고 이들 관계에 대한 정치·법적 제도와 관행을 규율하는 것이 정치·경제·법률이라면, 사회 복지 부문은 이들 경제와 정치·법률 분야를 지탱하는 기반 조성의 역할을 담당한다. 즉, 정치·경제·법률이 한 사회의 상부 구조라 한다면, 사회·교육·복지는 바로 이 상부 구조를 지지하고 있는 하부 구조일 것이다.

그러나 그간 한국의 사회 복지는 선성장·후분배의 정책 지향에 의해 부차적으로 취급되어 왔으며, 특히 여성은 노인, 장애인, 아동과 더불어 복지국가의 중요한 관심 대상임에도 불구하고 사회 복지에서의 주변화(marginalization)로 인하여 사회 복지 욕구에 대한 효율적이고 효과적인 해결책 모색을 필요르 하게 되었다.

현재의 사회 복지 제도 자체가 가부장적 성별 역할 분담론의 토대 위에서 만들어져 있기 때문에 시장 노동으로부터 구조적으로 배제되거나 노동 시장 내에서 차별적인 지위를 감수해야 하는 여성들이 사회 복지 영역에서도 차별되고 있는 것에 대한 문제 인식은 기존의 가치, 질서, 권력 및 사회 구조에 대한 재해석, 재구조화 작업을 지향하는 새로운 움직임으로 나타나고 있다.

사회의 구성을 성별로 구분한다면 반은 여성이고 나머지 반은 남성일 것이나 '여성복지'라는 주제가 성립될 수 있는 근저에는 여성들이 남성들과 비교될 때 상당한 범위에 걸쳐 공통적인 불이익 또는 불편 내지 불만을 유발시키고 있는 문제들에 직면하고 있다는 전제가 깔려있다고 하겠다. 현대 여성은 눈이 부시도록 성공적인 수많은 역할 모델을 눈앞에 두고 있지만 가정이라는 하나의 작은 세계를 돌보면서 보다 넓은 사회 속에 동참하여 사회 성원으로서의 역할을 조화시킨다는 것은 결코 쉬운 문제가 아니다.

여성을 바라보는 시각이나 이데올로기가 다양하고 국가와 시대에 따라 다양하게 변화되어 왔기 때문에 여성복지의 개념을 한마디로 정의하기는 쉽지는 않다.

종래의 여성복지가 요보호 여성과 이들로부터 파생되는 빈곤 모자 가족, 매매춘, 미혼모, 여성 노동 등의 문제에 국한되는 잔여적(residual) 복지의 개념이었다면, 이제 일반 여성의 인권 문제와 복지 문제, 사회 참여와 자아실현을 돕는 여건

조성, 성차별 철폐 운동으로 확대되어 가면서 사회 복지 분야에서 새롭게 부상되는 정책 과제가 되고 있다.

여성의 복지는 '여성이 인간으로서 존엄성이 보장되고 그가 가진 능력이 평등의 기반 위에 제한 없이 개발되며, 개발된 능력은 사회의 제 부문에서 차별 없이 활용되어 여성의 인간다운 삶이 보장되는 상태'가 되었을 때, 여성복지가 증진된 상태라고 할 수 있다. 이러한 여성복지의 개념 변화는 여성의 문제를 여성복지 시각으로만 제한시키는 것에서 벗어나 국민 전체를 대상으로 여성과 남성의 평등을 성취하고자 하는 사회 복지 분야의 기본적 이해와 노력을 필요로 한다.

기존의 복지국가나 사회 복지 영역에서는 여성 문제의 핵심 과제인 성차별의 문제에 큰 관심을 기울이지 않았으며, 다만 여권주의 시각에서 빈곤, 노동 등 여성의 현실 문제에만 관심을 가지고 정책적 해결을 위해 노력해 왔다. 그러한 노력은 특별히 여성의 재생산 활동을 지원하고 여성과 가족을 통제하는데 기여했을 뿐 성차별 문제는 함몰되었다.

21세기로 접어든 우리 사회는 그 어느 때보다도 거센 변화의 물결을 맞이하고 있다. 흔히 세계화·정보화·지방화로 이야기되는 전 지구적 흐름은 이제 더 이상 선택이나 선호의 문제가 아니라 부정할 수 없는 대세로 다가오고 있다. 오랜 가부장제의 전통에서 벗어나고자 남녀평등을 주장하고 제도화하는 작업을 시작한 한국의 여성들에게 있어서 거대한 변화의 물결들은 새로운 도약의 기회로 다가오고 있다. 특히 여성의 공적 활동을 지원하는 정책들, 예를 들어 육아휴직제나 공무원 채용 목표제 등이 실시되기 시작했고 국가 경쟁력 향상을 위해 여성 인력의 개발과 활용이 필수적이 되었다.

여성이 국가나 사회에 대해서 수동적 위치로 개념화된 정태적 개념에서 보다 적극적, 동태적으로 변화하며 1980년대부터 구미 각 국에서 여성의 경험과 상황의 개념을 재정립하고 재구성하려는 노력이 일었다. 이는 성 역할에 민감하고, 성차별을 하지 않으며, 여권론적 실천에 접근하려는 세 가지 경향으로 나타나게 되었다(Meyer, 1995b).

우리나라에서는 1990년 한국여성개발원에서 여성복지에 대하여 '여성이 국가나 사회로부터 인간의 존엄성과 인간다운 생활을 할 권리를 동등하게 보장받음으로써 여성의 건강, 재산, 행복의 조건들이 만족스러워지는 상태를 의미하며 동시에 가부장적 가치관과 이에 기초를 둔 법, 기타 사회 제도를 개선하는 것 등으로 여성의 인간다운 삶을 실현하기 위한 모든 실천적 노력을 포함하는 개념'이라고 정의했다. 이를 시작으로 사회 전체가 모든 여성의 삶의 질을 향상시키는데 기여해야 한다는 점에는 인식을 같이하고 있다고 하겠다.

최근의 경향은 상호 관심, 비판적 의식, 정치·문화적 맥락이라는 조건하에서 여러 가지 상호 작용에 대한 가정을 수립하고 적용하는 방법론과 기술들인 강점(strength) 접근과 역량 강화(empowerment) 접근을 발전시키고 있다. 따라서 새로운 시각으로 접근하는 여성복지는 '여성의 경험과 관점을 중심에 두고 문제를 재분석하며 모든 사회법과 제도, 정책을 재검토하고 여성 중심의 새로운 목표, 새로운 방법, 새로운 가치를 추구하는 실천'이어야 한다. 즉 여성들이 한 사회의 구성원으로 마음의 평화와 삶의 활력을 확보할 수 있도록 직접적으로 관심을 갖고 펼치는 사회 복지 서비스나 정책을 포함해 적극적인 변화에 대한 노력까지를 포괄하는 의미라고 하겠다.

제2장 성차별과 여성주의 패러다임

1. 성차별의 본질

2006년 1월 여성가족부가 발표한 '현행 법령상 남녀 차별 조항 발굴 조사' 결과를 보면 남성 차별 조항이 적지 않았다. 약혼, 혼인 연령의 차이나 강간 대상을 여성으로 한정한다든가 하는 등이 그렇다. 남성 차별의 문제를 제기하는 것은 성 평등의 관점에서 볼 때 필요한 일이다. 종종 남성에 대한 '역차별'이라는 문제 제기를 하는 경우가 있으나 성 평등이란 말 자체가 '성의 평등'인 만큼 여성의 문제로만 보자는 것은 결코 아니다. 다만 이 사회에서 여성의 문제로 늘 범주화되어 왔던 것은 성 평등의 문제가 여성들에게는 좀 더 심각한 존재의 문제였고, 역사를 들여다보면 이 때문에 죽거나 사회적으로 지탄받은 여성들도 적지 않았다는 것 또한 명백한 사실이다.

역차별이란 말은 실상 여성들이 성 평등에 대한 조처를 적극적으로 펴 나가고자 할 때 이에 대한 대항의 의미로 만들어진 것이다. 누적된 불평등 구조에 대한 작은 대안 중 하나로 여성 할당제나 여성 채용 목표제 등을 실시하려 했을 때 역차별 주장은 이를 여성 우대, 남성 차별이라고 항변하곤 하였으나 사회 제 분야에서 여성들을 제한하는 지배적 현실에 대해서는 침묵해 왔다. 역차별은 성 평등이 적극적으로 확대되는 것에 대한 부정의 의미로 구성되어 왔다. 우리나라 법에 남아 있는 남성 차별 조항은 성 역할 구분과 그에 기초하여 사회·경제적 권리와 책임을 부여해 왔던 가부장제 패러다임의 법적 유물에 지나지 않는다. 남녀 차별 개선은 성 평등 실현의 밑그림에 지나지 않지만 사회 전체가 성 평등 패러다임으로 변화해 가는 여정에 앞서 이 장에서는 성차별을 본질적인 측면에서 짚어보고자 한다.

한 아기가 세상에 태어났다는 소식을 들었을 때 대부분의 사람들이 보이는 첫 반응은 '아들이냐, 딸이냐?'라고 묻는 것이다. 아기의 성별을 알게 되는 순간부터 사람들은 그 아기가 자신의 성별에 따라 일련의 특성을 가지고 있을 것으로 간주한다. 아기가 자신의 성별에 따른 적합한 행동을 배우고 그 테두리 안에서 살아갈 것을 기대하고 격려하면서 알게 모르게 키우는 방식을 달리 하며 정성을 다 한다. 이렇게 시작된 성별에 대한 고정 관념은 개인적인 차원에서뿐만 아니라 삶의 전 과정에 지대한 영향을 미친다. 과연 남녀는 얼마나 다르고, 왜 다르며 얼마나 다른 것이 바람직한가에 대해서 질문을 던지지 않을 수 없다.

성별 고정 관념은 남자와 여자의 전형적인 개인적 속성들에 관한 신념들로, 문화적 고정 관념과 개인적 고정 관념으로 나누어 볼 수 있다. 문화적 고정 관념이란 대중 매체, 예술 및 문학 등에서 발견되는 사회적 수준의 이미지이며, 개인적 고정 관념은 남성 또는 여성으로서 한 개인이 가지고 있는 독특한 신념들이다. 사회학자 Betty Youburg는 남성(male)과 여성(female)은 생물학적 범주에 속하고, 남성다움(masculinity)과 여성다움(feminity)은 사회적으로 정의되는 것이라고 정의하였다. 즉 생물학적 성과 특정 사회의 남성 또는 여성에 대한 정의는 반드시 일치하는 것이 아니며, 어떤 의미로는 오늘의 남성이나 여성은 진정한 자아 정체(self-identity)를 상실한 성별 고정 관념의 산물이라고 지적하고 있다.

일반적으로 존재하는 남녀에 대한 이분법적인 고정 관념은 성차별로 이어져 우리 사회 속에서 일반화되어 왔으며 우리의 제도 속에 더욱 더 확고히 뿌리를 내려왔다. 결국 성차별은 여성을 억압하는 현실을 정당화하는 하나의 이데올로기로서,

남성다움과 여성다움의 규범을 제시하고, 각 성에게 적합하다고 인정되는 사회적 행동 양식에 대한 기대, 사회적 지위 등을 규정하는 기능을 한다. 남녀 간의 차이를 보는 시각이 남성 중심적이어서 사회 구조 내에서(사회 복지 영역 포함) 여성은 언제나 소외된 존재가 되어 왔다.

인간은 생물학적으로 남성, 혹은 여성으로 태어나는 것이지만 이 생믈학적인 성차가 남성다움·여성다움의 성적 특성을 형성하고 남녀의 성 역할을 구븐한다고 생물학적 결정론자들은 말하지만, 이와 같은 성별 고정 관념은 편견이고 후천적 사회화의 소산이라고 보는 사회화론자들은 성차별 없는 사회화를 제안하고 있다.

양성 간의 차이는 최근 들어 많이 희석된 듯하면서도 남녀 간의 차이는 위력을 발휘한다. 여성이 직장 상사가 될 수 없는 이유, 초등학교 여교사가 너무 많으면 안 되는 이유 등, 이러저러한 상황에서 제시되는 남녀 간의 차이는 너무나 자연스럽게 강조되고 있다. 그러나 남녀의 차이에 대한 설명들은 대부분 남성이 주도해 왔고, 여성의 열등성을 공공연히 강조하고 있음을 알 수 있다. 서구 문화는 '인간'으로서의 남성과 '모자란 인간'으로서의 여성을 상정해 왔다. 동양의 음양이론도 남녀를 상호 보완적으로 바라보는 듯하지만 여전히 내용에서는 우열 논리를 드러낸다.

이러한 성차별은 가정, 학교, 사회를 통한 사회화 과정에서 장기간에 걸쳐 형성되어 왔으며, 성차별주의는 여성들에 대한 편견과 차별로 설명될 수 있다.

1) 편견의 요소

성차별주의를 포함한 어떤 종류의 편견이라 하더라도 일반적으로 세 가지 요소를 가지고 있다.

첫째로 편견 자체가 긍정적이 될 수도 있지만 여성에 대한 편견은 대개 부정적인 태도(negative orientation)를 지닌다. 예컨대 택시를 타는 아침 첫 손님이 여자일 때 지나쳐 가는 남성 운전기사들이나 가게에 들어온 첫 손님이 여자인 경우 탐

탁치 않아 하는 나이 지긋한 여성 주인들도 심심치 않게 만나게 되는 것이 현실이고, 대학 졸업에서 수석을 한 여학생은 분명히 못생겼을 것이라고 전제해 버린다든가, 동일한 논문의 저자로 각각 남자 이름과 여자 이름을 붙였을 때 상이한 평가를 하는 경우 또한 접하게 되는데, 이는 여성은 똑똑하지 못하고 무능력하며 행운을 가로막는 존재로서 전제된다는 표현이라 하겠다.

둘째로 여성에 대해 지나치게 일반화된 태도(overgeneralized attitude)를 지닌다. 여성 개개인의 개성이나 다양성을 무시한 채 여성은 동일한 특성과 능력, 기질 등을 갖고 있는 동질 집단인양 간주된다. 예를 들어 어떤 여성이 일을 잘못 처리했을 경우, 이를 개인적인 차원에서 평가하기보다는 모든 여성에게 확대 적용시켜 '여자들은 별 수 없다.'든지, '여자들이 다 그렇지 뭐!'하는 식으로 일반화시켜 버린다. 이는 남성이 같은 상황에 놓일 경우에 개인의 책임으로 돌리는 것과 좋은 대조를 이루는 반응이다.

셋째로 우리 사회의 절대적 규범인 합리성, 정의로움, 인본주의 등에 어긋난다. 합리성의 규범은 지나친 일반화와 고정 관념(stereotype)에 의해 위배되고, 정의의 규범은 사회의 모든 성원들에 대한 동등한 대우가 억제되고 개인적인 수행 능력에 대한 보편적인 규범이 성차별주의를 통해 부정되기 때문에 위배되고, 마지막으로 인본주의 규범은 모든 타인에의 가치와 사랑을 부정하기 때문에 위배되는 것이다. '아들과 딸'이라는 TV 드라마 속에서 그려진 똑똑한 딸 후남이보다 능력이 뒤떨어지더라도 아들인 귀남이를 공부시키는 경우는 우리 주변에서 흔히 접할 수 있는 사례일 것이다.

2) 성차별주의의 요소

Jo Freeman에 의하면 성에 대한 편견은 두 가지 핵심적인 관념으로 구성된다. 그 첫 번째가 남성들은 여성들보다 중요한 존재라는 관념이다. 이것은 여성들이 반드시 남성들보다 열등한 것으로 여겨진다는 의미가 아니고 여성들이 남성들보다 그 가치가 덜하거나 사회적인 면에서 결정력이 약하다는 의미이다. 이와 같은 주장은 좋은 직업, 높은 보수, 촉망되는 승진 등이 여성에게보다는 남성에게 중요하다는 일반적 관념이 토대를 이루는 것이라고 볼 수 있다. 성차별주의의 경제적 측면에서도 대부분 중요한 것으로 여겨지는 일은 남성들이 한다든가 아니면 남성들에 의해서 이루어진다는 관념이다.

두 번째로 여성은 남성에게 즐거움을 주기 위해 존재하며 남성의 보조자(leader vs. assistant)에 불과하다는 것이다. 여성들은 남자들에게 매력적인 존재로 선택받기 위하여 패션, 헤어 스타일, 화장품, 다이어트 등에 투자한다는 것이다. 그들의 육체적인 아름다움에 대해 큰 가치가 부여됨에 따라 나이가 들어가는 것과 정비례하여 가치는 하락한다. 시간이 지남에 따라 원숙함과 지혜는 상승하겠지만 남성의 보호 아래에서 안주하고자 하는 여성의 신데렐라 콤플렉스가 몰고 오는 가장 통렬한 아픔은 바로 노년기에 겪게 되는 황폐함이 될 것이다.

3) 성차별주의는 무의식적인 것이다

성차별은 역사적으로 오랫동안 행해져 왔고 일반적으로 존재하고 있으므로 피해자나 가해자 모두 자신이 차별을 행하고 있는지, 차별을 받고 있는지 쉽게 의식하지 못한다. 따라서 성차별적인 사회의 구성원들은 별 거부감 없이 성차별적인 삶을 살고 있고 미래 세대에게도 성차별적인 삶을 살도록 가족 관계, 학교 교육, 더 넓은 사회, 문화에 의한 사회화 과정을 통하여 영향을 미치고 있다. 우리나라의 속담과 전래 민요에서 볼 수 있는 '암탉이 울면 집안이 망 한다.', '여자와 질그릇은 내돌리면 깨진다.', '여자는 사흘만 안 때리면 여우가 된다.', '삼종지도', '부창부수'와 같은 윤리관들에서 보여지는 남녀를 다르게 보는 인간관이 우리들의 심리 내적으로 면면히 이어지고 있음 또한 간과할 수는 없을 것이다. 과학이라는 이름 아래 가치 중립적인 자세로 인간 행동을 연구한다고 하는 심리학도 다른 사회과학이 그랬듯이 남녀를 중립적인 시각으로 보지 않았다. 중립을 기대한다는 것은 과학에의 신화였을 뿐이고 남성의 안목으로 치우쳐 보았거나 채색된 안경을 통해서 보아 왔던 것이다. 여성 특유의 경험을 여성이 해석한 것이 아니었다. 우리가 알고 있다고 믿었던 여성 심리는 가설에 불과하며 남성의 견해가 주도하는 사회 통념으로 물들여진 것이기에 재해석의 대상이 되어야 한다.

4) 섹스(sex)와 젠더(gender), 그리고 양성성

생물학적 성차는 여성의 '불리한' 운명과 동일시되어 왔으나, 성 불평등의 사회·문화적 맥락에 관심을 기울여 젠더(gender)라는 개념을 창출하였다. 즉 성차가 생물학적 운명이 아니라 성 역할이나 남성다움, 여성다움을 강조하는 사회·문화적 산물임을 강조한다. 그러나 섹스와 젠더는 서로 결합되어 형성된다. 문화적 실천이 생리적 차이의 형성에 영향을 미치고, 이러한 차이가 다시 사회적 관계를 모양 짓는다. 아무도 사회·문화의 통념으로부터 벗어난 방역 지대나 진공 상태에서 살지 않으므로 아직까지 사회화 영향 이전의 타고난 남녀의 능력 차는 논하기 어려운 영역이기에 어떤 삶의 모습으로 살아갈 것인가 하는 의식 분화에 따라 결과적인 삶의 형상과 성취가 나타나게 될 것이라는 것이 전제되어 있다면 여러 사회적 기구가 환경 구실을 하게 될 것이다.

성차별적 가치관의 영향에 대한 새로운 시각은 양성적 입장이다. 남성성과 여성성은 서로 상반되거나 모순되는 것이 아니라 한 사람 안에 얼마든지 공존할 수 있으며, 그 균형의 정도는 각 개인의 고유한 성격이 다른 것과 마찬가지로 다양한 형태로 이루어질 수 있다.

양성적인 사람의 특징으로는 다양한 행동을 고루 할 수 있는 것, 상황의 요구에 따라 유연하게 반응하는 것, 환경에 효과적으로 대처하는 것 등을 들고 있다. 구체적으로 보면 남성적 특성만 혹은 여성적 특성만 지니고 있는 사람에 비하여 양성적인 사람들은 훨씬 더 다양한 자극에 대하여 반응 행동을 보일 수 있다. 다양한 반응 행동을 할 수 있다는 것은 다시 말하면 상황의 요구에 따라 적합한 반응을 보일 수 있는 적응 유연성(resilience)을 확보하고 있다는 것이다.

여러 연구에서 양성적 어린이들은 지능과 창의력이 높고 심리 안정도도 높으며, 양성적 어른들 또한 자존심이 강하고, 도덕적 갈등 상황을 훌륭히 해결할 수 있고, 대인 관계에서 인기가 높으며, 일반적으로 건강이 좋다는 결과를 밝히고 있다.

2. 여성주의 하위 패러다임

문예 부흥, 계몽주의, 프랑스 혁명, 민주주의의 발달을 통한 인간의 자유와 평등 사상은 여성 해방 운동에 영향을 주었다. 근대 서양 역사상 여성해방이론에 영향을 크게 준 사상가는 19세기의 John Stuart Mill과 Frederick Engels와 그의 제자인 August Bebel이며, 그 후 현대에 이르러 여성해방이론을 제공한 중요한 사람들은 Simone de Beauvoir, Shulamith Firestone, Herbert Marcuse 등을 들 수 있다.

여성 억압의 원인을 분석하고 여성 해방을 위한 전략을 제시하며 다양하게 접근했던 1960년대 여성 운동은 대다수의 사람들에게 그들의 고통이 보편적으로 공유되어 있다는 것을 처음으로 인식시켰다. 대부분의 여성의 문제가 그것을 대처하지 못한 여성 개인적인 실패에 기인하는 것이 아니라 오히려 현존하는 사회 구조에서 유래한다는 인식은 여성 문제의 해결을 위하여 사회의 변화를 요구하는 것이었다.

여성 운동에 의해 제기되어 온 핵심적인 문제들 중 하나는 노동의 의미를 정의하는 것이었다. 우리는 여성과 남성으로 이 세상에 태어나서 사회가 규정한대로 여성과 남성이 되는 것을 배우고 필요한 것을 가르쳐 왔다. 즉 여성은 아내가 되고 어머니가 되도록 키워져 왔기 때문에 여성 근로자들은 임금을 받는 직업을 부차적인 행위로 생각해 왔다. 성별로 역할 분담이 되어야 한다는 생각은 남녀 모두에게 여성 임금 노동의 중요성을 축소시키고 동시에 남성의 노동을 지나치게 강조하도록 하는 구실을 주었다.

남성의 성공은 아내와 자식을 부양하는 능력, 돈에 의해 평가되었다. 그러나 이 역할들은 사회의 경제적 변화에 의해 끊임없이 수정되어진다. 현대의 가족 제도는 부부가 모두 직업을 갖는 것을 당연하게 여기게 되었다. 그러나 여성의 노동 시간은 가사 노동을 포함하여 아침부터 잠자리에 들 때까지 연장이 되었고 여성 자신의 인생을 형성하고 있는 생존을 위한 끊임없는 투쟁의 한 가운데 서 있게 되었다. 이 장에서는 여성 자신의 삶을 자기가 결정하려는 여성의 자유를 구속하는 상황을 밝혀내는 방법으로, 각 페미니즘의 입장이 여성의 주요한 문제를 해결하는데 제각기 어떤 방법을 모색하고 있는지를 보여줄 것이다.

1) 보수주의-자유방임적 여권론

보수주의는 인간 본성은 본질적으로 시대나 지역과 관계없이 동일하다고 하는 입장에 근거한다. 이것은 모든 사람이 재능과 능력에 있어 동일하다는 것을 뜻하는 것이 아니라, 이것을 인정하려는 쪽에 가깝다는 것이다. 즉 인간의 관심, 욕망, 능력 그리고 욕구 등은 개인 자신의 노력이나 남성과 여성이 처한 상황, 혹은 이 양자의 결합에 의해서 결정되기보다는 오히려 선천적 요인에 의해 결정된다고 주장한다. 양성의 심리적 차이는 직접적이든 간접적이든 인간의 생물학에서 초래된다고 보았다. 따라서 이러한 차이는 자연적인 것이며 바뀔 수 없는 것처럼 보인다. 그러므로 현 사회 내부에 확고히 뿌리내린 노동의 성별 분업을 남녀의 생물학적 차이에 근거한 당연한 귀결로 간주하는 것은 놀라운 일이 아니다. 나아가 서로 다른 일에 적합하도록 심리적으로나 호르몬 상태에 있어서, 그리고 유전 인자의 구성에서 차이점이 있음을 지적한다. 보수주의 이론의 결정적인 문제는 성별 노동화를 본질적으로 자연스러운 것으로 취급하고, 나아가서는 이 '자연스런' 분화의 영속화를 정당하고 선한 상태와 동일시한다는 데 있다. 결국 여성은 '가사와 자녀 양육의 책임'을 지고, 반면에 남성의 역할은 '외부 세계로부터 가정을 보호하고 이 세계에 성공적으로 대처하는 방법을 제시하는 일'이라는 것이다. 여성들은 임신, 출산, 수유의 생리적 과정을 거치기 때문에 자녀를 양육하는데 육체적이고 감정적인 면에 더 적합하며, 이러한 과정들을 겪지 않으므로 남성은 아이를 돌보는데 적합하지 못하며 사회에 있어서 남성의 기능은 '도덕적, 경제적, 정치적'인 부분이라고 말한다. 따라서 이들의 주장은 남성과 여성이 맺을 수 있는 다양한 사회적 관계는 중요한 면에서는 생물학적으로 결정된다는 것이다.

대부분의 여성주의자들은 이러한 모든 주장에 이의를 제기해 왔다. 즉 자연적인 것이 옳다고 하는 보수주의적 가정을 비판한다. '자연적'이라는 말에는 수많은 뜻이 있지만, 그 어떤 것도 자연적인 것은 인간의 개입과 무관하다는 것을 의미하지는 않는다는 것을 지적한다. 예를 들어 질병은 자연적인 것일 수 있지만 그것은 치료되어서는 안 된다는 것을 의미하는 것은 아니다.

2) 자유주의 여권론

자유주의 철학은 16, 17세기 '사회 계약' 이론에 그 기원을 둔다. 그러나 Mary Wollstonecraft의 『여성 권리의 옹호(*A Vindication of the Rights of Women*)』(1792)가 출판되기 이전에는 자유주의 사상가들은 여성 억압에 대해 그다지 관심을 두지 않았다. 그녀는 여성의 권리는 여성이 남성과 동등한 이성 능력의 소유자라는 견지에서 남성의 권리와 동등해야 한다고 주장하면서 여성의 지성에 있어서의 명백한 열세는 여성의 열악한 교육에 기인한다고 믿었다. 그녀의 이러한 주장은 19세기의 Harriet Taylor Mill과 John Stuart Mill과 같은 자유주의적 여성주의자들에 의해 현재까지 이어지고 있다. 이들은 항시 기회의 균등에 역점을 두어 여성의 법적 권리가 남성과 동등해야 하며, 여성에게도 동일한 교육의 기회가 주어져야 한다고 주장한다. 현실의 성차별에 반기를 들고 있는 Betty Friedan과 Gloria Steinem과 같은 현대 여성주의자들도 본질적으로는 이와 동일한 점을 지적하고 있다.

그러나 자유주의자들은 인간 본성에 관한 보수적 논리를 철저하게 비판하지는 않는다. 남녀 사이에 선천적인 불평등이 있을 수 있다는 것을 어느 정도 인정하면서 남녀에 대한 기회와 교육에서의 불평등은 선천적이라기보다는 심리적인 차이에서 연유한다는 점을 암시하면서 부, 지위, 권력과 같은 사회적 불평등을 비판하지 않는다. 다만 모든 인간이 그들의 능력에 상응하는 교육과 훈련을 받을 수 있고 사회 각 분야에서 개개인이 닦은 훈련을 활용할 수 있는 기회 균등을 주장한다. 각 개인은 남자건 여자건 그의 재능이 허락하는 한, 법이나 관습의 제약 없이 사회에서 출세할 수 있어야 한다고 믿는다. 개인적 재능의 행사에 대한 보상은 시장경제 속에서 수요에 의해 결정되어야 한다는 것이다.

20세기의 자유주의 여성주의자들은 가족 생활을 사적인 문제라는 견해와 정치적 문제라는 견해 사이에서 부자유스러운 절충을 시도한다. 그들은 법적 강제를 받는 가족 제도를 당사자 모두에게 책임을 부과하는 계약의 한 형태로 한정하고자 함으로써 개인의 가정생활이란 궁극적으로 개인의 사적인 소관으로 간주한다. 따라서 자유주의자들은 어떤 특정한 형태의 가정이라도 그것이 당사자들에 의해서 자유롭게 선택되는 한 반대할 아무런 이론적 근거를 가지고 있지 못하다.

그러나 자유주의 여권론의 성과는 무엇보다도 여성 문제를 처음으로 이론화하고 운동으로 표출시켰다는 점이다. 특히 「평등권수정법안(ERA)」을 통과시키기 위한 운동에 적극 참여했으며, 노동조합여성연합(CLUW)의 창립과 구성을 통하여 여성들의 의식과 삶에 커다란 변화를 일으켰고, 고용과 기업에서 여성의 법적 평등을 획득하기 위한 노력 등은 현대 여성 해방 운동의 초석을 다졌다고 할 수 있다.

3) 전통적 마르크스주의 여권론

마르크스주의자들은 생물학적으로 결정된 본질적인 인간 본성이라는 관념을 명백히 거부한다. 마르크스주의는 역사 과정을 통해 서로 다른 때와 장소에 처한 인간들은 의식주와 자기 자신의 재생산을 위해 많은 서로 다른 기술에 의존해 왔다고 보았다. 이러한 생존을 위한 다양한 기술은 상이한 종류의 사회 조직을 필요로 했으며 따라서 상이한 종류의 사회적 관계를 형성해 왔다. 마르크스주의자들에 의하면 개인들의 인간적 특성–성취 동기, 관심, 능력, 욕구 등–은 그들이 살고 있는 사회 형태와 그 사회 내에서 그들이 차지하는 위치에 의한 매우 광범위한 하나의 기능이다. 그러나 인간이 사회 조직의 형태를 창조하는 한, 인간은 환경에 의해 지배되는 완전히 수동적인 존재가 아니고 오히려 그들이 사회를 창조한다는 점에서 자신의 본성에 대해 궁극적이고 능동적인 창조자이다.

마르크스주의자들은 보수주의자들의 생물학적인 입장을 부정함과 동시에, 다수의 사람이 부를 창조하지만 부와 권력이 소수에게 귀착하는 계급 사회 내에서 인간의 잠재 능력을 발전시키기 위한 완전한 기회의 균등이 가능하다고 믿는 자유주의자들의 신념도 부정한다. 전통적 마르크스주의자들은 여성 억압이 사유 재산 제도의 도입과 함께 시작되었다고 본다. 상대적 소수, 그것도 모두 남성들에 의한 생산 수단의 사적 소유는 계급 사회를 형성했다. 현 세계에서 경험하는 대다수의 불평등과 고통의 근본 원인은 바로 금융 독점 자본주의와 제국주의이기 때문에 경제적 제 계급 간의 화해될 수 없는 갈등을 인식하는 것이 사회 변화를 이해하는 가장 중요한 관건이라고 주장한다. 따라서 성차별주의는 하나의 부차적인 현상으로, 억압의 더욱 본질적인 형태의 한 증상이라고 본다. 성차별주의는 우연적인 것이 아니라 자본주의 존립의 필요 조건임을 주장한다. 여성들은 가정 밖에서 일하는 경우에도 현재의 상품 생산 체제 아래서는 '실제(real)' 노동으로 간주되지 않는 가사 노동에 전적인 책임을 지고 있다는 것이다. 그러므로 가사 노동이 중요하게 인식되기 위해서는 산업화되어야 하며 여성 억압의 기반을 제거하기 위해서도 여성들은 공동 노동으로 통합되어야 한다는 입장이다. 따라서 전통적 마르크스주의자들은 여성 해방의 전제 조건으로 가사 노동의 산업화와 사회화를 주장한다. 또 그들은 여성 해방의 선결 조건으로 여성이 일부일처제로부터 해방되기를 권유한다. 일부일처제 결혼의 유일한 목적은 가족 내에서 남성을 최고의 존재르 높이고 자기 재산의 상속자들이라는 명분으로 자녀들을 남성의 완벽한 소유물로 만든다는 것이다. 더 나아가 현재의 복지 체계는 여성과 자녀들이 생활 지원을 받으려면 남편과 아버지가 가족들을 떠나야 하도록 강요함으로써 가족들의 분열을 실제로 돕고 있다는 것이다. 전통적 마르크스주의는 주로 가족의 경제적 기능에 초점을 맞추고 있기 때문에 가족의 정서적, 이념적 기능들을 거의 간과했다. 현존하는 사회주의 사회에 나타난 결과로써 여성의 노동 참여가 오히려 여성에게 과중한 부담이 될 뿐 평등을 이루지 못하고 있는 데 대한 해답을 제시하지 못했다는 점이 한계로 지적된다.

4) 급진주의 여권론

급진주의 여권론은 가장 미숙하고 비체계적인 논리로 비판을 받는다. 다른 여성주의들과 구별되는 점은 여성 억압이 근본적이라 것을 강조하면서 여성들은 역사상 최초의 피지배 집단이었으며, 여성 억압은 가장 널리 퍼져 있고, 실제로 우리가 알고 있는 모든 사회에 존재하며, 여성 억압은 무엇보다도 뿌리 깊은 것으로 가장 근절되기 어렵고 계급 사회의 폐지와 같은 다른 사회적 변동에 의해 제거될 수 없으며, 여성 억압은 성차별주의적 편견 때문에 인식되지 못한 채로 간과될 수 있으나 희생자에게는 양적으로나 질적으로 극심한 고통이라고 해석하고 있다.

Shulamith Firestone은 『성의 변증법(*The Dialectic of Sex*)』(1970)에서 여성은 출산 기능 때문에 생존을 위해서는 남성에게 의존할 수밖에 없다는 사실에 근거해서 여성 억압의 근원을 궁극적으로 생물학적인 것이라고 간주한다. 여성의 예속이 실제로 생물학적인 것에 근거할 수 있지만, 생물학 그 자체는 기술에 의해 변화될 수 있다는 그 자신의 근거를 가지고 보수주의자들에게 도전하고 있다. 예를 들면 인공 수정이나 체외 수정을 통한 출산의 과학화를 통해 여성 해방이 가능해질 수 있다고 보는 것이다.

노동에 있어서도 급진주의 여권론자들은 성적 분업을 여성 문제의 근간으로 보며 사회의 계급적 분업보다 훨씬 기본적인 요소로 파악하기 때문에 억압에 대한 투쟁이 작업장 안에서 추진되거나 노동자로서의 여성들에게 초점을 맞추어서는 안 된다고 믿는다. 그들은 여성의 종속적 지위를 규정하는 문화 제도와 제 관계의 총체성에 주의를 집중해야 한다고 생각한다. 이를 위해서 여성들이 착취당하지 않고 일할 수 있는 공동체를 형성하는 일이 중요하다고 말한다. 가족에 대한 입장에서도 이성 간의 결혼 자체가 여성 억압을 초래하는 제도라고 봄으로써 결혼이 현재의 형태로 존속하는 한 여성 해방은 불가능하다고 믿는다. 그러므로 현행 결혼제도를 노예제의 한 형태로 묘사하기도 한다. 남성에게 의존하는 것이 결코 자연스러운 것으로 생각하지 않는 급진주의 여권론자들은 더 나아가 섹스지상주의 사회와 관련해서 여성의 성욕은 그것이 레즈비언 관계를 통해서 탐구될 때, 가장 만족스럽게 개발된다고 주장한다. 여성의 출산 능력 자체를 인류의 재생산을 위해 사회적으로 보호되어야 할 모성으로 보지 않고 남성에 의해 지배당할 수밖에 없는 약점으로 보았던 급진주의 여성주의에 대한 이해는 새로운 정치 개념으로서 그 성격을 받아들여야 한다는 것이다.

5) 사회주의 여권론

사회주의 여권론은 여성 억압의 중추적 요인인 문화 제도들(가족, 남녀 간의 성)을 이해하는데 역점을 둠으로써 급진주의 여성주의자들의 핵심적 통찰을 결합시키고 있다. 즉 이러한 문화적 제도를 계급 사회라는 상황 안에서 분석해야 한다고 주장함으로써 기본적으로 마르크스주의적 방법론을 따르고 있는 것이다. 여성은 모두 동일한 문제를 가지며 기본적으로 동일한 양상으로 억압되고 있다고 하는 대다수 초기 여성주의자들의 전제를 반박한다. 사회주의 여권론에서는 계급과 인종 집단이 서로 다른 여성들이 직면한 제 문제를 연구해야만 하고, 그러한 문제들은 계급 억압이나 남성 특권과 관련하여 분석되어야 한다고 주장한다. Gayle Rubin은 여성 억압의 기원이 친족 제도에 기인한다고 해석하였다. 족외혼을 강요하고 여성을 가족 상호 간의 교환물로 사용함으로써 가족 외의 관계들을 공고히 했다는 것이다. Juliet Mitchell은 여성이 처한 핵심적 구조들로 생산, 출산, 성관계 및 자녀의 사회화를 들고 있다. 이러한 구조들의 구체적인 결합이 여성의 위치라는 '복합적 통일체'를 만든다는 것이다. 그러므로 이 통합적인 구조가 모두 변혁될 때에만 여성 해방은 성취될 수 있다는 것이다. 그 네 가지 구조 중에서 어느 하나의 변화는 다른 하나의 강화에 의해 상쇄될 수 있다. 이는 여성에 대한 착취의 형태가 단순히 교체되었을 뿐이라는 것이다. 진정한 여성 해방이 일어나려면 통합적인 모든 구조들의 변혁이 있어야 하며, 모든 모순들이 결합되어 폭발되는 균열의 결합이 있어야 한다고 주장한다.

사회주의 여성주의자들은 사실상 여타의 모든 이론에서 주장하는 바와 같이 가정과 작업장 간의 이분법을 배격한다. 그 대신에 가사 노동이 실제의 노동이라는 점을 강조한다. 또한 가족은 결코 경제 외부에 존재하는 '자연 발생적' 제도가 아니며, 대신에 보다 광범위한 경제 체계와 불가분한 한 부분으로 이해되어져야 한다는 인식이다. 가정주부에게 임금이 주어져야 한다는 주장과 아울러 권위와 경쟁의 가치를 강조하고 가족 구성원들 사이의 질투와 소유 의식을 조장시킨다고 하는 가족의 이데올로기적 기능을 지적한다. 사회에 대한 사회주의 여권론은 가정과 노동, 사적인 것과 공적인 것, 개인적인 것과 정치적인 문제, 가족과 경제 체계, 여성 억압과 계급 사회, 이러한 각각의 요소가 불가분의 상호 연관성을 맺고 있음을 강조한 점으로 특징 지워진다. 이 이론은 전통적 마르크스주의와 급진적 여성주의자들의 중요한 성찰을 새롭게 통합하려고 시도한 것이다. 사회주의 여성주의자들의 이상은 양성론이다. 여성과 남성에게 각각 부여된 전통적인 성 역할을 넘어서서 우리 자신을 완전한 인간, 즉 모든 사람이 독립할 수도 있고 의존할 수도 있으며, 부드러울 수도 있고 강할 수도 있으며, 줄 수도 있고 받을 수도 있는 인간으로서 정의할 필요가 있음을 의미한다.

6) 실존주의 여권론

실존주의 여권론의 대표적인 사람은 Simone de Beauvoir이다. 그가 『제2의 성(*Le Deuxième Sexe*)』(1949)을 쓴 때가 1949년이었고 그의 나이 41세였다. 이때는 제2

차 세계 대전 후 인간의 존엄과 가치, 개인의 자유, 그리고 여성 운동 등이 다시 고조되던 때이며, Sigmund Freud의 심리학이 마지막 기세를 떨치고 있던 반면 Jean-paul Sartre의 실존 철학이 크게 철학계에 부각되던 때이다. Beauvoir는『제2의 성』에서 여성이 신화와 베일 속에서 타자로 존재하고 있는 사실(현실)을 폭로하고, 여성의 현실이 어떻게 형성되었는가, 여자는 왜 타자로 규정되어졌는가, 남자들의 견해에서 어떠한 결과가 생겼는가를 생물학, 정신 분석, 유물 사관을 기반으로 하여 토론하였고 다시 역사적으로 구분하여 실증을 제시하였다. 그리고 여성이 어떻게 해방된 인간이 될 수 있느냐 하는 점에 초점을 두어 체험론을 통해 실존주의에 입각하여 해답을 찾으려고 하였다. 어떻게 해서 성적 계급이 이루어졌는가에 대해 Beauvoir는 남자들은 여자를 여자 자체로서가 아니라 자기와의 관계에서 정의하였고, 여자를 상대적인 존재, 남자에게 있어서 의타적인 존재, 그리고 비본질적 타자로서 의식했기 때문이라고 하였다. 여성은 응고된 현실이 아니라 만들어진 생산물이며, 이러한 생산물인 면에서 남자와 대결시켜 여자의 가능성을 명확히 하여야 한다고 주장한다. 여성이나 남성이나 그 구체적 특징을 규정하기 위해서는 경제적, 도덕적, 사회적 상황과 연결되어야 한다. 따라서 실존주의의 도덕성에 입각하여 자기 초월을 통한 주체성을 확립하여야 한다고 믿는다. 그는 그것이 가능하기 위해서는 개인의 기회에 관심을 가져야 하며, 이 기회는 '행복'이라는 용어가 아니라 '자유'라는 용어로 정의되어야 한다고 주장하였다. 자주적인 자유, 즉 여성의 해방은 남자들이 타자로서 살도록 강요하는 수동의 세계에서 벗어나 자기를 발견하고 자기를 선택하는 것이어야 한다는 것이다. 결론적으로 인간 사회에서는 아무 것도 자연적인 것은 없고 특히 여자는 운명에 의하여 고안된 산물이라고 하면서 남녀가 진실로 평등하기 위해서는 법률, 제도, 풍습, 여론, 그리고 모든 사회적 관계를 개선하는 것으로써만 충분한 것이 아니라 실존적 자각에 의한 인간으로서의 주체성으로 가능하다고 보았다.

Beauvoir는 여성 운동 현대기에 있어 경험과 연구를 기반으로 하여 광범위하게, 여러 측면에서 여성 문제를 사실적으로 묘사하여 문제를 제기한 최초의 여성해방

이론가라는 측면에서 중요한 자리를 차지하고 있다. 특히 그의 착안점은 출산과 생산 활동의 관계에서 여성의 예속 문제의 원인을 찾았다는 점이다. 그리고 생물학과 심리학이 신화적으로 여성의 본질 문제에 미친 영향을 들추어 그 베일을 벗기고 실상을 볼 수 있게 한 점은 커다란 공헌으로 인정되지만, 여성 문제 해결의 전략에 있어서는 개인적인 접근 방법을 주장하여 제도적 접근성을 흐리게 한 것이 문제점으로 지적되고 있다. 실존주의 철학을 배경으로 체계적 이론이 분명하지 않다는 점에서 비판을 받고 있다.

7) 복지주의 여권론

복지주의 여권론은 1970년대부터 자본주의 체제에서 모성의 기능인 사회적 재생산에 대한 물질적 보상이 제대로 이루어지지 않는 것 자체가 여성 억압임을 강조하면서 등장했다. 따라서 복지주의 여권론은 공적 영역에서 기회를 획득하는 것에 목적을 두는 것이 아니라 사적 영역 내에서 어머니와 아내로서 여성의 욕구 충족에 목표를 둔다. 복지주의 여권론의 기반은 여성의 가사 노동과 남편에 대한 경제적 의존으로 특징지워지는 가족이라고 할 수 있기 때문에 현실에서 불이익을 경험하는 여성의 빈곤, 불황, 보건 의료, 고용, 교육, 가정 폭력 희생자를 위한 쉼터, 강간과 성적 학대 피해자, 여성 죄수 문제 등에 관한 관심이 주류를 이룬다.

복지주의 여권론은 기본적으로 복지국가를 여성들의 중요한 동반자로 보기 때문에 여성의 삶에서 국가는 규제자라기보다는 잠재적인 복지 급여자이다. '성친화적' 국가로 평가받는 스웨덴이 그 예가 되겠다. 복지주의 여성주의자들은 어머니인 여성의 욕구와 아동의 욕구를 국가의 개입을 통해 해결하고 사회적 재생산에 대한 보상을 국가가 하도록 함으로써 여성의 사회 경제적 지위를 향상시키고자 한다. 출산이나 아동 양육과 같이 여성의 삶에서 매우 중요한 사건과 단계에 국가가 개입하여 여성들의 삶의 질을 향상시킬 수 있기 때문에 국가의 사회 복지 서비스가 반드시 필요하다고 주장한다.

아울러 사회 복지 전문가에 의한 사회 복지 실천을 강조하는데 지난 30년간에 걸쳐 학제 간 여성주의적 학문 및 경험적 이론에 바탕을 둔 실천법의 괄목할 만한 성과로서 복지주의 여권론적 사회 복지 실천을 개발하였다.

즉 세상에 들어나지 않았던 존재로서의 여성이 그들 자신의 언어로 존재를 알리게 되면서 남성과 여성이 같은 인간이라는 시각에서 지극히 사적이고 개인적인 문제로 생각되어 왔던 것들에 대하여 법적, 사회적 대안을 모색하게 되었다. 또한 다양한 여성들의 이해를 반영하고 연대를 형성하기 위한 기반을 마련하게 되면서 복지주의적인 사회 복지 실천은 이론과 방법에서 삶의 환경, 상황, 자각, 배경을 동시에 처리하려고 노력하는 다문화적이고 다양식적이며 해방적인 성격을 갖게 되었다. 가부장제, 성폭력, 세계화, 평등에 대한 미래 지향적이고 포용력 있는 모델의 구축을 위해 복지주의 여권론의 사회 복지 실천은 모든 사회 복지 실천 제도와 역할에서 남녀 모두와 함께 일하며, 사회 정치적 구조의 변화가 인간 욕구의 처리와 성차별주의, 그리고 기타 지배와 착취 형태로 인한 복합적인 상처를 치료하는데 필요한 일을 전개해 나가게 되었다. 그 결과 복지주의 여권론 입장의 사회 복지 실천은 성차별을 두지 않는 실천과 성 역할에 민감한 실천을 통하여 여성 해방 운동에 기여하게 되었다고 할 수 있다. 그러나 복지주의 페미니즘이 모성으로서 여성의 역할에 주목하고 이를 국가의 정책적 개입을 통해 점진적으로 해결하려 하지만 여성을 모성과 동일시함으로써 가족을 온전히 유지하고 결국은 남성에게 의존하도록 만드는 보수적인 이론이라는 한계가 있다.

8) 포스트 모던 여권론

포스트 모던(post modern)을 하나의 변환기적인 사회(society in transition) 형태라고 본다면 과거의 이론을 오늘날의 조건에 맞게 발전시키고, 현대화시키고, 확장시킬 필요가 있다. 포스트 모던 여성주의의 출발은 여성들이 진정으로 자유를 얻고 해방되기 위해서는 전통적인 가정과 남성 중심의 활동을 거부하고 새로운 여성 문화 활동을 주창하려는 데서 비롯되었다. 포스트 모던 여성주의는 다양성의 기본 틀 안에서 결코 하나로 통일될 수 없다는 전제를 두고 여성이라는 '타자'의 장점을 찾거나 '타자성'을 해체하는 방법으로 문제의 해결 방법에 접근한다. 다원화주의는 포스트 모던 페미니즘의 가장 중요한 핵심이다.

포스트 모던 여성주의의 핵심 주제는 첫째, 단일 사실을 거부하고 이를 다양한 현실로 받아들이며, 둘째, 지식의 형태 속에 권력이 존재하고 있음을 인정하고, 셋째, 무시된 사람들의 말에 귀를 기울이며, 넷째, 개개인은 개인과 사회가 창조한 언어 속에서 사회적으로 구성된다는 것을 이해하고, 다섯째, 비합리적인 것에 대한 정당성을 인정하며, 여섯째, 개인적인 것이 정치적인 것임을 인정하는 것이다.

포스트 모던의 가장 중요한 특징의 하나가 문화, 사상, 삶의 양식 등 전반에 걸쳐 나타나는 항구적이며 축소될 수 없는 다원화주의의 팽배라고 볼 수 있다. 유일 독선적인 세계관의 종말이요, 단 하나의 사상의 추구에 대한 반발이며, 무엇이든 서로 다를 수 있다는 차이점에 대한 경의라고 볼 수 있는 포스트 모던 여성주의의 문제 해결 방식은 타자로서의 '여성성'에 대한 강점–부드러움, 포용력, 모성성–에 더하여 남녀의 차이점이라고 할 수 있는 개방성, 다양성, 다원성을 확보하고자 한다. 아울러 인위적으로 만들어진 남성성과 여성성이란 범주 자체를 해체하려는 시도를 한다. 여성들의 다양한 차이에 주목하고 여성성과 남성성이 고정된 의미를 갖는 것이 아니라는 것을 극명하게 보여 주었지만, 사회 구조적인 문제 그 자체를 간과하는 한계를 가지고 있다.

9) 생태여성주의

생태여성주의는 서구에서는 1970년대에, 국내에서는 1980년대 중반에 태동하게 되었다. 서구에서는 1970년대에 이르러 산성비로 인한 생태계 파괴, 탄산 가스 증가로 인한 기후 온난화, 대기 오염으로 인한 오존층의 파괴, 화학 물질의 과용으로 인한 부작용들, 사막화, 열대 우림의 감소, 물의 오염, 핵 문제 등등의 심각한 환경 문제로 인하여 지구 멸망의 위기감이 대두되면서 많은 여성들이 생태주의 이론에 대한 이해 없이 자생적으로 녹색 소비자 운동, 반핵 운동, 군비 경쟁과 자원, 인간, 환경에 대한 착취를 중지할 것을 요구하는 운동에 참여하게 되었던 것이다. 또 하나의 계기는 급진주의 여성주의자들의 독자적인 연구와 활동이 급진 생태주의 여권론의 이론과 실천으로 연결되는 계기가 되었다. 철학, 문화, 종교가 자연과 소외된 양상을 보이는 것은 인간 중심주의 때문이 아니라 남성주의 때문이라고 문제를 파악하는 급진 생태여성주의로 발전하게 되었다. 즉 자연의 정복과 지배는 인간의 자연에 대한 공포와 분노에 기초한다고 할 때 그 공포와 분노는 동시에 자연과 동일시되는 여성의 능력에 대한 공포와 분노라는 것이다. 생태여성주의의 또 다른 배경은 미국의 여성 운동에 불교가 도입되게 된 배경의 하나로 1960년대와 1970년대에 시민 운동과 반전 운동에 참여하면서 고통을 받은 사람들이 영적인 상처를 치유하고자 하는 관심과 노력이 불교나 여신 종교론의 수용과 발전으로 나타난 영적인 갈증에서 비롯되었다고 보는 것이다.

여성 문제와 환경 문제, 소비자 문제, 교육 문제, 전쟁 문제, 핵 문제 등 다양한 문제들이 '건강한 생존'이라는 화두 아래 유기적 관계 속에서 이해됨으로써 여성주의의 문제는 양성 간의 권력 관계의 문제라는 차원을 넘어서서 인식된 것이다. 녹색 소비자 운동, 반핵 운동, 군비 경쟁과 자연과 인간에 대한 착취를 중지할 것을 요구하는 것과 같은 다양하고 탈중심적이며 남자도 함께 하는 운동이 생태여성주의 운동이며 이런 운동의 지도 원리가 생태여성주의라는 것이다. 여성 운동이 사회 운동 속으로 용해되고 사회 운동이 여성 운동 속으로 용해되면서도 또 여성 운동의 살아 있는 새로운 양상을 느끼게 된다. 이는 운동의 해체일 수도 있고 운동의 중복일 수도 있다.

생태여성주의는 여성에 대한 지배와 자연에 대한 지배는 주체와 객체, 문화와 자연, 남성과 여성을 배타적으로 분리시키며, 전자를 후자보다 우월한 것으로 가정하는 이원론적이며 인간 중심적인 근대 사상은 바로 가부장적 인식론의 틀이기도 하다는 것을 인식하게 되었다. 따라서 여성주의 이론과 실천은 생태주의 관점을 요구하며 생태주의는 여성주의 관점을 통합하여야만 생태학적 문제와 여성 문제는 해결될 수 있다는 결론을 내리게 된다.

우리나라는 여성주의가 몰두하고 있는 주제들인 성폭력, 가정 폭력, 고용 할당제, 노동 시장에서의 성차별 등 양성 간의 권력 불균형 등에 초점을 맞춤으로써 가시적인 성별 이해와 뚜렷한 상관성을 보이지 않는 여성 환경 운동, 생태 운동 등은 오히려 일반 여성들의 자생성에 크게 의존해 왔다고 보인다.

오늘날의 생태학적 위기는 현대 문명의 핵심적 위기라 할 수 있고 따라서 여성 현실에 대한 포괄적 설명력을 갖는 여성주의 이론의 정립은 생태학적 위기에 대한 비판적 성찰과 대안적 전망을 포함하지 않으면 안 된다.

생태여성주의는 자기 자신과 세상에 대한 기존의 감수성과 생활 양식을 전폭 폐기하여 간결하고 단순한, 자연 친화적인 양태로 삶을 변형시킨다. 굳이 이론에 국한시키지 않고서도 여성 운동과 환경 운동의 만남은 의미가 큰 것이지만, 생태여성주의의 기본 신념은 다음과 같다.

첫째, 서구 산업화 사회의 자연에 대립하는 문화는 여성을 자연과 연결 지음으로써 여성에 대한 종속을 강화한다.

둘째, 지구상의 모든 생명체는 위계가 아닌 유기적 관계를 맺고 있다. 인간의 위계는 그들의 사회적 지배를 정당화하기 위해 만든 것이지 자연적인 것이 아니다. 따라서 여성의 생태론은 자연에 대한 지배를 포함한 모든 종류의 위계에 기본적으로 반대한다.

셋째, 인간과 모든 생물을 포함하여 건강하고, 균형된 생태계는 다양성을 유지해야 한다.

넷째, 종(species)의 생존을 위해서는 인간과 자연과의 관계에 대한 새로운 이해가 필요하다. 이는 자연과 문화의 이원론에 도전하며 생태학적 원리에 의한 인간 사회의 재구조화를 촉구한다.

제3장

여성의 성과 가족

1. 여성과 성

인간의 성은 생식과 본능의 생물학적 차원을 넘어 사회·문화적 결과물이라는 점에서 동물 사회의 성과는 분명히 다르다. 개인이 속한 모든 사회는 인간의 모든 본능적인 욕구나 충동에 일정한 규제를 가해 왔으며 그러한 규제는 성에 대해서도 예외일 수가 없다. 이러한 성적 규제와 더불어 각 사회는 저마다 일정한 성 문화를 형성하게 되는데 이는 그 사회의 규범과 가치, 남녀 간의 사회적 관계와 역할, 여타의 사회 구조 등과 밀접한 관계를 맺고 형성된다. 성(sexuality)에 관한 논의 또한 사적인 공간에서 나눌 수 있었던 주제에서 벗어나 점차 공적인 담론이 되고 있다.

1) 성욕

성서 중 많은 구절들은 남자만이 본래의 인간으로 되어 있다. 마찬가지로 영어나 프랑스어에서도 남자와 인간은 동일어로 표현된다. 어쩌면 민족에 대하여 이야기할 때도 통상 남자만을 염두에 두고 다루어져 왔을 것이다. 여성은 어디서나 남자라는 수많은 제한과 장애에 부딪쳐 왔다. 남자에게는 허용되는 수많은 일들이 여자에게는 거절된다. 남자가 가지고 있는 수많은 사회적 권리나 자유가 여성에 의해 행사될 때는 과실이나 범죄가 되기도 했다. 여성은 사회적 및 성적 존재로서 고통을 받는다. 여성이 이 두 개의 관계 중 어느 쪽에서 더 많은 고통을 받는가에 대해서는 쉽게 단언할 수 없지만, 이런 점에서 여자로 태어나지 않고 남자로 태어났더라면 하는 여성들의 바람은 이해될 수 있을 것이다.

인간이 가진 자연적인 욕구 중 생존을 위한 식욕 다음으로 성욕을 언급한다. 종족 보존의 충동은 생존 의지의 강렬한 표현이기도 하다. 이 충동은 정상적으로 발달한 사람이면 누구에게나 깊게 심어져 있고 성숙기에 달한 후에는 이 충동의 만족이 생리적 및 정신적인 건강의 기본이 된다. 인간이 신체의 어떤 부분의 활동을 소홀히 하지 않고 어떤 자연적인 충동에도 정상적인 만족을 거부하지 않는 것은 그가 보편적이고 건전한 방법으로 자신을 발전시키려고 할 때 반드시 충족되어야 할 자기 자신에 대한 인간적인 명령이다. 신체의 각 부분은 자연에 의해 정해진 기능을 수행하여야 한다. 그렇지 않으면 신체 조직은 손상된다. 인간의 정신적 활동은 그 기관의 생리적 생태와 관련이 있다. 그 둘의 완전한 건강은 서로 깊이 관련된다. 한쪽의 장애는 다른 쪽에도 악영향을 미친다. 이 둘은 동일한 신체 조직의 작용으로 상호 영향을 끼친다. 이것은 남자나 여자나 마찬가지이다.

Kant는 "남녀가 합쳐져야 비로소 완전무결한 인간이 이루어지며, 하나의 성이 다른 성을 보완해 주는 것이다."라고 말했다. Schopenhauer도 "성욕은 생존 의지의 가장 완전한 표현이며 따라서 일체의 의지 집결이다. 생존 의지의 긍정성은 생식행위 내에 집결되고 후자는 전자의 결정적 표현이다."라고 했고, 석가모니는 "성욕은 야생의 코끼리를 길들이는 갈고리보다도 예리하고 화염보다도 뜨겁다. 그것은 인간의 정신을 관통하는 화살과 같다."라고 말했다.

그러나 성욕이 모든 사람에게 똑같이 강하게 작용하는 것은 아니다. 그것은 교양과 자제에 의해, 외설스런 담화나 독서, 알코올이 주는 자극을 피함으로써 한층 제어될 수 있는 것이다. 일반적으로 여성은 남성보다도 자극을 적게 느끼고 성적 행위에 대하여 빈번하게 혐오감을 느끼기까지 한다고 회자되고 있다. 그러나 그러한 상태는 남녀 간의 생리적 및 심리적 속성의 차이 때문에 생겨나는 경우는 극히 드물다. 다만 사회의 제도나 편견 때문에 성에 대한 남녀의 태드는 일방적으로 편향되었으며, 이러한 의식으로 인하여 인간 본성의 발달은 저해되어 왔다.

성욕은 도덕적이지도, 부도덕적이지도 않다. 배고픔이나 목마름과 똑같이 자연적인 것에 불과하다. 그리고 자연은 도덕에 관해서는 하등 알지 못한다. 그러나 우리가 몸담고 있는 사회는 이러한 의식으로부터 멀어져 가고 있다.

2) 성의 이중 규범

성을 즐겁고 긍정적인 것으로 받아들이고 긍정적인 체험을 한 사람들은 다른 사람들도 모두 자신과 비슷한 생각과 경험을 가지고 있으리라고 단정하기 쉽다. 그리하여 그런 사람들은 성적인 욕구를 거의 느끼지 못하거나 '불편한 짐'이라고 생각하는 사람들도 이 세상에는 많다는 사실에 대해 낯설어하기도 한다. 최근 우리나라 대학에서도 성에 관한 과목들이 개설되면서 자신의 성기 부분을 관찰하도록 하는 과제를 통해 많은 젊은이들이 자신의 성기가 감추어야 할 치부가 아니었다는 보고를 하였다. '아름다움'으로 인지하는 정도까지 발전한 것은 아니다 할지라도 거울을 놓고 이루어진 자신의 성기에 대한 탐색은 정말 새로운 체험이었을 것이다.

대체적으로 우리 사회의 성에 대한 개념은 성교나 성행위 위주의 성기 중심적인 것으로, 이는 성을 생리적인 현상으로만 보는 편협한 해석에 의거하고 있으며 사회구조와는 분리되는 자율적인 측면만을 부각함으로써 성이 가진 복합적인 성격을 간과하고 있다. 사회적인 구성물로서 성은 우리가 생활하고 있는 방식에 따라 말로 표현되고 형상화되며 환상으로 그려진다. 우리가 생각하는 성은 가족이나 동료집단, 대중 매체 등에 의하여 전이되거나 왜곡된 정의나 의미에 영향을 받는다. 즉 성은 신체 구조와 사회 구조, 사회 규범과 특정 사회 제도의 복합적인 상호 작용에 의해 그 개념의 폭과 깊이가 달라지는 것으로, 성행위뿐만 아니라 임신, 출산, 양육으로 이어지는 일련의 연속 개념으로 보아야 한다.

여성주의 관점에서 볼 때 우리 사회의 성은 이분화되어 있고 가부장적이라고 지적한다. 가부장적 성 문화는 이중적인 성 윤리를 제공한다. 여성은 결혼 전에는 순결을 지켜야 하고, 결혼 후에는 정숙한 부인으로서 성적인 무관심이 요구된다. 그러나 남성에게서 성적 활력은 남성적인 매력이며 선망의 대상이 된다. 남성의 눈에 비친 여성은 이중적인 성 규범에 따라 극단적인 여성상, 순결한 어머니상인 성모 마리아와 방탕한 매춘부로서의 막달라 마리아가 있을 뿐이다.

또한 이중적인 성 윤리는 지배와 복종의 바탕에서 성행위를 구조화하기 때문에 남성은 지배적인 입장에서 주도권을 행사하는 반면에 여성은 성적 자율권과 결정권을 박탈당한다. 여성의 성은 가장인 남성의 소유로 되어 있어 부부 간에 평등한 인격체로서의 성적 교류를 불가능하게 한다. 이러한 성관계는 사회에서 규정한 전형적인 성 역할을 강화하여 남성에게는 성적 주도권과 적극성을, 여성에게는 성적 수동성과 순종성을 정당화시키고 있다.

대학생 집단에서 보여 준 성에 대한 생각과 태도와 인식이 여학생과 남학생이 상이하게 나타나는데, 이는 이러한 사회적 인식을 그대로 반영하고 있다.

여학생의 인식은 첫째, 여성에게 성과 사랑과 결혼은 분리되기 어렵다. 둘째, 남성은 어떤 면이든 존경할 만한 점이 있어야 한다. 셋째, 여자는 사랑하는 사람과의 성관계에서 친밀함과 결속이 더 중요하며 성적 쾌감은 부차적이다. 또한 혼전 성관계는 여자에게 손해이다. 넷째, 여자가 성적 호기심, 관심을 갖거나 성적 욕구를 느끼는 것은 정숙하지 못하고 부끄럽다. 다섯째, 여자는 성관계를 두려워한다. 여섯째, 결혼한 여자가 남편과 성관계를 하고 아이를 낳는 것은 당연한 임무이다.

남학생의 인식은 첫째, 남자들은 성과 사랑을 분리시킬 수 있다고 생각한다. 둘째, 남자는 삶에서 성과 사랑이 차지하는 비중을 여자에 비해 낮게 둔다. 셋째, 남자들은 공격적이고 주도적이어야 남자답다고 생각한다. 넷째, 여자는 '정숙한 여자'와 '야한 여자' 집단으로 분류된다. 다섯째, 결혼은 '정숙한 여자'와 한다. 여섯째, 성관계에서 피임이나 임신은 여성의 몸에 직접 관계되는 일이므로 여성이 책임질 문제이다.

남녀는 본질적으로 생리적인 차이가 있다고 해석하는 인식은 여성에게 윤리적인 규제를 더 강화하게 한다. 결국 모든 여성은 정숙한 여성과 정숙하지 않은 두 집단으로 나뉘게 되고, 이 두 집단은 남자를 사이에 두고 서로 경계하고 경쟁하고 다투면서도 정작 문제를 일으키는 남자는 비난의 대상에서 벗어나게 한다.

외국의 몇 나라에서는 공창(公娼)을 제도화하고 있기도 하지만, 조강지처라 불리워지는 정숙한 집단의 여성들은 끊임없이 자신들의 생존을 위해 정숙한 여성들의 남편을 유혹하는 매춘 집단의 여성들과 대립각을 세우게 될 수밖에 없다. 결국 한 남자는 정숙한 여자의 남편임과 동시에 매춘 여성의 고객이 되는 사회에서 드러나는 성의 이중 규범의 한 형태이다. 이러한 왜곡된 성의 이중 규범은 남성에게도 분열적 삶을 살게 한다.

성적인 관계에서 남성과 여성이 동등해야 한다는 주장에 대해서는 누구도 이의를 제기하지 않을 것이다. 남성이 여성을 억압한다는 사실(남편, 오빠, 남동생, 애인, 아들을 포함해서)을 바보가 아닌 다음에야 부정하는 사람은 없겠으나, 여성의 억압을 단순 노동 현장의 착취에서만 찾으면서 사회적 연관을 제대로 이해하지 못하고 있는 사람들 또한 대부분 남성이라는 것이다.

3) 성의 상품화

성의 상품화는 가부장제와 자본주의가 상호 접합되면서 나타난 현상이다. 가부장제는 여성의 성을 남성의 소유물로 취급하고, 또 그 소유자의 일방적인 성욕 충족을 위해 봉사하게 만든다. 성이 억압되고 성에 대한 자기 결정권이 없는 여성은 자신의 성에 대하여 주체가 될 수 없었다. 성의 상품화는 인간이 노동에서부터 시작하여 사회 생활의 모든 부분을 상품 가치로 전환시키는 자본주의 시장 경제의 원리에 의거하여 이윤 증대를 목적으로 인간의 성이 상업 문화에 이용되면서 향락 산업의 급팽창과 더불어 일어난 현상이다. 성 잡지, 포르노 비디오, 성에 관한 정보를 제공하는 전문지나 전문 상가, 성 치료 센터, 섹스 숍 등이 수익 좋은 사업으로 번창하고 있다. 5·16 이후 펼쳐졌던 '축첩 공무원은 축출한다.'는 제도의 선택이 정부의 정통성을 인정받지 못하는 상황에서 인구의 절반인 여성들의 표를 확보하는데 기여한 것은 사실이다. 그러나 그 이후 우리 사회에는 전국 방방곡곡에 신데렐라 궁전을 방불케 하는 각종 접객업소, 숙박업소 등이 등장하고 매매음(賣買淫)이 번창하게 되면서 성 향락과 퇴폐 풍조가 확산되었음 또한 주지의 사실이다. 학교나 거주 지역을 불문하고 청소년 및 기성 세대를 대상으로 각종 음란물이 왜곡된 성 문화를 파급시키고, 성 산업에 종사하는 취업 인구들이 급격하게 증가하는 이유는 그들이 성적 상품 가치를 최대한 이용할 수 있기 때문이다. 결국 성 산업은 비교적 손쉽고 돈벌이 좋은 여성 직업군을 제공함으로써 여성의 성 일탈을 직업화하는 것이다. 따라서 이들 여성은 노동 그 자체보다는 성적 매력을 위한 외모 가꾸기에 열을 올리게 된다.

대중 매체에서도 각종 광고와 선전을 통해 여성의 육체를 성 자극제로 만들어 상품 판매의 촉진 도구로 적극 활용하고 있다. 결국 인간은 인격체가 아닌 하나의 사물이나 신체의 특정 부위만 부각되는 성적 대상으로 전락한다. 시장 경쟁 속에서 공공연하게 대중들에게 노출되고 있는 공격적이고 폭력적이고 때로는 변태적인 성은 체계적인 성교육이 부재한 상태의 청소년들에게 성에 대한 왜곡된 가치관을 심어 주고 있으며, 이로 인한 성 일탈 행위를 마치 정상적인 것처럼 무분별하게 모방하게 되는 위험한 상황에 방치되어 있음에 주목해야 할 것이다.

4) 피해자에 대한 비난

우리 사회에서 여성들은 수많은 다수로 구성되어 있는 유일한 소수 집단일지도 모른다. 여성들은 사회의 영향력 있는 다수 집단과 함께 살아가는 소수 집단으로서 결국 다수에 의하여 사회화되어 왔다. 직장에서 여성들은 낮은 친분 관계로 거절될 수 있는 반면, 결혼 관계에서의 여성들은 높은 친분 관계 집단의 일원으로 받아들여졌다.

성 일탈에 대한 사회적 반응에서 특기할 것은 무조건 여자에게 책임을 전가시키고 오명을 부여하는 경향이 있다는 것이다. 책임 전가는 여자가 남자의 성 일탈을 유발하였거나 적극적으로 방어하지 않았음을 탓하는 것에서부터 연유된다. 흔히 강간 피해자임에도 불구하고 경찰은 조사 과정에서 여성의 일거수일투족을 문제로 삼는 경우가 허다하다. 왜 밤늦게 다녔느냐, 무슨 색깔의 옷을 입었느냐, 심지어는 당시 기분이 어떠했느냐까지도 추궁한다. 이러한 태도는 피해자 스스로 자신을 방어하지 못했다는 죄의식을 느끼게 하고 자기 비하와 자기 혐오의 함정에 빠지게 한다. 또한 피해를 입증하는 것 자체가 여성 자신에게 또 다른 부담과 고통을 안겨 준다. 경찰의 태도나 조사 방법, 각종 절차 등은 피해자로 하여금 사건에 적극적으로 대응하지 않게끔 묵시적으로 만류하는 경향이 있다. 법적 규정이 존재해도 문화·제도적 구속들이 여자로 하여금 경찰에 호소하거나 기타 공식 기관의 도움을 요청하기를 기피하고 두려워하도록 만드는 것이다.

또한 여성은 이러한 사건에 연루되었다는 사실만으로도 이미 여성의 정체성(여성성, 여성다움)을 상실한 오명이 부여된다. 이러한 오명 부여가 극심한 경우 피해자는 영원한 일탈자가 되기도 하고 자살이나 심각한 정신증을 유발하기도 한다.

반면에 상대방 남자들의 반응은 '재수 없어서'이다. 이와 같은 변명의 구실을 만들어 주는 것은 성에 대한 사회의 이중 규범 때문에 수치감이나 죄책감을 크게 느끼지도 않고 피해 여성에게 실제로 피해를 주었다는 사실 자체를 부인하는 경우도 허다한 실정이다.

결국 이러한 사회적 반응은 이중적 성 규범뿐만 아니라 이것의 근간이 되는 남성 지배의 권력 구조의 반영이라는 점을 간과할 수 없다는 것이다.

이에 성폭력이 '성적 자기 결정권의 침해'라는 문제 의식을 바탕으로 1991년 희소한 한국성폭력상담소가 문을 열었다. 상담소에서는 성폭력이 성별 권력 관계로 인해 발생하는 사회 구조적 문제라는 것을 알리고 이에 대응하기 위한 활동을 시작하여 현재까지 8만여 회가 넘는 상담을 통해 성폭력 피해 생존자를 지원해 오고 있으며, 성폭력 통념을 깨기 위한 출판 사업과 대중 교육 등 활발한 반성폭력 운동을 펼치고 있다.

5) 자유로의 도약

여성들이 모든 영역에서 남성과 똑같은 권리를 갖는다면, 성의 영역에서까지 남녀평등이 실현된다면 하는 상상을 해 본다. 여성으로서 스스로의 상황을 변화시킨다는 것이 각 여성들에게 어떤 식으로 가능할는지에 대한 답은 다양할 것이다. 정치·경제·사회적 평등은 양성 간의 평등을 위한 기본적인 전제 조건이지만, 이 전제 조건이 충족되었다 하더라도 우리들의 머릿속에서 일어나는 변화는 실제 사회적 발전보다 훨씬 느리게 움직일 것이라는 것은 자명하다. 이제 여성들 모두는 자신의 성에 대하여 주체성을 가지고 있는가를 생각해 볼 시점에 와 있다. 자신의 성이 자신의 의지에 따라 이루어지고 있다는 확고한 신념만 있다면 어떤 선택도 자신이 책임질 수 있을 것이다. 스스로를 남성의 눈을 통해 평가하고 거기에 따르는 태도를 가지고 있는 한 여성은 어느 선택에서도 자유로울 수 없다. 또한 상황에 따라 성을 신성시하거나 상품화하는 태도를 가지고 있는 한 남성도 진정한 의미의 성을 경험하지 못하게 된다. 여성과 남성 모두 이러한 허위의식을 버려야 성에 대한 자유와 자율성을 누리게 된다.

우리가 하는 모든 일, 모든 계획이나 모든 사회적 만남 그리고 모든 사람의 관계를 충만케 해 주는 내적인 생동감의 궁극적인 목표는 감정적인 자발성인 것이다. 이제 여성들은 인간으로서 갈망하는 자유와 독립을 쟁취하기 위하여 안전의 도구로 사용해 왔던 의존을 내려놓아야 한다. 여성과 남성이 통합된 성과 사랑의 관계를 지속하려면 권력과 신뢰의 균형, 민감성, 개방성을 지니고 서로 다른 인격의 경계를 인정할 수 있을 때 남녀가 어울려 공통성이나 연대감을 형성해 나갈 수 있을 것이다.

2. 여성과 가족

한 꼬마가 어느 저녁 식탁에서 '아빠 우리 식구는 네 명이지요?' 하고 물었다. 엄마, 아빠, 형 그리고 자신까지…. 늦은 시간에 퇴근하는 엄마 때문에 엄마 친구 집에서 늘 저녁까지 돌봄을 받는 초등학교 1학년생이 앉아 있는 식탁 위에서 순간 두 어른의 눈빛이 긴장하며 부딪쳤다. 천연덕스럽게도 1학년생 입에서는 '아니지. 누나까지 식구는 다섯 명이지! 그렇지만 진우네 가족은 네 명이 맞아!'

'정상 가족은 없다.'는 슬로건에서 '가족은 없다.', '가족주의는 야만이다.'는 선언에 이르기까지 가족을 둘러싼 온갖 움직임들이 등장하고 있지만, 아직도 '가족'은 우리 사회의 심장이며 우리 미래의 기초라 언급하는 국가의 가족 지원 정책들이 아니더라도 가족은 여성의 경험을 이해하는데 중요한 장(field)이라 하겠다.

우리나라에서 전통적으로 여성들은 대가족 제도 속에서 육아 및 가사 활동에만 종사해 왔다. 산업화, 정보화 등 사회 구조의 변화와 더불어 여성들도 교육의 기회를 갖게 되었으며, 전통적인 역할에 대한 가치관의 변화와 함께 여성의 사회 역할을 필요로 하는 경제 구조적인 변화가 있었다. 반면에 가족 형태가 핵가족화 함으로써 자녀 양육을 비롯한 가정 내 역할은 더욱 중요시되었다. Parsons를 중심으로 한 기능주의론자들은 가족을 퍼스낼리티(personality)를 위한 기능으로 보아서 자녀의 사회화를 가족의 가장 중요한 기능으로 보았다. Freud 및 아동 심리학자들도 유아기에 어머니는 자녀의 사회화에 중요한 영향을 주며 어머니가 부재중일 경우 자녀의 성격 형성은 크게 영향을 받는다고 강조한다. 기능주의론자들이 말하는 핵가족은 생계 벌이자인 남성과, 가사 노동과 정서적 기능 담당자인 여성의 성별 분업에 기반을 둔 것으로 이들은 성별 분업을 남녀에게 상호 호혜적인 것이라고 보았다.

여성주의 관점으로 볼 때 기능주의 가족이론은 첫째, 가족 내 성별 분업에 기초를 둔 남녀의 위계 관계를 은폐한다는 것, 둘째, 남성 한 사람의 벌이로 가족 전체의 생계가 가능한 중산층 가족을 모델로 한다는 것, 셋째, 가족의 변화와 갈등을 설명하지 못한다는 점에서 비판을 받는다.

가족에 대한 정의가 사회적으로 구성된다고 할 때 현재의 사회 구조와 핵가족 속에서는 시간적으로 동시에 수행할 수 없는 두 가지 상반된 역할을 여성에게 강조하고 있고, 여성들은 많은 경우 좌절과 갈등을 느끼며 이중적인 부담 속에서 생활하게 된다.

1) 가족 구조의 변화

한국의 가족은 최근 수십 년간 급격한 변화를 거쳐 왔다. 산업화의 과정과 그에 따른 가족의 변화를 300~400년에 걸쳐 점진적으로 이루어 온 서구와는 달리, 한국 사회는 이를 30~40년만에 겪어 냈다. 1940년과 2017년의 한국의 사회 지표를 보면 그 속도가 여실히 나타난다. GDP는 82달러에서 2만 7,633달러로, 도시화 비율은 8%에서 89.7%, 평균 수명은 36세에서 81.8세로 변화하였다. 가족의 변화도 이에 못지않아서, 농경 사회의 대가족이 산업 사회의 핵가족으로 변화하는 것을 비롯한 여러 가지 모습이 드러난다. 2045년까지 부부와 미혼 자녀로 구성된 가구는 감소하는 반면, 1인 가구와 한 부모 가구를 전체 가구의 절반 이상으로 전망하듯이, 여성 가구주도 1.5배로 증가할 것으로 전망되고 있다. 대부분의 사람들은 자신이 자라날 때의 가족과 결혼해서 이룬 가족이 다른 형태를 지니고 있으며, 앞으로도 또 다른 가족 형태에서 살아갈 가능성이 매우 높다. 한국의 가족 변화를 보여 주는 몇 가지 지표를 제시하면 다음과 같다.

〈표 3-1〉 혈연 가구의 세대수별 분포 (단위: %)

구분	2000	2010	2015
1세대 가족	17.1	21	16.6
2세대 가족	72.9	58.2	56.4
3세대 가족	9.9	4.9	5.7
1인 가구	15.5	15.8	21.3

출처: 통계청. 인구동태통계연보(각 연도).

평균 가구원 수는 매년 감소하여 2000년 3.12명에서 2016년 2.5명으로 꾸준히 감소세를 보이고 있다. 이는 자녀 수의 감소와 더불어 노부모와 동거하는 가족의 감소를 나타낸다. 지금까지 전형적인 가족 모델로 생각되어 온 부부와 미혼 자녀로 구성된 가족 형태의 비중은 점차 감소하는 반면에, 한 부모 가족, 다문화 가족, 이혼 및 재혼 가족, 비혼·동거 가족, 공동체 가족 등 가족 형태의 다양화가 진행되는 동시에 1세대 가구와 1인 가구가 증가하여 가족 구조가 단순화되는 것을 볼 수 있다. 1인 가구의 증가는 결혼을 늦추거나 하지 않는 젊은이들과 더불어 노인이 혼자 사는 가구 또한 늘어나고 있는 것이 두드러진다.

아이를 낳아서 기르기 좋은 사회를 만들기 위한 노력은 어떠해야 하는가. 2005년 합계출산율 1.08명에 깜짝 놀란 정부가 위원회를 만들고 정책을 만들어 지금까지 추진해 왔으나 정책을 통해 출산이 제고될 수 있는 문제인가에 대해 숙고해야 할 시점이 되었다. 2020년까지 합계출산율 1.5명이라는 목표를 세우고 2016년부터 제3차 저출산 고령 사회 기본 계획 재구조화를 수립, 추진해 가고 있으나 우리 사회는 여전히 초저출산 상황이 지속되고 있기 때문이다.

연간 혼인 건수는 지속적인 감소 추세를 보이고 있다. 2011년에는 32만 9,000건(쌍)으로 2010년 32만 6,000건(쌍)보다 약 3,000건(쌍) 증가했으나 이후 계속 감소하여 2017년에는 겨우 26만 4,500건(쌍)에 지나지 않는다. 연간 이혼 건수와 재혼 건수 또한 미미하지만 계속 감소 추세를 보이고 있다. 최근에는 '황혼 이혼'이라 하여 노년의 이혼이 증가하면서 새로운 사회적 이슈로 부상하고 있다.

〈표 3-2〉 **혼인, 이혼 및 재혼 건수** (단위: 건, 인구 천 명당)

연도	총 혼인 건수	조혼인율	총 이혼 건수	조이혼율	총 재혼 건수
2010	326,104	6.5	116,858	2.3	39,125
2011	329,087	6.6	114,284	2.3	37,694
2012	327,073	6.5	114,316	2.3	37,604
2013	322,807	6.4	115,292	2.3	36,073
2014	305,507	6.0	115,510	2.3	35,471
2015	302,828	5.9	109,153	2.1	34,682
2016	281,635	5.5	107,328	2.1	32,077
2017	264,455	5.2	106,032	2.1	31,051

출처: 통계청. 인구동태통계연보-혼인·이혼편(각 연도).
주: 1) 조혼인율은 인구 천 명당 혼인 건수임
2) 조이혼율은 인구 천 명당 이혼 건수임
3) 총 재혼 건수에는 양쪽 모두 재혼인 경우만 포함

초혼 연령은 2008년 남자 31.4세, 여자 28.3세에서 2016년 각각 32.8세, 30.1세로 남자는 1.4세, 여자는 1.8세 높아졌으며, 재혼 연령 또한 높아지고 있다.

〈표 3-3〉 **평균 초혼 연령 및 재혼 연령** (단위: 세)

구분		2008	2010	2012	2014	2015	2016	2017
평균 초혼 연령	남자	31.4	31.8	32.1	32.4	32.6	32.8	32.9
	여자	28.3	28.9	29.4	29.8	30.0	30.1	30.2
평균 재혼 연령	남자	45.0	46.1	46.6	47.1	47.6	48.2	41.7
	여자	40.3	41.6	42.3	43.0	43.5	44.0	47.4

출처: 통계청. 인구동태통계연보-혼인·재혼편(각 연도).

2) 전통적 가족 가치관과 여성

한국 사회의 가장 기본적인 단위는 가족이다. 일본은 가족주의와 국가주의, 중국은 가족주의와 개인주의가 병행하지만 한국은 가족주의 하나로 시종일관하였다. 부계 중심의 혈연 계승을 중요시하는 가부장적 대가족 제도는 가족의 영속성과 가(家) 중심 사상에 기반을 둔 철저한 가족주의 가치관이 지배한다. 가계의 계승, 봉제사, 부모에 대한 효도, 가문의 번영, 재산 확대 등은 가족의 중요한 가치가 되고, 모든 행동의 결정에도 가족이 준거 틀이 된다.

이러한 목적을 달성하기 위해 남아 출산은 지상의 목표일 수밖에 없으며, 아울러 강력한 가장권을 필요로 한다. 가장권의 강화에 따라 가장 외의 모든 사람들은 연령, 성 및 출생 순위 등에 의하여 엄격한 지배-복종의 관계가 형성되고, 효 사상, 장자 및 남아 우위 사상, 여성의 예속된 지위 등이 등장한다. 아울러 자신과 자신이 낳은 자녀들을 통하여 노후의 보상을 기대한다. 이러한 자궁 가족(子宮家族)이 현대에 와서는 자본주의 경제 체제 아래 새로운 현모양처상을 등장시킨다. 남편의 성공을 위해 헌신하고, 자식이 공부를 잘 하도록 뒷바라지 하는 역할이 강조된다. 여성의 역할이 가정에 국한될 때 그들의 희생에 대한 보상은 사회적인 것이 아니라 남편의 출세나 자식의 성취, 가족의 지위 상승 등으로 한정되는데, 이는 가족주의와 맞닿아 강력한 모델로서 자리 잡아 왔다.

3) 가부장적 가족 제도와 여성

가부장권의 확대에 반비례해서 가정 내의 여성의 지위와 역할은 축소되어 갔다. 가부장적인 가족 체제를 효과적으로 유지 발전시키기 위해서는 여성들의 절대적인 예속을 필요로 하기에 삼종지도, 칠거지악, 여필종부, 불경이부 등의 도덕률을 만들어 냈으며, 여성들 스스로 이러한 정절과 복종을 미덕으로 생각하도록 교육을 받음으로써 인내와 복종의 생활을 운명처럼 받아들였다.

결혼도 가계 계승을 위한 수단이기 때문에 혼인 당사자의 의견과는 관계없이 중매에 의한 가장끼리의 합의에 의해서 이루어졌으며, 결혼 전의 남녀 상호 접촉은 일체 금지되었다. 결혼 후에도 엄격한 내외법이 존재해서 부부 간에도 공공연히 만날 수 없었다. 또한 출가외인이라고 해서 시집에서 쫓겨난다는 것은 여성에게 곧 죽음을 의미하게 된다. 따라서 아들을 얻는 것은 전통 사회의 여성에게는 생명력을 얻는 것과 마찬가지로 절대적인 것이었다. 이렇게 해서 남아존중 사상은 남존여비의 관념을 동반했으며, 출산 순간부터 남자와 여자는 차별받게끔 되었다. 아들을 낳은 산모는 충분한 산후조리를 할 수 있었던 데 비해 딸을 낳은 산모는 첫 미역국조차 조상 뵐 염치가 없다고 먹지 않아야만 염치와 예의 도덕을 아는 여자로서 칭송을 받았다. 여성의 철저한 종속적 지위는 이름도 없이 아버지, 남편, 자식과의 관계로서 불리었으며 남편의 직위나 연령에 따라서 신분이 결정되었다. 이와 같이 여성은 출생과 더불어 삼종지도를 미덕으로 삼고 자기 희생을 기꺼이 할 수 있도록 교육을 받으면서 남편과 자식을 위해서는 목숨까지도 희생하게끔 철저히 사회화되었다.

(1) 가부장 문화가 낳은 중독증

가부장 문화는 여성에게 가족의 요구와 남성을 위해서 자신의 꿈과 희망을 접도록 요구해 왔다. 모든 욕구를 억제하면서 박제가 되도록 요구하는 사회 분위기는 여성에게 정서적인 고통을 안겨 준다. 그러한 고통에서 벗어나기 위해 몸부림치다가 환자가 되었을 때 다시 가부장적 의료 체계에 몸을 맡겨야 하나 남성과 동등한 치료를 받지 못하는 동안에 여성의 질병은 악화되고 만성적인 문제로 발전한다.

현대인들이 알코올이나 일, TV, 인터넷에 중독될 수 있듯이 여성들은 가부장적 사회 구조의 편견들 속에서 관계에 중독되어 왔다. 좋은 딸, 좋은 학생, 좋은 친구, 좋은 동료, 좋은 후배, 좋은 선배, 좋은 아내, 좋은 어머니, 좋은 할머니, 언제나 좋은 사람 등 무엇인가에 중독되면 억압된 감정을 완화시킬 수 있기 때문이다.

중독증은 우리가 절실히 깨닫고 느끼는 것에서 벗어나도록 우리를 마비시킨다. 그러므로 이러한 내면의 고통을 인정하고 깨달아 해소시킬 때 비로소 진실한 감정을 만날 수 있게 되며 완전한 치유가 가능할 것이다.

(2) 관계 중독의 최면에서 깨어나기

여성들의 삶과 건강에 긍정적인 변화를 주기 위한 첫 단계는 현재 경험하고 있는 것에 이름을 붙이면서 감정적으로나 정신적으로 철저하게 느껴보는 것이다.

대부분의 여성들은 그들을 필요로 하는 사람의 요청을 거절하지 못한다. 거절하면 그들의 사랑에서 멀어질 것만 같은, 그것은 바로 의존성이다. 의존적인 사람은 감정적, 심리적, 지적, 영적 욕구를 충족시키기 위해서 다른 사람의 힘을 빌린다. 사실 여성은 경제적인 욕구를 충족시키기 위해 남성의 힘에 의존했으며, 남성은 감정적인 욕구를 충족시키기 위해서 여성의 힘을 빌렸다. 여성이 창의성을 발휘하지 못하는 원인 가운데 하나는 생존 경쟁에 열중하는 사람들을 돕는 것에 너무 많은 시간을 할애하기 때문이라고 한다.

문화적 정의에 따르면 '착한 여성'은 자신의 욕구를 억제하면서 상대의 욕구를 충족시켜주는 여성이다. 그러나 타인의 욕구를 충족시키는 동안에 자신에게는 어떠한 일이 일어나고 있었는가를 깨달아야 한다. 오랫동안 무시되고 부인되고 억제되어 온 감정적·물리적 에너지에 자유를 줄 수 있게 되었을 때, 어떠한 편견도 없이 자신을 정확하게 느낄 수 있으며, 그 에너지는 진정한 여성복지가 이루어지는 방향으로 전진해 나가는 데 도움이 될 것이다.

〈표 3-4〉 중독된 사회 구조에서 보이는 여성의 특징들

특징	정의	예
비난	자신에게 일어나는 일의 원인이 외부에 있다는 믿음	'어쩔 수 없어. 나는 항상 이 모양이야. 어머니가 알코올 중독자였거든.'
부인	자신의 느낌이나 욕구 혹은 어떤 정보를 외면함	'왜 10kg이나 체중이 늘어나는 거지? 항상 건강식을 하려고 애썼는데 말이야.'
혼돈	상황이나 자신의 감정에 대해서 명확히 알지 못함	'대체 무슨 일이 일어나고 있는지 모르겠어.'
건망증	잊어버리거나 관심을 끊음	약속, 열쇠, 개인 소지품, 신체적 욕구 등을 잊어버린다.
결핍	원하는 것에는 언제나 일정한 한계가 있다는 생각	'내가 성공하면 그만큼 다른 사람이 고통을 받을 거야.'
완벽주의	외적인 질서로 내면의 무질서를 보완하려는 극단적인 욕구	완벽한 체격, 가정, 친구, 직장을 얻기 위한 냉철한 추진력
방어	과거의 행위를 인정하지 않고 긍정적인 방향으로의 수정을 거부하는 것	'내 위장병이 가족과 관계가 있다고? 천만에 내 어린 시절은 완벽했어.'
자제력	감정을 완전히 분리하여 철저하게 객관적이고 이성적인 사람이 될 수 있다는 믿음	'이제 완전히 다른 사람이 될 거야. 이제 나는 예전의 내가 아니야.'
부정	근시안적 시각으로 삶을 바라 봄	'벌써 마흔 살이야. 너무 늦었어.'
의존성	누군가 자신을 돌보아 줄 것이라는 생각	'그 사람 없이는 살 수 없어.'
위기 전도	외적인 위기를 감정에서 벗어나는 계기로 삼음	'집안에 골치 아픈 일들이 일어나겠지. 오히려 힘이 솟을 거야.'
거짓말	진실을 말하지 않는 행위	'그렇게 나쁘지는 않아. 얼마든지 이겨낼 수 있어.'
이원론적 사고방식	흑백론적 생각, 옳고 그름, 좋은 것과 나쁜 것만 존재	'식사만 충실히 하면 돼. 무슨 보약이야! 절대 안 돼.'

출처: Christiane Northrup(1994). Women's Bodies, Women's Wisdom.

4) 변화된 현대 가족에서의 여성

1960년대 산업화의 과정을 거치면서 인구의 도시 집중과 정부의 출산 억제 정책 등으로 핵가족과 소규모 가족 중심으로 변화되었고, 외형상 선진국의 가족 형태를 닮게 되었다. 가족의 형태 또한 확대 가족, 핵가족, 주말부부 가족, 1인 가구, 이혼 및 재혼 가족, 노부부 가족, 한 부모 가족, 다문화 가족, 조손 가족, 공동체 가족 등 그 형태가 다양해졌다. 가족 규모 축소로 인한 출산율 저하는 새로운 사회 문제로 등장하면서 다둥이 가족에 대한 온갖 지원까지 등장하며 출산 장려 정책을 펼쳐 나가게 되었다.

이러한 변화된 가족의 기능은 기능주의론자들의 주장과는 달리 축소되기보다는 다양화되고 있음을 볼 수 있다. 결국 여성에게 노동력 재생산은 물론 남편의 일인 벌이만으로는 자녀의 교육까지 감당하기 어려워 가족 생계를 분담하는 경제적 기능, 자녀의 학습을 보조하는 교육적 기능과 사회화 기능, 돌봄이 필요한 노약자나 장애인 가족에 대한 사회 복지적 기능까지 다양한 제도적 기능을 통합적으로 수행해야 하는 역할이 증대되었다. 오늘날 친족 관계망이 좁아져 그 유대가 약화되고 가족원 수가 줄어든 상황에서 주로 여성에 의해 이루어지는 이와 같이 중요한 여러 기능은 공적인 일로 인정받지 못하고 있다.

가족주의란 가족 집단의 유지와 그 기능에 가치를 부여하고, 부자 관계에서 효를 절대시하고, 생활 집단의 단위로 가정을 중시하고 가족 관계와 같은 대인 관계를 사회 관계의 이상으로 보는 경향으로서 가족을 개인 위에 두어 가족의 이익에 상반되는 개인의 욕구를 희생할 것을 강조한다. 한국 사회는 가족 구성원 간의 응집력이 유난히 강하고, 공동 운명체로서의 가족이 하나의 생존 단위로 인식되고 있으며, 가족 집단의 구성 원리가 보다 폭넓은 사회 단위에까지 확대 적용되고 있다는 점에서 가족주의 문화적 특성을 가진 사회라고 할 수 있다.

가족주의에서는 가족의 신성성과 공동 운명체로서의 논리가 강조되고 있지만, 실제로는 일부 가족 구성원에게만 이익이 가고 다른 성원들은 바로 '가족을 위한다.'는 명분 아래에서 큰 손실을 보거나 희생이 강요되기도 한다. 가부장적 가족 가치관 아래에서 일방적 양보와 희생이 당연하게 요구된 쪽은 여성과 연소자였다. 그중에서도 핏줄이 다른 가족 구성원인 여성 즉, 며느리에 대한 차별은 제도적으로 정당화되었다.

지금도 한국 사회에서 가족 문화의 이상형으로 강조되고 있는 것은 전통적 가족의 형태와 그 가치관이다. 해마다 5월 가정의 달에 매스 미디어에서 칭송하고 보수적인 사회 단체에서 표창하는 것은 전통적 가부장적 가족을 지키려는 노력을 하는 사람들이다. '효자·효부상'이 대표적인 경우라 할 수 있다. 높은 시청률을 자랑하는 일일 연속극들도 예외 없이 가부장적 확대 가족을 등장시키면서, '이 시대에 진정한 가족 간의 사랑이 무엇인지 보여 주겠다.'는 제작 의도를 표명한다. 그러나 2017년 여성가족패널조사에서는 '결혼하지 않아도 아이를 낳을 수 있다(13.6%).', '결혼을 전제하지 않아도 동거할 수 있다(25.2%).', '결혼을 하면 나 자신의 생활이 구속을 받는다(71.9%).' 등의 반응을 보였다. 한편 '결혼은 반드시 해야 한다(63.2%).', '결혼하면 자녀를 일찍 갖는 것이 좋다(71.0%).' 등도 높게 나타났다. 결혼이 개인의 성취에 방해가 된다고 인식하는 비율이 높은 동시에 결혼이 필수이고, 결혼 후 자녀도 필수라는 의견에 동의하는 비율도 높아서 모순된 의견들이 혼재되어 있는 것으로 나타났다(한국여성정책연구원, 2017).

5) 계급별 가족과 여성

사회의 계급 구조는 자본주의 역사적 조건 및 진행 과정의 특성에 의해 형성된다. 김진균(1984)은 자본가, 화이트칼라, 프티 부르주아, 노동자, 빈민, 농민으로 계급 구조를 분류하였다. 가족을 대표하는 가장의 사회·경제적 위치를 지표로 가족의 계급적 위치를 분류할 때도 역시 이 모델을 적용할 수 있을 것이다.

자본가는 생산 수단을 소유하고 그것을 이용하여 자본 축적을 추구하는 집단이다. 노동자 계급은 육체 노동을 자본가에게 판매하고 그 대가인 임금으로 생활하는 집단인데, 그들이 생산해 낸 산출물에 따라서 생산적 노동자와 비생산적 노동자로 구분할 수 있다. 화이트칼라는 노동력을 판매하여 임금에 의한 생활을 하는 집단으로 전문 기술직, 사무직 종사자와 판매직 및 서비스 종사자 중 피고용인 상태의 사람들이다. 프티 부르주아는 자신이 이룬 제한된 양의 생산 수단을 소유하고 통제하며 자신의 노동을 통해 얻은 이윤을 가지고 생활하는 사람들이다. 그들은 직종별로 전문 기술직 종사자, 자영 생산자, 자영 상인, 자영 서비스직, 자영 기능인으로 구분할 수 있는데 이들 중 자영 전문직 종사자의 비율은 극소수이고 자영 상인의 비율이 과반수 이상을 차지하고 있다. 빈민은 정상적인 노동 계급이라고 하기에는 불완전한 고용 상태에 있거나 반실업, 잠재적 실업 상태에 있는 노동자들, 또한 자영업이라고 해도 노점상처럼 안정적인 노동자들보다 열악한 상태에 있는 사람들이다. 농민도 하나의 독립된 계급으로 분류된다.

이와 같이 각 계급의 내부 구성이 다양하고 그중에서 어느 집단에 속하느냐에 따라서 가족의 현실이나 가족 안에서의 여성 문제는 크게 달라진다.

6) 미래 가족에 대한 전망

세계화의 흐름이 직접적으로 가족에게 미친 영향이나, 1997년 후반이 밀어닥친 외환 위기(IMF)는 개인적 차원만이 아니라 상당수의 가정에서 가족 해체로 이어지기도 했다. 여성 가구주 가구의 증가, 이혼의 증가, 미혼율의 증가 등으로 나타나는 통계상의 변화는 우리 사회의 가족에서 부부 관계의 지속성이 약화되고 있음을 보여 준다. 이제는 글로벌로 생각다 못해 우주적으로 생각해야 할 시점이 된 것 같다. 변하지 않는 듯한 일상과 가족을 이야기하는 것은 아주 어려운 일이 되어 버렸다. 가족이 어른 두 명의 애정을 중심으로 한 배타적 공간으로 압축되는 과정은 보상에 대한 기대 없이 상대방에게 도움이 되는 쪽으로만 관심을 갖는 진정한 사랑으로 채워지는 꿈의 공간이다. 검은 머리가 파뿌리되도록 영원히 함께 잘 살아 보자던 서약을 지키며 손잡고 산책하는 노부부의 모습은 아름답다.

그러나 우리의 현실은 어떤 모습인가. 1970년대 한 해 100만 명이 넘던 출생아 수는 2017년 36만 7,700명에 불과했다. 출산율은 미래의 경제 상황을 낙관할 때 올라간다. 벌써 어린이집은 줄고 노인 요양 시설(요양원, 공동생활 가정)은 빠르게 늘고 있다. 성숙하고 책임감 있어 보이는 젊은이들은 독립적으로 살아가려는 준비를 하면서 도무지 결혼에는 뜻이 없는 듯하다. 마음대로 성별 정체성을 선택하고 자유를 누리는 동성애 담론 또한 증가하면서 이성애자만이 누리는 특권으로 결혼을 신화화할 수 없다는 그들의 목소리를 다양한 방법으로 담아 내고 있다.

실제로 아름다운 가족의 모습을 발견하는 곳의 시공간은 혈연주의를 떠나 함께 식사하고, 함께 보살피며 새로운 판을 짜고 있는 주거 공동체의 모습이다. 지금까지 가족 공간이 거대한 권력을 향한 욕망을 실현하기 위해 여성들이 동원된 배타적이고 독점적인 공간이었다면, 앞으로 그들의 소리를 담아 내는 다양한 살림이스트들의 공간은 자신들의 꿈을 담아 내는 열린 공간이 될 것이라는 것이다.

이러한 변화들이 가족을 위협할 것인가라는 생각을 하게 된다. 가족을 지금과 같이 남성 가장 중심적이고, 이성애 중심적이고, 부계 혈연주의에 기반을 둔 사적 복지 제도로 이해한다면 가족은 분명 위기를 맞고 있는 것으로 보인다. 성 인지적 관점에서의 여성 정책이 수립되고 있는 것처럼 그 실천 또한 잘 이루어지고 있는지 반드시 확인해야 할 일이다.

그러나 분명한 것은 오늘날 가족 관계는 권위주의적인 관계가 아니라, 가족 구성원 모두가 인격을 가진 개인으로서 평등하게 존중되는 민주적인 관계로 변화하고 있다는 것이다. 아울러 사회의 분화에 따라 가족의 형태도 매우 다변화되고 있고, 그에 따른 가족 위기 심화에 대한 적극적인 대응 또한 요구되고 있기에 대상별 맞춤형 지원 체계 구축의 중요성을 여성가족부는 밝히고 있다. 가족의 정의를 새롭게 내려야 할 때인지도 모른다.

제4장

여성의 교육과 일

1. 여성과 교육

가족이 평등과 신뢰를 배우는 출발점이라고 한다면 사회에서 이루어지는 교육은 그러한 관계들을 재생산하고 강화하는 제도라고 할 수 있다. 한국 사회에서 교육은 특별한 의미를 가지고 있다. 대학 입시를 위해 해마다 엄청난 사교육비가 투입되는 한편, 해당 부처에서는 이러한 입시 과열을 해소하기 위한 교육 정책을 발표한다. 급격하게 변화하는 사회에서 교육은 변화에 적응하면서 삶을 영위하기 위한 필수 불가결한 것이며, 교육 기회를 제대로 누리지 못한 사람은 사회·경제적 지위에서 낮은 수준에 머물게 마련이다.

교육은 인간을 대상으로 한 것이나, 형식적 교육의 경우 역사적으로 오랫동안 남성 독점적으로 행해져 왔다. 한국에서 여성이 제도적 교육의 대상이 된 것은 이제 겨우 1세기를 헤아릴 뿐이다. 그러나 여성 교육 인구의 급격한 양적 증가는 교육 영역에서 성 평등 문제가 불식된 것 같은 인식을 보편화시키고 있다.

오늘날 학교 교육은 남녀 공통의 공식적 이념 아래에서 동등한 교육 기회를 제공하고 있는 것은 사실이다. 그럼에도 불구하고 표면적인 현상 이면에는 전통적인 성 역할 의식과 성 고정 관념의 틀을 벗어나지 못한 성차별적 교육이 깊이 내재되어 있는 것 또한 사실이다. 오히려 엄연히 존재하는 성차별의 문제가 쉽게 드러나지 않는다는 이중적 문제를 내포하고 있다.

여성주의에서는 성의 차이가 생물학적인 것이 아니라 사회·문화적으로 형성된 고정 관념이라고 본다. 왜냐하면 성(性, gender)은 가정 및 국가를 포함한 제반 사회 제도, 노동 시장, 학교 간의 상호 작용을 통해 복잡하게 사회·문화적으로 형성되는 개념으로 이해해야 하며, 지금 우리가 경험하고 있는 성차는 누적된 여성 억압적인 사회 구조의 산물이라고 보기 때문이다.

교육 문제를 여성주의적 관점에서 연구하기 시작한 시기는 1970년대에 들어와서였다. 지금껏 남성적 시각에서 보아 온 여성 교육의 문제가 여성 자신의 관점에서 재구성되고 해결 방안이 모색되기 시작했던 것이다. 초기 여성주의 관점에서 주로 교육 과정 동안에 나타나는 성차별을 비판하고 성 중립적인 교육을 주장했다면, 후기에는 성차별 제거와 한 걸음 더 나아가 진정한 남녀평등을 위해 성이 고려되는 교육을 주장했다. 교육 문제에 대한 여성주의적 관심 중에서 크게 부각되는 것 중의 하나가 교육 기회 균등의 문제라고 하겠다. 초·중·고 학교의 페미니즘 교육 의무화가 요구되는 시점이다.

1) 교육 기회 균등과 남녀평등

'모든 인간은 평등하게 태어났다.'는 말은 인간은 모든 면에서 동등하게 대우받아야 한다는 의미를 함축하게 된다. 남녀 간 교육 기회 균등의 개념은 두 가지 차원에서 접근할 수 있다.

양적인 차원에서는 '교육에의 통로 개방(open to access)'이라는 측면에서 해석된다. 실제로 여성 교육의 양적 기회는 근대 여성 교육이 시작되면서 크게 확대되어 현재에는 상당한 정도의 남녀평등을 이루어 내면서 여성의 지위 향상에 크게 기여했음 또한 사실이다.

그러나 이와 같은 교육 기회의 확대에도 불구하고 여성들은 대학, 대학원으로 교육 수준이 올라갈수록 남성에 비해 취학률이 저조할 뿐만 아니라 특정 학문 영역에 전공 분야가 편중되어 있음을 보게 된다. 그렇다면 주어진 교육 기회를 선택하지 않는 것은 여성 개인의 능력, 의지, 성향의 문제일 뿐인 것인가.

실질적인 교육 기회 균등의 의미에 관심을 두는 사람들은 여성의 교육 기회가 남성의 교육 기회와 다르다는 사실을 지적한다. 그들은 학교 교육 현장에 대한 면밀한 조사와 연구 결과, 성 편견과 성 고정 관념에 근거하여 교육 내용과 학교생활이 이루어지고 있다는 것을 밝혀 내고 있다. 따라서 남녀 간 교육 기회 균등의 의미는 교육의 모든 국면에서 남녀 간에 동등한 대우와 권리가 인정되고 실현되는 것이라고 가정한다. 교육이 성차별 없이 공정하게(gender-free) 이루어질 때 남녀 간의 교육 기회가 균등하게 주어진다는 것이다.

〈표 4-1〉 성 및 연령별 국민 평균 교육 기간 (단위: 년)

연도	평균	6~19세	20~29세	30~39세	40~49세	50세 이상
2000						
계	10.5	5.7	13.1	12.9	11.2	7.2
여자	9.8	6.0	13.2	12.5	10.5	5.5
남자	11.5	5.3	13.0	13.2	12.0	9.2
2010						
계	11.6	4.8	14.1	14.0	13.0	9.1
여자	10.9	4.5	14.3	13.9	12.6	7.7
남자	12.4	5.0	14.0	14.1	13.4	10.6
2015						
계	12.1	4.6	14.3	14.5	13.7	10.1
여자	11.4	4.3	14.5	14.5	13.4	8.9
남자	12.8	4.8	14.1	14.5	13.9	11.5

출처: 통계청(2017). 한국의 사회지표.

〈표 4-2〉 대학생 수 및 박사 학위 취득자 수 (단위: 명)

연도	인구 만 명당 대학생 수			인구 만 명당 박사 학위 취득자 수				
		남자	여자		인문사회계	자연계	의학계	기타
2010	624.0	765.6	480.6	2.2	0.5	1.0	0.4	0.4
2011	623.9	760.1	486.1	2.3	0.5	1.0	0.3	0.5
2012	641.9	762.8	520.1	2.4	0.5	1.1	0.3	0.5
2013	639.6	757.6	520.9	2.5	0.5	1.1	0.3	0.6
2014	634.2	748.0	519.7	2.5	0.5	1.1	0.3	0.6
2015	624.0	731.1	516.2	2.6	0.6	1.1	0.2	0.6
2016	610.9	710.5	510.8	2.7	0.6	1.2	0.3	0.6

출처: 교육부·한국교육개발원(2017). 교육통계연보.
주: 1) 장래인구추계(2016.12)
2) 전문 대학, 일반 대학, 교육 대학, 대학원
3) 명예 박사 제외
4) 인문사회계 : 문학, 철학, 신학, 경제학, 정치학, 법학, 행정학, 경영학
5) 자연계 : 이학, 공학, 농학, 수산학
6) 의학계 : 의학, 수의학, 치의학, 한의학
7) 기타 : 약학, 보건학, 교육학, 간호학, 가정학, 기타

2) 사회화 담당자로서의 여성

자라나는 학생들이 성인이 되었을 때 어떤 가치관을 갖게 되느냐 하는 것은 학교 교육만의 영향은 아니라 할지라도 학교는 그 사회의 문화를 전수시키는 기능을 담당한다. 취학 이후에 계속되어지는 학교 교육을 통한 사회화 과정은 남성과 여성에게 각기 다른 행동 유형을 견고하게 한다. 성 역할 습득에 대한 동일시이론, 사회학습이론, 인지발달이론이 모두 성 역할의 정체(identification)가 취학 이전에 형성된다고 주장하고 있으나, 취학 이후에 계속되어지는 사회화 과정은 남성과 여성의 각기 다른 행동 유형을 강화시키는 강력한 기제이다. 일반적으로 성 역할 습득의 매개체는 가정, 학교, 매스 미디어, 또래 집단으로 분류된다. 첫째, 가정에서는 부모가 아들과 딸에게 나타내고 기대하는 성별에 따른 각기 다른 반응, 부모가 자녀에게 보상하는 법, 따뜻함, 성취에 대한 압력, 모델링, 어머니의 직업 유무 등

에 의하여 영향을 받는다. 둘째, 학교에서는 형식적인 교육 과정과 잠재적인 교육 과정 모두의 영향을 받는다. 셋째, 매스 미디어에서는 TV, 광고, 베스트셀러가 영향을 미치며, 넷째, 또래 집단에서는 집단 특성이나 활동 경향의 영향을 받는다.

성 역할 습득의 매개체로서 학교가 형식적 교육 과정에 변화를 주기 위해 많은 노력들을 하고 있는 것은 주지의 사실이나 형식적인 교육 과정을 덮어씌우고 있는 많은 요소들이 잠재적인 교육 과정으로써 성 역할 습득에 더 큰 영향을 주고 있다는 것을 간과해서는 안 된다. 잠재적 교육 과정은 교사와 학생 사이에서 이루어지는 상호 작용, 교과서나 교수 자료에 의해 집중되는 초점, 학생의 규율과 의식으로의 투입, 또래 집단과의 상호 작용, 교육 제도에 대한 학생들의 인지 등이 복합적으로 연속되면서 구성되기 때문이다. 4차 산업 혁명 시대를 대비하는 새로운 교육 패러다임으로 STEAM(Science, Technology, Engineering, Arts, Mathematics) 교육의 확산을 위해 권역별로 초·중등학교에 거점센터가 운영되는 것은 새로운 교육의 발전을 기대하게 한다. 정답도 모범 답안도 없는 창의·융합 교육에 기반한 학습 활동은 유연한 사고와 태도를 배양하는 의미 있는 시간이 될 것이다. 많은 대학에서 공유 대학 플랫폼 구축을 추진해 나가는 것 또한 학문 간 융복합이 필수적인 4차 산업 혁명과 학령 인구의 급격한 감소에 대비하는 지향점이 될 것이다.

〈표 4-3〉 관리직 여교원 수 추이 (단위: %)

연도	초등학교		중학교		고등학교	
	교장	교감	교장	교감	교장	교감
2010	14.3	26.9	17.6	25.6	6.4	7.6
2011	15.3	32.7	18.4	25.7	7.0	8.5
2012	16.7	39.3	19.4	26.2	7.8	8.9
2013	18.6	45.1	20.0	26.6	8.7	9.7
2014	22.0	49.2	21.3	28.1	8.9	10.3
2015	28.7	54.3	23.2	30.1	9.5	11.3

출처: 교육부(2016). 교육통계연보.

2015년 각 초·중·고 학교별 교원 중 여성의 비율은 지속적으로 증가하여 초등학교는 교원 4명 중 3명(76.9%)이 여성이며, 고등학교도 절반(50.1%)을 넘어섰다.

여성 교장의 비율은 계속 증가 추세에 있지만, 초등학교와 중학교는 각각 28.7%, 23.2%로 모두 30% 미만이며 고등학교는 9.5%에 불과하다.

〈표 4-4〉 고등 교육 기관 여교원 수 추이 (단위: 명)

연도	일반 고교		일반 대학		산업 대학		전문 대학	
	전체 교원	여교원	전체 교원	여교원	전체 교원	여교원	전체 교원	여교원
2015	90,878	46,893	65,423	14,440	357	99	12,911	4,774
2016	91,474	48,085	65,300	14,733	371	107	12,854	4,821
2017	91,064	48,454	66,785	15,323	375	106	12,804	4,906

출처: 교육부(2017). 교육통계연보.

이상의 표에서와 같이 교직에 있어서의 여성 비율은 높은 편이지만 여성이 차지하고 있는 행정직의 비율은 특히 고등 교육 기관으로 올라갈수록 적어진다는 사실도 주목해야 할 사항이다. 이와 같은 상황 속에서 남녀 학생 모두 다른 기대감과 역할 의식을 가질 뿐만 아니라 여성의 낮은 지위를 지극히 당연한 것으로 받아들일 수밖에 없을 것이다. 무엇보다도 사회화 과정에 있어서 성에 따른 행동 형성에 교사는 강력한 전수자로서 존재하기 때문에 학생들과 상호 작용이 높은 교사들의 성 역할에 대한 가치관은 중요하다. 그러므로 교사들에 대한 남녀평등 의식 교육은 양성평등 교육에 있어 중요한 위치를 차지한다. 교사는 교육 과정이나 교육 내용을 전달하는 핵심적인 위치에 있고, 교육 목표나 교육 내용도 교사의 해석을 거치고 나서야 학생들에게 전달되기 때문이다.

성 인지적 관점에서 교육 인적 자원부의 초·중·고등학교 양성평등 교육은 제7차 교육 과정의 시행에 따라 정착·발전되어 왔다. 제7차 교육 과정에서의 양성평등 교육은 국가 수준 교육 과정 기준에 제시된 범교과 교육으로서 재량 활동을 통하여 중점적으로 지도하되, 관련 교과와 특별 활동 등 학교 교육 활동 전반에 걸쳐 통합적으로 다루어지도록 하고, 지역 사회 및 가정과 연계하여 지도하도록 추진하고 있다.

그러나 우리의 대학 문화는 기성 사회 문화와 크게 다를 바 없는 모습을 보인다. 전국 대학의 여자 교수는 어문계, 예술계, 가정계, 의학계, 사범계 순으로, 남자 교수는 공학계, 사회계, 의학계, 이학계, 어문계 순으로 많게 나타났다. 이러한 현상은 여성과 남성은 각각 특정 전공 분야에 적합하다는 식의 성별 분업 이데올로기를 강화시킬 뿐만 아니라 성에 따른 직업 분화를 정당화하게 된다.

여자 교수는 그 분야의 학문 세계에 첫 발을 내닫는 여학생들에게 직접적인 역할 모델의 기능을 하며 이들의 진로 선택에 지대한 영향을 미치게 된다는 측면을 고려해야 할 것이다.

또한 지적으로 우수한 능력을 가진 이공계 여학생들이 그들의 가능성을 마음껏 펼쳐갈 수 있도록 성별 제약이 없는 연구 환경을 만들어 '한 캠퍼스'란 인식이 자리 잡도록 해야 할 것이다.

(3) 여학생 진로 지도의 방향

교육 단계에서의 진로 실태가 남학생과 크게 다르지 않은 상황에서 졸업 이후의 직업 세계에서 여성의 진로가 남성과 커다란 차이를 보이는 것은 단순한 성별에 의한 차이라기보다는 성장 과정에서 학습된 여성에 대한 사회·제도적인 불평등의 존재와 여학생 자신의 준비 부족 등에 기인한다면 다음과 같은 점이 여학생을 대상으로 하는 진로 지도에 반영되어야 한다.

첫째, 최근 여성의 취업 및 진로에 대한 불평등을 개선하려는 노력이 전개되고 있음에도 불구하고, 우리나라 여성의 경제 활동은 여전히 취약한 실정이라고 볼 수 있다. 특히 고학력 여성의 경제 활동 참가율이 낮고 노동 시장에서의 이탈률이 높다는 것은 개인적인 측면뿐만 아니라 국가·사회적인 측면에서도 여성과 여학생의 진로 교육을 개선하기 위한 프로그램이 운영되어야 함을 의미한다.

둘째, 여성과 여학생의 진로 발달이 남성과 다르게 나타나는 가장 큰 이유는 여성으로서 사회 생활을 영위하는 과정에 의도적 또는 은연중에 학습되는 성 역할 고정 관념(sex-role stereotype)으로 인하여 이들의 진로 대안(career alternatives)이 제한을 받고 진로 발달에 대한 자신감도 결여되기 때문이라고 할 수 있다. 따라서 여학생을 위한 진로 지도 프로그램에 성 역할 고정 관념을 극복할 수 있는 내용을 포함시켜야 할 것이다.

셋째, 여성의 독특한 진로 발달을 규정하는 커다란 요인의 하나는 결혼과 양육으로 인한 부담이다. 이는 여성만의 노력으로 해결할 수 있는 문제가 아닌 사회 전반적인 책임과 투자가 요구되는 것이다. 특히, 자녀 양육이나 가사를 여성만의 역할로 규정하는 사회 인식을 개선해야 한다는 요구를 반영할 필요가 있으며, 이러한 사항은 사회 일반의 여성상 재정립과 진로 교육에 반영되어야 할 것이다.

넷째, 남학생이 졸업과 동시에 직업을 갖는 것은 당연하게 받아들여지지만 여학생에 대하여는 동일하게 인식되지 않는 문화권에서 여성이 자신의 능력과 특성에 맞는 진로를 선택하여 만족스러운 직업 생활을 영위하기 위해서는 여학생에게 보다 장기적인 안목을 갖도록 도와줄 필요가 있다. 특히, 앞서 언급한 결혼과 양육이라는 문제가 여성의 진로 발달에 커다란 장애로 작용하고 있으므로, 여학생들로 하여금 이를 사전에 자신의 진로 계획에 반영할 수 있도록 전 생애에 걸친 진로 계획을 수립할 수 있도록 해야 한다.

4) 남녀평등을 위한 교육의 방향 모색

여성주의에서 중심을 이루는 교육의 개념은 역량 강화(empowerment), 공동체(community), 그리고 지도력(leadership)이다.

역량 강화란 행위 주체가 자신감을 갖고 자신의 목적을 성취해 나가도록 능력을 키워주는 일을 의미한다. 역량 강화는 학생들로 하여금 자기 자신들의 소리와 자신들의 힘을 발견하게 한다. 전통적 교육에서 힘(또는 권력)이 지배로써 보여진다면, 여성주의 교육에서는 창의적인 에너지, 잠재력으로서 특징지어진다.

공동체라는 개념에서 진정한 능력(또는 힘)의 발휘는 집단적인 자존감과 상호성이 있을 때 가능하다. 즉 학급은 공동체로서 학습자의 자율성과 타인의 상호성이 있는 곳이며, 이러한 상황에서 학습이 보다 잘 이루어진다고 본다. 지식은 상호 작용을 통해 집단적으로 새롭게 구성해 나가는 것이기 때문이다. 따라서 고립된 개인보다는 이해를 확대시켜 나가는 집단 혹은 공동체가 중시된다. 대화와 상호 작용을 통해 여성들은 자신의 생각과 능력을 키우는 방향으로 발전시켜 나가게 된다.

지도력은 자신의 이해와 신념에 따라 기꺼이 행동하려는 인간 능력과 의지의 구현이라고 하겠다. 사회 변화는 행위 주체자의 능동적인 참여에 의해서만 일어날 수 있다. 따라서 이론과 실제, 생각과 행위를 연결시켜 가면서 사회 변화, 정의로운 사회를 추구하게 하는 지도력의 개발은 중요하다.

그러나 이미 우리의 인식 틀은 지나치게 남성 편향적일지도 모른다. 우리의 지각 틀 자체가 너무나 성 편견적이어서 하나의 접근 방법이 정말 성 중립적이며, 성에 자유로운지에 대한 판단 자체가 어려울지도 모른다. 이런 시점에서는 남녀평등을 위한 법이나 제도화 개선을 통하여 그 중심을 잡아갈 필요가 있다.

5) 평등 교육 실현을 위한 법·제도적 개선 방안

제4차 세계여성회의(1995) 행동 강령에서는 학교 교육과 사회 교육에서의 남녀 평등 실현을 위해 각국 정부가 시행하여야 할 정책 과제들을 규정하고, 그것을 이행하기 위한 구체적인 조치들을 다음과 같이 제시하고 있다.

- 교육 기회의 남녀평등
- 남녀 차별적이고 고정화된 성 역할에 입각한 교재의 개편
- 중·고등학교 교과 과정과 모든 사회 교육 기관의 교과 과정에 여성학 포함
- 교사에 대한 평등 교육 실시
- 대학교에서의 여자 교수 할당제
- 학교 내 성차별과 성희롱 고충 상담 처리 기구의 내실화
- 교육 행정과 정책 및 의사 결정에 있어서 여성의 동등한 교육 및 훈련 기회와 참여를 보장하기 위한 성 인지적 교육 체계의 마련

2015년 행동 강령 20주년을 기념하는 회의에서 양성평등 및 여성 역량 강화에 필요한 과제를 점검하고 향후 국제 사회 개발 과제를 통합적인 성 인지 관점에서 추진해야 한다는 내용의 정치 선언문을 채택하였다.

이러한 논의를 고려할 때 교육에서의 남녀평등을 실현하기 위한 제도적 개선이 이루어져야 할 부분들은 다음과 같다.

(1) 여성 교육 기회의 확대

미래의 지식 기반 사회에서 여성이 중요한 인적 자원이 되고, 남녀가 평등한 삶을 영위하게 하기 위해서는 여성의 고용 기회가 확대되어야 하고 특히 과학 기술 분야 및 전문 영역에 참여하는 여성의 수를 증대시켜야 할 것이다. 이를 위해 지금까지 여학생의 진출이 적었던 이공계 대학의 문호를 여학생들에게 개방하기 위한

제도적 지원 방안들이 마련되어야 한다. 아울러 여성들이 정보 능력을 길러 정보화 사회에 대응할 수 있도록 제도적 기반이 조성되어야 한다. 최근 들어 신입생을 뽑을 때 여성의 비율을 제한하고 있어 보다 적극적인 방안이 모색되어야 하겠으나 각급 특수 대학(경찰 대학, 세무 대학, 철도 전문 대학)들이 문호를 개방하고 있음은 고무적인 일이다.

마지막으로 주목할 것은 사회 교육과 직업 훈련이다. 교양 증진, 취미 활동 등 '여성적' 내용에 치우쳐 있었던 프로그램은 변화하는 정보 산업 사회의 새로운 수요가 발생하는 직종에 맞춰 새롭게 개발·개설되고 있으나, 이와 병행하여 여성 문제 해결을 위한 내용과 방향으로 전환해 여성의 직업 훈련 참여 기회를 확대할 수 있도록 다양한 제도적 장치들이 마련되어야 한다.

(2) 성 인지적 관점에 기초한 교육 정책 수립

교직에 진출한 여성의 수는 많지만 실제로 교육 정책을 수립하고 집행하는 학교 행정가 및 교육 전문직에 진출한 여성의 수는 미미하다. 그러므로 성 인지적 관점에 기초한 교육 정책을 수립하는 동시에 교육 정책 결정 과정에 여성의 참여가 확대되어야 할 것이다.

아울러 교육 담당자들에 대한 양성평등 의식 교육의 중요성이 강조되어야 한다. 일반적으로 학생들은 교사로부터 전통적인 성 역할 기대에 부응하는 행동을 하도록 기대되고 있으며, 교육과 관련된 의사 결정 담당자들의 성차별 의식은 학교 교육의 성격을 규정하는 데 중요한 영향을 미치고 있기 때문이다. 이를 위하여 여성가족부의 제2차 양성평등 정책 기본 계획에는 교육 과정에서의 양성평등 제고, 성별 고정 관념이 없는 진로 교육, 교원 및 학부모에 대한 양성평등 교육, 양성평등 교육 환경 조성을 포함하고 있다.

또한 점차 확장되어 가는 사회 교육과 평생 교육 담당자들 역시 성 인지적 관점을 갖추도록 프로그램을 개발하고 의무적으로 교육을 이수하도록 하는 것이 바람직할 것이다.

2. 여성과 일

일할 권리가 사회적으로 얼마나 보장되는가는 그 사회의 인권 수준을 가늠하는 척도가 된다.

자본주의적 생산 관계가 확대되면서 가족과 집을 중심으로 행해지던 일의 많은 부분이 공장 노동으로 흡수되고 일은 단순한 생계 유지 차원을 넘어 '임금 노동(wage labour)'이 되었다. 그 결과 자본주의적 시장 관계에 흡수되어 상품으로서 가치를 지니지 못하는 일은 이제 일로 인정받기 어렵게 되었다. 여성이 하는 일의 많은 부분은 가족을 위한 재생산 활동(가사 노동)이거나 시장에서 교환할 목적이 아닌 집안에서 경제적 목적으로 수행하는 노동(무급 가족 노동, 가내 노동)으로 실제적인 일임에 분명하지만 집이라는 사적 공간에서 수행되는 것이므로 사회적으로 정당한 평가를 받지 못한다. 따라서 여성은 일하지 않는 존재로 오해되고 있다. 육아휴직 중인 여성을 '집에서 쉰다.'고 표현하는 것은 집을 휴식 공간이라는 개념으로 정의하는 것이기도 하다. August Bebel은 시민 사회에서 한 사람이 기분 좋게 생활하기 위해서는 다른 20명은 부자유를 참아 내야 하며, 한 사람이 향락에 빠질 수 있기 위해서는 수천 명의 사람이 비참한 생활을 해야만 한다고 지적한다. 그런데 인간은 모두 행운아의 무리에 끼기를 원한다.

1) 여성의 경제 활동 참여

여성의 경제 활동 참여율은 다양한 내외적 요인에 의하여 계속 증가하고 있다. 산업화와 더불어 가정과 일터가 분리되고 여성들의 일터가 가정에서 멀리 떨어져 있을 뿐만 아니라 열악한 작업 환경 때문에 여성이 생산 활동에 참여하는 것 자체가 부정적이었던 때에는 여성의 행복한 자리를 현모양처로 설정함은 너무도 당연한 것이었다. 그 결과로 화폐 경제 사회에서 실수입이 없는 여성의 지위는 상대적으로 낮을 수밖에 없음은 자명한 일이었다.

그러나 성 평등 의식이 확산되면서 여성의 경제 활동 참여를 촉진하는 분위기가 형성되어 노동 시장의 수요 면에서 육체적 강인함을 요구하지 않는 사무직, 전문직, 정보 산업 관련직 등이 늘어나 여성이 진출할 수 있는 분야가 확대되었다. 공급 면에서도 고등 교육 기회 확대에 따라 훈련된 여성 인력이 증가함과 동시에 출산율 저하, 가전 제품의 발달로 인한 가사 노동 시간의 단축 등으로 여성이 경제 활동에 참여할 수 있는 실제적인 여건이 조성되고 있다고 보겠다.

실제로 여성이 참여하는 산업별 분포나, 구체적인 직업별 분포 변화를 보면 여성 사무직 종사자들이 크게 늘어났으며 전문·기술직에 종사하는 여성들도 증가하는 추세에 있다. 다만 연령·취업률 곡선에서 M–Curve 즉, 경제 활동 참가율이 20대와 40대에 가장 높은 수준을 보이고 출산 연령에서 가장 낮은 수준을 보이는데, 이는 결혼 및 출산과 더불어 여성 취업자의 상당수가 노동 시장을 퇴직하는 경력 단절 현상이 뚜렷하게 나타나고 있는 것이다.

이러한 경력 단절은 기업의 여성 인적 자원에 대한 투자 기피 현상과 함께 채용 과정에서의 통계적 차별의 원인이 되고 있고 여성의 관리직 및 고임금 직종으로의 진출을 어렵게 하는 직접적인 원인이 되는 등 여성 고용 구조를 악화시키는 근본적인 원인이 되기도 한다.

벌써 오래전이지만 2006년 1월 국내 26~35세 남녀 600여 명을 대상으로 한 제일기획의 조사에서는 의미 있는 결과가 나타났다. X세대 여성들 사이에서 경제 능력을 갖고 있으면서 아름답고 적극적인 성격을 지닌 기혼 여성을 지칭하는 '즘마렐라(아줌마+신데렐라)' 기질이 강하게 나타났다. 이들은 '헌신과 희생'에 삶의 무게를 두지 않기 때문에 부부와 자녀 관계에서 한군데로 치우치지 않고 합리적으로 균형을 잡으려는 공평한(fair) 특성을 가지고 있어, 기존의 전통적 부모(parents)와는 다른 X세대 어머니상(fair–ents)을 보여 주고 있었다.

그렇다면 그로부터 12년이 지난 시점에 우리는 어떤 변화를 경험하고 있는가. 알파걸(alpha girl), 도미나트릭스(dominatrix = dominance + matrix)를 넘어서서 한 여성의 성공이 다른 여성에게 상대적 좌절감을 주지 않도록, 후배에게 역할 모델되기, 여성 세력화의 밑거름되기, 더 많은 여성들의 사회적 성공과 성취를 위해 변화하는 세상, 평화의 새 지평을 열어나가고자 얼마나 많은 목소리들이 연대하고 있는가.

우리나라 여성의 경제 활동 참가율은 지속적으로 증가하다가 경제 위기 시기에는 여성의 경제 활동 참가율은 감소되었지만 통계 지표에 여성들은 실업자가 아닌 비경제 활동 인구인 전업주부로 분류되어 실업률 변동에는 영향을 미치지 않는 것으로 발표되기도 했다. 제2차 세계 대전은 오랫동안 잠재 노동력으로 존재하던 여성 인력을 생산 활동에 끌어들이는 데 결정적인 역할을 한 것으로 평가되고 있다. 전쟁으로 인해 부족해진 남성 노동력을 보충하기 위해 생산 활동에 참가하다가 전쟁이 끝나면 여성은 가정으로 돌아가서 여성 본연의 업무인 가사에 종사함으로써 만족감을 얻게 될 것으로 기대되었던 것과 같은 관점이라고 하겠다.

〈표 4-5〉 성 및 혼인 상태별 경제 활동 참가율과 실업률 (단위: %)

연도	여성						남성					
	미혼		유배우		사별, 이혼		미혼		유배우		사별, 이혼	
	참가율	실업률	참가율	실업률	참가율	실업률	참가율	실업률	참가율	실업률	참가율	실업률
2006	52.5	6.8	52.0	1.4	40.7	2.5	52.8	9.1	85.0	2.1	66.7	6.1
2010	50.5	6.6	49.1	2.3			51.3	9.0	83.0	2.5		
2012	51.1	6.2	49.6	1.9			52.2	7.7	82.9	2.1		
2014	52.5	7.3	51.0	2.2			54.4	8.8	83.1	2.0		
2016	55.3	7.9	51.0	2.1			57.1	8.9	81.9	2.1		
2017	55.9	7.7	51.5	2.1			58.1	8.9	81.6	2.1		

출처: 통계청. 경제활동인구연보(각 연도).

2017년 전국적으로 60대 이상 취업 인구가 20대 취업 인구를 앞질렀듯이 40~49세 연령이 전체 취업자 중 차지하는 비율이 가장 높았고, 전년 대비 증가율 면에서는 50세 이상 연령대 취업자 증가폭이 가장 컸다. 혼인 상태별로 보면 2017년 미혼 여성의 경제 활동 참여율이 55.9%로 기혼 여성의 경제 활동 참여율 51.5%보다 4.4% 앞서고 있다. 2014년부터 그 증가 추세가 다소 높아지고 있는 것은 전반적으로 여성의 결혼 연령과도 무관하지 않은 것으로, 출산율 최저의 위기 또한 대책이 필요하다는 것과 맥락을 같이한다고 볼 수 있다. 주요 산업별 여성 취업 인구의 연령 분포와 연관 지어 볼 때 저연령의 여성이나 고졸 여성의 경우 도시의 서비스업과 판매직에 집중 취업하고 있는 것처럼 노동 시장에서 주로 하위의 직종에 집중되어 있음을 알 수 있다. 정부에서 시행하는 사법 고시(2017년 종료)나 행정 고시, 외무 고시의 여성 합격률이 증가하고 있고, 국회 진출에서도 괄목할 만한 성장을 이뤘지만 아직도 전문가, 기술사, 준전문가나 고위 임직원 및 관리자로 일하는 여성의 수는 여전히 적은 것 또한 현실이다.

〈표 4-6〉 여성 취업자의 연령별 분포 (단위: 천 명)

연도	전체	19세이하	20~29세	30~39세	40~49세	50세~59세	60세이상
2012	10,387	134	1,875	2,153	2,749	2,191	1,289
2013	10,554	126	1,823	2,161	2,753	2,328	1,364
2014	10,840	135	1,855	2,150	2,806	2,443	1,452
2015	11,022	135	1,881	2,129	2,827	2,520	1,531
2016	11,168	131	1,904	2,142	2,807	2,553	1,632
2017	11,356	133	1,912	2,155	2,785	2,631	1,741

출처: 통계청. 경제활동인구연보(각 연도).

〈표 4-7〉 취업자 개황 (단위: 천 명, %)

구분		2016		2017		전년 대비 증감률	
		여성	남성	여성	남성	여성	남성
전체		11,687	15,241	11,356	15,368	1.7	0.8
산업	농림어업	528	744	509	770	−3.7	3.5
	광공업	2	3,286	4	3,234	2.9	−1.7
	제조업	1,314	3,20	1,351	3,215	2.8	−1.8
	사회 간접 자본 및 기타 서비스업	9,323	11,211	9,493	11,365	1.8	.4
	건설업	151	1,718	180	1,808	19.0	5.2
	도소매·음식 숙박	3,147	2,898	3,147	2,909	0.9	0.4
	전기·운수·통신·금융	813	2,276	802	2,252	−1.2	−1.2
	사업·개인·공공서비스 및 기타	5,212	4,320	5,337	4,397	2.4	1.8
직업	의회 의원·고위 임직원·전문가·기술공·준전문가	2,797	3,088	2,777	3,087	4.3	−0.0
	사무직	2,169	2,374	2,208	2,440	1.8	2.8
	서비스·판매직	3,446	2,503	3,484	2,494	1.1	−0.4
	농림어업 숙련 근로자	455	731	441	757	−3.2	3.6
	기능·기계 조작·조립·단순 노무직	2,506	6,545	2,521	6,590	0.6	0.7
종사상	자영업주	1,571	4,043	1,637	4,045	4.2	0.0
	무급 가족 종사자	975	151	957	152	−1.8	0.7
	임금 근로자	8,622	8,622	8,763	8,763	1.6	1.1

출처: 통계청. 경제활동인구연보(각 연도).

〈표 4-8〉 여성 취업자의 교육 정도별 분포 (단위: %, 천 명)

연도	전체	중학교 졸업 이하	고등학교 졸업	대학 졸업 이상
2012	50.1(10,387)	37.3(2,615)	53.0(3,955)	63.8(3,817)
2013	50.3(10,554)	36.5(2,532)	52.9(3,993)	64.5(4,029)
2014	51.5(10,840)	36.9(2,432)	54.4(4,159)	65.3(4,249)
2015	51.9(11,022)	36.2(2,342)	55.6(4,280)	65.2(4,400)
2016	52.2(11,168)	35.4(2,243)	55.7(4,336)	65.894,589)
2017	52.7(11,356)	35.7(2,200)	56.1(4,374)	66.3(4,782)

출처: 통계청. 경제활동인구연보(각 연도).

여성 노동 구조의 중요한 변화가 지니는 의미를 보다 종합적으로 이해하기 위해서는 계급 구조의 변화를 살펴보는 것이 중요할 것이다. 계급적 위치는 그 사람의 삶의 기회, 생활 양식, 의식 구조를 규정하기 때문에 직업별, 산업별 분포만을 가지고는 서로의 관계 실상을 파악하는 데 한계가 있다.

예컨대 교수와 가사 도우미는 모두 동일하게 3차 산업 부문 종사자로 분류되며, 직업별 분류에서도 고급 레스토랑을 운영하는 사장과 종업원은 함께 서비스직 종사자로 분류되기 때문이다.

교육 정도별 여성 취업자 분포를 보면 2000년대에는 고졸 학력이 전체 취업자의 40%대를 차지하며 여성 취업자의 중심축을 구성했던 반면 2010년대 들어오면서 대졸 이상 고학력의 취업율이 60% 후반으로 진입하며 변화된 경제 활동 현상을 보여 주고 있다.

〈표 4-9〉 연도별 정액 급여 남녀 임금 대비 (단위: 원)

구분	2010	2011	2012	2013	2014	2015
계	2,191,824	2,267,991	2,370,888	2,450,769	2,545,109	2,607,496
여성	1,673,023	2,525,548	1,842,569	1,907,157	1,959,732	1,996,942
남성	2,445,246	1,752,035	2,641,407	2,734,091	2,871,143	2,951,741

출처: 통계청. 경제활동인구연보(각 연도).

한국 여성 노동의 가장 큰 문제는 여성 노동자의 대부분이 저임금군을 이루고 있다는 것이다. 남성 임금과 비교해 보면 전 직종을 평균했을 때 62.8%에 불과하다. 일반 노동자의 근무 시간이 9시부터 18시라고 한다면 여성들은 3시에 퇴근을 해야 한다. 물론 1980년대의 42.9%에 비하면 성별 임금 격차는 줄어들고 있다고 할 수 있겠지만, 여성 노동의 근본적인 문제는 성별 노동 분업 현상이다.

노동 분업의 특성을 살펴보면, 남성은 위계 서열의 상부를 점하여 여성 노동을 통제하고 여성은 통제받는 일을 하며, 중요도나 권위에 있어서 상위에 속하는 일은 주로 남성이 담당하며, 수입 면에서 유리한 일은 남성이 담당하고 육체적 노력은 더 소모되면서도 수입이 적은 불리한 일은 여성이 담당하게 되며, 무엇보다 여성은 가사 노동의 일차적 책임자로서 가정적 역할을 병행할 수 있는 일을 맡게 된다. 여성이 경제 체계의 주변부에 머물게 되는 큰 요인일 것이다.

따라서 여성의 안정적 직업 생활을 위해서는 여성 노동력의 주변화와 출산율 저하로 인한 장래 노동력 감소 방지, 모성 보호 수준의 강화 및 그 비용의 사회 분담화, 여성 보호 제도의 합리적 조정 등 여성이 능력을 발휘할 수 있는 고용 환경을 조성하는 것이 중요한 정책 과제라 하겠다. 또한 사회 변화 과정에서 가정의 생계를 책임지고 있는 여성 가장도 꾸준히 증가하고 있는 현실을 고려한다면 여성이 노동을 통해 경제적 자립을 할 수 있는가, 여성들이 집중 취업하고 있는 직업들이 사회로부터 존경이나 인정을 받는가, 여성들은 자기 일에 만족하고 있는가 등의 질문에 대해 긍정적인 답을 찾으려는 보다 효과적인 도전이 이루어져야 할 때이다.

〈표 4-10〉 임금 근로자의 성, 연령, 교육 수준별 시간당 임금 수준 (단위: 원, %)

구분		2010	2011	2012	2013	2014	2015
평균 시간당 임금액		11,155	11,916	13,145	14,075	14,587	13,753
성별	남성 임금액	12,880	13,661	14,968	14,075	14,587	13,753
	남성	100.0	100.0	100.0	100.0	100.0	100.0
	여성	65.0	66.6	68.4	68.2	67.7	68.0
연령 계층별	29세 이하 임금액	8,272	8,791	9,649	10,201	10,583	9,926
	29세 이하	100.0	100.0	100.0	100.0	100.0	100.0
	30~39세	145.8	144.6	143.9	143.7	145.4	144.2
	40~49세	154.3	156.0	156.3	157.7	158.8	159.6
	50~59세	143.6	143.7	145.0	150.3	147.6	149.4
	60세 이상	104.3	106.8	110.2	112.9	110.4	114.7
교육 수준별	고졸 임금액	8,690	9,340	10,239	11,021	11,336	10,714
	중졸 이하	83.3	85.6	86.7	85.5	83.7	85.1
	고졸	100.0	100.0	100.0	100.0	100.0	100.0
	전문대졸	116.1	118.1	117.2	116.1	119.2	117.6
	대졸	169.1	167.6	168.0	166.2	164.7	160.5
	대학원졸	260.4	263.1	257.6	258.6	255.5	262.7

출처: 통계청(2016). 한국의 사회지표.

2) 여성 노동 시장의 현황 : 여성 경제 활동 참가율 변화 추이

국민 소득과 여성 경제 활동 참가율 간의 상관 관계를 살펴보면 주요 선진국 18개 국의 분석 결과, 국민 소득과 여성 경제 활동 참가율 간 상관 계수가 0.95인 것으로 나타났다(World Bank). 또한 소득 1만 달러에서 2만 달러로 가는 시기인 1970년대 후반에서 1980년대 후반까지 약 10년간 여성 고용이 획기적으로 증가한 것으로 나타났다.

이 시점에 노르웨이는 56.7%에서 70.7%로, 스웨덴은 69.1%에서 80.1%로, 네덜란드는 31.6%에서 49.3%로, 독일은 49%에서 52.2%로, 캐나다는 52.5%에서 62.3%로, 미국은 53.7%에서 63%로 여성 고용이 늘어난 것으로 나타났다.

우리나라는 2006년 1인당 국민 소득 2만 달러 돌파 후 12년만에 3만 달러에 진입할 것이라는 전망을 하고 있다. 아울러 2017년부터 2021년까지 실질 국내 총생산(GDP)은 연평균 2.8% 성장할 것으로 전망하고 있다.

〈그림 4-1〉 실질 GDP 성장률 전망

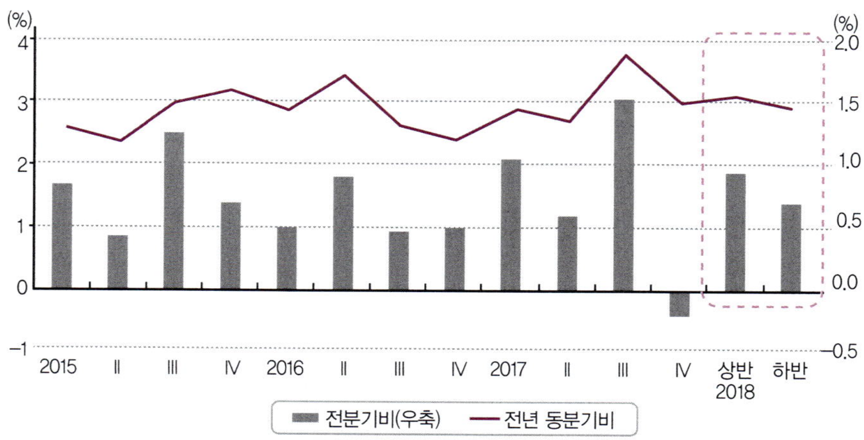

출처: 국회예산정책처·한국은행(2017).

여성의 역할을 가사 노동에만 전념하는 전업주부로 묶어 두려는 성차별 이데올로기의 영향력에도 불구하고 1960년 이후 산업화 물결을 타고 여성 노동의 수요가 급증하면서 여성 인력이 대거 노동 시장으로 유입되어 여성들의 사회 진출과 여성의 취업 비율은 남성에 비해 빠른 속도로 증가하였다. 그러나 여성들의 경제 활동 참여 확대가 곧바로 여성들의 사회·경제적 지위 상승과 연결되는 것은 아니라는 것을 많은 연구들은 밝혀 내고 있다. 취업 여성들은 세계 어느 나라에서나 남성들에 비해 상대적으로 낮은 임금을 받고 있으며, 직종 선택, 승진, 고용 조건 등에서 다양한 차별을 당하고 있다.

제조업에서 서비스업 중심으로 산업 구조가 변화하고, 사회 서비스 수요가 증가하고, 여성의 고학력화 및 전문직 증가 등이 여성의 사회 진출에 유리하게 작용한 것으로 나타나고 있다.

그러나 여성의 경제 활동 참가율 증가, 기혼 취업 여성의 증가, 맞벌이 가구의 증가와 남성 1인 생계 부양자 모델의 퇴조라는 사회적 맥락에서 살펴본다면 현재 취업 여성들이 일과 가족 관계에서 더 많은 갈등과 딜레마를 경험하고 있다는 것 또한 간과할 수 없는 현실이다.

우리나라 여성 경제 활동 참가율의 장기적인 변동 추이를 보면, 산업화가 시작된 1960년대 초 이후 지속적인 증가를 나타냈다. 이 시기 도시 지역 여성 노동의 지형은 이촌향도 현상으로 농촌에서 이동한 미혼 여성이 제조업 부문의 공장 노동과 가사 서비스 노동을 담당하였으며, 비교적 상위 직종이라 할 수 있는 전문직이나 사무직 여성의 비율은 아주 낮은 상태였다. 1980년대에 들어서면서 여성의 경제 활동 참가율은 1980년 42.8%에서, 1990년 47.0%, 2016년 52.6%로 꾸준하게 증가하였다. 여성 노동 시장 참가율의 장기적인 증가를 가져온 요인은 크게 공급 측면과 수요 측면의 요인으로 구분할 수 있다. 먼저 노동 공급 측면의 요인으로 여성 인력의 고학력화, 여성의 출산율 저하와 보육 지원 제도의 향상, 여성 취업에 대한 여성과 사회의 태도 변화, 가사 노동 관련 전자 제품의 보급 확대 등을 들 수 있으며, 노동 수요 측면의 요인으로는 산업 구조의 변화, 기업주의 여성에 대한 인식

변화 등을 들 수 있다. 이외에도 남녀의 고용 차별 금지와 관련된 법·제도 도입, 여성 취업을 지원하는 조세 제도의 개편 등도 여성 경제 활동 참가율에 영향을 미친 것으로 나타났다.

〈표 4-11〉 연령별 경제 활동 참가율 (단위: %)

성별	연령	2011	2012	2013	2014	2015	2016(6월)
남자	계	73.1	73.3	73.2	74.0	73.8	74.2
	15~19세	6.3	6.3	6.6	7.6	7.7	8.1
	20~29세	64.0	62.6	61.2	62.4	63.0	65.0
	30~39세	93.0	93.3	93.2	93.7	93.8	93.2
	40~49세	93.7	93.7	93.8	94.7	94.1	94.1
	50~59세	87.5	88.5	88.7	89.5	89.1	89.4
	60~64세	72.2	72.3	73.0	74.2	74.7	74.5
	65세 이상	40.6	41.6	42.6	43.0	42.2	43.4
	15~64세	77.4	77.6	77.6	78.6	78.6	79.1
여자	계	49.7	49.9	50.2	51.3	51.8	52.6
	15~19세	9.0	9.1	8.7	9.4	9.9	8.8
	20~29세	62.5	62.9	62.0	63.8	64.4	66.4
	30~39세	55.5	56.0	57.0	58.4	58.8	59.9
	40~49세	66.2	65.9	65.9	66.7	67.6	67.7
	50~59세	58.7	59.1	60.4	62.3	63.2	63.3
	60~64세	42.2	43.9	45.0	46.3	48.2	49.8
	65세 이상	21.8	23.0	23.4	24.0	23.4	25.3
	15~64세	54.9	55.2	55.6	57.0	57.9	58.6

출처: 통계청(2017). 한국의 사회지표.

〈표 4-12〉 여성 경제 활동 참가율(15~64세) (단위: %)

국가	2009	2010	2011	2012	2013	2014	2015
OECD 평균	61.5	61.7	61.8	62.3	62.6	62.8	63.0
아이슬란드	82	82.7	82.4	83.3	84.3	84.2	85.5
스웨덴	76.4	76.7	77.7	77.9	78.8	79.3	79.9
스위스	77.1	76.4	76.7	77.2	78	79	79.8
노르웨이	76.5	75.6	75.8	75.9	76.1	75.9	76.2
덴마크	76.8	76	76.1	75.8	75.6	75	75.3
네덜란드	72.3	72.6	73.1	74.3	74.6	73.8	74.7
핀란드	73.5	72.5	72.7	73.4	73.5	73.8	74.4
캐나다	74.3	74.2	74.2	74.3	74.6	74.2	74.2
뉴질랜드	72	71.8	72.2	72.5	73	74.1	74.1
독일	70.4	70.8	71.8	71.7	72.6	72.9	73.1
에스토니아	70.6	70.9	71.4	71.4	71.7	71.2	72.9
영국	70.2	70.2	70.4	71	71.7	72.1	72.5
호주	70.1	70	70.5	70.4	70.5	70.5	71.2
오스트리아	69.6	69.3	69.5	70.3	70.7	70.8	70.9
포르투갈	69	69.9	69.8	69.7	69.8	70	70.3
스페인	65.7	66.8	67.9	68.3	69.7	69.8	70.0
이스라엘	60.5	60.9	60.9	67.1	67.3	68.4	68.3
슬로베니아	67.9	67.4	66.5	66.9	66.6	67.3	67.9
프랑스	66.1	66.1	66.1	66.6	66.9	67.4	67.3
미국	69	68.4	67.8	67.6	67.2	67.1	66.9
일본	62.9	63.2	63	63.4	65	66	66.7
체코	61.5	61.5	62.2	63.5	65.1	65.6	66.5
룩셈부르크	60.7	60.3	60.7	62.8	63.2	64.2	65.6
슬로바키아	60.6	61.3	61	61.7	62.4	62.8	64.3
벨기에	60.9	61.8	61.1	61.3	62.3	63	63.0
아일랜드	62.9	62.6	62.3	62.2	63.2	62.5	62.8
헝가리	55.3	56.7	56.8	58.3	58.6	60.7	62.2

국가	2009	2010	2011	2012	2013	2014	2015
폴란드	57.8	59	58.9	59.7	60.1	61.1	61.4
그리스	56.5	57.6	57.5	58.4	58.3	59	59.9
한국	53.9	54.5	54.9	55.2	55.6	57	57.9
칠레	47.4	51.8	53.9	54.6	54.9	–	55.8
이탈리아	51.1	51.1	51.5	54.2	54.3	55.2	54.9
멕시코	45.2	46.3	45.9	47.7	47.8	46.8	46.6
터키	28.4	30.2	31.5	32.3	33.7	33.6	35.0

출처: OECD. OECD Historical Statistics(각 연도).

〈표 4-13〉 2014 대졸자 경제 활동 참가율(25~64세) (단위: %)

구분	한국	OECD	일본	미국	영국	호주	캐나다	프랑스	스웨덴	노르웨이
남자	92.5	92.2	95.5	88.3	90.9	91.7	89.3	92.3	94.4	92.9
여자	64.8	83.5	72.4	78.9	83.0	80.7	82.8	86.3	91.4	90.5

출처: OECD(2016). OECD employment outlook 2016.

〈표 4-14〉 2014 성별 임금 격차 (단위: %)

한국	OECD	호주	캐나다	덴마크	핀란드	프랑스	독일	일본	영국	미국
37	15	15	19	7	20	14	17	26	17	18

출처: OECD(2016). OECD employment outlook 2016.

주: 1) (조정되지 않은) 남자 중위 소득과 비교한 남녀 중위 소득 간 차이(unadjusted/ the difference between median earnings of men and women relative to median earnings of men)

2) 조정되지 않았다는 것은 개인(교육 정도, 자녀 수 등) 또는 사업장의 특성을 고려하지 않았다는 의미임

3) 한국의 경우 여성은 남성보다 임금을 37% 정도 덜 받는다는 의미임

우리나라의 여성 고용과 관련된 또 다른 주요한 특징은 대졸 경제 활동 참가율이 주요 선진국에 비해서 상당히 낮다는 것이다. 우리나라 대졸 여성의 경제 활동 참가율은 2014년 64.8%(15~64세 기준)로 경제협력개발기구(OECD) 회원국 평균 83.5%보다 낮고, 1위인 스웨덴 91.4%에 비해 현저히 낮다.

OECD 자료에 의하면 특정 국가의 경제 활동 참가 수준이 80%에 도달하기 이전까지는 학력 수준과 경제 활동 참가율과는 양의 상관 관계 즉, 학력이 높을수록 경제 활동 참가율이 높은 현상을 보인다. 그러나 우리나라의 경우 이와 같은 일반적인 특징을 보이지 않고 중졸 이하 여성의 노동 시장 참가율이 가장 높은 특징을 보이고 있다. 이는 1차 산업 구성비가 다른 선진국에 비해 높고 이들 산업에 중졸 이하 중·고령 연령의 여성들이 경제 활동을 많이 하고 있는 데 기인한 것이다. 결과적으로 OECD 회원국과 우리나라의 노동 시장 참가율을 비교하면, 남성은 학력이 높을수록 경제 활동 참가율이 높을 뿐만 아니라 OECD 회원국 평균 경제 활동 참가율이 높아서, 남성 특히 고학력 남성 인력의 활용률이 높은 것으로 나타난다. 이에 비해 여성은 중졸 이하 저학력 집단을 제외하고 OECD 평균보다 참가율이 낮은데, 특히 대졸 이상 여성의 참가율이 낮아서 우리나라는 고학력 여성 인력의 활용률이 상당히 저조함을 알 수 있다.

대졸 이상 여성의 연령별 참가율을 주요 선진국과 비교하면 미혼 고학력 여성 인력의 활용은 비슷하나 기혼 고학력 인력의 활용이 극히 낮다. 즉, 최종 학교를 졸업하는 시점의 참가율 수준은 다른 학력의 여성보다 높음에도 불구하고 출산으로 인한 퇴직과 그 이후의 재취업이 없음으로 인해서 전체적인 경제 활동 참가율이 상당히 낮은 수준을 유지하고 있다. 이와 같은 분석 결과에 의하면 대졸 여성 인력 활용률을 제고시키기 위해서는 결혼 및 출산에 따른 퇴직을 줄이기 위한 구조적인 정책과 중장년층 고학력 여성 인력 활용을 위한 정책 마련이 시급함을 알 수 있다.

3) 취약 계층 맞춤형 금융 지원

취업 성공 패키지는 일정 수준 이하 소득층의 취업 지원을 목적으로 하는 통합적인 취업 지원 제도로 지원 대상자에 대한 개인별 취업 지원 관리, 단계별 취업 지원 서비스, 취업 성공 수당 지급 등을 지원하고 있다. 근로 빈곤층에 대한 체계적이고 포괄적인 고용 지원 제도의 필요성이 지적되면서 개인별 취업 계획에 따라 '진단 및 경로 결정→의욕 능력 증진→집중 취업 알선'에 이르는 통합적인 취업 지원 프로그램을 제공하고, 취업한 경우 '취업 성공 수당'을 지급함으로써 노동 시장 진입을 체계적으로 지원하는 종합적인 취업 지원 체계이다.

취약 계층 맞춤형 금융 지원 서비스 또한 확대하여 최대 2,000만 원까지 최대 5년 이내에 원리금을 균등 분할 상환하는 제도가 마련되어 있다.

4) 가사 노동

인간이 생활하고 사회 활동이나 직업 활동을 하기 위해서는 가정 내에서 인간의 기본 욕구인 의식주를 해결하기 위한 일들, 즉 더러워진 옷을 빨아 입고 다림질하고 꿰매고 식품을 사서 요리하고 사용한 식기들을 설거지하고 집을 쓸고 닦고 하는 등의 일들이 반드시 수행되어야 한다. 또한 인류가 존속하기 위해서는 가정을 이루어 자녀를 출산하고 양육하여 미래 사회의 성원으로 키우는 일이 필요하다. 가정에서 이루어지는 이 같은 일들은 인간의 기본 욕구를 충족시킴으로써 사회가 필요로 하는 노동력을 매일같이 일상적으로 재생산해 줄 뿐만 아니라, 자녀 양육을 통해 미래에 필요한 노동력을 세대에 걸쳐 재생산해 준다.

이같이 가정에서 행해지는 노동력의 일상적인 재생산 활동은 가사 노동이라는 개념으로 정의될 수 있다. 가사 노동은 인간의 생존과 존속을 위해 반드시 수행되어야 할 뿐만 아니라 모든 사회 활동, 직업 활동 등 이 사회의 생산 노동에 기본 전제가 되는 필수적인 노동이다.

그러나 한국적 가부장제의 특징인 남녀 성 역할의 극단적 분리 방식은 가부장과 남성이 독점하는 공적 영역에서의 활동 가치를 높이고, 여성과 아이들을 사적 영역에 묶어 두는 것이었다. 여성의 역할이 가정에 국한되어, 그들의 희생에 대한 보상은 사회적인 것이 아니라 남편의 출세나 자식의 성취, 가족의 지위 상승 등에 한정되었다.

특히 일로 인정되지도 않고 비가시화될 수밖에 없는 가사 노동은 자율적이라는 통념이 있지만 아예 하지 않을 자유 또한 없다. 가사 노동에 대한 임금을 지불한다면 얼마가 적정선인가? 하는 논쟁은 여성 문제의 핵심 영역이 되기도 했다. 가사 노동에 대한 화폐적인 가치 평가는 대체비용 평가나 기회비용 평가를 통해서 가능할 것이다. 가사 노동의 가치 평가를 통해 그동안 평가 절하되어 온 여성의 일의 가치를 재발견하게는 되었지만 성별 분업 체계는 개선되었다고 하기엔 여전히 미흡한 실정이다.

한편 가사 노동에 대해서는 상반된 두 가지 이미지가 있다. 하나는 가사 노동은 천한 노동으로 고역이어서 가정주부는 가치가 낮고 본질적으로 자기를 부정하는 일을 마치 노예처럼 하고 있다는 견해이고, 다른 하나는 노동이라기보다는 행복한 가정을 만들고 가족을 위해 삶의 기쁨을 만들어 내는 창조적 활동으로 보는 견해이다. 알뜰한 주부, 현모양처가 되는 것이 여성의 바람직한 목표로 이상화되던 때도 있었으니 말이다.

가사 노동에 대한 부정적 견해는 단순 반복적인 성격, 자질구레한 수많은 여러 가지 일을 해야 하는 데서 오는 관심과 집중의 분산, 고립성과 관련되어 있다. 다람쥐 쳇바퀴 돌 듯 계속되는 집안일은 평생토록 계속된다. 이에 반해 긍정적인 견해로는 가사 노동이 가지는 자율성과 관련된다. 언제, 어떤 방식으로, 어떤 표준에 맞추어 일할지는 스스로 결정할 수 있기에 융통성이 허용된다는 것이다.

실제로 많은 여성들이 가사 노동의 단조로움과 사회적 고립을 싫어하는 반면, 가사 노동이 부여하는 자율성을 즐기는 경향이 있다. 하지만 우리나라 여성들은 가사 노동에 대해 보람된 일이라 할지라도 단순 반복적 노동으로 성취감이 없기 때문에 여성의 희생 속에서 이루어진다고 생각하는 경향을 보인다. 여성의 관점에서 가사 노동의 내용을 분석해 보면, 가정 유지(house work), 감정적 지원(support work), 지위 생산(status production work), 보살핌(care work)으로 나누어진다(Kemps, 1994).

(1) 가사 노동의 성격

가사 노동과 사회적 노동의 차이를 노동이 수행되는 사회적인 관계의 면에서 살펴보면, 가사 노동은 사회적 노동과 뚜렷하게 대조된다.

첫째, 가사 노동은 무보수 노동이다. 가족에 대한 자발적 헌신, 봉사와 사랑의 행위로서 가사 노동에 대한 물질적 보상이 전혀 없다. 그러나 같은 일이라도(요리, 빨래, 청소 등) 가족이 아닌 노동 시장에서 하면 임금을 받게 된다. 물론 주부는 가사 노동을 하는 대신 남편의 수입과 지위를 공유한다. 그러나 모든 것이 물질로 환산되는 자본주의 사회에서 무보수의 가사 노동은 임금 노동에 비해 가치가 낮은 것으로 평가되기 쉽다.

둘째, 가사 노동을 전담하는 가정주부라는 직업은 공적인 사회적 노동과는 달리 작업 조건, 작업 시간, 직업 안정성, 보험 등의 명확한 규정이 없다. 주부의 일에는 초과 근무에 대한 수당, 휴가, 실업 보험, 연금, 정년이란 인식도 없다. 남편과 이혼 혹은 사별하게 되면 실직하게 되고 가정에서 익혀진 기술은 임금 노동 시장에 곧바로 투입되기 어렵다.

셋째, 전업주부직은 기본적으로 사적인 개인적 관계에 의존하는 일이다. 주부직의 유지뿐 아니라 가사 노동에 대한 물질적, 심리적 보상은 어디까지나 남편이나 가족원의 경제력과 자의에 달려 있다.

넷째, 가사 노동은 사회적 노동과는 달리 개별 가족 단위로 집안에서 고립된 채 행해지며, 주로 주부가 전담한다. 사회적 노동은 여러 사람이 함께 모여 일을 하며 거기서 만들어진 생산물도 특정한 개인이 아니라 많은 사람들이 사용하며, 일의 결과 또한 사회 속에서 교환된다. 그러나 가사 노동은 개별적으로 행해지므로 생산물 또한 노동력을 제외하고는 가족 밖으로 나가지 않는다.

다섯째, 시장 노동과 가사 노동은 노동을 하는 개인의 기본적인 가치 구조가 근본적으로 다르다. 가사 노동은 다른 사람에 대한 서비스와 봉사를 중시하는 협동적이고 비경쟁적인 가치를 추구한다면, 사회적 노동은 기본적으로 화폐와 개인의 발전을 추구하는 경쟁적인 가치와 관련되어 수행된다.

결국 자본주의와 가부장제가 공존하는 사회에서 가사 노동에 대한 잘못된 인식으로 가사 노동에 대한 고정 관념이 생겼는데 크게 세 가지로 나누어 볼 수 있다.

첫째, '가사 노동은 비생산적'이라는 생각이다.

둘째, '가사 노동은 여성이 전담하는 것'이라는 생각이다.

셋째, '가사 노동은 주부가 가족에 대한 사랑으로 하는 것이지 노동이 아니다.'라는 인식이다.

주부들은 육체 노동과 정신 노동, 그리고 감정 노동을 수행한다. 주로 육체적인 노동으로 이루어지는 협의의 가사 노동(house work)과, 가족의 정서적 욕구를 돌보는 역할을 포함한 광의의 가사 노동(homemaking)은 많은 육체·정신적 에너지를 요구한다. 따라서 가사 노동은 결코 '사랑만으로 하는 일'이 아니며, 힘과 에너지, 감정을 쏟아야 하고, 때로는 의무로 느껴지기도 하는 힘든 노동이다.

(2) 가사 노동의 해결 방안 모색

가사 노동이 남성을 편안하게 하기 위하여 여성을 억압하는 노동이 아니라, 가족원들이 모두 즐거운 마음으로 능동적으로 가사 노동을 수행하고 이러한 일의 기쁨과 일의 보람을 느끼기 위해서는 사회 전반적인 개혁과 변화가 있어야 한다.

첫째, 공적 세계에서의 사회적 노동, 직업 활동만을 중요시하는 가부장적 가치관을 극복하고 가사 노동을 정당하게 평가할 수 있는 새로운 가치관의 변화가 요구된다.

둘째, 가사 노동을 과소 평가하는 기존의 가부장적인 법률, 세제, 관행 등이 개선되어 가사 노동의 가치가 제도적으로 보장되도록 사회 구조가 개편되어야 한다. 즉, 전업주부를 남편의 피부양 가족으로 간주하거나 여성의 가사 노동의 가치를 과소 평가함으로서 여성에게 불리하게 작용하고 있는 의료 보험법, 손해 배상법 등을 바꾸어야 한다.

셋째, 가사 노동은 여자만이 할 수 있고 여자만이 해야 한다는 기존의 성 역할 이데올로기와 분업은 지양되어야 할 것이며 보다 융통성 있고 탄력적인 성 역할의 수행과 가사 노동의 분담이 요구된다.

넷째, 다양한 가족이 등장하는 변화 과정에서 가사 노동의 사회화가 요구된다.

다섯째, 가부장제의 문화와 구조가 완전히 극복되기 전까지 상당한 여성들은 가사 노동의 책임을 떠맡을 것임은 분명하다. 그러므로 여성들 스스로 자신의 정체감을 가정에 한정시키기보다는 교육, 환경, 정치, 복지, 평화, 문화 등 다양한 영역에 관심을 갖고 의식을 가진 여성으로 변화하여야 한다.

(3) 직장과 가정의 양립 지원

육아는 여성만의 몫이 아닌 부모 공동의 책임이며, 다음 세대 구성원의 양육이라는 점에서 사회 전체의 책임이라고 할 수 있다. 숙련된 여성 노동력을 계속 확보하고 육아의 가족 책임에 대한 지원을 통해 여성 취업을 확대하기 위해서는 직장과 가정의 양립이 뒷받침되어야 한다.

전국 82개 건강가정지원센터에서는 맞벌이 가정에서 느끼는 일과 가정 양립의 어려움을 해소하기 위한 고충 상담은 물론 임신, 출산, 자녀 양육 관련 생활 정보를 제공하고 아빠의 육아 참여 프로그램을 운영하는 등 워킹맘 & 워킹대디 지원사업을 전담하고 있다.

육아휴직제, 보육 시설 제도, 가족 간호 휴직제 등 직장과 가정의 양립을 지원하는 제도 등이 현재 시행되고 있다. 2001년 11월 1일 법 개정으로 육아휴직 노동자에게 급여를 지급하는 등 육아휴직 제도의 실효성을 확보하게 되었으며, 직장 보육 시설을 지원하여 노동자의 생활 안정과 고용 안정을 통한 기업의 생산성 향상을 꾀하고자 노력하고 있다.

법 개정 이전의 육아휴직 제도는 여성 노동자의 육아휴직 사용을 원칙으로 하고 남성인 노동자는 여성 노동자인 배우자를 대신하는 경우에단 가능하였기 때문에 육아의 문제가 여성의 책임이라는 인식이 강하였다. 그러나 법 개정 이후 육아의 문제가 남녀의 공동 책임이라는 인식에 입각하여 배우자인 여성이 노동자가 아닌 경우에도 남성 노동자가 육아휴직을 신청할 수 있게 되었다.

최근 정부에서 가장 정성을 기울이는 정책은 저출산 초고령화 정책일 것이다. 2017년 한국의 합계출산율(여성 한 명이 평생 낳을 것으로 예상하는 평균 출생아 수)은 1.05였다 통계 작성 이후 최저치, OECD 국가 가운데 꼴찌 수준이다. OECD에서 출산율 우등생은 합계출산율 1.85(2016년 기준)인 스웨덴이다. 출산율은 성 평등 지수와 밀접하다는 것을 입증하듯 스웨덴은 2017년 유럽연합(EU)에서 성 평등 지수가 가장 높았다. 출산 장려책 대신 성 평등 정책을 실시한다는 스웨덴의 성 평등 정책의 핵심은 남성과 여성이 스스로 노동을 통해 경제적으로 자립하고, 직업과 육아를 동등하게 병행할 수 있어야 한다는 원칙이다. 우리나라에서도 2018년부터 주 52시간으로 근로 시간 단축이 시작됐고, 대기업을 중심으로 워라밸(Work and Life Balance)을 지원하는 프로그램이 속속 도입되고 있는 것을 볼 수 있다. 앞으로 보다 질 좋은 보육 서비스가 마련된다면 남성들의 사고방식도 변화하게 될 것이라 기대해 본다.

① 실효성 있는 육아휴직 제도 운영 – 육아휴직 보장

육아휴직 제도란 노동자가 피고용자의 신분을 유지하면서, 일정 기간 자녀의 양육을 위해 휴직을 할 수 있도록 하는 제도이다. 이는 보육 시설과 함께 노동자의 직장과 가정생활을 양립할 수 있게 하는 사회적 지원 제도이다.

국제노동기구(ILO)의 '가족 부양 책임이 있는 남녀 노동자에 대한 기회 및 대우 균등에 관한 협약(제156호)'은 "아동 보육과 가족에 관계되는 서비스 및 시설 등 공·사적인 지역 사회 서비스를 발전, 촉진시킬 것이다."라고 규정하고 있다.

우리나라의 육아휴직 제도는 1987년 12월 「남녀고용평등법」 제정으로 처음 도입되었다. 법 제정 당시는 생후 1년 미만의 영아를 가진 여성 노동자만을 육아휴직

적용 대상으로 하고, 사용자가 육아휴직을 이유로 노동자에게 불이익 처우를 할 수 없게 하였으며, 육아휴직 기간을 근속 기간에 포함하도록 하였다. 하지만 현재는 당해 사업장에서 1년 이상 근무한 남녀 노동자의 자녀가 만 8세 이하 또는 초등학교 2학년 이하일 때 신청하는 경우 허용하고 있다.

미국, 일본, 독일 등 육아휴직제를 실시하고 있는 대부분의 국가에서는 남녀 노동자 모두에게 육아휴직을 허용하고 있는 반면, 우리나라의 경우 그 적용 대상을 여성 노동자로 한정했었다. 이러한 문제점을 개선하기 위해 1995년 8월 「남녀고용평등법」을 개정하여 여성 노동자뿐만 아니라 그 배우자인 남성 노동자도 육아휴직을 할 수 있도록 대상을 확대하였다. 그 대신 수습 사용 중인 노동자·일용 노동자 등 육아휴직의 성격상 적용 대상으로 포함하기 곤란한 노동자에 대해서는 예외를 둘 수 있도록 하였다. 육아휴직 활성화를 통해 육아의 부담으로 인한 숙련 인력의 손실을 막을 수 있을 뿐만 아니라, 대체 인력 수요가 발생하여 신규 고용 창출에도 기여할 수 있게 되었다.

그러나 노동자의 육아휴직 활용이 저조한 원인을 보면, 기업의 입장에서는 ① 대체 인력 충원의 부담, ② 육아휴직 기간의 근속 연수 포함으로 인한 퇴직금·사회 보험 등의 비용 부담, ③ 휴직 기간 동안 숙련도 저하 등을 이유로 사용자가 육아휴직 사용을 꺼리고 있는 것으로 나타났다. 반면 노동자는 ① 회사의 분위기, ② 휴직 중의 소득 감소, ③ 복직 보장 불투명 등 사회·경제적 여건으로 인해 육아휴직을 자유롭게 활용하지 못하는 것으로 조사되었다.

2001년 11월 1일 개정된 「남녀고용평등법」과 「고용보험법」에서의 육아휴직 제도의 주요 골자는 ① 육아휴직 대상을 남녀 근로자로 확대, ② 육아휴직 근로자에 대한 소득 보전을 위한 육아휴직 급여 신설, ③ 육아휴직 종료 후 휴직 전과 동일한 업무 또는 동등 수준의 임금을 지급하는 직무로의 복귀, ④ 육아휴직 기간 중 해고 금지, ⑤ 육아휴직을 이유로 불리한 처우 금지, ⑥ 사업주에 대해 벌칙 강화 등이다. 특히 지금까지 육아가 여성의 몫으로 인식되었던 것에서 남녀 공동의 책임으로 자리매김시키고, 사회적 책임 분담의 기준을 마련하였다는 데에 의의가 있다.

「남녀고용평등법」은 2007년 제8차 개정을 통해 「남녀고용평등과 일·가정 양립 지원에 관한 법률」로 변경, 남녀 노동자 모두의 가족 생활을 지원하기 위한 국가와 기업의 책임을 명시하고 보다 다양한 제도를 포함하는 법률로 변화되었다. 가장 큰 변화와 발전은 모성 보호와 일·가정 양립 지원이다. 배우자 출산 휴가 제도, 육아기 근로 시간 단축 제도, 가족 돌봄 휴직 제도 등이 도입되었고, 육아휴직 제도는 육아휴직의 요건, 육아휴직 급여 등에 많은 변화와 발전이 있었다.

② 육아휴직 급여 지급

육아휴직 기간 동안은 무급으로 사업주가 임금을 지급할 의무가 없기 때문에 근로자의 생계 지원을 위하여 육아휴직 급여를 신설하였다. 당해 사업장에 1년 이상 재직한 근로자의 자녀가 생후 만 8세 이하 또는 초등학교 2학년 이하의 기간 동안 자유로이 시기와 기간을 정하여 1년 이내의 육아휴직을 부여받을 수 있으며, 1회 분할 사용이 가능하다. 육아휴직 급여액은 육아휴직 첫 3개월간은 월 통상 임금의 80% 이상(상한액 150만 원, 하한액 70만 원), 나머지 9개월간은 월 통상 임금의 40%(상한액 100만 원, 하한액 50만 원)에 해당하는 금액이다.

아빠 육아휴직 보너스제는 같은 자녀에 대하여 두 번째 육아휴직을 사용하는 근로자에게 육아휴직 첫 3개월간 월 통상 임금 100%를 지원한다(상한액 150만 원, 2017년 7월 1일 이후 출생한 둘째 자녀에 대하여 두 번째 육아휴직을 사용하는 근로자에게는 상한액 200만 원).

육아휴직 급여의 25%는 육아휴직 종료 후 해당 사업장에 복귀하여 6개월 이상 근무한 경우에 합산하여 일시불로 지급 받는다.

외국의 육아휴직 사례를 살펴보면 독일, 프랑스, 영국, 스웨덴, 이탈리아 등은 유급 휴가 제도로서 휴직 기간 중 임금의 일부를 보전하여 주고 있으며, 미국, 호주, 뉴질랜드 등은 무급 휴가로 운영되고 있다. 그러나 육아휴직이 무급 휴가인 국가라 하더라도 각종 혜택을 무급 육아휴직자에게 제공하고 있다. 아일랜드는 3년간 5일, 1년에 최대 3일의 유급 가족 간호 휴가를 부여하고, 뉴질랜드는 출산 시 1주당 75달러씩 8주간 세금 공제를 해주고 있다. 미국의 경우 5개 주에서 10~12주의 유급 육아휴직을 부여하고 있다.

〈표 4-15〉 OECD 주요 국가의 육아휴직 현황

구분	육아휴직이 유급인 국가(12개국)	육아휴직이 무급인 국가(8개국)
국가	오스트리아, 벨기에, 캐나다, 덴마크, 핀란드, 프랑스, 독일, 이탈리아, 일본, 노르웨이, 슬로바키아, 스웨덴	호주, 영국, 아일랜드, 네덜란드, 뉴질랜드, 포르투갈, 스페인, 미국

출처: OECD(2015).

주: 1) OECD 전체 회원국 중 조사 대상은 20개국임.

5) 미래 사회와 여성의 일

변하는 것이 많은 현실에서 향후 사라질 직업과 살아남을 직업에 대한 전망은 그리 어려운 일은 아닐 것이다. 그러나 미래 사회의 노동 시장에서는 여성의 포효를 들을 수 있어야 한다고 경영 전문가들은 역설한다. 실제로 1970년에는 미국에서 사업차 여행을 하는 사람들 중 여성이 차지하는 비율이 고작 1%에 지나지 않았다. 하지만 2000년대 들어서면서 거의 50%에 육박하고 있으며, 여성 사업가의 상당수가 엄청난 '세력가'라는 것이다. '공인된 모임 예정자' 호텔 예약자의 대다수가 여성이라고 한다. 창조성과 지적 자본의 시대로 접어들면서 인재 공백은 심각해질 것이라고 전망하는 미래 사회는 여성의 것이다라고 외치는 소리를 듣는다. '제1의 성'이었던 남성들이 '제2의 성'이 되어 가고 있다고 한다. 이는 2003년 5월 '비즈니스 위크' 커버스토리의 1면에서 다루었던 기사다. 15년 전의 기사가 언급한 사회 현상은 얼마나 변화했을까. 'The Post'라는 영화는 경영진으로 존재감 없는 워싱턴 포스트지 회장에서 언론의 역할에 자신의 모든 것을 건 Katharine Graham(Meryl Streep 역)의 자각 과정을 그리고 있다. "나는 경쟁을 좋아하지 않지만, 한번 시작한 일은 절대 포기하지 않고 끝까지 해 내는 사람이다." 최초의 여성 발행인이었던 그녀의 선택은 지시하는 것이 아닌 끊임없이 듣는 역할이었다.

여성이 경제적으로 동등한 지위를 누리지 못하는 한 여성의 독립은 불가능한 것이라는 전제 아래, 남성과 여성이 경제적으로 서로 완전히 독립적일 수 있는 미래 사회를 형성하기 위해 어떠한 방향으로 나아가야 할 것인가를 생각해 본다. Harriet Rubin은 『여성을 위한 마키아벨리(*Machiavelli for Women*)』(1983)에서 '우리가 따르는 법은 남성의 법이다. 남성과 같은 방식으로 힘을 추구하는 한 여성은 남성만큼 힘을 얻을 수 없다.'고 역설했다. 이제 조직의 사다리를 차근차근 밟고 올라가야 한다는 계급 체계가 무너지고, 가치 있는 일에 대한 정의가 변하고 있다. 하루가 다르게 변하는 새 세상이 열리고 있다는 사실을 누구나 인정한다. 하지만 우리는 남성들이 만들고 남성들이 지배해 온 계급 체계를 버리지 못하고 있다.

새로운 일의 세계는 창조성의 시대이며, '리엔지니어링(reengineering)'이 필요한 시점이다. 이를 위해 모든 여성들의 개인적인 노력이 필요하다. 자본주의와 가부장제에 의한 불평등을 공통적으로 경험한 여성들 간의 전반적인 연계, 연합이 필요하다. 궁극적으로 여성과 사회의 인간화가 이루어지는 새로운 사회는 우리가 익숙하게 길들여져 있었던 기존의 사회와는 아주 많이 다른 빛깔로 채색될 것이다. 그 공간에서 지금까지 분업화된 조각 일만 해 왔던 여성들의 독특한 경험과 지식과 시각은 새로운 이야기들을 어떻게 구성해 나갈 것인가.

2017년 제61차 UN 여성지위위원회는 주요 의제로 '변화하는 고용 환경에서 여성의 경제적 지위 강화'에 대해 논의하였다. 변화하는 고용 환경에서 나타날 수 있는 성 불평등을 첫째, 경제 활동 참여, 산업 분야 및 직종별 성별 분리(Labour force participation and sectoral and occupational segregation), 둘째, 창업에 있어서 여성이 갖는 한계(Constraints on women's entrepreneurship), 셋째, 성별 임금 격차(Gender pay gaps), 넷째, 사회 보장 제도 아래에서의 성별 격차(Gaps in social protection), 다섯째, 돌봄 경제(Work in the care economy) 등 다섯 가지 주제로 정리하고 이에 대한 국가별 대책을 촉구하였다.

제5장 젠더와 여성복지의 접근

1. 젠더와 성 인지적 관점

성 인지적 관점은 성(gender)에 기반한 불평등과 차별을 최소화해 나가면서 궁극적으로는 성적 불평등의 요소들을 근절해 나가는 것을 목적으로 한다. 성 인지적 정책을 통하여 우리 사회에서 삶의 경험과 상황이 다르고 사회·경지적인 지위에서도 차이가 있는 남성과 여성을 대상으로 하는 모든 정책 분야에 그 차이를 반영함으로써 양성 간에 형평성과 평등을 가져오도록 하는 것을 목표로 한다. 그러므로 일반적으로 정책을 만들 때 도시, 농촌, 근로자, 장애인 등과 같은 계층별, 지역별 요소를 고려하듯이 현재의 상황을 평가하고 비교하는 중요한 기준의 하나로 성별을 사용한다. 이러한 성 인지적 정책을 형성할 수 있도록 도와주는 정책 도구를 외국에서는 성 분석(gender analysis), 양성평등 분석(gender equality analysis), 성별 영향 평가(gender impact analysis)라는 명칭으로 부르고 있으며 현재 캐나다, 뉴질랜드, 유럽의 몇몇 국가에서 시범적으로 사용하고 있다.

정책 형성 과정에서 남성과 여성 간의 차이가 강조되는 이유는 남성과 여성의 서로 다른 관점과 상황을 반영하여 모든 정책 대상자에게 만족을 주고 정책의 효과를 높이기 위해서이다. 그러므로 여성과 남성이 처해 있는 서로 다른 사회적 환경의 차이를 인식하고, 모든 정책이 모든 사람들에게 똑같은 방식으로 혜택을 줄 것이라는 그릇된 통념을 시정하는 데서부터 출발해야 한다. 남녀평등은 똑같음을 요구하는 것이 아니라 다를 수도 있는 권리를 포함하며 계층, 정치적 지향, 종교, 민족, 인종과 같은 특성들을 함께 고려하여 여성과 남성 모두가 자신의 권리와 능력을 십분 발휘하면서 사회에 참여하는 것을 목적으로 하기 때문이다. 즉 남성과 여성의 삶의 조건이 다르다는 것이 남녀 모두의 삶에 부정적 영향을 끼치지 않아야 할 것이며, 여성과 남성이 갖고 있는 다양한 가치들 사이의 균형을 이루려는 노력이어야 한다.

모든 사람들이 동등한 기회를 가진다는 것은 같은 출발선에서 시작해야 한다는 것이기보다는 동등한 결과를 가져올 수 있어야 한다는 것을 전제하는 것으로, 남성과 여성의 다양한 이해와 요구를 반영하기 위해서는 그들의 목소리에 귀를 기울일 필요가 있다.

그 한 예로, 미국에서는 남자 칸막이 화장실 수의 두 배를 여자 화장실에 설치하도록 하는 수도관 설비법인 일명 '동수의 화장실법'을 캘리포니아주는 1987년에, 뉴욕주는 1990년에, 버지니아주는 1989년에 개정하였다. 우리나라도 최근 들어 공항, 극장, 예술의 전당 등을 중심으로 여성용 화장실을 확장해 나가고 있다. 남녀의 복장, 신체 구조, 생리적 욕구가 다르기 때문에 화장실의 할당이 달라야만 공평하다는 결론을 도출한 연구 결과에 의하면, 용변 시간이 남자는 평균 45초가 걸린 반면 여자들은 79초가 걸려 적절한 화장실 비율은 60:40이 되는 것이 공평하다는 것이다.

성별 함의를 찾아내기 위하여 다음과 같은 다양한 성 인지적 질문들을 사용할 수 있다.

- 여성이 남성에 비해 가족 활동에 더 많은 시간을 사용하는가?
  만약 그렇다면, 그것은 가족 내에서의 성별 관계에 대해 어떤 함의를 갖는가?
  그리고 정책 개입에 의해서 이 관계들이 평등해질 수 있는 방법은 무엇인가?

– 어떻게 가구주가 정의되는가?
그 정의가 가구 내에서의 여성의 역할을 포함할 만큼 충분히 포괄적인가?
– 남성·여성 가구주, 가구 수의 차이와 규모에 있어서 중요한 이슈는 무엇인가?
여성 가구주 가구가 더 빈곤한가? 만약 그렇다면 그 이유는 무엇인가?
– 사회 보장과 관련된 정부의 재정 계획에서 빈곤한 미혼모나 여성 가구주 가구와 같이 취약한 집단에 대한 충분한 고려가 이루어지고 있는가?
– 남성과 여성은 실질적으로 동등한 교육의 기회를 제공받는가?
그렇지 않다면 성별에 따른 교육 기회 제공의 차이는 어떠한 요인에 의한 것인가?
– 여성과 남성이 받은 교육이 어떻게 활용되는가?
사회적 분위기(맥락)가 교육받은 여성을 충분히 활용하고 있는가?
– 여성과 남성이 성별 선입관에 따라 대학 전공을 결정하는가?
– 학교 교육 과정에서 여성과 남성의 역할이 정형화되어 있는가?
– 법과 제도가 여성과 남성에 동등하게 교육받을 권리를 보장해 왔는가?
– 여성과 남성 간의 사망률이 다르다면 그 이유는 무엇인가?
– 여성과 여학생이 건강 관리나 가족 계획 서비스를 받는 데에 어떤 문화적인, 혹은 다른 장애물이 있는가?
– 여성이나 남성이 보다 많이 종사하는 영역이 있는가?
고용에 있어서 성별 직업 분리가 있는가?
– 고용에서의 성차별을 없애기 위한 어떤 규정이 있는가?
이 규정들은 어떻게 시행되고 있는가?
– 법이나 관습에 의해 여성의 수가 압도적이거나, 여성만 종사하는 직업이 있는가?
– 같은 가치의 일에 대하여 여성은 남성과 같은 보수를 받는가?
– 여성이 수행하는 가사 노동이 국가 통계에서 다루어지는가?
인구 조사와 다른 조사들이 가정 안팎에서의 여성의 경제적 역할을 정확하게 반영한다는 것은 무엇을 의미하는가?

- 토지 개발이 남성과 여성에게 공평하게 이득이 되는가?
- 행정직에서 여성이 의사 결정을 하는 지위에 오르는 데에 장애가 되는 것은 무엇인가?
- 사법 체제와 경찰에서 여성이 의사 결정을 하는 지위에 오르는 데에 장애가 되는 것은 무엇인가?

2. 여성복지의 접근 방법

'모든 국민은 인간으로서, 사회 공동체의 일원인 시민으로서, 그리고 국가의 한 구성원으로서, 인간답게 살 수 있는 권리와 건강하고 문화적인 생활을 누릴 수 있는 권리를 가진다.'는 전제 아래, 여성복지의 접근 방법은 일반적으로 간접적인 정책적 측면과 직접적인 실천적 측면으로 구분된다. 아울러 정부의 모든 정책 결정 과정에 큰 세력으로 역할을 담당하고 있는 여성계의 운동적 접근 또한 여성복지의 발전을 위해 체계적으로 연계해야 할 시점에 와 있다.

1) 정책적 접근 방법

여성복지에 대한 정책적 접근은 여성의 삶의 질을 향상시키기 위해 사회의 법과 제도 및 정책 등을 개혁하고 만들어 가는 사회 복지적 차원의 조직적 활동으로 여성 문제에 대하여 사후 복귀적 차원이기보다는 예방적 관점에서 접근한다.

따라서 여성 정책은 국가가 여성을 위해 시행하는 모든 활동을 의미한다. 그러므로 실행 주체로서의 정부가 여성에 대한 어떤 행동 지침을 가지고 결정을 하느냐가 관건이기 때문에 정책의 문제는 정치와 불가분의 관계를 맺는다고 하겠다. 결국 여성 정책은 여성에 대해 어떤 가치관을 가지고 여성의 기본적 욕구 충족을 위한 방향 설정을 정책 결정자가 어떻게 하는가가 중요한 요소가 되기도 한다.

지금까지 우리나라의 여성 정책은 가족 정책과 맞물려 발전되어 왔다. 여성가족부가 '여성에게는 도약을, 가족에게는 희망을!'이라고 외쳤던 구호를 통하여 짐작해볼 수 있듯이 아웃사이더(outsider)였었던 여성이 조직 내로 들어오기 시작한 것은 그리 오래지 않다. 특히 기혼 여성들은 직장과 가정생활을 큰 갈등 없이 조화롭게 양립시켜야만 했다. '할 수 있느냐, 없느냐.'의 문제가 아니라 '어떻게'의 차원에서 다루어야만 했던 것이다.

이렇듯 여성 정책과 관련해서 본다면 가족은 여성복지에 순기능적인 측면과 역기능적인 측면을 동시에 가지고 있다. 가족 정책과 관련한 여성을 위한 사회 복지 프로그램 등이 강조되고 출산휴직, 육아휴직이 제도화되는 등 가족 내 개인으로서의 여성 역할과 균형을 맞추는 데 관심을 둔 접근은 순기능적이겠으나 한편 폐쇄적 가족주의로 발전하여 결과적으로 여성복지의 저해 요소가 될 수 있기 때문이다. '가장 든든한 울타리는 가족'이라는 말은 개인의 운명을 책임져야 할 다지막 보루로서의 사회 이미지를 가족의 이미지로 대치시키고 있다. 이러한 책임은 거의 모든 가정에서 어머니라는 한 여성의 어깨에 모든 생존의 짐을 떠넘기고 있는 현실이기 때문에 정책적 접근을 통하여 가족의 울타리가 사회라는 울타리로 대체되어야 하는 것이다.

여성복지정책이라고 할 때 여성에 대한 사회적 서비스의 궁극적 책임은 정부와 연결이 되는데 그 관건은 정부의 예산을 증대시키는 방안을 어떻게 강구하느냐에 달려 있다고 보아야 할 것이다. 여성복지정책이 사회 정책의 한 영역이 되어야 할 필연성은 산업화, 정보화에 따른 사회적 위험이 증대되고 있는 현상(한 부모 가족, 사고, 질병, 이혼 등)이 개인의 책임일 수 없기 때문이다. 한편 여성 노동 분야에서 일어난 중요한 변화로 인해 재구성되어야 하는 가정 내 양육의 문제라든가, 사회 경제적 지위가 높은 직업이 남성에 의해 독점되고 있음은 비형평(inequity)의 시정을 주요 목표로 하고 있는 사회 정책의 대상이 되어 마땅할 것이다. 왜냐하면 기회 균등의 문제는 남성과 여성 간의 능력 차이의 문제가 아니라 사실은 부권 중심의 문화적 전통 때문이라고 할 수 있기 때문에 남성과 여성 고두를 프함한 인적 자원을 완전히 활용한다는 차원에서의 성 주류화 정책을 통하여 여성이 정책의 전 과정에 동등하게 참여하여 주류의 전환을 가져오게 되면 궁극적으로 성의 평등을 이룰 수 있을 것이다.

이러한 성 주류화 정책은 1995년 UN의 제4차 북경 세계여성대회에서 행동 강령으로 채택되어, 이후 모든 UN 여성 활동의 최우선 전략 목표가 되었다. 우리나라 역시 국제 사회의 흐름에 부응하여 1995년 12월 30일 「여성발전기본법」을 제정함으로써 여성복지정책 발전 전략으로써 성 주류화를 채택하게 되었다. 그러나 성 주류화가 우리나라 여성 정책의 패러다임으로 본격적으로 논의되고, 정부의 구체적인 정책으로 표출되기 시작한 것은 1998년부터라고 할 수 있다.

정부 내 여성 정책을 기획·종합하는 별도의 행정 부처가 필요하다는 인식에 따라 2001년 1월 29일 「정부조직법」 개정안이 공포되어 여성부가 설치되었고, 2005년 6월에 보건복지부로부터 가족 정책을 이관 받아 여성가족부로 출범하였다. 이후 2008년 2월 29일 「정부조직법」 개정으로 여성가족부가 수행했던 가족 및 보육 정책 기능이 보건복지가족부로 이관되면서 2010년 1월 18일 다시 여성부로 개편되었다. 보건복지가족부의 청소년 및 다문화 가족을 포함한 가족 기능을 여성가족부로 이관하는 내용으로 「정부조직법」이 다시 개정되고, 이에 따라 2010년 3월 19일 여성부는 다시 여성가족부로 개편되었다.

「여성발전기본법」에 의한 제1차 여성 정책 기본 계획(1998~2002)은 '건강한 가정의 구현과 국가 및 사회 발전에 남녀가 공동으로 참여하고 책임을 분담하는 사회시스템 구축'을 기본 목표로 하여 6대 기본 전략과 147개의 세부 과제로 구성되어 2002년 종료되었다. 제2차 여성 정책 기본 계획(2003~2007)에 의하면 '실질적 남녀평등 사회 실현'이라는 비전 아래 4대 정책 목표로 '남녀의 조화로운 동반자 관계 형성, 지식 기반 사회 여성의 경쟁력 강화, 사회 각 분야 여성의 대표성 제고, 여성의 복지 증진 및 인권 보호 강화'를 설정하고 10대 핵심 정책 과제를 선정하여 추진되었다. 이를 위하여 모든 중앙 행정 기관에 '여성 정책 책임관'을 지정하도록 하였으며, 주요 여성 정책을 심의·조정하는 '여성 정책 조정회의'를 국무총리 소속

아래 설치하도록 하였다. 그러나 이들의 업무가 부처 내에서 전체 정책에 영향을 주는 업무로 구성되어 있기보다는 여성 대상 업무에 국한되어 부처 내에 여성 정책의 주류화에는 매우 소극적인 역할을 부여하였다.

우리나라의 미투(#Me Too) 운동을 '제2의 민주화 운동', '미투 혁명'이라 명명할 만큼 그동안 민주주의, 평등, 인권이라는 가치에서 여성들이 배제되어 있었다는 인식이 폭발적인 물결이 되고 있어 변화의 의미를 인식해야 할 것이다.

여성가족부의 제1차 양성평등 정책 기본 계획(2015~2017)의 비전은 '여성과 남성이 함께 만드는 양성평등 사회'로, 그 목표는 성별 격차 해소, 일과 가정의 조화, 차이와 인권 존중이었다. 제2차 양성평등 정책 기본 계획(2018~2022)의 비전은 '여성과 남성이 함께 만드는 평등하고 지속 가능한 민주 사회'로, 그 목표는 성숙한 남녀평등 의식 함양, 여성의 고용과 사회 참여 평등, 일과 생활의 균형, 여성 안전과 건강 증진으로 설정했다.

해외의 여성 정책 종합 계획을 살펴보면 EU의 성 평등은 평등대우법, 성 주류화 전략, 여성 발전을 위한 구체적 조치 등을 통해 추진되고 있는 바 '2016~2019 성 평등 실현 전략'을 수립했으며, 미국은 유럽 국가들에 비해 '저(低)복지국가'로 평가되며 성 평등 수준도 상대적으로 낮은 편이다. 독일 베를린시는 10개의 성 평등 일반 원칙을 확립하여 모든 부서의 정책 방향에 반영되도록 하고 있다.

2) 실천적 접근 방법

여성복지에 대한 실천적 접근은 욕구가 있는 여성에게 필요한 다양한 서비스를 직접적으로 제공하는 것을 의미한다. 여성 개인과 집단의 역량을 강화하기 위한 실천적 접근은 여성의 경험에 뿌리를 두면서 사회 제도적 측면, 상호 작용적 측면, 개인의 심리적 측면에서 이루어지고 있다. 상호 연관되어 있는 측면의 실천적 통합을 통해 여성들이 소속감과 유용성, 힘, 유능감을 강화해 나가도록 도우려는 방법이다.

우리나라에서는 취약한 계층의 여성들을 대상으로 부녀 복지로 칭하여 오랫동안 사회 복지의 잔여적 개념으로 사용해 왔으나 여성의 지위를 개선하려는 구체적인 사회적, 정치적 쟁점을 둘러싼 여성들의 운동을 발판으로 하여 새로운 시각의 접근과 실천 방법이 등장하였고, 이후 국민의 정부에 들어와서야 공공 기관에서 공식적으로 여성복지를 사용하게 되었다.

여성을 한 인간으로 존중하려는 태도는 성 역할에 민감하고, 성차별을 하지 않으며, 여성주의적 실천에 접근하려는 세 가지 경향으로 이어졌다(Meyer, 1995b). 모든 여성들이 운명을 변화시켜 그들의 개인적인 힘을 최대한 고양시킬 수 있는 전략을 창출해야 한다는 미래 지향적 페미니즘은 지혜와 인정과 돌봄과 책임과 헌신과 지식을 결합한 것이 사랑이라는 전제 아래에서 강점에 초점을 둔 레질리언스(resilience) 접근을 발전시키고 있다.

'자매애(sisterhood)는 힘이 있다.'는 슬로건은 여성을 대상으로 하는 모든 임상적 개입에서 '여자는 태어나는 것이 아니라 만들어지는 것이다.'라는 Beauvoir의 이야기에 대하여 성찰하게 한다. 여성주의적 상담에서 활용하고 있는 의식 향상(CR; Consciousness Raising)은 근본적으로 여성들에게 대화의 공간이고 만남의 공간이었다. 그 공간 안에서 사회 복지사는 여성에게 힘이 있으며 자신의 인생을 통제할 수 있다는 감각을 회복하도록 도우며 자신이 좋아하는 특성을 키우고 자신만을 위한 시간과 활동에 참여할 권리가 있음을 권유한다.

또한 사회 구조의 변화와 개인의 생활 주기 변화에 따른 여성의 삶의 조건 변화로 인한 경제적, 사회적 욕구를 충족시키기 위한 지원 프로그램으로 직업 훈련 프로그램, 재취업 프로그램, 탁아 프로그램, 지도력 향상 교육, 의사소통 교육, 부모 역할 훈련, 가족 치료, 문화 콘텐츠, 여가 활동 프로그램 등 다양한 프로그램들이 여성새로일하기센터, 온라인경력개발센터를 중심으로 개발되고 있다.

아울러 긴급한 상황의 발생으로 스스로 살아갈 수 있는 힘을 상실했거나, 주변 환경의 열악한 조건 때문에 독자적인 삶이 불가능한 경우 제공되는 시설 보호 서비스가 있다. 이러한 시설 서비스는 장기적으로 제공되는 경우도 있지만 단기간에 일시적으로 이루어진다. 우리나라의 여성을 위한 시설 서비스는 선도 보호 시설, 모자 보호 시설, 모자 자립 시설, 미혼모 시설, 일시 보호 시설, 성폭력 피해자 보호 시설, 가정 폭력 피해 여성을 위한 쉼터, 가출 청소년을 위한 쉼터, 성매매 여성들을 위한 보호 시설 등으로 구분된다. 최근 들어 복권 기금으로 지원되는 다양한 직업 재활을 통하여 입소자들의 자활에 도움이 되고 있다그는 하나 체계적인 자활 지도까지는 미치지 못하고 있다. 오히려 사회연대은행을 통해서 지원되는 자립 기금이 큰 역할을 담당하고 있다고 이용자들은 이야기하고 있다.

3) 여성 운동적 접근 방법

사회 복지 분야에서 운동적 접근의 필요성은 일찍부터 인식되었으나 공식적인 사회 복지의 접근 방법으로 체계화되지는 못했다. 우리나라에서는 1980년대 이후 시민 운동과의 연계를 통해 사회 복지의 이슈를 공론화하고 이를 운동으로 이끌어 내면서 도시 빈민 운동, 어린이 공부방 연합회, 장애인 은동, 여성 문화 운동 등이 그 가능성을 보여 주었다. 사회 복지와 관련해서 여성 운동적 접근은 여성 전체, 특히 중산층 주부를 대상으로 했던 여성 운동이 여성 노동자, 농민 여성, 도시 빈곤 여성 등의 문제에 초점을 맞추었고 따라서 생존권 문제, 인권 문제가 크게 부각되면서 여성 문제가 한국 사회의 총체적 구조의 문제로 연결되었다.

이러한 여성 운동의 방향 전환에 따라 여성 권익의 향상을 위한 노력이 민주화, 자유화 운동에도 앞장서는 결과가 되었고, 이후 '여성의 전화', '한국여성민우회', '한국여성노동자회' 등 여성 대중 조직을 표방하는 단체들이 등장하게 되었다. 이들 단체들은 다시 한국여성단체연합을 결성하여 기존의 한국여성단체협의회와는 대조적으로 투쟁적인 강력한 압력 단체의 역할을 하고 있다. 이와 같은 여성 단체의 정치 세력화는 여성 운동의 관심사가 여성 자체에만 국한된 것이 아니고 우리 사회의 모든 면에 이르며, 특히 의사 결정권의 차원에서 압력 단체로서 성실한 역할을 수행한다는 점을 고려해 볼 때 사회 전반에 긍정적인 변화를 가져 올 것이기 때문에 여성복지와 여성 운동과의 연계는 반드시 모색되어야 할 것이다.

한편 여성학 이론을 바탕으로 여성 문제 의식에 초점을 맞춘 여성학적 시각으로 새로운 대체 문화 창조를 겨냥한 출판 및 문화 활동이 활발하게 일어났다는 점은 그 의미가 크다고 하겠다. 동인지 『또 하나의 문화』나 『여성신문』의 발간, 연극, 그림, 영화, 시, 소설 등으로 감동과 함께 의식 개혁을 도모하는 새로운 시도들을 통하여 여성복지의 발전을 꾀할 수 있는 실천 모델을 개발하고 체계화하는 작업이 이루어져야 한다.

3. 여성주의 사회 복지 실천

여성주의 사회 복지 실천은 1960년대 말 세계적인 여성 운동의 영향으로 출현하였다. 여성주의 시각에서 기존의 사회 복지 실천에 대한 비판이 이루어졌고, 여성 문제에 대한 이슈가 사회적인 관심을 받았으며, 이를 실천에 적용할 수 있는 원리와 방법, 기법이 개발되기 시작하였다. 이러한 과정을 통해 형성된 여성주의 사회 복지 실천은 성(gender)의 관점을 도입하는 전환적 변화를 가져왔고 사회 복지 현장에서 사회 복지 실천의 새로운 대안으로 등장하였다.

사회 문제를 재정의하려는 여성주의의 작업은 기본적으로 인간의 삶과 관련된 모든 이슈에 대한 정치적 시각으로서 가부장제와 성의 정치에 대한 인식이고 비판이다. 삶의 현장에서 남성과는 다른 방식으로 여성들의 존재에 대한 경험을 확인하게 되면서 여성들은 존재로서의 문제가 아니라 자원과 권력의 결핍 및 정서적 충족의 결여가 바로 여성을 억압하는 요인임을 주지시켰다. 사회 문제가 해결되면 여성의 문제도 저절로 해결된다는 과거의 운동론에서 서서히 탈피하여 여성의 문제가 부차적인 것으로 주변화되는 현상을 극복하기 위해서 사회적 권력 관계의 변화가 수반되어야 함과 아울러 여성 자신의 의식 향상을 통해 사회적 관계를 새롭게 인식하고 '개인적인 것이 정치적인 것이다.'라는 자각의 과정이 필요하다고 보았다.

사회 문제에 대한 여성주의의 기본 입장은 사회 복지 실천과 많은 부분 공통점을 가지고는 있으나 중요한 차이점은 사회 복지 실천에서 '성'을 고려하지 않았다는 점과, 사회 복지사 활동의 본질이 정치적이라는 시각을 간과했다는 점이다.

기존의 차별적 편견에 도전하고 비판하는 의식을 가지고 학제 간 연구를 통하여 출발한 여성주의 사회 복지 실천은 다양한 학문 영역에서 진행된 통합적 사고로 접근하는 사회 복지 실천과 상당 부분 일치하지만 사회 복지 실천에서는 여성을 대상 집단의 한 영역으로 설정할지언정 여성의 입장에서 여성을 조망할 수는 없었다는 것을 지적하였다.

그러나 여성주의 시각에서 강조하는 '개인의 역량 강화'는 사회 복지 실천의 가치와 일치한다고 보았다. 사회 복지 실천에 도입된 여성주의를 설명하는 주요 개념은 '성차별주의'와 '가부장제'이다. 이러한 여성주의 용어를 사회 복지 실천에 적용함으로써 여성의 문제는 그 사회의 성에 대한 사회·정치적 인식과 구조에 뿌리가 있다는 점을 분명히 하는 효과를 가져다 주었다.

보이지 않았던 존재였지만 여성은 늘 사회 복지 현장에서 서비스의 대상으로 함께 존재해 왔다. 많은 학자들에 의하여 이루어진 성차에 대한 연구를 통해 종속 집단으로서의 여성이 발견되면서 여성들은 자신의 목소리로 여성 전반에 걸쳐 그들이 이해한 사회 속에서의 지위, 역할, 경험들을 '이야기하기'를 통하여 풀어내기 시작했다. 일차적인 이슈들로 여겨진 가정 폭력이나, 성폭력, 가족 문제 등에 적용되었던 접근은 점차 그 범위가 중독이나, 건강, 아동 복지, 빈곤 문제를 포함한 사회 복지의 모든 영역으로 확대되었다. 이러한 움직임은 앞서 설명한 다양한 여성주의 입장을 사회 복지 실천과 연계시키려는 보다 구체적이고 세분화된 노력으로 이어졌다.

자신을 여성주의 사회 복지 실천가라고 정의하는 미국의 사회 복지사들은 여성주의 사회 복지 실천을 정의할 때 모든 이슈가 여성에게 어떤 함의를 갖고 있는지 확인하고 접근하기, 제도화된 성차별주의가 모든 사람, 특히 여성의 문제를 어떻게 창출하는지에 관심 갖기, 개인과 집단을 대상으로 최대한의 능력 개발에 장애가 되는 물질적, 이념적 요인을 제거하기 위한 행동과 기법을 개발하는데 관심 갖기, 사회 복지 실천을 정치적 실천으로 보기 등을 강조한다. 이러한 노력들은 우리나라 사회 복지 현장에서도 많은 성과를 획득해 냈다. 즉 남성과 여성은 인간이라는 시각에서 그 차이와 같음을 규명했으며, 지극히 사적이고 개인적인 문제로 간주되어 왔던 것들에 대해 법적·사회적 대안을 모색하게 하는 동력으로서의 의미가 크다고 하겠다. 예를 들면, 가정 폭력이나 성폭력에 대한 새로운 입법과 노동 시장에서 여성 차별을 금지하는 입법 등의 획득이 그것이다. 물론 아직은 우리나라 여성의 전반적인 현실에 비추어 볼 때 평등을 위한 기초에 불과한 것이겠지만 여성계와 연계하여 펼쳐 나가는 대안 모색을 통하여 가부장제에 편승한 여성복지정책이 아닌 여성을 자립적인 인간으로서 설 수 있도록 보다 적극적이면서 탄력적인 실천의 원리와 방법으로 개입하게 될 것이다.

1) 여성주의 사회 복지 실천의 가치와 목표

여성주의 사회 복지 실천의 기본적인 입장은 여성을 지지한다. 궁극적인 목적은 여성의 자기실현에 있다. 여성 개인이 처한 환경적, 물질적, 이념적 조건 속에서의 장애를 극복하기 위하여 본질적으로 여성주의 사회 복지 실천은 정치적 특성을 강조하지 않을 수 없고 실천가 개인의 정치적 동기가 중요한 의미를 지닌다. 남성과는 다른 고유한 경험의 역사와 조건 속에서 발달해 온 여성의 경험과 특성 자체가 강점이 될 수 있다는 것을 신뢰한다. 이러한 가치가 유지되기 위해서는 여성의 기존 위치에 대한 재평가 및 여성과 남성의 경험에 대한 재인식이 요구된다.

2) 여성주의 사회 복지 실천의 네 가지 전제

여성주의 사회 복지 실천의 네 가지 전제는 인간의 강점과 건강성에 대한 강조, 인간의 다양한 선택 능력에 대한 강조, 인간과 사회의 상호 의존성 및 연계성에 대한 강조, 현실 형성의 다차원성과 정치성에 대한 강조이다.

첫째, 인간의 강점과 건강성에 대한 강조는 인간은 누구나 남녀를 불문하고 본래적으로 자신의 문제를 치유하고 성장을 도모할 수 있는 개인적, 집단적 능력을 가지고 있다는 것이다. 인간은 기본적으로 어떠한 형태든 강점을 가지며 건강할 수 있다는 전제이다. 최근 사회 복지 분야에서도 강점적인 관점에서의 이론과 모델들이 전통적 사회 복지 실천의 대안으로 제기되고 있다. 여성주의 사회 복지 실천에서 강조하는 인간에 대한 긍정적이며 낙관주의적 견해는 전통적인 의료 모델과 대조를 이루며 그동안 병리적 시각과 문제 중심적 시각이 여성에게 집중되었던 점을 고려할 때 어느 누구라도 생존하는데 필요한 기술, 지식, 능력을 가지고 있으며 문제에 대처하고 해결할 수 있는 강점과 자원을 가지고 있다는 신념은 강력한 힘으로 작용한다.

둘째, 인간의 다양한 선택 능력은 강점과 성장의 근원이 된다는 것이다. 역경에도 불구하고 해로운 영향 없이 환경에 잘 적응하고 견디어 내는 인간은 탄력성과 다양성을 갖춘 사람이다. 폭넓은 인간 이해, 특히 여성의 다양한 선택 능력에 대한 강조는 강점과 건강에 대한 강조와 같은 연장선상에 있는 것으로서 인간에 대한 긍정적이고 낙관적인 입장의 반영이다.

셋째, 인간과 사회의 상호 의존성 및 연계성이란, '모든 것은 서로 연결되어 있다.'라는 인식이다. 개인과 사회가 유기적으로 상호 영향을 받으며 연결되어 있다는 전제와 아울러 여성주의 사회 복지 실천은 개인의 경험에 영향을 미치는 요인으로 환경의 압력과 성 역할, 성에 근거한 차별 등에 관심의 초점이 있다.

넷째, 현실 형성의 다차원성과 정치성이란 현실의 의미는 고정된 것이 아니다 다양하고 불안정하며 다른 해석의 여지가 많으며, 그러한 현실의 의미는 특정한 사회적, 정치적, 역사적 맥락과 연관되어 있다는 것이다. 그러므로 여성주의 사회 복지 실천은 세상의 절반을 구성하고 있으면서도 사회 속에서 분명히 소수 집단으로 위치하고 있는 여성 중심으로 문제에 접근하는 특성을 갖는다.

3) 여성주의 사회 복지 실천 방법과 관계에 대한 전제

여성주의 사회 복지 실천 방법과 관계에 대한 전제는 다음 다섯 가지로 정리할 수 있다.

첫째, '개인적인 것은 정치적인 것이다.'라는 Kate Millett의 전제를 수용한다. 가부장제 사회에서 여성의 위치를 파악하는 지표로서 지위, 기질, 역할의 세 범주를 취하여 사회 구조나 제도사의 변화를 통해 개인의 삶을 변화시킬 수 있는 실천 방법을 모색하게 한다. 일상에서의 모든 여성 문제는 제도화된 성차별에 근거하고 있음을 강조하는 것이다.

둘째, 과정을 결과와 똑같이 중요하게 여기는 것이다. 이는 과정을 수단으로써가 아니라 결과로 보아야 한다는 것으로, 과정은 능력을 고취시키는 경험과 마찬가지로 무엇인가를 할 수 있게 하고 촉진시키는 힘으로 인식하는 것을 의미한다. 과정을 중요하게 여기는 것은 현상에 대한 이해를 단선적이 아닌 순환적이고 역동적으로 이해하게 하고, 현재의 상태를 결정론적으로 이해하지 않고 과정 중의 한 상태로 본다는 것이다.

셋째, 비폭력적 관계와 구조를 강조한다. 모든 과정에서 민주적이고 평등하며 비폭력적인 방법과 관계 설정을 강조한다. 사회 복지사와 내담자는 위계적 관계가 아닌 협력적이면서 평등한 관계를 맺는다.

넷째, 의식 향상을 강조한다. 이는 재명명(renaming)을 통해 현실을 재창조하는 것을 의미한다. 특정 사건을 통해서 의식의 변화가 시도될 수 있다. 여성주의 사회 복지 실천을 통해 여성은 제도화된 성차별과 가부장제가 자신에게 어떤 영향을 미치고 있는지를 조명해 봄으로써 현실을 새로운 차원에서 구성할 수 있게 되고 나아가 사회 성원으로서의 소속감, 자신에 대한 소중함, 존중감, 책임감을 갖게 된다.

다섯째, 비합리적인 것도 유용하다는 것이다. 자신의 가치와 이해 관계 및 이념에 의해 이루어지는 주관적 과정이라는 전제 아래 지금까지 공적 영역에서 배제되어 온 비합리적 영역을 활용하자는 것이다. 이러한 전제는 다차원적이고 직관이나 영성과 같은 비합리적인 것을 활용할 수 있게 한다.

4) 여성주의 사회 복지 실천 방법과 기준

지금까지 사용되었던 전통적 방법과 비전통적 방법 및 기법을 모두 활용한다. 그러나 몇 가지 기준이 적용된다.

첫째, 과정을 지향한다는 것이다.

둘째, 사회 복지사와 내담자 사이에서 추구하는 가치의 일치, 혹은 조화를 중요시한다는 것이다.

셋째, 자신이 가진 지식과 기술, 정신적인 에너지, 자원, 능력 등을 활용하여 자신에 대한 역량 강화를 할 수 있다는 것이다.

넷째, 자신의 경험에 대한 부정적 평가를 긍정적인 것으로 전환하는 데에 초점을 둔다는 것이다.

제6장 여성복지 실천 과정과 방법

1. 역량 강화의 관점

역량 강화는 과정과 결과 모두를 의미한다. Gutierrez(1994)는 역량 강화를 '증가하는 개인적·대인 관계적·정치적 힘의 과정이다. 따라서 개인, 가족, 그리고 지역 사회가 그들의 상황을 개선하기 위해 행동을 취하는 것'이라고 정의한다. 과정으로서 역량 강화는 사회·정치적 영역에서 사건의 방향에 영향을 미치는 것과 같이 개인적 문제에 대한 심리적 통제감이 증가하는 것을 내포한다. 결과물로서 역량 강화는 개인적인 힘이나 정치적 힘을 쟁취한 상태를 의미한다. 역량 강화는 마음 상태, 즉 가치 있다는 느낌과 능력감 또는 힘과 통제를 가졌다는 느낌 등을 의미한다. 그리고 이는 또한 사회 구조를 변경한 결과로써 만들어진 힘의 재배치를 의미하기도 한다.

Rappaport(1987)는 역량 강화는 자기 자신의 삶에 대한 지역 사회 생활에 있어서 민주적 참여 모두를 제안한다. 이는 종종 학교, 이웃, 교회, 그리고 자발적 조직 등과 같은 구조들을 중재하는 것을 통해 이루어진다. 역량 강화는 개인적 통제감이나 영향력 등의 심리적 상태 그리고 실제 사회적 영향, 정치적 힘, 그리고 법적 권리 등에 대한 고려 모두를 시사한다. 이는 개인뿐 아니라 조직이나 이웃에 대해서도 적용할 수 있는 동시에 다단계적인 구성 개념이고 이는 맥락 안에서 사람에 대한 연구를 하도록 제안하는 것이라고 하였다.

사회 복지 실천에서 역량 강화 개념은 인간 체계와 변화에 대한 실천으로부터 나온다.

• 인간 체계에 대한 가설

- 모든 사람은 수용과 존경을 받을 가치가 있다.
- 클라이언트가 자신의 상황을 가장 잘 알고 있다.
- 모든 인간 체계 행동은 상황 내에서 이해할 수 있다.
- 모든 인간 체계 행동은 동기화된다.
- 도전은 클라이언트 자신에 기인한 것보다는 인간 체계와 그들의 신체·사회적 환경 간의 교류로부터 기인한다.
- 강점들은 개인적인 가치에 대한 느낌, 문화적 자긍심, 성공적인 관계와 지역사회 내 자원이 되는 상호 의존 등을 포함하여 매우 다양하다(Miley, O'Melia, & Dubois, 1998).

• 변화에 대한 가설

- 변화는 가능할 뿐 아니라 필연적인 것이다.
- 생태계의 한 부분의 작은 변화는 유익한 변화 사슬을 일으킨다.
- 도전은 대개 많은 해결책을 가지고 있다.
- 영구적인 변화는 강점을 기반으로 한다.
- 성장에 대한 강점들과 가능성은 모든 인간 체계의 특징이다.
- 인간 체계는 주어진 영역이나 기회 속에서 능력을 기른다.
- 협력적 관계는 역량감을 자극하고 행동을 유도한다.
- 문화적 차이는 더 넓은 관점, 추가 조건, 시너지, 해결책의 가능성 등을 제공하는 자원이 된다(Miley, O'Melia, & Dubois, 1998).

• 역량 강화에 대한 가설

– 역량 강화는 클라이언트와 실천가가 파트너로 함께 일하는 협력적 과정이다.
– 역량 강화 과정은 클라이언트 체계가 권한과 능력이 있다고 보고, 자원과 기회를 사정한다.
– 클라이언트는 스스로를 변화에 영향을 줄 수 있는 임시 관리자로서 지각해야 한다.
– 능력은 효능감을 확인시켜 주는 삶의 경험을 통해 재인식되거나 획득된다.
– 주어진 어떤 상황에서든 다양한 요인들이 작용하게 되므로 효과적인 해결책 또한 다양할 수밖에 없다.
– 비공식적인 사회 연결망들은 스트레스를 조작하고 자신감과 통제력을 증가시키는데 도움이 되는 특별한 자원이다.
– 사람들은 자기 자신의 역량 강화에 대해 참여하여야 한다. 목적과 방법, 결과물들에 대한 자기 규정(self-define)이 이루어져야 한다.
– 인식 수준은 역량 강화에 있어 주요 이슈이다. 정보는 변화를 위해 필요하다.
– 역량 강화는 자원을 효과적으로 사용하기 위해 그 자원과 능력의 사정에 관여한다.
– 역량 강화 과정은 역동적이고, 시너지 효과가 있으며 변화와 진화가 일어나는 것이라고 할 수 있다.
– 역량 강화는 개인의 발전과 사회·경제적 발전의 대등한 구조를 통하 달성된다 (Dubois & Miley, 1999).

2. 사회 복지 실천의 역량 강화 과정

사회 복지사들은 대화(dialogue)를 통해 클라이언트와의 협력적인 파트너십을 발전시킨다. 문제가 되는 상황을 명료화하고, 작업의 목적을 정의한다. 발견 과정에서 실천가들과 클라이언트는 변화를 위한 계획을 만들기 위해 자원들을 파악하는 과정을 실행한다. 발전 과정에서는 사회 복지사와 클라이언트는 대인 관계적·제도적 자원들을 활성화하고 다른 사람들이나 체계들과 연결하고, 사회 자원의 재분배를 위한 새로운 기회들을 창조해 낸다.

〈표 6-1〉 사회 복지 실천의 역량 강화 과정

단계	과정	활동
대화	파트너십 형성	• 클라이언트의 특권을 인식하고, 클라이언트의 독특성을 존중하는 사회 복지사와 클라이언트의 관계를 역량 강화하기 시작한다.
	파트너십 명료화	• 클라이언트의 경험을 확인하면서 도전적인 상황을 사정한다. • 업무 특성을 추가하고 목표를 정한다.
	방향 설정	• 클라이언트 동기 부여를 촉진하는 관계에 대한 초기 의도를 결정하고 관련 자원들에 대한 탐색을 안내한다.
발견	강점 정의	• 클라이언트의 강점에 대한 다음과 같은 항목들을 탐색한다. (일반적 기능, 도전받는 상황에 대한 대처 기술, 문화적 정체성, 역경에 대한 극복)
	자원 능력 분석	• 가족, 사회적 집단, 조직이나 지역 사회 기관들을 포함한 환경과 클라이언트가 교류함에 있어서 자원을 탐색한다.
	해결책 구성	• 상담, 자원 관리와 교육 등을 통해 가능한 자원들을 동원함으로써 가능한 행동 계획을 수립한다.
	동맹 관계 구축	• 클라이언트와 클라이언트의 자연적 지지 체계, 서비스 전달 체계들과 동맹 관계에 대한 역량을 강화한다.
	기회 확장	• 프로그램 개발, 지역 사회 조직화, 사회 행동 등을 통해 새로운 기회와 자원을 개발한다.
	성공 인식	• 달성도를 인식하고 계속되는 행동에 대해 정보를 제공함으로써 변화 노력의 성공에 대해 평가한다.
	성과 통합	• 관계를 해결하고, 성공을 축하하며, 긍정적인 변화를 안정시키는 방법으로 변화 과정을 마무리한다.

출처: Dubois, Miley, & O'Melia(1993). 사회 복지 실천에 있어서 역량 강화 과정의 적용.

3. 저소득 여성 역량 강화 실천 모델 WISE – Jean F. East

WISE(A Women's Initiative for Service and Empowerment , 1995~1997)는 미국의 콜로라도(Colorado) 덴버(Denver)시에서 복지 혜택을 받고 있는 여성들과 복지 개혁의 영향을 입은 여성들을 위해 마련된 저소득 여성을 위한 역량 강화 실천 모델이다.

이 모델은 역량 강화의 3대 실천 영역인 개인 영역, 대인 관계 영역, 정치 영역을 개념적으로 잘 묘사하고 있으며 포스트 모던 여성주의 이론을 통합하고 있다.

WISE 프로젝트의 표적 대상은 1997년 7월을 기준으로 AFDC(Aid Family with Dependent Children)와 TANF(Temporary Assistance to Needy Family)의 수혜자들이다. 저소득 여성의 인종 구성은 흑인 19%, 백인 40%, 라틴계 미국인과 인디언이 각각 1%이다. 연령층은 19세에서 45세로, 이들 중 일부만이 단기 원조(2년 미만)를 받아 왔고, 대부분은 장기적(4년 이상)으로 공적 부조에 의존해 왔다.

경제적인 자원이 부족한 저소득 여성들은 자신들의 욕구를 충족시키기에 부적합한 정책과 프로그램을 매일 접하게 된다. 또한 이들은 여성과 여성의 사회적 지위를 불평등하게 만드는 성차별주의적 사회 구조 속에서 살고 있음에도 지금까지 제공되어 왔던 전통적인 서비스에는 여성들의 경험과 욕구가 배제되어 있다.

WISE 프로젝트는 역량 강화의 3대 영역을 고루 갖춘 프로그램이다. 특히 WISE 모델은 개인적인 역량 강화를 강점 기반과 여성주의 개별 상담 모델로 개념화시켰다. 개인적인 역량 강화는 자아 인식, 자기 수용 및 자아 존중감, 문화 정체성과 영성을 위한 과정을 포함하고 있다. 대인 관계적 역량 강화는 자기주장, 의사결정, 정서적 지원 체계 유지, 자원 접근 등 향상된 지식과 기술을 포함한다. 대인 관계적 역량 강화와 연관된 서비스 요소로는 지원과 시민 교육 집단을 들 수 있다. 정치적 역량 강화는 본인과 타인의 이익을 위해 보다 넓은 지역 사회 관점에서 이루어지는 행동을 통해 발생한다. 이러한 과정은 비판적인 사고와 의식 향상, 자원봉사 활동을 통한 지역 사회 공헌, 타인과의 교류, 자신의 외적 환경을 통제하고 긍정적으로 변화시키는 것 등을 포함하고 있다. 또한 이러한 과정은 리더십 개발 프로젝트 및 지역 복지 권리 조직을 비롯한 다양한 지역 사회 활동에 참여함으로써 이루어진다.

WISE 프로젝트가 실시된 3년 동안 4회 이상 개인 상담을 받은 여성은 81명, 집단에 참여한 여성은 307명, 리더십과 옹호 활동에 참여한 여성은 46명이었다. 또한 50명의 여성이 위에 제시된 두 가지 이상의 프로그램에 참여하였다.

역량 강화를 하는 조직은 구성원 개개인의 자신감과 능력을 조장하는 기관이며, 역량 강화가 된 조직은 환경과 지역 사회에 영향력을 발휘한다는 점에서 서로 구별된다(Florin & Wandersman, 1990). Zimmerman(1995)은 풀뿌리 조직은 이 두 개의 특성을 모두 가질 수 있는 잠재력이 있음을 시사했으며, Maton과 Salem(1995)은 역량 강화를 하는 장(settings)의 특징으로 ① 고무적이고, 강점 중심적이며, 개인의 잠재력에 초점을 둔 실천 철학과 신념 체계, ② 접근하기 쉬운 역할 구조, ③ 고무적이고 유능하며 기관과 구성원 모두에게 헌신하는 리더십, ④ 지역 사회 의식을 제공하는 지원 체계를 들고 있다.

포스트 모던 여성주의 관점은 여성 역량 강화의 근거를 이루기 때문에 다양한 방법으로 통합이 가능하지만 WISE 프로젝트에 참여한 많은 여성들은 오히려 '근본적으로 여자들을 좋아하지 않고 그들을 믿지 않는다.'라는 anti-women 감정을 표현하곤 하였다. 이를 토대로 여성주의 역량 강화를 두 가지 방법으로 개념화했는데 첫째, 개별 과정은 여성이 문제 해결 과정에서 융통성을 발휘하고, 최대한의 범위에서 대인 관계 기술과 삶의 기술을 개발하여 자신이 처한 상황에 대처할 수 있도록 원조한다. 둘째, 여성 혹은 소수 집단 여성이라는 이유로 이들을 평가 절하하고 경시하는 외부 조건들을 여성들이 이해할 수 있도록 용기를 북돋아 준다. 이 두 가지 목적을 성취하기 위해 Worell과 Reme(1992)는 성 역할 분석, 영향력(힘) 분석, 재구성, 자기주장 훈련, 심리 요법, 의식 향상 등과 같은 특정한 개입 전략이 필요함을 지적하고 있다. 포스트 모던 여성주의의 주제는 저소득 여성을 대상으로 이루어지는 역량 강화 실천에 적합하다.

개인적·대인 관계적·정치적 역량 강화 영역에 관한 포스트 모던 여성주의 관점은 여성을 위한 역량 강화는 자기 정의(self–definition)에 관한 것이며, 역량 강화의 의미와 자기 정의는 개인차가 크다는 것을 강조한다. 역량 강화의 원칙 적용은 개별화된 과정일 뿐만 아니라 항상 문화적인 맥락에서 일어나야 한다. 왜냐하면 복지 개혁 프로젝트에 참여하고 있는 여성들은 다양한 문화 속에 살고 있으며 이들은 생존하기 위해 그들이 속한 문화와 타협해야 하기 때문이다.

1) 개인적·대인 관계적·정치적 역량 강화를 위한 WISE 프로젝트의 원칙과 개입

(1) 개인적 역량 강화 : 원칙과 개입

- 자아 존중감 형성(build self–esteem) : 자아 존중감은 자기 자신에 대한 평가이며 가치 판단이기 때문에 개별적 역량 강화에 영향을 주므로 특히 여성을 위한 개입에 있어 자아 존중감 고취는 매우 중요하다. 포스트 모던 여성주의 관점에서 자아 존중감은 다양한 의미를 가지고 있음을 이해해야 한다.

- 자기 효능감 향상(increase self–efficacy) : 자기 효능감은 자기 삶에서 사건들을 일으키고 통제할 수 있다는 확신으로, 개인적 역량 강화의 핵심 요소이다(Gutierrez, 1990). 자기 효능감의 구성 요소들로는 자아 강화, 개인 역량 형성, 창의력 개발, 개인적 책임 수행을 포함한다. 자기 효능감은 자아 존중감을 형성할 뿐만 아니라 자기 스스로의 삶을 통제할 수 있고, 행동을 통해 계획한 결과를 얻을 수 있음을 깨닫게 한다.

- 강점 구축(build on strengths) : 개인의 강점 구축은 역량 강화 및 여성주의 이론과 실천의 공통 주제이다. 개인적 역량 강화 과정은 '강점 찾기'에서 시작된다. 강점 찾기는 여성과 관련된 가치, 전통적으로 내려오는 돌봄의 역할, 생존자의 의미를 평가하도록 여성을 원조하는 것을 포함한다.

- 관계의 중요성을 여성의 발전과 성장에 통합(incorporate the importance of relationship in women's development and growth) : 관계 이론의 자아와 여성의 개발과 역량 강화의 통합은 개인적 역량 강화의 주요 구성 요소이다. 여성은 상호 공감적 관계를 통해 개발되고, 자기 경험과 발전을 위해 관계는 절대적임과 동시에 개발을 위한 기본 목적이다. 그러므로 관계 이론에서의 자아는 변화 과정의 원조 관계에서 결정적일 뿐만 아니라 삶 속에서 관계를 중요시하는 여성들을 지지하는 역량 강화 과정에서도 중요하다.

- 영성 통합(incorporate spirituality) : Brinker 등(1986)은 전 인간을 통합하고 비이성적인 것을 정당화하는 여성주의 실천의 구성 요소에 영성을 포함시켰다. 여성들을 위한 영성은 다양한 의미를 갖고 있다. 영성은 의미를 만들어 가는 과정에 적합한 주제로써 WISE 프로젝트 첫 모임은 이들 여성들이 가지고 있는 강점 한 가지씩을 나누면서 시작하였는데, 영성의 의미 중 일부 종교적인 것도 있었지만 내적인 평화와 목적 의식과 관계된 것이 더 많았다.

- 개인 상담: 개인적 역량 강화를 위한 수단(counseling : a means for personal empowerment) : 복지 원조를 받는 여성들은 가정 폭력, 신체적 학대 및 성 학대 경험, 우울증과 낮은 자아 존중감 등 상담 자원을 요구하는 여러 가지 문제를 가지고 있다. 상담 모델은 여성주의 역량 강화 관점의 근거가 되는 반면에 상황에 따라 다양한 이론적 접근을 활용할 수 있다. 예를 들면 통찰 접근 방법은 삶의 변화를 원함에도 불구하고 지속적으로 반복하고 있는 생활 양식이 무엇인지 명확히 말할 수 있는 여성들에게 적합하며, 인지 접근 방법은 더 이상 활용할 수 없는 대처 기술과 생존 기술을 재구성하거나 결핍(deficit)이라고 정의된 것을 재명명(re-labeling)하는데 효과적이다. 현실 요법과 문제 해결 접근은 이들이 반드시 해결해야 할 시급한 문제를 돕는데 활용된다.

(2) 대인 관계적 역량 강화 : 원칙과 개입

- 자기 비난 감소와 협력 지지(reduce self-blame and support collectivity) : WISE 프로젝트에 참여한 여성들은 일반적으로 자신이 처한 주위 환경에 대해 스스로를 질책하거나 이러한 상황에 처한 사람은 자기밖에 없다고 생각한다. 집단에서는 '왜 그렇게 당신들 대부분이 이것을 당신 자신에 관한 것이라고 생각합니까?'라는 질문을 가지고 힘과 성 역할을 분석할 수 있다.

- 자원 옹호(advocacy for resource) : 대인 관계 영역의 구성 요소는 '원하는 목적을 달성하기 위해 필요한 자원에 대한 이해, 이러한 자원을 어떻게 얻을 것인지에 대한 지식, 한번 습득한 자원 관리에 관한 기술'로 구성되어 있다. 예를 들면 경제적, 개인적 역량 증진을 향해 일하고 있는 여성들에게 자기 자신과 자녀들이 필요한 자원에 접근하고 이를 옹호하는 일은 성공을 위해 필연적이다. 그러므로 역량 강화 개입의 목적은 지역 사회 자원 접근과 더불어 긍정적인 경험을 향상시키는 것이다. 이를 위하여 여성들은 서로를 도와야 한다. WISE 프로젝트에서는 자신들이 직면한 여러 제도에 어떻게 타협할 것인지 서로에게 배우고 가르치는 것을 지원한다.

- 스트레스 관리 지원(support stress management) : Bell(1988)은 연구에서 저소득 여성들의 생활 스트레스가 일반 여성들의 7배에 해당한다고 밝혔다. 스트레스 관리 전략, 이완법, 자기주장, 그리고 경계를 확실히 하는 방법을 가르치는 것은 여성들이 자신의 생활 속에서 스트레스를 관리할 수 있도록 원조해 주는 지원의 일부분이다.

- 대인 역량 강화 수단으로써 집단 활용(group as a means for inter-personal empowerment) : 지지 집단과 심리 교육적 집단을 활용하는 것은 대인 관계 역량을 강화하는 주요 방법이다. 시간적으로 제한되어 있기 때문에 변화를 위한 행로(path for change)라는 핵심 교육 과정이 6주 동안 제공된다.

(3) 정치적 역량 강화 : 원칙과 개입

- 여성의 경험과 목소리 중심(centre women's experience and voices) : 여성들의 목소리 개발은 자아 개발을 위해 필수적이다. 경제적, 교육적으로 불리한 조건에 있는 대부분의 여성들은 의미를 부여하고 의미를 나누는 능력에 대한 확신이 거의 없는 조용한 집단에 속한다. 여성주의 역량 강화 모델은 여성의 목소리에 중점을 두어 확대시킬 수 있는 기회를 개발하고자 한다.

- 의식 향상(consciousness-raising) : 정치적인 권력에 비추어 빈곤 여성과 유색 인종 여성은 사회의 밑바닥 계층에 놓여 있는 집단이기 때문에 이들과 함께 일하는 사회 복지사들은 개인적, 정치적 수준의 역량 강화를 향해 일하는 방법을 모색해야만 한다. 여성주의 이론은 '개인적인 것은 정치적인 것이다.'라는 과정과 관계가 있는 중요한 개념을 제시하고 있다. 이러한 개념은 '우리 자신들에 대한 우리들의 감정은 정치적인 힘에 의해 형성되며, 타인에 의해 통제된다.'고 설명한다. 이러한 상황을 변화시키기 위하여 여성들은 역사적인 과정과 실질적인 상황을 헤치고 나아가야 한다. 그렇게 함으로써 여성들의 무력함과 의존성에 관한 통념이 잘못된 것임을 밝힐 수 있다. WISE 프로젝트에서 사용한 의식 향상 모델은 반영과 행동 과정을 통합하고 있다. 집단에 참여한 여성들이 개인적인 문제와 경험을 토론할 때 성 역할 사회화의 영향, 재도화된 성차별의 영향, 인종 차별의 영향, 계급 차별의 영향, 그리고 기타 여러 가지 형태의 억압의 영향을 면밀히 조사할 수 있다. WISE 프로젝트의 집단 촉진자는 권력 향상을 위한 방법으로써 정보를 나누게 된다. 참여자들은 행동 계획을 수행할 수 있도록 서로 돕는다.

- 지역 사회 관여(involvement in the community) : 개인의 역량 강화는 자신이 속한 지역 사회에서의 적극적 참여와 자신이 처한 사회·정치적 환경에 대한 이해를 포함한다. 지역 사회 내에서 여성의 삶에 직접적인 영향을 미치는 정책 토론에서 여성들의 목소리와 관점의 통합은 역량 강화 과정의 주요 요소

이다. 자신의 경험을 발언할 수 있는 기회를 가질 수 있는 지역 사회 포럼 및 자원봉사 기관의 참여는 정치적 지역 사회 영역의 역량 강화 발전을 위해 매우 중요한 구성 요소로 밝혀졌다.

(4) 리더십 훈련과 개발 : 정치적 역량 강화를 위한 수단

WISE 프로젝트 리더십 개발의 3대 구성 요소는 일대일 인터뷰, 포커스 집단, 리더십 훈련을 위한 숙박 프로그램 활동이다. 첫 번째는 지역 사회 조직의 일대일 인터뷰를 활용하는 것이다. 복지 제도를 접하면서 여성들이 한 경험과 복지 개혁 정책과 관련된 여성들의 관심사에 대해 질문한다. 프로젝트에 참여한 여성들은 인터뷰에서 얻어진 정보들이 지역복지권리연대에서 복지 개혁을 일으키는데 사용된다는 것을 알고 있다. 일대일 인터뷰는 지역 사회 활동에 참여하도록 여성들을 초대하는 데에도 활용된다. 이를 통해 여성들은 복지 연대와 행사에 참여하도록 격려된다. 일대일 인터뷰는 여성들이 자신이 가지고 있는 관심에 대해 본인의 목소리를 내며, 넓은 지역 사회의 시민으로 자신을 바라볼 수 있는 수단을 제공한다.

두 번째 전략은 포커스 집단이다. WISE 포커스 집단은 저녁 시간에 진행된다. 집단에 참여한 여성들과 자녀들에게는 식사가 제공된다. 이들 여성들은 포커스 집단에서 프로그램 개발에 도움이 될 질문들을 가지고 한 시간 동안 토의를 하게 된다. 프로젝트에 참여한 여성들이 자신의 경험과 프로그램을 정의하는 데 사용하는 개념(예: 자기 역량, 자아 존중감)에 부여하는 의미와 변화하는 복지 환경 속에 직면한 이슈에 어떠한 의미를 부여하는지에 대해 관심을 가지고 있다.

세 번째 전략은 리더십 훈련을 위한 숙박 프로그램으로, 15~20명의 여성들이 집단으로 1박을 하게 된다. 4~5명으로 구성된 소집단이 숙박 프로그램의 기획팀으로 자원봉사를 한다. 이들은 정규적인 만남을 통해 집단 진행 방법, 워크숍 내용 개발, 리더십 훈련을 위한 자금 동원에 대해 배운다. 숙박 프로그램은 개인적 반성(personal reflecting), 학습, 기술 습득, 행동 계획을 포함한 일련의 집단 경험을 제공한다.

2) 역량 강화 프로젝트의 결과

수행에서 평가까지 참여 여성들의 목소리를 연구 프로젝트의 지침으로 삼았던 것은 강점이 되었다. 18개월 동안 이루어진 모든 활동을 통해 저소득 여성을 위한 역량 강화의 3대 영역을 발전시켰으며, 개별적 자아 능력과 역량 강화 성취 결과가 명료화되었다. 이러한 결과들은 ① 자아 존중감과 자기 효율성 증가, ② 문제 해결 기술, ③ 학대 관계 청산, 분노 조절, 교육 목적 달성 등 개별 목적 성취, ④ 자원 접근과 지지 체계 개발, ⑤ 취업을 통한 경제적인 독립, ⑥ 개인 각자의 의견과 역할이 지역 사회에 미치는 영향에 대한 의식을 포함하고 있다.

참가자들에 의하면, 개인 상담은 그들이 가지고 있는 사적인 문제나 과거사에 직면할 수 있도록 도움을 주었으며, 집단은 자기 비난, 소외, 그리고 '오직 나 혼자다.'라는 생각을 줄이는 데 특별히 도움을 주었으며, 리더십 개발과 지역 사회 옹호는 지역 사회 소속감과 그들이 자신의 주장을 펼치고 또한 자신의 의견을 수렴시킬 수 있는 능력을 향상시키는 데 도움을 주었다고 밝혔다.

4. 여성주의 역량 강화 상담

여성주의 상담 접근은 1960년대 여성 운동의 결과로 발전했다. 전통적 상담에 대한 대안으로 등장한 의식 향상(CR) 집단과 자조 집단을 통하여 여성과 남성으로서의 자신과 제도화된 성차별에 대한 자각을 새롭게 획득했다. 여성주의 상담이라고 불리는 이 새로운 접근은 여성주의 신념에 기반을 두고 있다. 여성주의 상담자들은 광범위한 관점들을 포괄하는 반면 신념의 공통적 핵심을 공유한다. 1993년 종종 보스턴 대회라고 불리는 여성주의 실천의 교육과 훈련에 관한 제1차 전국대회에서 여성주의 심리학적 실천의 현재 상태와 미래 방향에 대한 토론 끝에 다음과 같은 '공통 주제'에 만장일치로 동의했다.

- 상담·개입, 가르치기, 정치 운동, 자문, 글쓰기, 학문, 연구, 슈퍼 비전, 총평과 진단, 관리, 공적 서비스를 포함한다.
- 의식 전환과 사회 변화를 증진시킨다.
- '개인적인 것은 정치적인 것이다.'라고 전제한다.
- 실천의 필요 조건과 토대에 다양성을 포함시킨다.
- 권력 분석과 사람들이 억압받거나 억압하는 복잡한 방식에 대한 분석을 포함한다.
- 역량 강화와 개인 여성의 목소리를 증진시킨다.
- 협력을 증진시킨다.
- 다양한 방법론의 가치를 증진시킨다.
- 여성주의 의식을 증진시킨다.
- 생애 과정으로서 개인적, 학문적, 그리고 다른 수준에서의 자기 성찰을 증진시킨다.
- 우리의 가치, 윤리, 그리고 과정에 대한 지속적 평가와 성찰을 증진시킨다.
- 강한 여성 혐오증과 다른 불평등이 해롭다는 것을 주장한다.
- 이론과 실천의 탈신비화를 촉진한다.
- 이론과 실천의 새로운 출현으로 본다.

1) 여성주의 역량 강화 상담의 개괄

여성주의 역량 강화 상담자들의 작업을 인도할 네 가지 기본 원리는 다음과 같다.

- Ⅰ : 개인적·사회적 정체성은 상호 의존적이다.
- Ⅱ : 개인적인 것은 정치적인 것이다.
- Ⅲ : 관계는 평등하다.
- Ⅳ : 여성의 시각은 가치가 있다.

이 네 가지 원리들은 여성주의 역량 강화 상담의 본질과 수행에 관한 핵심적 신념들을 형성한다. 상담의 목표는 상담자의 이론적 경향과 개인 내담자의 특수한 문제 모두를 반영하는 광범위한 가능성을 포괄한다.

(1) 개인적·사회적 정체성은 상호 의존적이다

상담자들은 내담자와 협조하여 그녀와 관련된 사회적 위치 모두를 찾아보는 것으로 시작한다. 내담자는 각 위치가 그녀에게 가지는 의미를 논의하도록 격려를 받는다. 상담자는 이들 각 위치에 대한 내담자의 정체성 발달 수준을 평가하고, 또한 이 위치들의 상호 관계적 본질에 대한 내담자의 각성을 촉진해야 한다. 내담자를 그들 자신에 관한 전문가로 대우하면서 내담자에게 가장 우선시되는 사회적 위치에 관한 상담에 초점을 맞춘다. 사회적 위치는 상호 작용하며 상호 의존적이라 전제하기 때문에 내담자의 문제와 관련 있는 개인의 사회적 정체성의 일부를 포함하는 것으로 탐색을 확대한다. 탐색은 불공평하거나 특권적인 내담자 자신의 경험을 지각하는 내담자의 심리적 과정을 촉진한다. 사회적 위치와 그에 수반되는 문화적 가치 체계를 탐색하는 것은 종종 내적, 외적으로 일어나는 문화적 갈등을 내담자가 각성하게 되는 결과를 낳는다. 궁극적으로 내담자 스스로 갈등 부분을 조정해서 자신이 존재하고 있는 사회적 위치의 상호 의존 내에서 편안하게 살게 되는 것이다. 이 단계에서 내담자에게 제안되는 것은 다음과 같다.

- 사회적 위치와 위치 내의 정체성 발달에 대한 자각을 증가시킨다.
- 사회적 위치의 외적 표현으로부터 내적인 것을 분리한다.
- 사회적 위치 속의 자신을 받아들이고 인정한다.
- 사회적 위치의 상호 의존성 내에서 편안하게 대처한다.
- 자신과 자신이 속한 집단을 소중히 여긴다.

(2) 개인적인 것은 정치적인 것이다

성 역할 고정 관념화, 제도화된 성차별, 억압의 모든 형태에 관한 여성주의 신념을 포함한다. 전통적인 성 역할 사회화와 성별(gender), 민족, 성적 취향, 신체적 특징, 나이, 사회·경제적 지위에 기반한 제도화된 분리와 차별은 모든 개인의 잠재력을 제한하는 것으로 판단되기 때문에 외부적 환경은 내담자 문제의 주 원인으로 간주된다. 따라서 내담자 '병리'의 첫째 근원은 심리 내적인 것이거나 개인적인 것이라기보다는 사회적이고 정치적인 것이다. 여성 개인 문제의 사회적 근원에 대한 인식은 여성주의 상담의 핵심이다. '여성주의'에 관한 '의식 향상'은 억압과 불평등의 비가시적 형태를 가시화하게 한다.

내담자가 자기 문제의 내적 원천과 외적 원천을 분리할 수 있도록 집중하기 위하여 단계적으로 접근해야 한다. 첫째, 개인은 억압적인 사회적 행위의 존재와 부정적 영향을 인식해야 한다(인종 차별, 성차별 등). 둘째, 외적인 경험과 상담에 가져오는 문제들 간의 관계를 보아야 한다. 셋째, 자기 자신과 환경을 변화시키고자 하는지를 결정해야 한다. 넷째, 원하는 변화를 수행해야 한다.

여성주의 역량 강화 상담의 초점은 내담자가 역기능적 환경에 적응하도록 돕는 것이 아니라 건강하지 못한 외부 상황과 외부적 상황의 내면화된 영향을 변화시키는 데 있다. 그러므로 그들의 '증상'은 환경에 대처한 전략으로 보는 것이다. 내담자들이 자신의 분노를 표출하도록 배우는 것뿐만 아니라 그 분노를 자신과 환경을 변화시키기 위한 에너지의 원천으로 사용하도록 돕는다. 여성주의 상담자는 내담자가 그들 자신의 모든 측면을 발달시켜 행동의 전체 구성을 풍성하게 하도록 격려한다.

여성주의 상담의 궁극적 목표는 성차별과 소수 집단에 대한 억압이 존재하지 않는 사회를 만드는 것이기 때문에, 변화된 사회 속에서 모든 집단의 여성은 확장된 개인적 역량뿐만 아니라 증가된 사회적 힘을 가져야 한다. 이 단계에서 내담자에게 제안되는 것은 다음과 같다.

- 성 역할 사회화 과정을 자각하기 시작한다.
- 내면화된 억압 메시지와 신념을 알아본다.
- 내면화된 고정 관념적 신념을 좀 더 자기 향상적인 자기 대화로 대체한다.
- 자유롭게 선택된 행동의 범위를 발전시킨다.
- 개인적 경험에 대한 사회적 요인의 영향을 평가한다.
- 사회가 여성과 다른 소수 집단을 어떻게 억압하는지 이해한다.
- 부정적 영향을 미치는 성차별적이고 억압적인 사회적 실천을 알아본다.
- 환경의 변화를 가져오는 기술을 획득한다.
- 차별적 실천을 제거하기 위한 제도를 재구성한다.
- 개인적·사회적 권력감을 발달시킨다.

(3) 관계는 평등하다

대부분의 사회에서 여성은 남성과 동등한 지위와 권력을 갖지 않는다는 관찰을 통하여 여성주의 상담자는 모든 대인 관계가 평등해야 한다고 믿는다. 상담자와 내담자 간의 평등한 관계는 '사회적 통제' 양상을 최소화할 수 있으며, 다른 종속적 집단의 권력 불균형을 재생산해서는 안 된다. 내담자를 자신에 관한 전문가로 대우하는 것은 그들의 삶의 경험을 존중하는 것이다. 상담 목표는 내담자와 상담자가 협력하여 결정하고, 상담 조건을 분명히 하기 위해서 계약을 한다.

여성주의 상담자는 내담자의 문제와 관련이 있다면 선택적 자기 노출(자신의 현재와 과거 삶의 경험에 대한 정보 나누기)과 내담자에 대한 자기 참여(자신의 지금-여기 반응 나누기)를 한다. 상담자가 내담자에 대하여 전달하는 자기 참여 반응은 다음과 같은 측면에서 중요하다. 첫째, 내담자는 자신이 다른 사람에게 어떤 영향을 미치는지에 대한 피드백을 받는다. 둘째, 상담자는 그들의 느낌을 나눔으로써 자신의 취약성을 드러낼 수 있다. 셋째, 상담자는 분노에 대해 표출을 직접 보여 주는 것뿐만 아니라 효과적 의사소통 기술을 보여 준다. 그러나 자기 노출과 자기 참여는 신중하게 사용되어야 하는데 이때 내담자에게 제안되는 것은 다음과 같다.

- 상담 관계와 내담자의 일상적 삶에서 평등한 관계를 발전시킨다.
- 경제적으로 자율적일 수 있는 능력을 발달시킨다.
- 관계에서 독립과 상호 의존의 균형을 이룬다.
- 대인 관계와 삶의 기술을 발달시킨다.
- 적절하게 주장한다.
- 대인 관계적 갈등에 대처하는 기술을 발달시킨다.
- 건설적인 변화를 수행하기 위해 분노를 표출하고 이용한다.
- 개인적 힘과 자산을 찾아보고 가치를 인정한다.

(4) 여성의 시각은 가치가 있다

여성주의 상담은 여성을 남성처럼 만드는 것이 아니라 삶과 문화 속에 각인된 가치 체계에 여성적 시각을 더 많이 적용할 필요가 있다는 것이다. 많은 문화는 여성이 타인을 돌볼 것을 기대한다. 그러나 자본주의 사회에서 돌봄은 간호사나 교사, 사회 복지사와 같은 '돌보는' 전문직이 낮은 급여로 평가 절하되고 있다. 여성은 종종 성 역할 규범을 좇으면서 남성 중심적 이중 구속을 내면화하는 반면 자신과 자신의 여성성을 평가 절하한다. 그러므로 여성의 특성에 가치를 두는 것을 배우며, 여성 중심적 세계관을 정당화할 필요가 있다고 믿는다. 여성은 그들 자신의 경험에 대한 신뢰를 토대로 자기 규정을 하도록 촉진된다. 바로 '여성이 정의한 여성이다.' 모든 측면에서 재평가와 재정의 과정을 경험하게 되며, 여성들 간의 결속 증진은 공통된 사회적 조건을 이해하는 중요한 방식이 되므로 의식 향상 집단은 바람직한 대안으로 간주된다. 사회 변화를 통해서만 여성에 대한 진정한 역량 강화는 이루어질 수 있으므로 여성은 자신을 양육하는 것을 배운다. 여성주의 역량 강화 상담에서는 상담자와 내담자의 주관적 경험은 가치가 있다. 내담자를 양육하며 공감적이고 협력적으로 평등한 관계를 만드는 것은 여성주의 상담의 중요한 측면이다. 내담자는 상담자의 공감적 이해와 지지를 경험할 때 자신을 더 사랑하고 양육하게 된다고 믿는다. 이 단계에서 내담자에게 제안되는 것은 다음과 같다.

- 여성으로서 그들 자신의 경험을 신뢰한다.
- 여성의 시각으로 여성임(womanhood)을 재규정한다.
- 여성과 관련된 가치를 평가한다.
- 자신의 직관을 자신의 정당한 지식의 원천으로 신뢰한다.
- 개인의 힘을 찾는다.
- 자신의 요구를 찾고 돌보며 자신을 양육한다.
- 여성으로서 자신에게 가치를 둔다.
- 다른 여성, 그리고 그들과의 관계에 가치를 둔다.
- 남성 중심적이고 민족 중심적으로 규정된 신체적 매력을 중시하지 않는다.
- 자신의 몸을 수용하고 좋아한다.
- 다른 사람의 성적 욕구가 아닌 자신의 성적 욕구에 따라 결정하고 행동한다.

2) 여성주의 역량 강화 상담의 기법

(1) 문화 분석

여성이 상담에 가져오는 문제들은 그들의 문화적 맥락과 떼어서는 정확히 이해될 수 없다. 그러므로 내담자가 제기한 문제들을 그들의 일반적인 문화적 맥락과 억압의 복합적인 근원에 비추어 검토할 때 다음과 같은 질문을 사용할 수 있다.

- 사회 지배 문화가 내담자의 문제(아내 구타, 진로 선택 등)에 부여하는 정의는 무엇인가?
  지배 문화는 어떻게 사회적으로 그 문제를 구성하는가?
- 다양한 집단(사회·경제적 지위 등) 사이에서 이 문제의 발생률은 어떠한가?
- 내담자의 사회적 위치 중 어느 것이 그 문제와 관련되는가?
- 사회에는 그 문제에 관해 어떤 신화가 존재하는가?
  이 신화들의 원천은 무엇이며, 그것들은 어떻게 유지되는가?

어떤 성 역할 신념이 이 신화들에 관련되는가?

– 어떤 언어, 진단이 이 문제와 관련되는가?

개인에게 얼마나 문제가 되며, 사회적 맥락을 얼마나 무시하는가?

(2) 성 역할 분석

성 역할 분석은 사회의 성 역할과 관련된 기대가 어떻게 그들에게 해로운 영향을 미치는지, 그리고 여성과 남성이 어떻게 다르게 사회화되는지에 대한 내담자의 각성을 증가시키는데, 그 첫 번째 단계는 내담자가 그들이 평생에 걸쳐 경험한 직접적이거나 간접적인 성 역할 메시지를 찾아보도록 한다. 두 번째 단계는 자신과 사회가 가지고 있는 성 역할 메시지가 긍정적인지 부정적인지 그 결과를 알아본다. 세 번째 단계는 그들이 어떻게 외부 메시지를 자기 대화 형태로 내면화해 왔는가를 알아본다. 네 번째 단계는 내면화된 메시지 중에서 그들이 변화시키고자 하는 것이 무엇인지를 결정한다. 다섯 번째 단계는 이 변화를 수행하기 위한 계획을 세운다. 여섯 번째 단계에서는 변화를 수행한다. 또한 내담자는 그들이 변화를 수행하는 것을 달가워하지 않는 환경적 반응에 대응하기 위한 기술을 배운다.

(3) 권력 분석

권력 분석은 사회의 지배 집단과 종속 집단 사이에 존재하는 권력 차이에 대한 내담자의 각성을 증가시키고, 내담자가 그들의 삶에 영향을 미치는 대인 관계적·제도적 외부에 대해 영향력을 갖도록 강화하려는 두 가지의 목적이 있다. 권력은 개인적이고 외적 변화에 영향을 주는 개인적·환경적 자원에 접근할 수 있는 능력이라고 정의한다. 권력을 분석하는 여섯 단계는 다음과 같다.

첫째, 모든 권력에 대한 다양한 정의를 검토하고 그들에게 가장 적합한 하나를 선택한다. 둘째, 내담자는 다른 종류의 권력에 관해 배운다. 셋째, 여러 종류의 권력에 대해 지배적이거나 종속적인 집단의 차별적 접근에 관한 정보가 제공되며,

내담자는 어떤 종류의 권력을 갖거나 접근할 수 있는지 알아보도록 격려된다. 넷째, 그들이 권력을 발휘하는데 사용하는 전형적인 양식을 알아보고 대안적 전략에 관해 배운다. 다섯째, 사회적 메시지와 환경적 장벽이 어떻게 그들의 권력 사용에 영향을 미치는지 탐색한다. 여섯째, 내담자가 부가적 혹은 대안적 권력과 권력 전략을 시도해 보도록 격려하고 그들의 권력 역할 구성을 풍성하게 한다.

(4) 주장 훈련

많은 문화에서 여성에 대한 전통적 성 역할 사회화는 여성이 단호하고 직접적으로 행동하는 것을 금지한다. 따라서 여성이 무력한 피해자가 되지 않으려면, 다른 이의 권력을 짓밟는 것이 아니라 자기 자신의 권리를 세우는 것과 단호함을 배우는 것이 핵심이다. 주장 훈련은 제도적 변화에 영향을 미치고, 평등 관계를 가지는 데 매우 중요한 것이기 때문에 여성주의 상담자는 주장 훈련 기술을 가지고 있어야 한다.

(5) 의식 향상 집단

의식 향상 집단은 여성들이 여성으로서 자신들의 삶을 토론하기 위해 정기적으로 만나는 집단이다. 의식 향상 집단의 여성들은 그들의 개인적 삶에 관한 정보를 나눔으로써 경험의 공통성을 알게 되고, 억압적 환경에서의 삶과 관련된 그들 경험의 사회적·외적 근원을 보게 된다. 일반적으로 의식 향상 집단은 지도자가 없고 평등하며, 성장 지향적이고 사회 변화를 향한 작업에 집중한다. 의식 향상 집단은 자조 집단과 유사하다. 의식 향상 집단의 목표와 체제는 함께 하는 모두가 여성주의 상담 원리를 따르기 때문에 개인 상담에 비해 효과적이다. 의식 향상 집단의 참여 효과는 다음과 같다. 첫째, 각 구성원 간의 나눔이 일어나고, 이는 여성의 경험에서 공통성과 차이를 알아보는 데 넓은 기반을 제공한다. 둘째, 여성은 종종 치유를 받는 자와 치유하는 자의 역할 전환을 통해서 역량이 강화된다. 셋째, 여성은 혼자이기보다는 함께할 때 사회 변화에 효과적으로 대처할 수 있다.

(6) 독서 치료

여성주의 상담자는 종종 내담자에게 그들의 상담 문제와 관련 있는 책과 논문을 읽도록 권한다. 독서 치료는 읽기를 통해 자신과 자신의 환경에 대해 학습하는 것을 말한다. 내담자의 읽기를 통해서 성차별과 모든 형태의 억압에 대한 내담자 재사회화와 교육이 촉진된다. 독서 치료는 내담자가 삶의 대처 기술을 배우는 훌륭한 방식이면서 상담자와 내담자의 권력 차이를 감소시킬 수 있다.

(7) 재구성과 재명명

가족 치료에서 재구성은 상담자가 개인의 행동을 살펴보기 위한 준거 틀을 바꾸는 기법이다. 여성주의 상담에서 재구성은 보통 개인 내적이고 개인적인 것에서 사회적이고 정치적인 것으로 향하며, 개인 문제에 대한 외부 환경의 영향을 알아보는 것을 수반한다. '개인적인 것은 정치적인 것이다.'라는 원리를 위한 매우 유용한 기법으로 재구성은 활용된다.

재명명은 보통 부정적인 것에서 긍정적인 것으로 초점을 옮긴다. 여성주의 역량강화 상담의 '여성의 시각은 가치가 있다.'라는 원리와 관련하여 이전에 약점으로 평가되었던 것을 강점으로 재명명하는 것을 배운다. 예를 들어 '너무 감정적'이라는 말을 들어 왔던 여성은 자신을 감정 표현을 잘하고 타인의 감정에 공감하는 능력을 가진 사람으로 재명명할 수 있다.

(8) 상담 탈신비화 전략

Beauvoir는 『제2의 성』에서 '여자는 태어나는 것이 아니라 만들어진다.'라는 진실을 이야기했다. 어떻게 하면 만들어진 여성이라는 의식에서 벗어날 수 있을까? 여성주의 상담자들은 내담자를 위한 상담 과정을 탈신비화하기 위해 다양한 기법을 사용한다.

우선 '말하기의 힘'을 믿는다. 여성의, 여성에 의한, 여성을 위한, 함께 작업해

가는 상담에 관한 결정을 더 많이 공유할수록 평등한 관계를 발전시킬 기회는 더 커지기 때문이다. 우리 삶의 일상에서 보이지 않았던 여성이 자신의 언어로 자신의 삶을 풀어내게 된 것이다.

내담자와 여성주의 상담자는 분명한 상담 계약을 맺는다. 목표 설정은 내담자와 상담자 모두가 자신을 투신하지만 내담자가 최종 결정권을 가짐으로써 협력적으로 이루어진다. 탈신비화 전략은 모든 상담에서 윤리적 실천을 적용하고자 하는 전략이지만 여성주의 상담에서는 상담자와 내담자 간의 권력 차이를 감소시켜서 평등한 상담 관계의 가능성을 증가시키고자 하는 의도도 포함되어 있다.

3) 여성주의 역량 강화 상담의 특징

여성주의 역량 강화 상담자는 여성주의의 신념과 여성주의 역량 강화 상담 원리와 일치하는 일련의 가치들을 수행해야만 한다. 또한 끊임없는 성찰을 요구한다. 그들이 속한 특권적 집단의 변화를 위해 맞서고 노력하는 것을 포함하여 모든 형태의 억압에 대한 도전을 실시해야 한다. 아울러 여성 심리학, 여성 문제, 다문화적 심리학에 대한 지식이 요구된다. 성품은 따뜻하고 공감적이며 자발적이어야 한다. 자신의 느낌을 표현할 수 있고 기꺼이 자기 노출과 자기 참여를 하는 여성주의 상담은 상담자의 '객관성'을 중시하지 않는다. 객관성에 대한 요구는 내담자와 상담자 모두를 그들 자신의 감정에서 멀어지게 하기 때문이다. 여성에게는 종종 분노의 표출이 중요하기 때문에 상담자는 세션에서 자신의 분노 표현과 내담자의 분노 표현에 편안할 수 있어야 한다.

제7장 복지국가와 여성복지

1. 복지국가에서 여성의 이해

복지국가란 “자본주의 경제 체제와 민주적인 정치 체제하에서 국민에 대하여 최소한의 최저 수준의 삶의 안전과 기본적 욕구를 보장하는 국가”이다(김태성·성경륭, 1995).

복지국가에 대한 연구는 1970년대 중반 이후 복지국가의 출현 및 성장과 경제 발전, 사회 구조, 국가 제도적인 배열과 그 능력에 관하여 초점을 맞추면서, 복지국가의 유형을 분류하고 사회 정책의 모델을 만들어 왔다.

복지국가의 정책, 제도와 과정은 직접적으로 여성복지 및 남녀 관계를 규정하는데 영향을 미치게 된다. 즉, 복지국가에서 제시하는 복지 정책과 제도 및 그 수행 과정은 여성들에게 어떠한 영향을 미치고 있어서 남녀 관계에 있어서 불평등을 초래하게 된다. 능동적이며 적극적인 주체로서의 남성과 달리 여성이 왜 수동적이고 불평등한 수혜자가 되는가를 살펴보는 것이 필요하다. 따라서 복지국가가 이념적으로 남녀 간 평등을 지향하는가, 어떤 유형의 복지국가가 남녀 간 평등에 긍정적 효과를 가지는가에 대한 질문을 통해 복지국가와 여성복지와의 관계를 이해할 수 있다.

1) Esping-Andersen의 복지국가 유형

복지국가 유형을 구분하는데 있어서 대표적인 학자인 Esping-Andersen(1990)은 복지국가의 유형을 탈상품화(decommodification) 정도와 그에 따른 사회 계층 분화의 형태, 사회적 관계 생산을 위한 국가-시장-가족 간의 관계를 기준으로 분류하였다. 또한 복지국가의 다양한 발전 양상의 분류 기준으로서 복지 프로그램의 성격, 급여 수혜 조건, 급부와 서비스 수준, 사회적 시민권 인정에서 취업 노동이 차지하는 비중을 들고 있다. 이에 따라 Esping-Anderson은 자유주의적 복지국가, 조합주의적 복지국가, 사회 민주적 복지국가의 세 가지 유형을 제시하였다.

(1) 자유주의적 복지국가

자유주의적 복지국가는 소득 조사, 중간 수준의 사회 보험, 보통 수준의 보편적 이전으로 특징지워지며 자유주의 노동 원리와 시장의 우세가 강조된다(Sainbury, 1994). 다시 말해서, 광범위한 소득 조사에 의한 공적 부조 프로그램이 상대적으로 중요시되므로 급여 대상의 초점을 저소득층에 맞추는 경향이 있다. 일을 안 하면 벌을 받는 것으로서 복지를 받게 되며, 자격 기준은 까다롭고 엄격하고 결과적으로 치욕과 밀접한 관계를 갖게 된다. 자유주의적 복지국가는 개인의 책임을 강조하며, 구제받는 계층의 집단과 사회 보험의 고객인 중류 집단 즉, 주된 복지를 시장으로부터 얻는 계층의 집단이라는 이중 구조가 나타나고 이 계층 간에는 대립적인 관계가 형성된다. 자유주의적 복지국가는 시장을 통해 임금 획득에 실패한 사람들을 위해 소득 조사에 근거한 공적 부조의 제공으로 어느 정도의 탈상품화가 이루어진다고 볼 수 있으나, 사회 보험이 개인 노동자의 취업 역사를 반영하며 노동 동기를 조절하지 않는 한 공적 부조는 노동의 상품화적 지위를 근본적으로 변화시키지 않는다(조흥식 외, 2000). 이러한 자유주의적 복지국가에는 미국, 캐나다, 영국, 오스트레일리아가 해당된다.

(2) 조합주의적 복지국가

조합주의적 복지국가는 시장의 효율성과 노동력의 상품화 문제가 중요시되지 않으며, 사회 복지의 제공을 하나의 사회권으로 하느냐의 여부가 중요한 쟁점이 된다. 국가가 중요한 사회 복지 제공자의 역할을 하므로 민간 보험이나 기업의 역할은 상대적으로 덜 강조된다. 조합주의적 복지국가는 보험 원칙을 강조하는 사회 보험에 크게 의존하므로 사회 보험에의 혜택은 시장에서의 지위에 따라 차이가 나기 때문에 탈상품화 효과에는 한계를 가진다. 조합주의적 복지국가에서 사회권은 계급이나 지위와 관련되며, 임금 격차를 줄이려는 노력은 미약하다. 또한 전통적 가족의 기능과 역할을 유지하고 방어하는 것을 강조하여, 사회 서비스는 가족이 이러한 서비스를 제공하는데 실패했을 때에만 제공되는 경향을 가진다. 이러한 조합주의적 복지국가에는 오스트리아, 프랑스, 독일, 이탈리아 등이 해당된다.

(3) 사회 민주적 복지국가

사회 민주적 복지국가는 사회 민주주의 세력이 복지국가 확대에 중추적 역할을 하여, 보편주의 원칙과 사회권을 통한 탈상품화 효과가 가장 크고 새로운 중간 계층까지 확대되는 국가들이다. 사회 민주적 복지국가에서는 최소한의 생활 수준 보장을 넘어서 가능한 한 최대한의 수준에서의 평등을 추구하므로, 복지국가의 급여 수준이 신 중간층이 원하는 수준까지 높아지며, 사회의 모든 계층이 하나의 보편적이고 포괄적인 복지 체계에 통합된다. 즉, 사회의 모든 사람은 급여를 받고, 국가에 의존하고, 모든 사람이 지불해야 할 의무를 가진다. 주요한 특징은 복지와 일을 적절히 배합하는 것으로, 완전 고용 정책과 직접적인 관계를 가지게 된다. 그러므로 완전 고용 정책이 성공하느냐가 사회 민주적 복지국가의 성패를 결정한다. 따라서 일할 권리와 사회 복지에의 권리를 밀접하게 연결시키는 한편, 결속적이고 보편적이고 탈상품화적인 복지 체계를 유지하는 데 많은 비용이 소요된다. 이러한 사회 민주적 복지국가에는 스웨덴, 노르웨이, 덴마크가 해당된다.

〈표 7-1〉 Esping-Andersen의 복지국가 유형 분류

구분	자유주의적 복지국가	조합주의적 복지국가	사회 민주적 복지국가
주요 프로그램	공공 부조와 사회 보험	사회 보험	기초 연금을 기본으로 하는 보편적 사회 보장 제도
급여 단위	(혼인) 가족	(혼인) 가족	개인
급여 수혜 조건	자산 조사	취업 활동 및 사회 보험 가입	시민권
급여와 서비스 질	시장에서 행한 역할에 따라 차이가 남	수평적 재분배-사회적 지위의 차이 유지(보상 원칙)	수직적 재분배
여성의 삶	무보수 보호 노동, 높은 취업률(대부분 불완전 고용)	보호 및 가사 노동 담당자로서의 여성(복지국가의 자원), 노동 시장에서의 성차별, 낮은 취업률	높은 취업률, 공공 서비스망을 통한 보호 및 가사 노동 부담 경감
탈상품화 수준	최소화-사회적 위험 발생 시 최소한의 수준 보장	중간 수준	높은 수준

출처: 박영란 외(2001). 외국의 여성복지 서비스에 관한 연구, 2000연구보고서. 한국여성개발원. 수정.

(4) 여성복지정책과 복지국가

Esping-Andersen의 연구에서는 여성의 다양한 지위를 반영하고 있지 못하고, 조직화된 노동자가 갖는 권리로서 시민권에 기초한 논의의 한계를 벗어나지 못한다. 즉, 논의의 전제가 노동자와 사용자 간의 갈등이고, 남녀 간의 갈등은 아니라는 점이다. 따라서 북지국가에서의 여성복지를 살펴보기 위해서는 여성의 현실을 반영하는 다음 세 가지 측면에 대한 고찰이 이루어져야 한다.

• 탈상품화 개념과 사회권

탈상품화 개념은 임금 노동자의 경제적 독립과 동일시하고 있으므로 노동 시장에 참여하고 있지 않는 여성의 복지 수준에 대한 분석에는 유용하지 못하다. 즉, 탈상품화의 개념에 대한 논의가 지나치게 임금 노동에만 고착되어 있어 여성이 남성 부양자에게 경제적으로 의존하는 것은 간과하게 된다. 또한 여성의 노동 시장 참여가 증가하고 있음에도 불구하고, 노동 시장에의 참여는 그 사회의 가족 및 성에 대한 이념에 의해 영향을 받기 때문에 가족 및 성에 대한 이념이 국가의 복지 정책 구조에 어떻게 영향을 끼쳤는가를 살펴보아야 한다(Bussmaker & Kersberger, 1994).

탈상품화 개념이 여성의 자기 결정권을 충분히 반영하지 못하는 점에 대해 O'Connor는 가족과 국가의 관계에 초점을 맞출 때 가족에서의 무급 보호 책임과 관계없이 사회적으로 적절한 생활 수준을 유지할 수 있는 정도, 즉 개인적 자율성으로 간주될 수 있다고 한다(O'Connor, 1993).

• 계층화와 양성 간 불평등의 고려

복지국가의 유형화에서는 민주적 자본주의의 계층 구조와 관련하여 사회 불평등을 정의하고 남성을 중심으로 현대 사회 및 정치와 불평등과 권력 구조만 다루고 있는데, 이는 계층적 구조 속에서 남성과 여성에게 동일하게 적용된다고 가정된다. 즉, 양성 간의 불평등이 간과되고 있다. 복지 제도가 남성 중심으로 제도화되었을 때–역사적으로 오랜 시기 동안 많은 사회 정책들은 남성 중심적, 몰성적인 정책의 방향을 추구해 왔으면서도 그러한 인식조차 하지 못했다–남성과 여성의 복지 수급권의 차이가 발생하게 되며 이는 불평등을 가져오게 된다. 따라서 복지국가의 정책이 어떻게 고용과 사회적 서비스를 제공하면서 노동자, 소비자, 어머니, 클라이언트로서 여성의 위치에 영향을 미치는가를 고찰하여야 한다.

• 여성에 의한 유급 및 무급 보호 노동에 대한 검토

복지국가의 유형화 논의에 있어서 시장과 국가와의 관계가 주요한 분석의 대상으로서 국가가 얼마나 복지를 제공하는가에 초점을 두고 있는데, 이때 간과되고 있는 점이 바로 여성이 담당하고 있는 가족에 대한 무급의 보호 노동이다. 가족에 대한 무급 보호 노동은 가족에 대한 보호의 의무인 동시에 사회에 대한 유용하고 가치 있는 노동이다. 따라서 여러 유형의 복지국가에서 어느 정도까지 가족(사적 영역)에서의 보호의 의무 수행으로 인해 여성의 사회적 시민권 배제가 발생하는지, 그리고 사적 의무가 여성의 시민으로서의 권리에 대한 정체성에 어떻게 영향을 주는가를 살펴보아야 한다. 또한 여성의 유급 노동이 증가함에 따라 여성의 무급 노동에 대한 가치와 가족 안에서 구성원들 간의 갈등이 증가하고 있다. 이러한 갈등은 복지 시설에 대한 지원을 통해 가족 안에서의 보호 의무를 공적인 영역으로 전환하도록 하며, 남녀 간 성 역할의 변화로 해결될 수 있다. 그러나 남녀의 성 역할 변화는 쉽게 이루어지기 어려운 영역으로서, 가족에 대한 보호의 의무에 대한 공적 의무로의 전환을 탈상품화의 한 요소로 분석하는 것이 필요하다(조흥식, 2000).

2) 부양자 모델과 개인적 모델

부양자로서의 남성, 가정주부로서의 여성이라는 사회적 성 역할 규범이 점차 변화함에 따라 여성의 개별적 권리가 갖는 의미가 부각되기 시작하면서, 여성도 남성 부양자의 존재 여부와는 별개로 자주적 삶을 설계할 수 있는 가능성을 복지국가 체제를 통해서 보게 되었다.

Sainsbury(1994)는 가족 이데올로기의 유형, 가족 이데올로기가 사회 정책에 미친 영향, 복지 혜택과 기여의 단위, 권리의 본질, 가족 내 성별 노동 분화를 강화하는 다른 정책의 영향, 공·사적 영역 간의 경계, 여성이 행하는 보호 노동의 유급 또는 무급 정도에 따라 사회 정책 모델을 '부양자 모델(breadwinner model)'과 '개인적 모델(individual model)'로 유형화함으로써 '이중 복지 체계'의 실체가 밝혀지기 시작하였다.

부양자 모델에서의 가족 이데올로기는 결혼을 중시하며 남편과 아내 사이의 엄격한 노동 분화를 강조한다. 남편은 가장이며, 전일제 고용에 종사하고 가족 구성원 즉, 아내와 아이들을 경제적으로 부양할 의무를 갖는다. 아내의 의무는 좋은 가정을 꾸미고 가정을 돌보는 것이다. 이러한 성별 분업은 가족법, 사회적 및 노동 규칙과 세금 체계에 명문화되어 있고 일상의 생활 양식을 형성한다. 그렇기 때문에 대부분의 아내의 권리는 그 가족과 남편의 수급권 내에서 피부양자의 지위로 인한 것이며, 기혼 여성은 개인적 수급권이 없다.

개인적 모델에서의 가족 이데올로기는 남편과 아내가 자신의 소득 유지에 책임이 있으며 남편과 아내는 재정적 유지와 자녀의 보호를 공유한다. 복지 혜택, 기여 및 조세의 단위는 개인이고 피부양자에 대한 공제나 수당이 없다. 또한 가정에서의 보호 업무는 사회 보장 체제에서의 수급권을 받을 수 있는 근거로서 사용된다.

〈표 7-2〉 사회 정책의 부양자 모델과 개인적 모델

차원	부양자 모델	개인적 모델
가족 이데올로기	엄격한 성별 노동 분화 남편–소득, 아내–보호	역할 공유 남편–소득/보호, 아내–소득/보호
수급권	부부 간 차이 존재	부부 간 동일
수급권의 근거	부양자	기타
복지 혜택 수혜자	가장	개인
복지 기여 단위	가구 또는 가족	개인
조세	부부 공동 조세 : 피부양자 공제	부부 분리 조세 : 동일한 조세 감면
취업 및 임금 정책	남성에게 우위	양성에게 동일
보호의 영역	사적	공적(강력한 국가 개입)
보호의 업무	무급	복지 수급에 기여

출처: Sainbury, D.(1994). Women's and men's social rights: gendering dimensions of welfare states. p. 153.

Esping-Andersen의 복지국가 연구에서 네덜란드와 스웨덴은 포괄적 복지국가로서 탈상품화 정도가 높은 것으로 분류되고, 미국과 영국은 이들보다 탈상품화 정도가 낮은 것으로 분류된다. 부양자 모델과 개인적 모델의 차원에서 보면, 이들 국가들 모두는 전통적 가족 이데올로기의 영향을 받았음에도 불구하고 네덜란드는 가장 부양자 모델에 근접하였고, 스웨덴이 가장 개인적 모델과 근접하였으며, 미국과 영국은 네덜란드에 좀 더 가까운 중간적 위치에 있었다. 미국과 영국, 네덜란드에서의 사회권은 가족 부양자로서의 위치와 조세 혜택과 연결되어 있었으며, 스웨덴에서의 사회권은 모성과 보호의 원칙에 기초하고 있어 여성의 사회권을 강화하는 효과를 갖고 있었다. 스웨덴에서 여성의 사회권을 강화하는 두 번째 차원은 수급권이 시민권에 기초하여 있기 때문에 여성과 남성에게 차이 없이 동등하게 적용된다.

Siansbury(1994)는 사회 보험이 개인적 권리에 의해 수급권을 갖는 남성적 체계이며, 공공 부조를 자산 조사에 근거해 다수의 여성이 수혜를 받는 여성적 체계라고 하면서, 사회 정책의 부양자 대 개인적 모델이 가족이나 부부를 복지 단위로 삼는 것에 대한 문제를 제기하였고, 복지 제도에 의한 가족 내 경제적 의존 관계에 대한 본격적인 관심을 불러일으켰다. 그럼에도 불구하고 부양자 대 개인적 모델은 가족 이데올로기를 지나치게 단순화한 한계를 가진다. 즉, 가족 구성 요건으로서 혼인 관계나 동거 관계에 따라 복지 수급권의 근거나 복지 혜택의 수여 단위가 다를 수 있는데, 이와 같은 다양성을 일관적인 부양자 개념으로 설명할 수 없는 한계를 가진다.

2. 여성복지정책의 변화

1) 국내적 조건

(1) 여성 운동의 발전

1980년대 후반부터 한국의 여성복지정책이 급속도로 발전하기 시작한 가장 중요한 요인은 여성 운동의 발전과 정책 지향적인 활동이라고 하겠다. 특히 1987년 여성연합의 결성과 민주화 대투쟁을 거치면서 여성 운동의 역량과 세력화가 눈에 뜨이게 발전하였으며 아울러 1989~1990년의 사회주의권의 붕괴로 진보연합전선운동의 급격한 축소와 변혁 운동 이론에 대한 비판이 일어났다. 여성 운동은 '여성 해방·노동 해방·민중 해방'이란 목표만으로 더 이상 여성들의 공감과 유대를 끌어내기가 어렵게 되면서, 변화된 1990년대 상황 속에서 정책 지향적인 활동으로 방향을 모색해 가게 되었다.

즉 여성 운동의 성격과 영역에 대해서, 여성 운동은 변혁적, 총체적 전망을 견지하되 독자성을 강화하여 운동의 영역을 확대하고 다변화하자는 것으로 이에 따라 운동의 주체도 기층 여성 중심주의가 갖는 국지성을 극복하고 사무직, 주부 등 중간 제 계층으로의 확산이 제안되었다. 운동 영역 또한 생산 현장에서 가족, 그리고 재생산자인 여성의 역할과 직결된 환경, 교육, 성, 문화, 이데올로기의 차원으로 확대시키고, 운동 방식도 직접적인 정치 투쟁보다 정치적 영향력 확보나 정책 대안 모색으로 변화함으로써 여성 운동은 여성들의 요구를 정책화하는데 관심을 기울이게 되었다.

(2) 정치 상황의 변화

1993년 민간 정부의 등장으로 형식적이나마 의회 민주주의의 활성화와 지방 자치제가 실시되면서 30여 년간 군부 정권 시대와는 다른 정치적, 제도적 공간이 여성에게 부여되었다. 아울러 1980년대 들어 여성 교육의 확대와 여성 운동 등의 발전으로 여성들의 투표권 행사도 독자적인 경향으로 변해가면서 정부는 점차 여성표에 대해서 인식할 수밖에 없었고, 이는 입법 과정에 최종 열쇠를 쥐고 있는 국회의원과 정당의 정책 결정에 중요한 영향을 미치게 되어, 선거 국면마다 여성에 대한 공약이나 여성계의 정책적 요구가 부분적으로 수렴되는 양상을 보이고, 저임금 기혼 여성의 노동력을 필요로 했던 경제적 측면이 여성 노동 정책을 발전시키는데 한몫을 담당했다.

2) 국제적 조건

국내적인 조건 못지않게 우리나라 여성복지정책은 국제적 관계 속에서 발전한 측면이 많다. UN이 1975년을 '세계 여성의 해'로 공표하고 이후 10년간을 여성 발전의 시기로 정하면서 UN의 제3세계 여성 발전 전략은 개발에 여성을 포함시키는 '발전에의 여성 개발(WID ; Women in Development)', 즉 여성을 경제 개발에 기여할 수 있는 미활용된 자원으로 보는 것을 기본 원리로 삼고 있다.

우리나라 역시 UN 세계 여성의 해 10주년을 앞두고, 여성 발전 정책을 추구할 수밖에 없었으며 1984년 UN 여성차별철폐협약 가입국이 되면서 구체화되어 요보호 여성을 대상으로 하였던 극히 제한적인 부녀 복지 정책에서 벗어나기 시작하였다. 당시 정부는 협약 비준국이 되기 위해, 1983년 국가적인 차원에서 여성 문제와 정책을 담당할 한국여성개발원을 설립하였고, 국무총리를 위원장으로 하는 여성 정책심의위원회를 설치하였다. 그 결과 『여성백서』, 『여성 발전 기본 계획』, 『남녀 차별 개선 지침』과 같은 정책 관련 문서가 처음으로 간행되었다.

협약이 국내에서 발효된 지 1년이 되는 1986년 2월 정부는 협약 이행에 대한 제1차 보고서를 제출했다. 보고서의 서문에서 한국 정부는 우리 헌법이 남녀 간의 평등을 인정함으로 "많은 분야에서 여성이 동등하게 참여할 수 있도록 문호를 개방하였다."라고 하였고, 이제 UN 여성차별철폐협약의 영향으로 "양성평등의 이상과 여성 발전의 개념에 대한 일반 국민의 태도를 크게 바꾸어 놓았다."고 서술하였다. 이후에도 정기적인 보고서 제출과 국제적 시정 사항 촉구 등은 한국 여성 지위 발전을 위한 정책 발전으로 연결되었다.

아울러 1992년부터 정신대 문제를 가지고 아시아연대회의 개최와 UN 인권위원회의 참여, 그리고 1995년 북경 세계여성대회 참여를 통한 변화와 자극 등으로 여성 정책은 그 어느 때보다 긴밀한 국제적 관계 속에서 발전해 나가게 되었다.

3) 여성복지정책의 발전 과정

(1) 부녀 복지에서 WID 전략으로

우리나라 여성복지정책은 부녀 복지 사업을 중심으로 시작되었다. 1945년 해방 이후 미군의 부녀국 설치령에 의해 설치되었던 부녀국을 중심으로 이뤄졌다. 1950년대의 부녀 복지 정책은 부녀 및 아동 구호와 전쟁 미망인 구호 사업이었으며, 1960년대는 윤락 여성 선도 사업의 일환으로 부녀 직업 보도소와 부녀 상담소를 운영하였고, 전쟁 미망인을 위한 모자 세대의 보호 사업에 중점을 두었다.

1970년대는 가출 여성과 윤락 여성을 대상으로 새마을 운동의 일환으로 새마을 부녀회가 조직되어 농촌 여성들의 소득 증대 사업과 생활 개선에 치중하였으며, 1980년대 들어서면서부터는 경제 개발과 함께 이촌향도 현상에 편승하여 무작정 상경하는 가출 여성들을 대상으로 하는 직업 보도 프로그램이 활발해졌으며, 미혼모의 증가와 함께 국가의 모자 시설에 대한 지원 등이 이루어졌다.

이처럼 1980년대 초반까지 요보호 여성 문제를 해결하기 위한 접근 방법으로, 제기된 문제의 사회, 경제, 문화적인 원인에 대한 분석이나 비판 없이 해당 여성들의 개별적인 문제로 간주하고 전통적인 선도 사업에 치중할 뿐만 아니라, 이러한 문제들이 사회 전체에 미치는 영향에 대한 고려 없이 시행되었다. 부녀 복지는 여권론적인 관심이 결여된 관점의 접근으로, 이는 상위 체계로 볼 수 있는 사회 복지 제도의 미발달과도 밀접한 관련이 있다.

1980년대 초반까지 사회 복지가 극히 제한적인 수준에서 통치 도구적인 역할을 하였기에, 복지의 주된 접근 방식은 전 국민을 대상으로 하는 보편적인 복지가 아니라, 요보호자 중심의 잔여적인 복지 제도가 여성복지에 영향을 미치던 시대로 '부녀 복지'라는 용어 역시 당시의 여성복지 수준을 엿보게 한다.

이러한 부녀 복지 정책의 변화는 1984년 UN 여성차별철폐협약 비준국이 되면서 변화의 물결을 탔고 부녀 복지 대신 여성복지라는 용어가 사용되기 시작하였다. 이는 기존의 부녀 복지를 우선으로 하고 이를 다소 확장한 보수적 입장과, 성 평등에 대한 개념을 어느 정도 도입한 진보적인 입장이 결합된 용어의 사용이었다.

이 협약이 국내에서 발효된 지 1년이 되는 1986년 2월 정부는 협약 이행에 대한 제1차 보고서를 제출하였고, 보고서 제출 1년 후인 1987년 4월 비엔나에서 여성차별철폐위원회의 심의가 있었다. 제1차 보고서의 심의에서는 주로 조약 이행상의 문제점을 지적하고 이행상의 문제가 많은 당사국, 특히 개발 도상국의 경우를 비판하기보다 다음 회기 심의까지 지적된 사항을 시정할 것을 권고하는 것이 관례였다.

당시 우리나라 보고서를 심의한 여성차별철폐위원회 위원들의 질문은 다음 두 가지에 집중되었다. 하나는 고용 차별과 관련하여 근로 여성의 임금, 복지 등의 문제를 추궁하며, 통계적인 지수로 뒷받침하기를 요구하였다. 다른 하나는 유보 조항인 가족법에 관한 질문이었다. 당시 가족법은 호주 제도, 친족 범위, 친권의 행사, 이혼 부부의 재산 분할 문제 등에 있어 협약은 물론 대한민국 헌법의 원칙에서 위배되고 있음을 지적하였다. 이 두 가지 사항에 위원들의 신랄한 지적과 시정 촉구가 있었다.

그러나 당시 우리나라는 유교적이고 가부장제적인 이데올로기와 관행이 너무나 강했기 때문에 가족법 개정은 유림의 '미풍양속'에 근거한 강력한 반대로 엄두를 내지 못하고 있었다. 그 시기 12대 여성 국회의원들은 가족법 개정안을 국회 법사위원회에 제출해 놓고 있었으나, 유림과 보수층을 의식한 여·야 의원들의 반대로 폐기되고 말았다.

정부와 입법 기관인 국회와는 달리, 여성 운동 진영은 1985년 조기 정년 철폐 요구 소송을 처음으로 제기했으며, 뒤이어 1986년 여성 결혼 퇴직제 철폐 싸움을 승리로 이끌었다. 이러한 과정을 거치면서 평생 평등 노동권 보장을 위해 모성 보호와 보육 시설 설치 요구 등이 여성 운동의 주요 과제로 제기되었고, 여성 운동은 1987년 한국여성단체연합의 결성과 민주화 대투쟁을 거쳐 각 부문, 계층, 지역을 기반으로 활성화되고, 그 결과 중요한 정치 세력으로 부각되기 시작하였다.

이와 같은 상황에서 정부는 1987년 11월 30일 급작스럽게 「남녀고용평등법」을 제정하였다. UN 협약 비준 이후에도 비준국으로서의 의무 이행을 위한 노력에 진전이 없던 정부가 입법 예고도 없이 「남녀고용평등법」을 제정하게 된 배경은 다음과 같이 정리할 수 있을 것이다.

먼저 협약 가입국으로서의 의무를 이행하기 위한 것, 그리고 여성 운동의 성장과 여성 노동자의 증가에 대응하기 위한 것, 다음으로 정치적 목적이 있었다고 볼 수 있을 것이다. 왜냐하면 법 제정이 13대 대통령 선거를 한 달도 채 남겨놓지 않은 시기에 이루어졌고, 법 제정과 관련된 이해 당사자들 간의 의견 수렴을 위한 공청회 한번 없이 졸속 제정되었기 때문이다. 그럼에도 이 법의 제정으로 여성 정책은 「근로기준법」에 의거한 '보호' 중심에서 '평등'으로 확대되었다. 즉 UN의 여성 발전 전략으로 본다면 비로소 '발전에의 여성 개발(WID ; Women in Development)' 단계로 들어갔다고 볼 수 있겠다.

그러나 「남녀고용평등법」은 실질적인 고용 평등을 이루기에는 많은 한계를 지니고 있었다. 제정 당시 여성의 임금이 남성의 48%에 불과했음에도 동일 노동 동일 임금 조항을 제외하였으며, 성희롱이나 간접 차별을 인정하지 않았고, 분쟁 시 이를 담당할 행정 기관의 취약과 벌칙 조항의 미비로 실효성을 기대하기가 매우 어려운 실정이었다. 여성 운동 진영은 실질적인 고용 평등을 목적으로 한 법 개정 운동을 곧 바로 전개하기 시작하였다.

「남녀고용평등법」 이외에 이 시기 정부가 협약 이행을 위해 취한 조치로는 여성의 지위 향상과 남녀평등을 효과적으로 수행할 목적을 가진 여성 전담 부서를 설치한 것이었다. 1988년 신설된 정무 제2장관실은 여성 관련 업무를 총괄·조정하되,

그 밖에 아동·청소년·노인·청소년 및 문화 예술 분야까지를 업무 대상으로 해 실질적으로 여성 전담 부서라고 할 수는 없었다. 아울러 여성 문제를 장기적인 계획하에 다루기에 적합한 권한을 갖고 있지 못하였고, 타 부처에(150명) 비해 인원(42명)과 예산 배정(1992년 정부 총 예산의 0.007%)도 적절치 못하였다. 따라서 정무 제2장관은 법률안의 입안이나 행정 집행력이 없이 각계와의 대화, 여론 수집 등을 통해 제기되는 여성 문제들의 해결을 위한 대책 건의 및 주요 정책을 개발하고, 소관 부처 간의 상충되는 시책에 대해 제안하는 정도의 기능만 수행하였다.

이상과 같이 정부에 의해 전개된 여성 정책을 평가하면, 정부는 비로소 여성 문제를 국가적인 차원에서 해결해야 할 사회 문제로 인식하고, 요보호 여성을 대상으로 한 '보호'적인 부녀 정책에서 벗어나, 여성 지위 향상을 목표로 '평등'에 입각한 여성 정책으로의 변화를 시작했다고 볼 수 있겠다. 그러나 전통적이고 봉건적인 여성관에 입각한 「가족법」은 개정 노력조차 시도하지 않았고, 졸속으로 만들어진 「남녀고용평등법」 제정이나 정무 제2장관실 신설에서 보여 주듯이, 실질적인 차별을 금지하기 위한 정책이라기보다 여성의 요구를 무마하고 정치적인 목적을 위한 전시용의 성격이 강했다고 볼 수 있겠다. 그럼에도 이 시기에 전개된 여성 정책을 긍정적으로 평가하자면, 비로소 여성을 국가 정책에 '포함'시키기 시작하였다는 데 의의를 부여할 수 있을 것이다.

(2) GAD 정책과 성 주류화 정책의 도입

① GAD 정책의 전개

우리나라 여성 정책 전략이 '발전에의 여성 개발(WID; Women in Development)'에서 '성과 개발(GAD; Gender And Development)'로 변화된 것을 파악할 수 있는 정책은 1989년 개정된 「남녀고용평등법」으로 볼 수 있다. 「남녀고용평등법」 1차 개정은 여성 정책을 둘러싼 사회·환경적 변화 속에서 처음으로 그 결실을 보게 된 것으로 1987년 법 제정 이후 여성 운동 진영의 끈질긴 투쟁으로 개정된 「남녀고용

평등법」은 비로소 동일 노동에 대한 동일 임금 규정, 성차별 분쟁에서 사용자의 입증 책임 등의 내용이 들어가게 되었다. 특히 이 법 개정에서 의미 있는 것은 차별의 정의가 새로이 추가되었다는 점이다. 즉 제2조 2항에서 "현존하는 차별을 해소하기 위하여 국가, 지방자치단체 또는 사업주가 잠정적으로 특정한 성(性)의 근로자를 우대하는 조치를 취하는 것은 이 법에서 말하는 차별로 보지 아니한다."라고 차별을 정의함으로써, 사실상 평등 실현을 위한 잠정적 우대 조치와 모성 보호를 차별로 인정할 수 없게 되었다. 이로써 여성 정책은 형식적이나마 '보호'와 '평등'의 차원에서 '우대 조치'로 한 단계 진전하게 된 것이다.

그러나 여성 운동은 여기에 만족하지 않고 성희롱 규제 조치와 간접 차별 조항이 포함되지 않았다며 다시 법 개정 요구를 제기하는 한편, 「가족법」 개정 운동에 박차를 가했다. 「가족법」 개정 운동은 진보적 여성 운동을 중심으로 한 '가족법 개정 공동대책위원회'가 꾸려지면서 추진력을 갖게 되었다. 결국 「가족법」은 1989년 12월 개정되었다. 정부의 입장에서는 협약 비준국으로서의 의무를 수행한다는 차원에서 행해진 것이었지만, 무엇보다 여성 운동의 성과라고 볼 수 있으며 아울러 정당의 지원도 한몫을 하였다. 「가족법」은 동성동본 불혼제와 호주제를 존치함으로써 여성계의 주장을 전폭적으로 수용한 것은 아니었으나, 그 이외의 조항에서는 평등 지향적으로 개선되었다. 특히 이혼 시 남녀 간에 재산 분할 청구권을 부여함으로써 제한적이나마 여성의 가사 노동에 대한 가치를 인정했다는 점에서 의의를 부여할 수 있겠다.

이외에 1980년대 후반 이후 활발하게 전개된 탁아 운동의 성과로 1991년 「영유아보육법」이 제정되었고, 1994년에는 「국가공무원법」의 개정으로 남녀 공무원 모두에게 육아휴직제와 무급 가사 휴직제가 도입되었다. 즉 남녀 모두 성별을 떠나 육아와 가사는 공동의 책임임을 의미하는 것이었다. 한편 한국여성단체연합은 방과 후 아동 보호 방안을 마련하고 학교 급식 문제를 토론회를 통해 제기하여 국가의 예산안에 초등학교 급식 시설 설비 비용 지원 항목을 설정할 것을 요구하였으며, 이러한 노력의 결과 학교 급식이 초등학교뿐 아니라 고등학교로 확대되었고,

방과 후 아동 지도도 부분적으로나마 시행되었다. 그러나 학교 급식이나 방과 후 아동 지도는 국가의 지원 없이 수혜자 부담 원칙으로 운영되고 있어, 이 정책은 개별 가정의 책임으로 인식되던 자녀 교육에 대한 책임을 사회적 차원에서 맡아야 한다는 여론 형성에 큰 기여를 했다고 평가되어진다.

이상과 같이 고용, 가족, 교육 분야에서의 정책 발전은 주로 여성 운동의 요구에 기인한 것이지만 협약 비준국으로서의 의무 이행을 위한 정부의 노력도 인정해야 할 것이다. 정부는 제2차 보고서 심의 과정에서 제기된 질의에 부담을 가질 수밖에 없었을 것이며, 그와 관련한 일련의 정책적 조치를 취하고자 한 것으로 보여진다. 국제적 압력에 의한 정부의 부담감은 1994년 UN 여성지위위원회의 회원국이 되면서 더욱 커졌을 것이다.

이러한 상황에서 여성 정책은 1993년 12월 「성폭력범죄의 처벌 및 피해자보호 등에 관한 법률」의 제정으로 성 정책의 발전으로까지 확대되었으며, 이 법은 여성단체가 법안을 만들고 국회의원들에게 하나하나 설명을 한 결과 통과시킬 수 있었다. 여성 운동은 1992년부터 「성폭력특별법」 제정을 위해 대대적인 캠페인과 투쟁을 전개함으로써, 성폭력은 개인의 문제가 아닌 사회적 범죄이자 인권 문제라는 인식을 확산시킬 수 있었다. 그 결과 가해자의 잘못보다 피해자의 과실을 중시 여기던 사회 전반의 가부장제적인 의식과 정부와 국회의원들의 낮은 자발성에도 불구하고 법 제정을 이루어낼 수 있었지만 이때 제정된 법은 성폭력을 '정조에 관한 죄'로 규정하는 한계가 있었다.

「성폭력특별법」 이외의 성 정책으로는 1995년 개정된 「윤락행위방지법」을 들 수 있다. 한국여성개발원에 의해 1989년부터 개정에 대한 토론이 전개되었으며, 1994년에는 한국여성단체연합이 정부의 「매매춘방지법」 제정에 대응하여 「윤락행위방지법」 개정안을 제안하여, 결국 이 법은 여성계의 주장을 수용하여 매춘 행위자 및 그 상대방에 대한 처벌을 강화하고 매춘 여성 시설 보호의 법적 근거를 명시하는 등의 조항을 담게 되었다. 이로써 국가의 성 정책은 요보호 여성에 대하여 한정된 것에서 일반 여성의 성폭력 문제까지 영역을 확대시키고, 매매춘 행위자뿐만 아니라 상대방에 대해서까지 처벌 규정을 마련했다는 점에서 진일보했다고 평가할 수 있겠다.

이외에도 1994년과 1996년도에 「상속세법」도 개정되어 상속세 및 증여세에 대한 배우자의 공제액이 상향 조정되는 등 1989년 이후 1995년까지 법과 제도와 관련한 여성 정책은 놀라운 발전을 하였다. 이 시기 여성 정책은 가족법 개정을 통해 여성의 가사 노동에 대한 가치를 인정하고, 육아를 남녀 모두의 책임으로 확대시켰으며, 자녀 교육은 사회적인 책임임을 공론화하였다. 아울러 「남녀고용평등법」 개정을 통해 여성을 남성과 비교하여 차별이 현저한 경우에 대한 잠정적 우대 조치를 취할 수 있도록 하였다.

이처럼 이 시기 여성 정책에서 주된 접근 방법은, 여성과 남성의 관계에 초점을 두고 남녀의 역할 변화를 통해 여성의 지위 향상을 위한 전략으로서 '성과 개발(GAD ; Gender–And–Development)'적 접근을 한 시기로, 이는 전 단계의 '발전에의 여성 개발(WID ; Women in Development)'적 접근보다 한 단계 진전된 정책이었다. 이러한 정책적 발전은 여성 운동의 성과로 평가할 수 있을 것이다. 그러나 「가족법」에서 존치된 호주제나 동성동본 불혼제, '정조에 관한 죄'로 규정한 「성폭력특별법」 등을 고려하면 GAD 접근이 일관되게 관철되었다고 볼 수만은 없다.

② 성 주류화 정책의 도입

우리나라의 여성 정책 발전 과정을 살펴보면 협약 비준국이 된 이후부터 1988년까지는 WID적 접근이, 이후 1989년부터 1995년까지는 WID적 접근을 바탕으로 GAD적 접근 방식으로 여성 정책이 발전하였다고 볼 수 있다. 이상과 같은 정책적 접근에서 한 단계 더 발전한 정책은 1995년 북경에서 열린 세계여성대회를 계기로 가능할 수 있었다.

1995년 UN은 중국에서 제4차 세계여성대회를 개최하고 협약 이행을 촉구하는 행동 강령을 채택했다. 이 행동 강령에서 "정부와 다른 모든 기관들은 모든 정책과 프로그램에서 젠더 관점을 주류화(gender mainstreaming)해야 한다."라고 명시함으로써 각국에서는 주류화 정책이 주요 정책 담론으로 부상하게 되었다. 우리나라 역시 1995년 12월 30일 헌법에 기초하여 사회의 모든 영역에서 남녀평등과 여성 발전을 도모하기 위한 국가와 지방자치단체의 책무 등에 관한 기본적인 사항을 규정하고(제1조) 협약 이행을 의무로 한(제27조 2항) 「여성발전기본법」을 제정, 공포하였다.

정부는 「여성발전기본법」 제정으로 그동안 정부가 기존의 여성계의 요구나 분출된 여성 문제를 사안별로 그때그때 정책화시켜 왔던 것을 성 주류화의 관점에 기반해 체계화하고자 하였으며, 용어에 있어서도 여성 정책을 '남녀평등의 촉진, 여성의 사회 참여 확대 및 복지 증진에 관한 대통령이 정하는 정책(제3조 1항)'으로 정의함으로써, 부녀 복지, 여성복지, 여성 정책 등으로 불렸던 것을 여성 정책으로 통일하였다.

그러나 「여성발전기본법」은 여성 정책의 기본 골간이 되는 중요한 법률임에도 여성계와 학계의 견해를 충분히 수렴하는 과정을 거치지 않고 2개월이라는 짧은 기간 동안 졸속으로 제정하였다. 여성계는 법 제정 자체에는 이의가 없었으나 여성계를 비롯한 의견들을 수렴하지 않고 부실하게 제정되는 것에 반대하였으나 받아들여지지 않았다. 결국 여성계는 법 제정을 주도한 신한국당과 국민회의 양당의 법안에 대한 토론에 참여하고 수정 의견을 제출하는 정도에서 그쳐야만 했다.

따라서 이 법은 여성계로부터 "여성에 관한 법률과 여타 정책에 대한 '기본'으로서의 위상을 갖기에는 이론적, 이념적 기초도 취약하고 비체계적이다."라는 평가를 받았다. 이러한 비판적 평가는 주로 정부를 향한 것이지만, 1980년대 말부터 여성 정책 발전을 주도해 온 여성 운동 진영 역시 이 비판에서 자유로울 수만은 없었다.

그럼에도 「여성발전기본법」의 제정은 여성 정책 접근에서의 큰 변화를 가져왔다. 고용 이외의 영역에서도 '잠정적 우대 조치'를 할 수 있도록 명시해 놓았고, 여성 발전 기금의 설치와 여성 단체 지원법도 규정하였다. 그러나 무엇보다도 큰 변화는 정부가 여성 정책을 주류화의 관점에서 접근하여 시행하겠다고 밝혔다는 점이다.

UN의 1995년 북경 세계여성대회는 여성 정책의 주류화를 세계적으로 확산시키는 데 기여했을 뿐 아니라, 국제 협약에 대한 관심을 높인 대회이다. 이로써 여성 정책은 두 가지 측면, 하나는 주류화의 관점에서 다른 하나는 국제 협약에 근거하여 발전하기 시작하였다. 그 결과 제정 및 개선된 여성 관련 법은, 1997년「국적법」개정으로 부계 혈통주의에서 부모 양계 혈통주의로의 전환, 1997년「가정폭력방지법」제정, 1998년 여성 할당제를「정당법」에 명시하도록 했으며, 1999년「남녀 차별금지 및 구제에 관한 법률」을 제정함으로써 성희롱과 간접 차별에 대한 법적 조치가 가능하게 되었다. 아울러 1998년부터 대통령 직속 여성특별위원회의 설치 및 정부 6개 부처에 여성 정책 담당과가 만들어짐으로써 여성 정책 전담 기구의 발전이 이루어졌다. 성의 주류화 정책 실현에서 가장 핵심적인 '여성의 주류화'를 위한 정책 기구의 정비가 제한적으로나마 진행되었다.

2014년에는「여성발전기본법」을 전부 개정하여「양성평등기본법」이 제정되었으며 2015년부터 시행되었다.「여성발전기본법」이 1995년에 제정된 후 20여 년이 지난 시점에서 여성 정책을 둘러싼 사회 환경과 관련 법, 제도가 크게 변화하여 여성 정책의 패러다임이 '여성 발전'에서 '실질적 양성평등 실현'으로 전환되었음에도「여성발전기본법」은 이러한 변화를 반영하고 있지 못하였다. 특히 세계적으로 여성 정책의 패러다임이 '성 주류화'로 바뀌어 가고 있는 상황에서 양성평등 정책에 부합하게끔 법 체계를 재정비하기 위하여「여성발전기본법」을 전부 개정하여「양성평등기본법」을 제정하였다.「양성평등기본법」제정 및 시행에 따라 성 주류화 조치 규정이 신설되고 이를 구현하기 위해 성별 영향 분석평가, 성 인지 예산, 성 인지 통계, 성 인지 교육 조항, 국가 성 평등 지수 작성·공표 등에 관한 근거를 다련하였다.

4) 양성평등 정책의 기본 계획

여성가족부는 2001년 1월 29일 「정부조직법」 개정(정부조직법 제42조 법률 제6400호)으로 '여성부'로 설치되었고, 2005년 6월에 보건복지부로부터 가족 정책을 이관받아 여성가족부로 출범하였다. 2008년 2월 「정부조직법」 개정에 의하여 여성가족부가 수행했던 가족 및 보육 정책 기능은 보건복지가족부로 이관되었으며 여성부는 여성 정책의 조정, 종합, 여성의 권익 증진 등 지위 향상의 기능을 수행할 수 있도록 개편되었다. 이후 2010년에 가족 해체 및 다문화 가족 등 현안 사항에 적극 대응하기 위하여 보건복지가족부의 청소년 및 다문화 가족을 포함한 가족 기능이 여성가족부로 이관되며 여성가족부로 개편되었다. 현재 여성가족부는 여성 정책의 종합 및 여성의 권익 증진 등 지위 향상 뿐만 아니라 가족 정책, 건강가정 사업을 위한 아동 업무 및 청소년의 육성·복지 및 보호 기능까지 함께 수행하고 있다.

「여성발전기본법」이 「양성평등기본법」으로 전면 개정됨에 따라 2015년부터 2017년까지를 여성 정책에서 양성평등 정책으로 전환하는 과도기로 설정하고, 제4차 여성 정책 기본 계획(2013~2017)을 수정·보완하여 제1차 양성평등 정책 기본 계획(2015~2017)을 수립·시행하였다. 현재는 제2차 양성평등 정책 기본 계획(2018~2022)이 시행되고 있다. 제1차 양성평등 정책 기본 계획은 여성과 남성의 관계 변화를 통한 실질적 양성평등을 실현하기 위한 정책 방향을 설정하여 '여성과 남성이 함께 만드는 양성평등 사회'를 비전으로 달성하기 위해 추진되었다. 제2차 양성평등 정책 기본 계획은 제1차 양성평등 실태 조사 결과를 반영하였다. 제1차 양성평등 실태 조사 결과, 양성평등 실현을 위한 최우선 과제로 가사·육아에의 남성 참여, 성별 임금 격차 해소, 대중 매체에서의 성차별적 표현 개선이 나타나 이를 제2차 양성평등 정책 기본 계획에 추가하여 성숙한 남녀평등 의식 함양과 여성의 고용과 사회 참여 평등, 일과 생활의 균형, 여성 안전과 건강 증진을 목표로 추진하게 된다(여성부, 2018).

(1) 양성평등 정책 추진 방향

〈그림 7-1〉 양성평등 정책 비전 및 목표

비전 여성과 남성이 함께 만드는 평등하고 지속 가능한 민주 사회

목표
- 성숙한 남녀평등 의식 함양
- 여성의 고용과 사회 참여 평등
- 일과 생활의 균형
- 여성 안전과 건강 증진

정책 과제

대과제(6개)	중과제(22개)
1. 남녀평등 의식과 문화의 확산	1. 대중 매체의 성차별 개선 2. 학교에서의 양성평등 교육 강화 3. 생활 속 성 평등 문화 확산 4. 양성평등 시민 교육의 실효성 제고
2. 평등하게 일할 권리와 기회의 보장	1. 고용 기회의 평등성 제고 2. 고용 현장의 성차별 개선 3. 노동 시장 내 여성의 지위 개선 4. 여성의 경력 유지 · 개발 지원
3. 여성 대표성 제고 및 참여 활성화	1. 정치·공공 분야 여성 대표성 제고 2. 민간 기업 등의 여성 대표성 제고 3. 여성 리더십 역량 강화
4. 일·생활 균형 사회 기반 조성	1. 돌봄의 사회적 책임 강화 2. 근로자의 모·부성권 보장 3. 기업의 가족친화경영 확산
5. 여성 폭력 근절과 여성 건강 증진	1. 여성 폭력 근절 정책 추진 기반 강화 2. 다양한 여성 폭력 대응력 제고 3. 여성 폭력 피해자 보호·지원 강화 4. 성 인지적 건강 증진 기반 강화
6. 양성평등 정책 추진 체계 강화	1. 성 주류화 정책 추진 기반 정비 2. 성 인지적 정책 역량 강화 3. 시민 사회와의 협력 체계 구축 및 강화 4. 평화·통일 활동 및 국제 협력 증진

출처: 여성가족부(2018). 제2차 양성평등 정책 기본 계획(2018~2022).

(2) 양성평등 정책 과제

〈표 7-3〉 양성평등 정책 과제

대과제	중과제	세부 내용
Ⅰ. 남녀평등 의식과 문화의 확산	1. 대중 매체의 성차별 개선	1. 성 평등 문화 예술 콘텐츠 확산 2. 성차별 실태 모니터링 3. 성차별 개선 심의 기반 마련
	2. 학교에서의 양성평등 교육 강화	1. 교육 과정에서의 양성평등 제고 2. 성별 고정 관념 없는 진로 교육 3. 교원 · 학부모에 대한 양성평등 교육 4. 양성평등 교육 환경 조성
	3. 생활 속 성 평등 문화 확산	1. 양성평등 가족 문화 확산 2. 생활 속 성차별 언어 및 표현 개선 3. 여성 문화유산 계승과 보존 4. 성 평등 실천 문화 확산
	4. 양성평등 시민 교육의 실효성 제고	1. 분야별 전문 인력에 대한 맞춤형 양성평등 교육 2. 양성평등 교육 콘텐츠 제작 · 활용 활성화 3. 양성평등 교육 제공 기관의 확대 및 역량 강화
Ⅱ. 평등하게 일할 권리와 기회의 보장	1. 고용 기회의 평등성 제고	1. 다양한 분야의 여성 일자리 확대 2. 성별 직업 분리 해소를 위한 제도 개선
	2. 고용 현장의 성차별 개선	1. 고용상 성차별 해소 추진 기반 정비 2. 고용상 성차별 감독 및 구제 강화
	3. 노동 시장 내 여성의 지위 개선	1. 성별 임금 격차 해소 2. 여성 집중 직종의 근로 환경 개선
	4. 여성의 경력 유지·개발 지원	1. 여성의 경력 단절 예방 지원 강화 2. 경력 단절 여성에 대한 취 · 창업 지원 3. 경력 단절 여성 지원 인프라 확충

대과제	중과제	세부 내용
Ⅲ. 여성 대표성 제고 및 참여 활성화	1. 정치·공공 분야 여성 대표성 제고	1. 정치 분야 여성 대표성 제고 2. 정부 · 공공 기관에서의 적극적 조치 3. 군인 · 경찰 등 특수직에서 적극적 조치 및 처우 개선 4. 교육 분야 양성평등 임용 확대
	2. 민간기업 등의 여성 대표성 제고	1. 기업의 양성평등 경영 지원 2. 기업 내 여성 임원 비율의 확대 3. 전문직 직능 단체 등의 여성 지위 강화
	3. 여성 리더십 역량 강화	1. 차세대 여성 정치 리더 양성 2. 여성 관리자 양성 지원
Ⅳ. 일·생활 균형 사회 기반 조성	1. 돌봄의 사회적 책임 강화	1. 돌봄서비스 확대 및 질 제고 2. 돌봄자에 대한 지원 확대 3. 돌봄 공동체 활성화 및 국공립 돌봄 시설 확충
	2. 근로자의 모·부성권 보장	1. 출산 휴가 · 육아휴직 제도 개선 2. 육아기 근로 시간 단축 제도 활성화 3. 법정 근로 시간 준수 4. 유연한 근무 형태 및 근로자의 휴가 활성화 5. 남성 가사 · 육아 참여 권리 보장
	3. 기업의 가족친화 경영 확산	1. 가족친화인증제 활성화 2. 기업에 대한 일 · 생활 균형 지원 및 지도 강화 3. 일 · 생활 균형을 위한 민관 협력 강화 4. 일 · 생활 균형을 위한 인식 개선 및 사회 문화 조성

대과제	중과제	세부 내용
V. 여성 폭력 근절과 여성 건강 증진	1. 여성 폭력 근절 정책 추진 기반 강화	1. 여성 폭력 근절을 위한 법·제도적 기반 마련 2. 여성 폭력 수사·사법적 대응의 실효성 제고 3. 여성 폭력 예방을 위한 교육 및 환경 조성
	2. 다양한 여성 폭력 대응력 제고	1. 사이버상에서의 폭력 피해 대응 강화 2. 스토킹 및 데이트 폭력 대응 강화 3. 조직 내 여성 폭력 대응 강화
	3. 여성 폭력 피해자 보호·지원 강화	1. 피해자 보호 지원을 위한 연계 · 협업 강화 2. 여성 폭력 피해자에 대한 보호 · 지원 강화 3. 피해자 중심의 지원 및 인식 제고 4. 일본군 '위안부' 피해자 명예 회복 및 기념 사업 활성화
	4. 성 인지적 건강 증진 기반 강화	1. 성 인지적 보건 의료 정책 기반 마련 2. 성 인지적 건강 증진을 위한 인식 개선 3. 청소년의 건강 증진 지원 4. 안전한 피임과 임신 · 출산에서의 건강권 보장 5. 여성 장애인의 건강권 보장
VI. 양성평등 정책 추진 체계 강화	1. 성 주류화 정책 추진 기반 정비	1. 성 주류화를 위한 법적 · 조직적 기반 마련 2. 정부 부처 양성평등 정책 책무성 강화 3. 성차별 실태 조사 및 성 인지적 통계 관리 4. 성 인지적 정책 분석 · 평가 제도의 효과성 제고
	2. 성 인지적 정책 역량 강화	1. 공무원 성인지 교육 내실화 2. 지방자치단체 양성평등 정책 역량 강화 3. 양성평등 정책 전문 인력 체계적 양성 · 관리
	3. 시민 사회와의 협력 체계 구축 및 강화	1. 양성평등 정책 추진 과정에서의 시민 사회 참여 보장 2. 다각적 협력 체계를 통한 성 평등 의식 확산
	4. 평화 · 통일 활동 및 국제 협력 증진	1. 평화와 통일을 위한 활동 활성화 2. 국제 협약 이행 내실화 및 협력 사업 활성화

출처: 여성가족부(2018). 제2차 양성평등 정책 기본 계획(2018~2022).

제8장
여성복지정책

1. 사회보험제도와 젠더

사회보험제도는 국민에게 발생하는 사회적 위험을 보험의 방식으로 대처함으로써 국민의 건강과 소득을 보장하는 제도이다(「사회보장기본법」 제3조). 이를 위해 사회보험제도는 법에 의해서 강제적으로 가입을 하도록 되어 있으며, 사전에 규정된 욕구(노령, 사망, 장애, 질병, 산업 재해 등)에 따라 급여가 제공된다. 민간 보험과 달리 사회보험제도는 개인적 형평성보다 사회적 충분성을 중요하게 여기기 때문에 급여 수준이 소득 수준이 비례하여 제공되지는 않는다.[1] 사회보험제도에서 필요한 비용은 수급권자와 고용주가 납부한 기여금을 통해 주로 충당되며 국가가 일부 지원하기도 한다. 우리나라에서는 사회보험제도로 국민연금, 건강 보험, 산업재해보상 보험, 고용 보험, 장기요양 보험을 실시하고 있어 이를 중심으로 사회보험제도가 여성에게 미치는 영향에 대해 살펴보고자 한다.

---

1) 국민연금 제도의 경우에는 다른 사회보험제도와 비교해 보면 상대적으로 소득 수준과 급여 수준이 비례한다고 할 수 있다. 그러나 기본 연금액 산정식에 가입자 개인의 기준 소득 월액과 더불어 '연금 수급 전 3년간의 평균 소득 월액의 평균 금액'이 포함되어 있어 소득 재분배 효과가 다른 사회보험제도에 비해 낮은 편이며, 급여 수준이 소득 수준에 100% 비례한다고 볼 수 없다.

1) 국민연금 제도

국민연금 제도는 국민의 노령, 장애 또는 사망에 대하여 연금 급여를 실시함으로써 국민 생활 안정과 복지 증진에 기여하는 것을 목적으로 하는 사회보험제도이다.

1960년대에 산업화, 도시화, 핵가족화, 노령화가 빠른 속도로 진행되고, 이로 인해 발생된 사회 문제의 해결 방안으로 1973년 「국민복지연금법」이 제정·공포되었으나 석유 파동으로 시행이 무기한 연기되었다. 이후 1980년대 들어서면서 출생률 저하 및 평균 수명의 연장에 따른 고령화와 더불어 경제 발달로 국민 부담 능력이 향상되어 1986년부터 종전의 국민복지연금 제도를 수정·보완하여 1988년 1월부터 국민연금 제도를 시행하게 되었다. 국민연금 제도는 10인 이상 사업장의 '18세 이상~60세 미만' 근로자 및 사업주를 우선 대상으로 시행되었으며, 지속적으로 적용 대상을 확대하여 왔다. 2007년에는 「국민연금법」의 개정을 통해 급여의 소득대체율을 60%에서 40%로 변경하는 것으로 기본 연금액을 조정하였으며, 출산과 군복무 기간에 대한 가입 기간을 추가 산입하게 되었다.

(1) 국민연금 제도의 대상과 젠더

국민연금 제도의 가입 대상은 국내에 거주하는 국민으로 18세 이상 60세 미만[2]의 국민이며, 사업장 가입자와 지역 가입자, 임의 가입자, 임의 계속 가입자로 나뉜다. 사업장 가입자는 1인 이상의 근로자를 사용하는 사업장에서 근무하는 18세 이상 60세 미만의 사용자와 근로자가 포함된다. 국내에 거주하는 18세 이상 60세 미만의 국민으로서 사업장 가입자가 아닌 사람은 지역 가입자가 되며, 다른 공적 연금 수급권자, 소득 활동에 종사하지 않는 사업장 가입자 등의 배우자 및 소득 활동에 종사하지 않는 27세 미만 등은 적용 대상에서 제외된다. 임의 가입자와 임의 계속 가입자는 사업장 가입자, 지역 가입자와 같이 강제 가입이 아닌 본인의 희망에 의해 가입할 수 있다. 즉, 사업장 가입자와 지역 가입자가 될 수 없는 사람도 60세 이전에 본인의 희망에 의해 가입 신청을 하면 임의 가입자가 되며, 납부한 국민연금 보험료가 있는 가입자 또는 가입자였던 자로서 60세에 달한 자가 가입 기간이 부족하여 연금을 받지 못하거나 가입 기간을 연장하여 더 많은 연금을 받기를 원할 경우는 65세에 달할 때까지 신청에 의하여 임의 계속 가입자가 될 수 있다.

이처럼 국민연금 제도에서는 소득 위주로 가입 범위를 설정함에 따라, 무급 가사 노동을 하는 여성은 원천적으로 가입에서 제외가 되는 문제가 발생한다. 2018년 1월 국민연금 가입자 현황을 살펴보면 남성 가입자는 전체 가입자의 55.8%, 여성 가입자는 44.2%로 1988년 제도 초기에 여성 가입자 비율이 30.6%인 것과 비교하면 여성 가입자가 많이 늘어난 것을 알 수 있다. 그러나 여성 가입자와 남성 가입자를 세부적으로 살펴보면 남성 가입자는 당연 가입자인 사업장 가입자와 지역 가입자의 비율이 높은 반면, 여성 가입자는 본인 희망에 따라 가입하는 임의 가입자, 임의 계속 가입자의 비율이 남성에 비해 높은 것을 알 수 있다.

〈표 8-1〉 **국민연금 가입자 현황**(2018년 1월 기준) (단위: 명, %)

구분 성별	계		사업장 가입자	지역 가입자	임의 가입자	임의 계속 가입자
	인원	비율				
계	21,737,614	100.0	13,418,180	7,631,354	333,588	354,492
남자	12,118,873	55.8	7,893,447	4,060,854	49,880	114,692
여자	9,618,741	44.2	5,524,733	3,570,500	283,708	239,800

출처: 국민연금공단(2018). 국민연금통계.

2) 「국민연금법」이 2007년에 개정됨에 따라 수급 연령이 2013년부터 출생 연도에 따라 단계적으로 상향 조정이 되어 2033년에는 노령 연금의 수급 개시 연령이 65세로 변경되었다. 그러나 2018년 현재 수급 연령은 상향 조정이 되는 중으로 「국민연금법」에서는 기준 연령을 '60세'로 명시하고 있어 본문에서도 60세로 표기하였다.

〈그림 8-1〉 성별 국민연금 가입자 비중 변화 (단위: %)

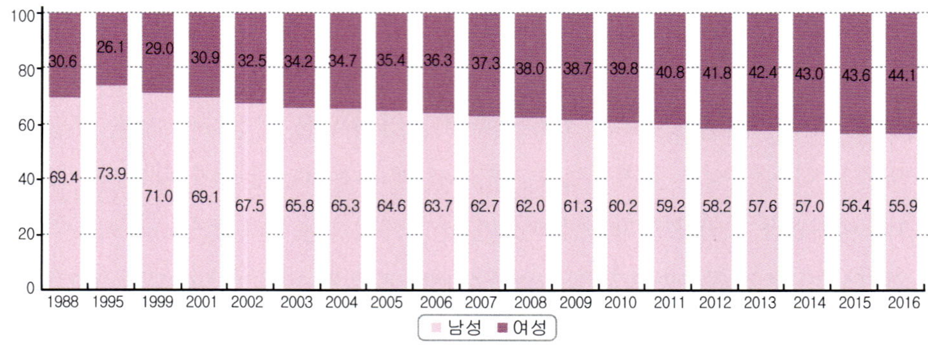

출처: 국민연금연구원. 국민연금생생통계(각 연도).

(2) 국민연금 제도의 급여와 젠더

국민연금 제도의 급여에는 노령 연금, 장애 연금, 유족 연금, 반환 일시금, 사망 일시금이 있다. 노령 연금은 국민연금 가입자가 나이가 들어 소득 활동에 종사하지 못할 경우 생활 안정과 복지 증진을 위하여 지급되는 급여로써 가입 기간(연금 보험료 납부 기간)이 10년 이상이면 60세('소득이 있는 업무'에 종사하지 않는 경우에는 55세) 이후부터 평생 동안 매월 지급받을 수 있다.

노령 연금은 가입 기간, 연령, 소득 활동 유무에 따라 노령 연금, 조기 노령 연금이 있으며, 이혼한 배우자에게 지급될 수 있는 분할 연금이 있다. 노령 연금은 가입 기간이 10년 이상이고 60세가 된 때에 기본 연금액과 부양 가족 연금액을 합산하여 생존하는 동안 매월 지급하는데, 소득 활동을 하는 경우에는 소득 구간에 따라 노령 연금을 감액하여 지급하며 부양 가족 연금액은 지급하지 않는다. 조기 노령 연금은 가입 기간이 10년 이상이고 55세 이상인 사람이 소득 있는 업무에 종사하지 않는 경우에 노령 연금 수급 개시 연령인 60세 전이라도 지급받을 수 있는 연금으로 가입 기간 및 연금을 받는 연령에 따라 기본 연금액의 50~90%와 부양 가족 연금액을 합산하여 지급받는다. 분할 연금은 이혼한 사람이 배우자였던 자의 노령 연금액 중 혼인 기간에 해당하는 연금액을 나누어 지급받는 연금으로 혼인 기간 중 국민연금 보험료 납부 기간이 5년 이상이어야 받을 수 있다. 분할 연금은 1998년 연금 개혁 과정에서 여성의 연급 수급권 확보를 위한 방안으로 도입되어 이혼 시 노령 연금 수급권의 일부를 혼인 기간에 비례하여 분할할 수 있도록 함으로써 무급의 가족 돌봄에 대한 법적, 경제적 가치 평가를 하였다는 의의가 있다. 그러나 1998년 도입된 분할 연금은 재혼 시 연금 지급이 정지되어 개별 수급권을 강화하기 위한 급여로 보기에는 한계가 있어, 2007년 법 개정으로 수급권자가 재혼하더라도 계속 지급받을 수 있도록 함으로써 배우자의 지우에 조건적인 파생 수급권으로서의 속성은 변화되었다(유호선, 2010).

장애 연금은 국민연금 가입 중에 생긴 질병이나 부상이 완치된 후에도 신체적 또는 정신적 장애가 남았을 때 이에 따른 소득 감소 부분을 보전하기 위해 장애 정도(1~4급)에 따라 일정한 급여를 지급한다.

유족 연금은 국민연금에 일정한 가입 기간이 있는 사람 또는 노령 연금이나 장애 등급 2급 이상의 장애 연금을 받던 사람이 사망하면 그에 의하여 생계를 유지하던 유족에게 가입 기간에 따라 일정률의 기본 연금액에 부양 가족 연금액을 합한 금액을 지급하여 남아 있는 가족들이 안정된 삶을 살아갈 수 있도록 한다.

반환 일시금은 60세 도달, 사망, 국적 상실, 국외 이주 사유로 국민연금에 더 이상 가입할 수 없게 되었으나 연금 수급 요건을 채우지 못한 경우, 그동안 납부한 보험료에 이자를 더해 일시금으로 지급한다.

사망 일시금은 가입자 또는 가입자였던 사람이 사망하였으나 유족이 없어 유족 연금 또는 반환 일시금을 지급받을 수 없는 경우 더 넓은 범위의 유족에게 지급하는 장제 부조적·보상적 성격의 급여이다.

국민연금 제도에서 지급하는 급여 중 반환 일시금과 사망 일시금을 제외한 연금의 형태로 지급되는 노령 연금, 장애 연금, 유족 연금은 가입 기간 및 가입 기간 중에 낸 보험료에 기반하여 급여액이 결정된다.

노령 연금의 경우는 10년 이상 가입해야 연금을 받을 수 있으며 가입 기간이 길수록 더 많은 연금을 받을 수 있다. 유족 연금은 가입 기간에 따라 기본 연금액의 40~60%를 차등적으로 지급한다.

여성은 남성에 비해 전업주부인 경우가 많고, 노동 시장에 진출했다 해도 결혼·출산 등으로 인해 노동 시장으로부터의 단절을 경험하기 때문에 지속적인 가입을 통해서 독립적인 연금을 지급받는 것이 어려운 상황이라고 볼 수 있다.

또한 가입 기간 중의 소득에 비례하여 급여가 지급되므로 노동 시장에서 남성에 비해 저임금·불안정한 고용 형태인 여성은 국민연금을 통한 노후 소득 보장에 있어 남성에 비해 취약할 수밖에 없다.

실제로 2014년 기준 우리나라의 성별 임금 격차 비율은 37%로 여성이 남성보다 임금을 덜 받고 있음을 확인할 수 있다(〈표 4-14〉 참고). 고용의 안정성을 보여 주는 상용 근로자의 비율을 살펴보면 2016년을 기준으로 남성 임금 근로자 중 상용직 비율은 73.0%, 여성 임금 근로자 중 상용직 비율은 57.9%로 나타나 남성에 비해 고용 안정성이 낮은 것을 알 수 있다(여성가족부, 2017).

더욱이 〈표 8-2〉와 〈표 8-3〉의 결과에서 나타난 것처럼 여성이 남성에 비해서 상대적으로 국민연금 가입 기간이 짧고 국민연금에서 지급받는 급여 액수가 적은 것으로 나타나 노동 시장에서의 불평등한 관계가 국민연금 제도에도 그대로 적용되고 있는 것을 볼 수 있다.

〈표 8-2〉 국민연금 연령별 급여 수급자 현황 (단위: 세, 건)

구분			합계	20세 미만	20~29세	30~39세	40~49세	50~59세	60~64세	65~69세	70~74세	75~79세	80세 이상
계		계	4,440,822	11,039	3,027	10,308	51,826	202,248	1,256,173	1,175,087	907,946	599,319	223,849
		남자	2,582,094	5,666	1,514	3,627	14,455	61,763	770,273	734,838	545,044	334,922	109,992
		여자	1,858,728	5,373	1,513	6,681	37,371	140,485	485,900	440,249	362,902	264,397	113,857
노령	소계	계	3,682,452	0	0	0	0	45,536	1,138,609	1,045,342	737,391	498,081	167,493
		남자	2,468,813	0	0	0	0	31,125	757,079	722,451	533,792	324,857	99,509
		여자	1,213,639	0	0	0	0	14,411	381,530	322,891	253,599	173,224	67,984
	가입기간 20년 이상	소계	333,930	–	–	–	–	645	206,557	124,901	1,825	2	0
		남자	302,895	–	–	–	–	645	185,916	114,648	1,684	2	0
		여자	31,035	–	–	–	–	0	20,641	10,253	141	0	0
	가입기간 10~19년	소계	1,353,411	–	–	–	–	250	600,224	590,490	159,545	2,896	6
		남자	870,175	–	–	–	–	250	344,435	390,648	132,438	2,398	6
		여자	483,236	–	–	–	–	0	255,789	199,842	27,107	498	0
	조기	소계	540,527	–	–	–	–	44,641	318,926	115,473	44,173	17,314	0
		남자	381,154	–	–	–	–	30,230	225,827	81,111	30,862	13,124	0
		여자	159,373	–	–	–	–	14,411	93,099	34,362	13,311	4,190	0
	특례	소계	1,428,773	–	–	–	–	–	331	205,786	578,469	476,934	167,253
		남자	911,637	–	–	–	–	–	215	134,898	368,129	309,035	99,360
		여자	517,136	–	–	–	–	–	116	70,888	210,340	167,899	67,893
	분할	소계	25,811	–	–	–	–	–	12,571	8,692	3,379	935	234
		남자	2,952	–	–	–	–	–	686	1,146	679	298	143
		여자	22,859	–	–	–	–	–	11,885	7,546	2,700	637	91
장애		소계	69,383	0	243	3,698	12,951	26,779	10,041	7,617	5,331	2,230	493
		남자	57,352	0	174	2,624	10,821	23,297	8,139	6,040	4,237	1,689	331
		여자	12,031	0	69	1,074	2,130	3,482	1,902	1,577	1,094	541	162
유족		소계	688,987	11,039	2,784	6,610	38,875	129,933	107,523	122,128	115,224	99,008	55,863
		남자	55,929	5,666	1,340	1,003	3,634	7,341	5,055	6,347	7,015	8,376	10,152
		여자	633,058	5,373	1,444	5,607	35,241	122,592	102,468	115,781	108,209	90,632	45,711

출처: 국민연금공단(2018). 국민연금통계.

〈표 8-3〉 국민연금 급여 규모별 수급자 현황 (단위: 만 원, 건)

구분			계	10미만	10~20	20~30	30~40	40~50	50~60	60~80	80~100	100이상
계		계	4,440,822	29,649	1,094,660	1,226,119	741,084	431,842	260,522	303,734	177,811	175,401
		남자	2,582,094	5,711	479,094	530,880	448,576	306,521	202,173	266,053	170,884	172,202
		여자	1,858,728	23,938	615,566	695,239	292,508	125,321	58,349	37,681	6,927	3,199
노령	소계	소계	3,682,452	29,637	901,395	902,922	615,546	370,356	229,380	282,892	175,443	174,881
		남자	2,468,813	5,706	455,731	498,212	425,644	289,746	192,902	259,832	169,341	171,699
		여자	1,213,639	23,931	445,664	404,710	189,902	80,610	36,478	23,060	6,102	3,182
	가입기간 20년 이상	소계	333,930	11	21	21	341	14,050	34,304	86,572	79,183	119,427
		남자	302,895	8	19	16	174	10,447	23,587	75,570	75,905	117,169
		여자	31,035	3	2	5	167	3,603	10,717	11,002	3,278	2,258
	가입기간 10~19년	소계	1,353,411	53	45,162	422,646	376,290	234,349	119,517	103,206	37,053	15,135
		남자	870,175	40	5,990	182,612	248,093	181,113	104,096	97,134	36,127	14,970
		여자	483,236	13	39,172	240,034	128,197	53,236	15,421	6,072	926	165
	조기	소계	540,527	3	21,308	115,153	105,321	72,170	55,013	76,315	54,927	40,317
		남자	381,154	1	5,247	48,628	65,407	52,638	45,837	70,767	53,069	39,560
		여자	159,373	2	16,061	66,525	39,914	19,532	9,176	5,548	1,858	757
	특례	소계	1,428,773	22,944	824,612	360,336	131,255	48,647	20,056	16,646	4,277	0
		남자	911,637	4,344	443,113	266,744	111,924	45,538	19,375	16,359	4,240	0
		여자	517,136	18,600	381,499	93,592	19,331	3,109	681	287	37	0
	분할	소계	25,811	6,626	10,292	4,766	2,339	1,140	490	153	3	2
		남자	2,952	1,313	1,362	212	46	10	7	2	0	0
		여자	22,859	5,313	8,930	4,554	2,293	1,130	483	151	3	2
장애		소계	69,383	6	77	9,362	23,484	18,177	9,786	6,379	1,592	520
		남자	57,352	4	49	6,215	18,483	15,604	8,921	6,035	1,538	503
		여자	12,031	2	28	3,147	5,001	2,573	865	344	54	17
유족		소계	688,987	6	193,188	313,835	102,054	43,309	21,356	14,463	776	0
		남자	55,929	1	23,314	26,453	4,449	1,171	350	186	5	0
		여자	633,058	5	169,874	287,382	97,605	42,138	21,006	14,277	771	0

출처: 국민연금공단(2018). 국민연금통계.

• 출산 크레딧

2007년도에 도입된 출산 크레딧은 2자녀 이상 출산 시 가입 기간을 추가로 인정하는 제도로 2자녀일 때 12개월, 3자녀 30개월, 4자녀 48개월, 5자녀 이상은 50개월의 가입 기간을 추가로 인정해 준다. 출산 크레딧은 남성에 비해 노동 시장 이력이 짧은 여성의 연금 가입 기간을 확대함으로써 여성의 개별 연금 수급권 확보에 긍정적으로 작용할 수 있는 잠재력이 있다. 그러나 출산 크레딧은 출산율 제고에 기여할 수 있는 2명의 자녀가 있는 가입자만을 대상으로 하고 있어, 돌봄 노동에 대한 사회적 인정이나 여성의 연금권 보장보다 출산율 제고를 일차적 목표로 하고 있음을 알 수 있다(유경미 외, 2013).

2) 건강보험제도

건강보험제도는 국민의 질병·부상에 대한 예방·진단·치료·재활과 출산·사망 및 건강 증진에 대하여 보험 급여를 실시함으로써 국민 보건을 향상시키고 사회 보장을 증진시킨다. 질병이나 부상으로 인해 발생한 고액의 진료비로 가계에 과도한 부담이 되는 것을 방지하기 위하여, 국민들이 평소에 보험료를 나고 보험자인 국민건강보험공단이 이를 관리·운영하다가 필요시 보험 급여를 제공함으로써 국딘 상호간 위험을 분담하고 필요한 의료 서비스를 받을 수 있도록 하는 사회 보장 제도이다.

1963년 「의료보험법」이 제정되었지만 임의 적용 방식으로서 유명무실하다가 1970년에 강제 적용으로 하는 「의료보험법」을 개정하였다. 그러나 시행령이 마련되지 못하면서 실제적인 적용이 이루어지지 못하고 있었다. 1977년 7월 1일부터 500인 이상 사업장을 대상으로 하는 강제 적용의 의료 보험 이후 본격적인 의료 보험 제도가 시행되었으며, 1989년이 되어서 전 국민을 대상으로 하는 의료 보험이 시행되었다. 1997년 「국민의료법」이 제정되고 1998년에 「국민의료법」에 의한 국민의료보험관리공단이 출범하면서 조합주의 방식의 의료 보험 제도가 통합주의 방식으로 바뀌게 되면서, 공무원·사립학교 교직원 의료보험공단, 지역 의료 보험 등 조합별로 관리되었던 의료 보험이 통합 관리 되었다. 1999년 「국민건강보험법」이 통과되면서 2000년부터는 직장 조합까지 통합하여 국민건강보험관리공단에서 관리하게 됨으로써 전 국민이 단일 보험자에 의해 의료 보험 적용을 받게 되었다. 건강 보험의 적용 범위가 하향적 보편주의를 지향하는 발전을 해 왔음에도 불구하고, 발전 과정에서 제도 적용 계층과 미적용 계층 간의 불평등이 여성에게 그대로 나타났다. 저임금, 소규모 사업장, 비공식 부문에 많이 분포되어 있는 여성 취업의 특성은 피보험자라는 측면에서 볼 때 남성에 비해 여성이 오랫동안 의료 보험 제도의 소외 계층으로 머물게 했다. 현재는 전 국민에게 그 적용이 확대됨으로써 적용 계층이라는 면에서의 불평등 문제는 해결되었다(김인숙 외, 2000).

(1) 건강보험제도의 대상과 젠더

건강보험제도는 직장 가입자와 지역 가입자로 적용 대상을 구분하는데, 직장 가입자는 사업장의 근로자 및 사용자와 공무원 및 교직원, 그리고 그 피부양자로 구성되고 지역 가입자는 직장 가입자를 제외한 자를 대상으로 한다. 건강 보험 대상자 중 피부양자는 직장 가입자에 의하여 주로 생계를 유지하는 자로서 보수 또는 소득이 없는 자를 의미하며, 직장 가입자의 배우자, 직계 존속(배우자의 직계 존속 포함), 직계 비속(배우자의 직계 비속 포함) 및 그 배우자, 형제·자매를 포함한다.

〈표 8-4〉에서 성별에 따른 건강 보험 가입자를 살펴보면, 직장 가입자와 지역 가입자 모두 여성이 남성에 비해 피부양자의 비율이 높은 것으로 나타나 경제적으로 남성 생계 부양자에 의해 부양을 받는 여성의 비율이 높은 것을 알 수 있다. 이처럼 여성은 대체로 피부양자 자격으로 제도에 편입되어 건강보험제도는 가입 및 수혜의 측면에서 본다면 보험료에 대한 추가적인 부담 없이 동등한 급여 이용을 할 수 있었기 때문에 젠더 불평등이 크게 다루어지지 않았다.

〈표 8-4〉 성별에 따른 건강 보험 가입자 (단위: 명)

구분	직장 가입자		지역 가입자		합계
	가입자	피부양자	세대	가입자	
남성	9,843,499	8,564,132	5,109,689	7,090,941	25,498,572
여성	6,494,025	11,773,083	2,555,367	6,997,603	25,264,711
합계	16,337,524	20,337,215	7,665,056	14,088,544	50,763,283

출처: 국민건강보험공단(2016). 국민건강보험 통계 DB.

(2) 건강보험제도의 급여와 젠더

건강보험제도는 가입자 및 피부양자의 질병과 부상에 대한 예방, 진단, 치료, 재활, 출산, 사망 및 건강 증진을 위해서 요양 급여와 요양비, 건강 검진, 장애인 보장구 급여비와 부가 급여로 임신·출산 진료비 지원 제도를 실시하고 있다.

요양 급여는 가입자와 피부양자의 질병, 부상, 출산 등에 대하여 진찰·검사, 약제·치료 재료의 지급, 처치·수술 및 그 밖의 치료, 예방·재활, 입원, 간호, 이송에 대한 의료 서비스를 실시한다.

요양비는 가입자나 피부양자가 긴급하거나 부득이한 사유로 요양 기관과 비슷한 기능을 하는 기관에서 질병·부상·출산 등에 대하여 요양을 받거나 요양 기관이 아닌 장소에서 출산한 경우에 요양 급여에 상당하는 금액을 가입자나 피부양자에게 지급한다.

건강 검진은 가입자와 피부양자에 대하여 질병의 조기 발견과 조기 발견에 따른 요양 급여를 지급하기 위하여 일반 건강 검진, 암 검진, 생애 전환기 건강 진단, 영유아기 건강 검진, 학교 밖 청소년 건강 검진 등의 급여를 실시한다.

장애인 보장구 급여비는 「장애인복지법」에 의해 등록된 장애인인 가입자 및 피부양자가 보장구를 구입할 경우에 구입 금액의 일부를 현금 급여로 지급하는 것이다.

마지막으로 건강보험제도의 부가 급여인 장제비, 상병 수당, 임신·출산 진료비 지원 제도 중에서 현재는 임신·출산 진료비 지원 제도만이 시행 중이다. 임신·출산 진료비는 가입자 및 피부양자 중 임산부의 임신·출산 진료비의 본인 부담금 중 일부 진료비를 전자바우처 방식인 고운맘 카드로 지원한다.

국민건강보험 통계 DB에 나타난 성별에 따른 건강 보험 급여 실적을 살펴보면 요양 기관 내원 일수, 급여 일수, 진료비, 급여비 모두 여성이 남성보다 많은 것으로 나타나 요양 급여가 여성에게 더 많이 지급된 것으로 나타난다.

〈표 8-5〉 성별에 따른 요양 급여 실적 (단위: 일, 천 원, 명)

구분	내원 일수	급여 일수	진료비	급여비
남자	438,248,143	3,706,536,260	30,039,733,384	22,587,721,853
여자	590,665,308	4,450,027,658	35,144,702,242	26,143,503,611
계	1,028,913,451	8,156,563,918	65,184,435,625	48,731,225,464

출처: 국민건강보험공단(2016). 국민건강보험 통계 DB.

건강보험제도의 급여는 가입자와 피부양자에게 동등한 급여를 제공하고 있으나, 건강 검진에 있어서는 가입자와 피부양자에게 차별적으로 제도를 적용하고 있다. 예를 들면 일반 건강 검진의 경우 지역 가입자는 세대원에게 2년에 1회, 직장 가입자는 사무직의 경우 2년에 1회, 비사무직의 경우 매년 받도록 한다. 그러나 직장 피부양자와 지역 가입자 세대원은 만 40세 이상의 세대원에 대해서만 2년에 1회 건강 검진 서비스를 제공하고 있어, 만 40세 이전에는 건강 검진 급여를 제공받을 수 없다. 〈표 8-4〉에서 살펴본 바와 같이 여성은 남성에 비해 피부양자 및 지역 가입자 세대원에 속할 가능성이 높아 남성에 비해 만 40세 이전에 건강 검진 급여에서 누락될 가능성이 높다.

3) 산업재해보상보험제도

산업재해보상보험제도는 업무상의 사유에 따른 근로자의 부상, 질병, 장해 또는 사망한 경우에 근로자 본인의 치료나 부양 가족의 생계를 보장하기 위한 제도이다. 산업재해보상보험제도(이하 산재보험제도)는 근로자의 업무상 재해를 신속하고 공정하게 보상하며, 재해 근로자의 재활 및 사회 복귀를 촉진하기 위하여 이에 필요한 보험 시설을 설치·운영하고, 재해 예방과 그 밖에 근로자의 복지 증진을 위한 사업을 시행하여 근로자 보호에 이바지하는 것을 목적으로 하고 있다. 「산재보험법」 제정 이전에는 근로자의 업무상 재해는 「근로기준법」에 근거하였으나 실질적으로 근로자를 보호할 수 있는 대책이 필요하여 1963년 11월에 「산재보험법」이 제정되었다. 「산재보험법」은 광업과 제조업 500인 이상의 사업장에서 우선 실시되었지만 대상 사업체의 수가 적었고 몇 차례의 법 개정을 통해 확대되다가, 1999년 12월에 법 개정으로 2000년에 들어와서는 1인 이상 사업장으로 적용 범위가 확대되었다. 2008년에는 특수 형태 근로 종사자인 학습지 교사, 골프장 캐디, 보험 설계사, 콘크리트 믹서 트럭 기사 등의 4개 직종에 대해 산재보험제도의 적용을 확대하였으며 2012년에는 택배 기사 및 퀵 서비스 기사에 대한 특수 형태 근로 종사자 가입 확대가 이루어졌다.

(1) 산업재해보상보험제도의 대상과 젠더

산재 보험은 다른 사회 보험과 달리 사업장 중심의 관리가 이루어지면서 근로자를 사용하는 모든 사업이 적용 대상이 되며, 적용 제외 사업을 제외한 근로자를 1인 이상 사용하는 모든 사업 또는 사업장은 당연 가입 대상이 된다. 당연 가입 대상 사업이 아닌 사업은 사업주가 근로복지공단의 승인을 얻어 보험에 가입할 수 있다.

산재 보험은 특례 제도를 통해 대상자 범위를 확대하고 있으나, 여전히 특수 형태 근로 종사자이면서 산재 보험의 적용을 받지 못하는 업종의 종사자가 상당수 존재한다. 또한 특수 형태 근로 종사자는 산재 보험의 적용 제외를 신청할 수 있어 산재 보험의 탈퇴가 가능하게 함으로써 실제로 해당 취업자의 80% 이상이 적용 제외를 신청하여 실적용률은 9%에 못 미치는 실효성이 상당히 떨어지는 제도로 남게 되었다(윤조덕, 2012).

(2) 산업재해보상보험제도의 급여와 젠더

산업재해보상보험제도의 급여는 산업 재해가 발생하였을 때 요양 급여, 휴업 급여, 장해 급여, 간병 급여, 직업 재활 급여, 유족 급여, 상병 보상 연금, 장의비, 특별 급여가 지급된다.

요양 급여는 업무상 사고나 질병을 얻게 된 근로자에게 필요한 의료 서비스를 제공하는 것으로 3일 이내의 요양으로 치유될 수 있을 때에는 지급하지 않는다. 휴업 급여는 업무상 사유에 의해 부상 및 질병에 걸린 근로자에게 요양으로 인해 취업하지 못하는 기간에 대해 지급하는 소득 보장의 급여로 평균 임금의 70%를 지급한다. 장해 급여는 근로자가 업무상의 사유에 의해 부상이나 질병에 걸려 치유 후 신체 등에 장해가 있는 경우에 장애 등급(1~14급)에 따라 장해 보상 연금이나 장애 보상 일시금의 형태로 실시한다.

간병 급여는 요양 급여를 받은 근로자가 치유 후 의학적으로 상시 혹은 수시로 간병이 필요하여 실제로 간병을 받는 사람에게 지급하며, 유족 급여는 근로자가 업무상의 사유에 의해 사망한 경우에 유족에게 지급한다. 상병 보상 연금은 요양 급여를 받은 근로자가 요양개시 후 2년이 경과된 날 이후에 부상이나 질병이 치유되지 않거나, 부상이나 질병으로 인한 폐질 정도가 심각하거나 요양으로 인해 취업하지 못하였을 때 휴업 급여 대신에 상병 보상 연금을 폐질 등급에 따라 제공한다. 장의비는 근로자가 업무상의 사유에 의해 사망한 경우에 평균 임금의 120일분에 해당하는 금액을 장제를 행하는 사람에게 지급한다.

성별에 따른 산업 재해 현황을 산업별로 살펴보면, 기타 산업으로 분류된 산업에서 여성의 산업 재해 발생은 전체 산업 재해 중 약 73%를 차지하는 것으로 나타났다. 기타의 산업에는 보건 및 사회 복지 사업, 교육 서비스업, 도소매, 수리 서비스업, 위생 및 유사 서비스업, 건물 등 종합 관리 사업 등이 해당되며, 이중 특히 보건 및 사회 복지 사업, 교육 서비스업에서 여성의 직업병 발생 비중이 압도적으로 높음을 확인할 수 있다. 여성 근로자가 집중되어 있는 보건 및 사회 복지 사업, 교육 서비스업, 음식 및 숙박업 등의 업종에서는 여성의 산재 발생이 상대적으로 높았는데, 기존의 해당 업종에 대한 사례 연구 결과, 많은 여성 근로자들은 업무의 과정에서 일어나는 감정 노동, 돌봄 노동으로 인한 근골격계 증상, 심리적 스트레스 등에 대해 개인 비용으로 치료를 감당하고 있었다. 남성과 동일한 산업에 종사하더라도 여성과 남성의 고유한 업무 내용에 차이가 존재하며, 특히 기혼 여성의 경우 상대적으로 가사 노동 부담이 크다는 점, 여성의 경우 특히 작업 환경 내에서 권위나 결정권의 부재, 사회·심리적인 요인 등의 영향에서 남성과 차이가 난다는 점 등은 현재의 산재 판정 체계가 포괄하지 못하는 부분이라고 할 수 있다. 이러한 점에 대해 여성과 일, 여성이 일하는 작업 환경 등에 대한 보다 심층적인 분석이 이루어질 필요가 있다(박우진 외, 2011; 홍승아 외, 2013, 재인용).

〈표 8-6〉 2015 성별 산업 재해 현황(2015년) (단위: 건, %)

성별 \ 산업	총 계	광업	제조업	건설업	전기가스·수도업	운수·창고·통신업	임·농·어업	금융·보험업	기 타
총 계	99,129 (100.00%)	1,469 (1.63%)	27,011 (29.97%)	23,132 (27.88%)	98 (0.11%)	4,059 (4.50%)	2,331 (2.57%)	295 (0.33%)	29,734 (32.99%)
남	72,059 (79.95%)	1,450	23,450	24,600	87	3,784	2,026	207	16,455
여	18,070 (20.05%)	19	3,561	532	11	275	305	88	13,279

출처: 고용노동부(2016). 2015년도 산업 재해 현황 분석.

4) 고용보험제도

고용 보험이란 근로자가 실직했을 경우 근로자 및 그의 가족 생활의 안정과 재취업을 촉진시키는 사회보험제도로서, 실직 근로자에게 실업 수당을 지급하는 전통적 의미의 실업 급여와 재취업, 직업 안정 등을 촉진하기 위한 고용 안정 사업, 직업 능력 개발 사업 등을 하나의 제도적 틀 속에서 상호 연계하여 실시하는 사회보험제도이다. 우리나라에서는 1995년부터 시행되었으며, 1998년 2월에 「고용보험법」을 개정하면서 적용 범위의 확대, 급여 수급 조건의 완화, 급여 수준의 상향 조정 및 최저 수급 기간 연장 등 실직자에 대한 소득 보장 기능을 강화하였다.

(1) 고용보험제도의 대상과 젠더

고용 보험은 1인 이상의 근로자를 고용하는 사업 및 사업장을 대상으로 하며, 사업주와 근로자 모두가 보험 가입자가 된다. 고용 보험은 적용 대상에 따라 일반적인 당연 적용 사업과 임의 가입 사업으로 구분하는데, 근로자를 고용하는 모든 사업 또는 사업장의 사업주는 원칙적으로 고용 보험 당연 가입 대상이 된다. 반면에 사업의 규모 등으로 「고용보험법」의 당연 가입 대상 사업이 아닌 사업의 경우 근로복지공단의 승인을 얻어 보험에 가입할 수 있다.

고용보험제도는 생애 과정 전반에 걸쳐 유급 노동 시장에 안정적으로 고용된 전형적 노동자를 중심으로 설계되는 경향이 있음을 보여 준다. 여성은 남성과 달리 생애 과정 전체에서 지속적으로 유급 노동에 참여하지 않으며, 유급 노동에 참여한다고 해도 시간제, 임시직 등 불안정한 지위를 차지하는데, 고용 보험의 자격 기준은 정규직 전일제 직업을 전제하는 경향이 있다. 특히 여성 비정규직과 임시직의 높은 비중은 한국의 고용보험제도가 가지고 있는 폭넓은 사각지대의 원인으로 지목되어 왔다. 여성 근로자의 고용 보험 가입률이 지속적으로 증가해 왔지만, 영세 사업장 및 고용 불안정성이 극도로 높은 임시, 일용직, 무급 가족 종사자 등에서 여성의 높은 분포는 여전히 고용 보험에 대한 여성의 접근성을 낮추는 요인이 되고 있다(홍승아 외, 2013). 산업 규모별 고용 보험 피보험자 현황을 살펴보면, 여성 가입자는 남성 가입자에 비해 소규모의 사업장에서 근로하고 있으며 규모가 큰 사업장일수록 여성 가입자의 비율이 남성 가입자에 비해 낮은 것을 볼 수 있다.

〈표 8-7〉 산업 규모별 고용 보험 피보험자 현황(2017년) (단위: 명)

구분	남자	여자	전체
5인 미만	1,080,788	989,441	2,070,229
5~9인	756,294	651,118	1,407,412
10~29인	1,181,851	997,904	2,179,755
30~49인	528,674	384,867	913,541
50~69인	320,095	226,638	546,733
70~99인	363,973	240,260	604,233
100~149인	381,724	235,148	616,872
150~299인	656,479	382,895	1,039,374
300~499인	377,062	213,966	591,028
500~999인	443,024	265,307	708,331
1000인 이상	1,439,060	832,237	2,271,297
전체	7,529,024	5,419,781	12,948,805

출처: 고용노동부(2017). 고용 보험 통계.

(2) 고용보험제도의 급여와 젠더

고용보험제도는 고용 안정 사업 및 직업 능력 개발 사업과 실업 급여, 육아휴직 급여와 출산 전후 휴가 급여[3]가 있다.

---

3) 육아휴직 급여와 출산 전후 휴가 급여는 '3. 여성복지 서비스 정책' 부분을 참고하세요.

고용보험제도에서는 피보험자 및 피보험자였던 자, 취업할 의사를 가진 자에 대한 실업의 예방, 취업의 촉진, 고용 기회의 확대, 직업 능력 개발·향상의 기회 제공 및 지원, 고용 안정과 사업주에 대한 인력 확보를 지원하기 위해 고용 안정 사업 및 직업 능력 개발 사업을 실시한다. 실업 급여는 근로자가 실직하였을 경우 일정 기간 동안 실직자와 그 가족의 생활 안정, 원활한 구직 활동을 위해 급여를 지급하는 사업으로, 구직 급여와 취업 촉진 수당이 있다. 구직 급여는 실직 전 18개월 동안에 피보험 단위 기간이 180일 이상인 사람이 개인 사정으로 이직하거나 본인의 중대한 잘못으로 해고되지 않은 경우 근로의 의사와 능력을 가지고 적극적으로 재취업 활동을 할 것을 전제로 지급된다. 구직 급여의 급여 수준은 실직 전 평균 임금의 50%를 지급하며, 구직 급여를 받을 수 있는 기간은 연령과 보험에 가입한 기간에 따라 최소 90일부터 최대 240일까지 받을 수 있다. 취업 촉진 수당은 구직 급여와는 별도로 실업자들이 좀 더 빨리 재취업할 수 있도록 유인하기 위한 추가 급여의 성격을 가지고 있으며 조기 재취업 수당, 직업 능력 개발 수당, 광역 구직 활동비, 이주비 등이 포함되어 있다.

일반적으로 고용보험제도에서 실업 급여는 급여 자격 부여에 있어 근로자의 가족 내 지위와 책임을 고려하지 않고 있어 여성에게 더 불리하게 작용할 수 있다. 일반적으로 남성은 실직을 하는데 비해 여성은 이직을 하는 경향이 있다. 즉 남성이 고용 계약이나 기업의 경영상 이유로 일자리를 잃어버릴 가능성이 높은데 비해 여성은 출산·육아·가족 돌봄 등을 이유로 일자리를 떠날 가능성이 높다는 것이다. 일반적으로 전자는 '비자발적 실업', 후자는 '자발적 실업'으로 정의되고, 자발적 실업은 수급 자격을 엄격히 제한받게 된다. 수급 자격을 제한하는 '자발적 실업'이 특히 여성의 수급권에 부정적 영향을 미친다. '자발적 실업'의 사유로 일반적으로 언급되는 출산·양육·가족 돌봄뿐 아니라 가정 폭력의 문제가 있는데 가정 폭력 피해자들은 배우자의 학대로 인해 지각, 결근, 조기 퇴근 등 직장 생활을 지속하기 어려운 상황에 놓일 뿐 아니라 직장에서조차 배우자의 폭력에 시달리는 등 극단적인 상황에 내몰리기도 하는데, 이로 인한 실업도 '자발적 실업'에 해당되어 급여 자격이 부여되지 않는다. 특히 여성들은 자녀나 가족 돌봄 때문에 시간제 일자리를 선택할 수밖에 없는 경우가 많은데도 실업 급여 규칙은 이를 고려하지 못하는 측면이 있다(Mitchell, 2010; 홍승아 외, 2013, 재인용).

현재 우리나라 고용보험제도 내의 실업 급여 수급 사유는 크게 비자발적 사유와 자발적 사유로 구분되는데 고용 보험은 원칙적으로 자발적 사유에 의한 이직을 실업 급여 수급 사유로 인정하지 않고 있으나 자발적 사유라 할지라도 불가피한 상황일 경우 수급 자격을 제한하지 않으며, 정당한 자발적 사유 인정 범위의 증가로 2000년대 들어 자발적 사유의 비중이 증가하고 있다. 「고용보험법」 시행 규칙 제101조 제2항 별표2에 따르면 수급 자격이 제한되지 않는 정당한 이직 사유로 부모나 동거 친족의 질병·부상 등으로 30일 이상 본인이 간호해야 하는 기간에 기업의 사정상 휴가나 휴직이 허용되지 않아 이직하는 경우와 임신, 출산, 만 8세 이하 또는 초등학교 2학년 이하의 자녀의 육아, 「병역법」에 따른 의무 복무 등으로 업무를 계속적으로 수행하기 어려운 경우로서 사업주가 휴가나 휴직을 허용하지 않아 이직한 경우 등을 포함하고 있어 여성이 실업에 이르는 경로의 특성을 구직 급여의 수급 요건으로 반영하고 있음을 알 수 있다.

〈표 8-8〉 연도별 실업 급여 지급자 수 (단위: 명)

구분	2013	2014	2015	2016	2017
남	626,263	642,342	649,714	645,148	629,013
여	583,764	610,335	622,756	633,685	644,278
합계	1,210,027	1,252,677	1,272,470	1,278,833	1,273,291

출처: 고용노동부(2017). 고용 보험 통계(각 연도).

5) 장기요양보험제도

인구 구조의 급속한 고령화로의 진전과 함께 핵가족화, 여성의 경제 활동 참여가 증가하면서 가족의 책임으로 인식되던 장기요양 문제가 더 이상 개인이나 가족의 부담에 머물지 않고 노화 등에 따라 거동이 불편한 사람에 대하여 신체 활동이나 일상 가사 활동을 지속적으로 지원해 주는 문제가 사회적 이슈로 부각되었다. 이에 따라 2001년 고령화 시대에 대비하는 노인 요양 보장 제도의 도입이 발표되었으며 시범 사업과 정부 입법 추진을 거쳐 2007년에 「노인장기요양보험법」이 제정되어 2008년부터 시행되었다. 장기요양보험제도는 고령이나 노인성 질병 등으로 일상생활을 혼자서 수행하기 어려운 이들에게 신체 활동 및 일상생활 지원 등의 서비스를 제공하여 노후 생활의 안정과 그 가족의 부담을 덜어주기 위한 사회보험제도로 2014년 노인 장기요양 등급에 치매 특별 등급인 5등급이 신설되어 실시되고 있다.

(1) 장기요양보험제도의 대상과 젠더

장기요양보험제도의 신청 대상은 소득 수준과 상관없이 장기요양보험 가입자(국민건강보험 가입자와 동일)와 피부양자, 의료 급여 수급권자로서 65세 이상 노인과 65세 미만의 노인성 질병이 있는 자이다. 서비스 이용을 받기 위해서는 장기요양 인정을 받아야 하는데, 장기요양 인정을 신청하면 국민건강보험공단 직원(소정의 교육을 이수한 간호사, 사회 복지사 등)이 신청인 거주지에 방문 조사를 나오게 된다. 방문 조사에서는 장기요양 인정 조사표에 따라 신청인의 심신 상태를 나타내는 신체 기능, 인지 기능, 행동 변화, 간호 처치, 자활 등의 영역을 조사하고, 조사 결과와 의사 소견서 등을 토대로 등급 판정 위원회에서 장기요양이 필요한 상태인지에 대해 심의하여 장기요양 등급을 1등급에서 5등급으로 판정하여 급여를 제공한다.

(2) 장기요양보험제도의 급여와 젠더

장기요양보험제도의 급여에는 재가 급여와 시설 급여, 특별 현금 급여가 있다.

재가 급여에는 방문 요양, 방문 목욕, 방문 간호, 주·야간 보호, 단기 보호 등이 있다. 방문 요양 급여는 장기요양 요원이 수급자의 가정 등을 방문하여 신체 활동 및 가사 활동 등을 지원하는 장기요양 급여이며, 방문 목욕은 장기요양 요원이 목욕 설비를 갖춘 차량을 이용해 수급자의 가정을 방문하여 목욕을 제공하는 급여이다. 방문 간호는 의사, 한의사 또는 치과 의사의 지시에 따라 간호사, 간호조무사 또는 치위생사가 수급자의 가정 등을 방문하여 간호, 진료의 보조, 요양에 관한 상담 또는 구강 위생 등을 제공하는 급여이다. 주·야간 보호는 수급자를 하루 중 일정한 시간 동안 장기요양 기관에 보호하여 목욕, 식사, 기본 간호, 치매 관리, 응급 서비스 등 심신 기능의 유지, 향상을 위한 교육, 훈련 등을 제공한다. 단기 보호는 수급자를 월 15일 이내 기간 동안 장기요양 기관에 보호하여 신체 활동 지원 및 심신 기능의 유지, 향상을 위한 교육, 훈련 등을 제공한다. 기타 재가 급여는 수급자의 일상생활 또는 신체 활동 지원에 필요한 휠체어, 전동·수동 침대, 욕창 방지 매트리스·방석, 욕조용 리프트, 이동 욕조, 보행기 등 용구를 제공·대여하거나 가정을 방문하여 재활에 관한 지원 등을 제공한다.

시설 급여는 치매·중풍 등 노인성 질환 등으로 심신에 상당한 장애가 발생하여 도움을 필요로 하는 자를 노인요양 시설 등에 입소하여 급식, 요양과 신체 활동 지원 및 심신 기능의 유지·향상을 위한 교육 훈련 등을 제공한다.

특별 현금 급여에는 가족 요양비, 특례 요양비, 요양 병원 간병비가 있으며 현재는 가족 요양비만 실시하고 있다. 가족 요양비는 수급자가 섬·벽지에 거주하거나 천재지변, 신체·정신 또는 성격 등의 사유로 장기요양 급여를 지정된 시설에서 받지 못하고 가족 등으로부터 방문 요양에 상당하는 장기요양 급여를 받을 때 지급하는 현금 급여이다.

장기요양보험제도를 통한 노인 요양에 대해 원칙적으로 가족에 의한 요양은 비용 보상의 대상이 아니다.[4] 장기요양보험제도 대상은 2018년 3월 기준으로 신청자는 94만 104명이며 이중에서 60만 3,814명이 장기요양보험제도에서 장기요양 등급을 인정받아 서비스를 제공받고 있다. 장기요양 등급 인정을 받지 못한 경우 장기요양이 제도가 아닌 가족 내에서 돌봄이 이루어지며, 장기요양 등급을 인정받아 서비스를 제공받는 경우에도 등급별 한도액이 정해져 있어 가족에서의 돌봄이 일부 필요한 상황이다.

이렇게 노인 요양에 대한 돌봄 노동은 대부분의 경우 가족 내 여성 가구원에 의해서 무급으로 제공되며 이에 대한 지원은 받지 못하게 된다. 따라서 국민연금에서 노인 요양에 대한 돌봄 노동 제공 기간을 국민연금 가입 기간으로 인정하여 추가 산입할 수 있는 방안을 모색해 볼 필요가 있다. 이는 현재 국민연금에서는 출산 크레딧을 통해 아동의 출산 및 돌봄을 보험 가입 기간으로 산입하는 방법에 상응하는 배려이다. 저출산의 사회에서 자녀 양육에 대한 사회적 배려가 필요한 것과 마찬가지로 고령화 사회에서 공식·비공식 돌봄자들에 대한 배려와 지원이 이루어져야 한다(전광석, 2013; 전영애, 2013).

2. 공공부조제도와 젠더

공공 부조는 국가와 지방자치단체의 책임 아래 생활 유지 능력이 없거나 생활이 어려운 국민의 최저 생활을 보장하고 자립을 지원하는 제도이다. 공공 부조는 자산 조사를 통해 선별적으로 대상을 선정하며 재원은 일반 예산을 통해서 서비스를 제공한다. 우리나라는 1961년 「생활보호법」이 제정되고 1968년에 「자활지도에 관한 임시조치법」이 제정되어 근로 능력이 있는 영세민에 대한 취로 사업을 추진하였다.

4) 가족 요양비가 급여로 제공되고 있으나, 가족으로부터 장기요양을 받는 모든 경우에 급여를 지급하는 것이 아니라 특수한 상황(도서·산간 지역 거주, 천재지변, 신체·정신·성격 등의 사유 등)에서만 지급하고 있다.

1997년 경제 위기 이후 실업률 상승, 빈곤율 증가 등의 사회·경제적 환경 변화에 따라 1999년 9월 7일에 구 「생활보호법」을 대체할 법률로 「국민기초생활보장법」이 제정되어 2000년 10월 1일부터 시행되었다. 「생활보호법」이 국민기초생활보장 제도로 변경되면서 저소득층에 대한 국가 책임이 강화됨과 동시에 공공부조제도가 본격적으로 사회 보장 제도의 한 축을 담당하게 되었다. 국가의 보호를 필요로 하는 최저 생계비 이하의 저소득층에 대한 기초 생활을 국가가 보장하며 종합적 자립·자활 서비스의 제공으로 생산적 복지를 구현하게 되었다. 그리고 2015년 7월 1일부터 그간 최저 생계비 이하의 가구에 대해 모든 급여를 통합하여 지원하던 방식에서 상대 빈곤선을 도입하고, 급여별 선정 기준을 다층화하였다. 그동안 통합 급여로 지원하였던 것을 지원 대상자의 가구 여건에 맞게 생계 급여, 의료 급여, 주거 급여, 교육 급여 등 각 급여별로 선정 기준을 세분화하여 대상자를 선정하여 급여를 실시하고 있다.

1) 국민기초생활보장 제도

(1) 국민기초생활보장 제도의 대상과 젠더

국민기초생활보장 제도는 생활이 어려운 사람에게 필요한 급여를 실시하여 이들의 최저 생활을 보장하고 자활을 돕는 것을 목적으로 하고 있다. 근로 능력 여부·연령 등에 관계없이 국가의 보장을 필요로 하는 급여 종류별 최저 보장 수준 이하의 모든 가구를 대상으로 하고 있다. 선정 기준은 소득 인정액 기준과 부양 의무자 기준에 따르고 있는데, 소득 인정액은 소득 평가액과 재산의 소득 환산액으로 결정되며, 부양 의무자는 사망한 1촌의 직계 혈족의 배우자를 제외한 수급권자의 1촌의 직계 혈족 및 배우자가 된다. 소득 평가액은 실제 소득과 가구 특성별 지출 비용, 근로 소득 공제로 계산되며, 재산의 소득 환산액은 일반·금융 재산의 종류별 가액, 기본 재산액, 부채, 자동차 재산 가액, 재산의 종류별 소득 환산율로 결정된다. 소득 평가액과 재산의 소득 환산액을 더한 금액이 기준 중위 소득

30% 이하이면 생계 급여 대상이 되며, 기준 중위 소득 40% 이하는 의료 급여 대상, 기준 중위 소득이 43% 이하는 주거 급여 대상, 기준 중위 소득 50% 이하는 교육 급여 대상이 된다. 부양 의무자는 부양 의무자 유무와 부양 능력, 실제 부양 여부를 통해 부양 능력을 판정하며, 부양 의무자의 부양 능력이 없거나 부양 능력이 미약할 경우 수급자로 보장이 결정된다. 이러한 부양 의무자 기준은 생계 급여, 주거 급여, 의료 급여 대상 선정 시에는 적용이 되지만 교육 급여의 경우에는 부양 의무자 조건과 무관하게 소득 인정액의 기준만을 가지고 대상이 결정된다. 성별에 따른 생애 주기별 수급자 비율을 살펴보면, 남성은 중년기 수급자와 청소년기 수급자의 비율이 높은 것으로 나타났으나 여성은 노년기와 중년기의 수급자 비율이 높은 것으로 나타났다.

〈표 8-9〉 국민기초생활보장 성별·생애 주기별 수급자 비율(2016년) (단위: %)

구분	생애 주기별 수급자 현황		남성		여성	
	수급자 비율	총 인구수 대비 수급자 비율	수급자 비율	총 인구수 대비 수급자 비율	수급자 비율	총 인구수 대비 수급자 비율
합계	100.0	3.0	100.0	2.7	100.0	3.2
영유아기 (0~5세)	1.9	1.1	2.1	1.1	1.7	1.1
학령기 (6~11세)	7.3	4.0	8.2	4.0	6.5	4.1
청소년기 (12~19세)	19.3	6.5	21.5	6.3	17.5	6.7
청년기 (20~39세)	10.1	1.1	9.9	0.9	10.2	1.2
중년기 (40~64세)	34.1	2.6	38.7	2.6	30.3	2.5
노년기 (65세 이상)	27.3	6.0	19.6	4.6	33.8	7.0

출처: 보건복지부(2017). 2016년 국민기초생활보장 수급자 현황.

국민기초생활보장 제도의 도입으로 근로 능력자의 기초 생활도 보장하게 되면서 근로 능력이 있는 저소득층은 스스로 자활할 수 있도록 자활 능력 배양, 기능 습득 지원 및 근로 기회를 제공하기 위해 자활사업을 통한 자활 급여를 실시하고 있다. 자활사업은 자활 공동체, 자활 근로, 취업 성공 패키지, 생업 자금 지원 등을 포함하고 있으며, 자활사업의 대상은 첫째, 자활사업 참여를 의무 조건으로 생계 급여를 지급받는 조건부 수급자, 둘째 근로 능력이 있으나 가구 여건, 환경 적응, 근로 참여 등으로 조건 부과가 제외된 자 중에서 자활사업 참여를 희망하는 일반 수급자, 셋째, 의료 급여 특례, 교육 급여 특례를 지원받는 가구의 가구원 중에서 근로 능력이 있어서 자활사업 참여를 희망하는 가구원, 넷째, 수급자가 자활 근로, 자활 공동체, 성과 관리형 자활 시범 사업 등의 자활사업에 참가하여 발생한 소득으로 인해 소득 인정액이 선정 기준을 초과한 자활 급여 특례자, 다지막으로 근로 능력이 있는 차상위 계층자 등이 있다.

2016년 12월을 기준으로 전체 자활사업 대상자 수는 155만 1,707명으로 집계되었으며 이중 국민기초생활보장 수급자가 153만 9,622명으로 비중이 높았으며, 차상위 계층이 1만 2,085명인 것으로 나타났다. 또한 근로 능력이 없는 국민기초생활보장 수급자가 자활사업 대상자로 선정된 사람은 102만 2,001명이며, 반면 근로 능력자는 51만 7,621명으로 낮은 수치를 보이고 있다(보건복지부, 2017). 자활사업 대상자 수를 성별로 비교해 보면, 여성(55%)의 비율이 남성(45%)에 비해 다소 높은 것으로 나타났다.

〈표 8-10〉 성별 자활사업 대상자 수(2016년 12월 기준) (단위: 명)

	남자	여자	계
대상자 수	703,497	848,210	1,551,707

출처: 보건복지부(2017). 통계로 보는 사회 보장 2017.

(2) 국민기초생활보장 제도의 급여와 젠더

국민기초생활보장 제도의 급여의 종류에는 생계 급여, 주거 급여, 의료 급여, 교육 급여, 해산 급여, 장제 급여, 자활 급여가 있다.

생계 급여는 수급자에게 의복·음식물 및 연료비, 기타 일상생활에 기본적으로 필요한 금품을 지급하는 것으로 생계 급여 최저 보장 수준(대상자 선정 기준)에서 가구의 소득 인정액을 차감한 금액을 지급한다. 주거 급여는 수급권자에게 주거 안정에 필요한 임차료, 수선 유지비, 그 밖의 수급품을 지급하며, 의료 급여는 수급권자에게 건강한 생활을 유지하는데 필요한 각종 검사 및 치료 등을 지급하기 위해서 「의료급여법」이 정한 기준에 따라 급여를 지급한다. 교육 급여는 수급자에게 입학금, 수업료, 학용품비 및 그 밖의 수급품을 지급한다. 해산 급여는 생계·의료·주거 급여 수급자가 출산(출산 예정 포함)한 경우 조산 및 분만 전과 분만 후의 필요한 조치와 보호를 실시하기 위해 1인당 60만 원을 현금으로 지급한다. 장제 급여는 생계·의료·주거 급여 수급자가 사망한 경우 사체의 검안·운반·화장 또는 매장 기타 장제 조치를 행하는데 필요한 금품을 지급하기 위해 1가구당 75만 원을 지급한다. 자활 급여는 수급자의 자활을 돕기 위해 실시하는 급여로 자활에 필요한 금품의 지급 또는 대여, 자활에 필요한 근로 능력의 향상 및 기능 습득의 지원, 취업 알선 등의 정보 제공, 자활을 위한 근로 기회 제공, 자활에 필요한 자산 지원 등 자활을 위한 각종 지원을 실시한다.

현 자활 사업은 2000년 '생산적 복지'의 일환으로 빈곤과 실업을 동시에 해결하기 위해 근로 연계 복지를 강화하면서 자활을 강조하게 되었다. 자활 참여자들의 탈수급을 위한 정책적 접근이 활발한 가운데 자활 사업에 대한 논의 중에서 중요한 이슈 중 하나가 자활사업 여성 참여자에 대한 관심이다. 노동 시장에서 여성에 대한 차별과 배제가 나타나는 가운데 대안적인 시장 영역으로서의 자활 사업의 역할이 단지 여성들에게 근로 기회의 제공만을 기대하기보다는 노동 시장에서 가치 절하되었던 여성들만의 특화된 지원이 제도화된다면 자활 가능성이 높아질 것이다(이숙진, 2002; 송승숙·장승옥, 2013).

3. 여성복지 서비스 정책

사회서비스는 국가·지방자치단체 및 민간 부문의 도움이 필요한 모든 국민에게 복지, 보건 의료, 교육, 고용, 주거, 문화, 환경 등의 분야에서 인간다운 생활을 보장하고 상담, 재활, 돌봄, 정보의 제공, 관련 시설의 이용, 역량 개발, 사회 참여 지원 등을 통하여 국민의 삶의 질이 향상되도록 지원하는 제도를 의미한다(「사회보장기본법」 제3조). 여성 노인, 여성 장애인, 한 부모 가족, 이주 여성 등에 대한 내용은 이 책의 다른 장에서 다루어지고 있는 관계로 여성복지 서비스 정책 중 일–가정 양립 정책을 중심으로 살펴보고자 한다.

우리사회에서 2000년대 중반부터 '일–가족 양립', '일–생활 균형' 등의 용어가 등장하기 시작하면서 '일 중심'에서 '가정과의 균형'을 중시하는 것으로 근로자들의 인식이 변화하기 시작하였다. 여기에 저출산·고령화 사회로 진입함에 따라 여성 인력의 경제 활동 참여를 유도하기 위해 일–가족 양립을 지원할 수 있는 다각적인 정책 마련이 필요해짐에 따라서 2007년에 「남녀고용평등법」이 「남녀고용평등과 일·가정 양립 지원에 관한 법률」로 전면 개정되면서 일–가정 양립 지원 제도가 본격적으로 시행되었다. 일–가족 양립 지원을 통해 근로자가 직장 생활과 임신·출산·육아를 포함한 가정생활을 병행할 수 있도록 돕는 정책을 의미하며, 「남녀고용평등과 일·가정 양립 지원에 관한 법률」의 개정을 통해 우리사회는 일–가정 양립 지원 정책이 시행될 법적 근거를 갖게 되었다. 「남녀고용평등과 일·가정 양립 지원에 관한 법률」에서는 일–가족 양립을 지원하기 위해 모성 보호(출산 전후 휴가, 유산·사산 휴가, 임신기 근로 시간 단축 등), 육아휴직과 가족 돌봄 휴직, 유연 근무제, 보육 및 자녀 교육 지원 서비스 등을 시행하고 있어 이와 관련된 내용을 중심으로 일–가족 양립 지원 정책에 대해 논의하도록 하겠다.

1) 모성 보호

우리나라에서 시행하고 있는 모성 보호와 관련된 정책으로는 출산 전후 휴가, 유산·사산 휴가, 임신기 근로 시간 단축 등이 있다. 모성 보호 정책은 근로자가 출산·육아를 이유로 고용 불안에 처하였을 경우 일정 기간 동안 가족의 생활 안정 및 근로자의 고용 유지를 도모하기 위한 것으로 취업하고 있는 기혼 여성이 임신·출산 등으로 노동 시장에서 빠져나가는 것을 예방하여 여성 인력의 노동 시장 참여를 강화하고자 하는 목적을 가지고 있다(고용노동부, 2017). 특히 기존에 모성 보호 문제는 개인에게 책임이 있는 것으로 보았으나, 2005년 5월 모성 보호 관련 3법(「근로기준법」, 「남녀고용평등법」, 「고용보험법」)을 개정하여 모성 보호에 소요되는 비용의 일부를 사회적으로 분담하도록 하였다.

• 출산 전후 휴가

출산 전후 휴가는 여성 근로자의 건강 보호와 태아의 순조로운 발육을 위해서 출산 전과 출산 후를 통하여 최소한의 보호 휴가를 부여하는 것으로 출산을 앞둔 임신 중인 근로자를 대상으로 한다. 출산 전후 휴가는 임신 중인 여성 근로자에게 근로 계약의 형태, 직종, 근속 기간 등과 상관없이 출산을 전후하여 90일을 부여(출산 후 45일 이상을 사용)하는데, 다태아일 경우에는 120일의 휴가를 부여하고, 이때는 출산 후에 60일 이상의 휴가를 보장해야 한다. 또한 조산의 위험이 있거나 유산·사산을 예방하기 위해서 임신 초·중기에 출산 전후 휴가를 분할하여 미리 사용할 수 있도록 하는데 이때, 출산 전후 휴가를 분할하여 사용하더라도 출산일(1일)과 출산 후 45일(다태아 60일)은 휴가 사용이 보장되어야 하므로 분할하여 사용할 수 있는 휴가 기간은 최대 44일(다태아 59일)이 된다.

출산 전후 휴가 사용 시 출산 전후 휴가의 최초 60일(다태아 75일)은 유급으로 「근로기준법」(第74조 4항)에 명시되어 있어 이 기간 동안에는 사업주가 근로자에게 임금을 지급해야 하며, 이후 30일(다태아 45일)에 대해서는 고용 보험에서 출산 전후 휴가의 급여를 지급한다. 출산 전후 휴가 급여 수급자 수는 2006년(4만 8,972명)부터 2012년(9만 3,397명)까지 꾸준하게 증가한 이후 2013년부터 감소 추세로 돌아섰다가 2015년 9만 5,257명으로 다시 증가하였으나 2016년 9만 467명으로 전년보다 감소하였다.

〈그림 8-2〉 출산 전후 휴가 급여 신규 수급자 수(2006~2016년) (단위: 명)

출처: 한국고용정보원. 고용보험통계연보(각 연도).

• 유산·사산 휴가

유산·사산 휴가는 임신 중인 여성이 유산 또는 사산한 경우 여성 근로자의 정신적·신체적 건강을 보호하여 정상적으로 업무에 복귀할 수 있도록 하려는 목적에서 시행되고 있다. 유산·사산 휴가는 출산 전후 휴가와 달리 근로자의 신청에 의해 부여되는 휴가이므로 근로자가 청구하지 않으면 사업주는 이를 부여하지 않아도 법률 위반이 아니다. 유산·사산 휴가는 유산·사산일부터 시작하여야 하며, 임신 기간에 따라 휴가 기간은 차등적으로 적용된다. 만약 임신 기간이 11주 이내인 경우에는 유산 또는 사산한 날부터 5일, 임신 기간이 12주 이상 15주 이내는 유산 또는 사산한 날부터 10일, 임신 기간이 16주 이상 21주 이내는 유산 또는 사산한 날부터 30일, 임신 기간이 22주 이상 27주 이내는 유산 또는 사산한 날부터 60일, 임신 기간이 28주 이상인 경우에는 유산 또는 사산한 날부터 90일의 휴가 기간이 주어진다.

• 임신기 근로 시간 단축

임신기 근로 시간 단축 정책은 임신 중인 여성 근로자의 만혼 등으로 인하여 유산·사산 및 조산 등을 예방하고 임신 근로자의 모체 건강을 보호하기 위해 임신 12주 이내, 36주 이후 1일 최대 2시간의 단축 근무를 도입하여 임신·출산 친화적인 근로 환경을 조성하고자 한다. 2014년 「근로기준법」의 개정으로 인하여 도입이 되었으며, 시행 초기에는 상시 300인 이상 사업장을 대상으로 하였으나 2016년부터 모든 사업장을 대상으로 적용되고 있다. 임신기 근로 시간 단축 제도에 따라 임신 중인 여성 근로자는 임신 12주 이내(임신 후 84일까지) 혹은 임신 36주 이후(임신 후 246일 이후)부터 근로 시간 단축 사용이 가능하다. 임신기 근로 시간 단축은 전 임신 기간에 걸쳐 1회만 사용 가능한 것은 아니며, 임신 12주 이내 및 36주 이후라면 횟수에 상관없이 사용이 가능하다.

• 배우자 출산 휴가

배우자 출산 휴가는 「남녀고용평등과 일·가정 양립 지원에 관한 법률」이 2007년에 개정되면서 배우자의 출산을 이유로 휴가를 청구하는 경우에 3일의 휴가를 주도록 하였다. 이후 2012년에 개정되면서 현재와 같이 배우자가 출산을 한 근로자에게 5일의 범위에서 3일 이상의 휴가를 주도록 하고, 사용한 휴가 기간 중 3일은 유급으로 출산 휴가를 지급하기로 하였다.

배우자 출산 휴가는 정부 차원에서 아빠 육아 참여 중요성을 인식하고 남성의 육아휴직을 활성화시키고자 하는 방안으로 제시한 것이다. 제3차 건강 가정 기본계획(2016~2020)은 남성과 기업의 참여를 기반으로 일·가정 양립 실천 강화를 위해 남성의 육아 참여 활성화를 위한 제도 개선, 남성을 대상으로 맞춤형 정보·교육 지원, 남성의 일·가정 양립을 위한 사회 분위기 조성을 정책 과제로 제시하였다.

2) 육아휴직 및 육아기 근로 시간 단축

• 육아휴직

육아휴직 제도는 근로자가 육아로 인해 이직·퇴직하는 것을 방지하고 고용 유지를 지원하며 직장과 가정생활을 조화롭게 양립할 수 있도록 지원하는 제도로, 만 8세 이하 또는 초등학교 2학년 이하의 자녀를 가진 근로자가(여성 근로자와 남성 근로자 모두 사용 가능) 자녀의 양육을 위해 최대 1년을 휴직할 수 있도록 하는 제도이다. 1988년 「남녀고용평등법」이 개정되면서 생후 1년 미만의 영아를 가진 여성 근로자를 대상으로 육아휴직을 할 수 있도록 하였으며, 1995년 「남녀고용평등법」이 개정되면서 여성 근로자 뿐만 아니라 배우자인 남성 근로자도 육아휴직이 가능하게 하였으나, 이때 남성은 여성을 대신해서만 신청이 가능하도록 하였다. 이후 2014년부터 만 8세 이하 또는 초등학교 2학년 이하의 자녀를 가진 근로자는 육아휴직이 가능하게 되었다. 육아휴직 최초 3개월간은 통상 임금의 80%(상한액 150만 원/하한액 70만 원)를 육아휴직 급여로 지급하며, 육아휴직 4개월 이후부터는 통상 임금의 40%(상한액 100만 원/하한액 50만 원)에 해당하는 금액을 지급한다. 이때 육아휴직 급여의 25%는 육아휴직을 종료한 후에 사업장에 복직하여 6개월 이상 계속 근무한 경우에 합산하여 사후 지급한다.

육아휴직자 수는 지속적으로 증가하여 2016년 8만 9,795명으로 2006년 1만 3,672명과 비교하여 6배 이상 증가하였다. 육아휴직 이용에 있어서 성별 격차는 매우 큰 것을 볼 수 있다. 남성 육아휴직자의 수는 여성 육아휴직자의 수에 비해 매우 낮으나 점차 증가하는 경향을 보이고 있는데 2014년부터는 전년도 대비 1,000명 이상 증가하여 2014년 3,421명, 2015년 4,874명이었으며, 2016년에는 전년도 대비 2,700명 이상 급격하게 증가하여 7,616명을 기록했다.

이처럼 남성 육아휴직자는 점차 증가하고 있음에도 여성 육아휴직자의 수에 비해 아직 저조한 수준이다. 남성 육아휴직자가 여성에 비해 낮은 이유는 육아휴직 급여 수준에서 원인을 찾아볼 수 있는데, 실제로 남성이 육아휴직을 결정할 때 걱정하는 부분에 대해 조사한 결과, 소득 감소를 가장 많이 걱정하고 있는 것으로 나타났다. 육아휴직 급여의 소득 대체율을 살펴보면 한국 40%, 덴마크 100%, 스웨덴 80%, 독일 67%, 일본 67% 등으로 우리나라의 육아휴직 급여 소득 대체율이 낮은 것을 알 수 있다(한국여성정책연구원, 2014).

〈그림 8-3〉 성별 육아휴직 급여 신규 수급자 수(2006~2016년) (단위: 명)

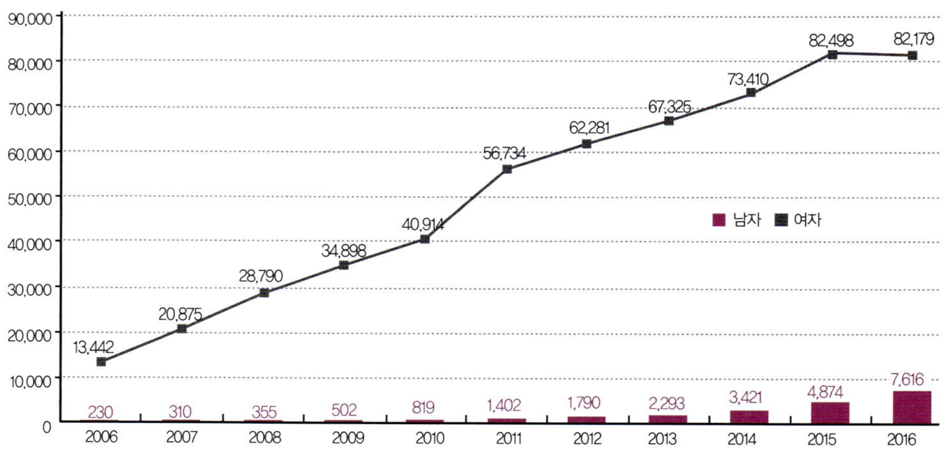

출처: 한국고용정보원. 고용보험통계연보(각 연도).

〈표 8-11〉 남성 육아휴직 결정 시 우려 사항 (단위: %)

소득 감소	직장 경쟁력 저하	동료의 업무 부담	부정적 시선	직장 복귀	기타
41.9	19.4	13.4	11.5	10.1	3.7

출처: 김영옥 외(2014). 남성의 육아휴직 활용 및 육아기 근로시간 단축제도 활성화 방안 연구. 재인용.

• 육아기 근로 시간 단축

육아기 근로 시간 단축 제도는 근로자 중 만 8세 이하 또는 초등학교 2학년 이하의 자녀가 있는 경우 근로 시간을 단축하는 제도로, 일정 기간 동안 근무를 하지 않는 것을 전제로 하는 육아휴직과는 달리 지속적으로 근로를 제공하므로 일·가정의 양립과 여성의 경력 단절 방지를 동시에 달성할 수 있다. 2007년 「남녀고용평등법」의 개정으로 2008년부터 육아휴직을 신청할 수 있는 근로자가 육아기 근로 시간 단축을 신청할 수 있도록 하였으며, 2011년 「고용보험법」의 개정으로 육아기 근로 시간 단축 제도를 활용한 근로자에게 육아기 근로 시간 단축 급여를 지급하기 시작하였다. 육아기 근로 시간 단축 기간은 최대 1년까지이며, 단축 기간의 근로 시간은 주당 15~30시간이 되며 고용주는 단축된 근로 시간 외의 연장 근로를 요구할 수 없도록 되어 있다. 육아기 근로 시간 단축을 활용할 수 있는 기간은 육아휴직과 합하여 계산하므로 육아휴직을 6개월 사용한 근로자라면 육아기 근로 시간 단축은 6개월 동안만 할 수 있다.

• 가족 돌봄 휴직

가족 돌봄 휴직 제도는 근로자가 질병, 사고, 노령을 이유로 장기적으로 부모, 배우자, 자녀 또는 배우자의 부모를 돌보아야 할 사유가 생겼을 경우에 가족 돌봄을 위해서 휴직을 신청할 수 있는 제도이다. 2007년 「남녀고용평등법」이 개정됨에 따라 2008년부터 근로자의 가족 돌봄 등을 위한 지원 제도를 도입하였으나 법에 고용주가 노력하여야 한다고 규정하여 가족 돌봄 휴직 제도에 대한 강제성이 없어 실효성을 기대하기 어려웠다. 이후 2012년 법의 재개정으로 인하여 가족 돌봄 휴직 제도가 도입되었고 고용주는 특별한 사유가 없는 한 근로자의 가족 돌봄 휴직 신청에 대해서 거부할 수 없도록 명시하여 의무를 부여하고 있다. 가족 돌봄 휴직 제도를 통해 연간 최대 90일까지 휴직을 사용할 수 있으며 1회 최대 30일 이상 사용하면서 분할하여 휴직할 수 있다.

3) 보육 및 자녀 교육 지원 서비스

• 보육료 지원

보육료 지원은 「영유아보육법」(제10조)에 의한 국·공립, 사회복지법인, 법인·단체 등의 직장, 가정, 협동, 민간 어린이집을 이용하는 만 0~5세 아동의 보육료를 지원하여 양육 부담을 감소시켜 주기 위한 제도이다. 다만, 양육 수당, 유아 학비, 종일제 아이 돌보미 서비스를 지원받는 아동에 대하여는 보육료를 중복하여 지원하지 않는다.

보육료 지원은 소득 수준과 상관없이 모든 만 0~5세의 아동에게 연령에 따라 차등하여 전자 카드(아이행복 카드)를 통해 지원한다. 2016년부터 맞춤형 보육 제도가 실시됨에 따라 맞벌이, 구직, 임신, 다자녀, 조손·한 부모 가족, 질병·장애, 저소득층 등의 사유로 장시간 보육 서비스가 필요한 경우에는 종일반 지원을 받아서 하루 12시간의 보육 서비스를 받을 수 있으며, 맞춤반의 경우에는 하루 6시간의 보육 서비스와 매달 긴급 보육 바우처 15시간을 지원받게 된다.

• 양육 수당

양육 수당 제도는 보육 시설을 이용하지 않고 가정에서 자녀를 양육할 경우 제공되는 수당 제도로서, 2008년 「영유아보육법」 개정으로 처음 도입되었으며 도입 당시에는 차상위 계층 이하 만 0~1세 아동을 대상으로 10만 원을 지원하는 최소화된 형태였다. 이후 2011년에는 만 2세 아동까지 최대 20만 원을 지원하도록 하여 지원 범위가 다소 확대되었으나 여전히 소득 계층은 차상위 이하 아동만을 대상으로 하였다. 그러다 2013년 3월부터는 무상 보육의 일환으로 유아까지 포함한 만 0~5세 미취학 아동이 있는 가구를 대상으로 가구 소득 수준에 관계없이 연령(개월)에 따라서 10~20만 원의 양육 수당을 지원하고 있다.

양육 수당 제도는 시설 이용과 가정 내 양육의 보육 방식 중에서 부모가 선택할 수 있도록 함으로써 부모의 선택권을 존중한다는 의의를 가지고 있다. 그러나 다른 한편으로는 현금이 지원된다는 의미에서 소비자의 합리적 선택을 위협하는 요소가 될 수 있으며, 저소득 여성들을 가정으로 회귀시킬 위험이 있는 것으로 지적되고 있다(홍승아 외, 2013).

• 시간제 보육 서비스

「영유아보육법」(제26조 2항)에 따라서 보육료 또는 유아 학비를 지원받지 않고, 가정 양육 수당을 수급 중인 6~36개월 미만의 영아를 대상으로[5] 일시 보육 서비스, 즉 시간제 보육(시간 차등형 보육)이 실행되고 있다.

시간제 보육 사업은 가정 양육 부모, 시간제 근로자 등이 병원 이용, 외출, 단시간 근로 등의 사유로 보육 서비스 이용이 필요한 경우, 시간 단위로 시간제 보육 제공 기관(어린이집, 육아종합지원센터 등)을 이용하고 이용한 시간만큼 보육료를 지불하는 보육 서비스이다.

시간제 보육 사업은 별도의 신청 절차 없이 양육 수당의 자격을 갖춘 경우에 이용이 가능하며, 보육료는 시간당 4,000원으로 보육료 중 정부 지원금이 75%(3,000원), 부모 부담금은 25%(1,000원)이다. 다만, 보육료 또는 유아 학비를 지원받는 경우에는 보육료를 전부 부모가 부담하도록 되어 있으며, 아이돌봄 사업에서 종일제 아이돌봄 서비스 수급자는 시간제 보육 서비스를 받을 수 없다. 시간제 보육 사업에 의한 보육 서비스 이용 시간은 월 80시간 이내이며, 월 80시간 이상 시간제 보육을 이용하는 경우 보육료는 100% 본인 부담으로 이루어진다.

5) 현재 36개월 이상~만 5세인 유아를 대상으로 한 시간제 보육 사업은 일부 기관에서 시범 운영 중이다(2018년 기준).

• 아이돌봄 서비스

아이돌봄 서비스는 만 12세 이하 아동을 둔 맞벌이 가정 등에 아이돌봄이가 직접 방문하여 아동을 안전하게 돌봐 주는 서비스이다. 맞벌이 가족의 증가와 핵가족화 등으로 가족의 아이돌봄 공백이 발생하고 돌봄 서비스에 대한 요구가 다양화되면서 정부 차원에서 아동의 안전한 보호 및 가족의 아동 양육 부담을 경감시키고 시설 보육에서 발생하는 돌봄 수요의 사각지대를 해소하려는 목적으로 시작된 서비스이다.

아이돌봄 서비스는 2007년 시범 사업으로 초기에는 일부 지역에서 시행하였으나, 2009년부터 전국으로 확대해서 시행하고 있다. 아이돌봄 서비스에는 시간제 돌봄, 종일제 돌봄, 기관 파견 돌봄, 질병 감염 아동 특별 지원이 있으며, 이용 요금은 소득 수준에 따라 정부 지원금이 차등 지원된다.

가구 유형별 서비스 이용 현황을 살펴본 결과 매년 맞벌이 가정과 일반 가정을 더한 수치가 70% 이상으로 가구 유형의 대부분을 차지하고 있어 아이돌봄 서비스가 맞벌이 가정의 양육 지원 서비스 기능을 충실히 수행하고 있음을 확인할 수 있다(홍승아 외, 2013).

제9장 여성과 사회 복지 서비스

여성복지 서비스란 여성을 주 대상으로 하는 사회 복지 서비스이다. 사회 복지 서비스는 인간과 인간의 접촉을 통하여 인간의 심리, 사회적 기능의 향상을 도모하고, 현실적으로 발생되는 생활상의 곤란이나 장애에 대해서 그 기능상 문제 요인을 해결하고 재활을 촉진하는 대인 서비스라고 할 수 있다. 이러한 사회 복지 서비스는 사회 복지 서비스 전달 체계를 통해 제공된다.

여성복지 서비스는 여섯 가지 원칙에 근거하여 제공되어야 하며, 이러한 원칙에 입각하여 잘 계획되고 실행되는지를 평가할 수 있어야 한다. 여섯 가지의 원칙은 다음과 같다.

• 통합성의 원칙

통합성(integration)이란 이용자의 복잡한 문제 해결을 위해 동시에 투입되는 다른 종류의 서비스들이 유기적 연계를 맺으면서 수혜자의 욕구어 적합하게 주어지는 것을 의미한다. 통합성의 원칙을 위해서는 서비스 프로그램 간 또는 서비스 조직 간에 상호 유기적인 연계와 협조 체계가 갖추어져야 한다.

• 지속성의 원칙

지속성(continuity)이란 대상자에게 개입부터 치료나 보호의 목적을 완수할 때까지 지속적으로 사회 복지 서비스를 제공해야 함을 말하며, 같은 조직 내에서의 서비스 프로그램 간의 협력이 잘 이루어질 뿐 아니라 지역 사회 내의 사회 복지 서비스 간에도 유기적인 연계가 잘 이루어질 때 지속성의 원칙이 유지될 수 있다.

• 접근 용이성의 원칙

접근 용이성(accessibility)이란 서비스 대상자가 서비스를 얼마나 쉽게 이용할 수 있는가 하는 것을 의미한다. 접근 용이성을 방해하는 요인으로는 서비스에 관한 정보 부족, 지리적 요인, 심리적 요인, 선정 절차상의 요인, 자원 부족 등이 있을 수 있으며, 이러한 요인들을 가능한 극복할 수 있도록 서비스가 설계되어야 한다.

• 적합성의 원칙

적합성(adequacy)이란 전달 체계에 있어 서비스에 대한 환경적 욕구와 운영 실태의 일치성을 평가하는 기준으로서 서비스의 양과 질, 클라이언트의 욕구 충족, 서비스의 목표 달성이 이루어 질 수 있도록 서비스가 시행되어야 함을 말한다.

• 노력성의 원칙

노력성(effort)이란 프로그램에 투입된 활동의 양으로서 예산, 인력, 기관이나 시설의 수 등 인적, 물적 자원의 투입된 정도와 서비스를 이용한 대상자들의 수 등으로 측정될 수 있다.

• 전문성의 원칙

사회 복지 서비스는 반드시 전문성(professionalism)을 갖춘 전문가가 업무를 담당해야 한다. 전문가는 그 자격이 객관적으로 인정된 사람으로서 자신의 업무에 대한 권위와 자율적 결정권 및 책임성을 지닌 사람을 말한다.

1. 여성복지 전달 체계

1) 행정 및 공공 전달 체계

여성복지 서비스의 공공 전달 체계는 보건복지부와 여성가족부를 정점으로 한 이원 체계를 구성해 왔다. 보건복지부를 정점으로 광역자치단치의 각 시·도 여성정책과, 시·군·구 사회 복지과에 여성복지 담당을 두고 있다. 이와 더불어 여성복지 상담 기관, 여성회관, 각종 여성복지 시설을 통해 서비스가 전달되는 체계를 가지고 있다. 기존에 보건복지부 소관 업무 중 성폭력 및 가정 폭력 피해 여성 보호 및 윤락 행위 방지, 일본군 위안부 생활 안정 지원, 여성 평생 교육 업무, 여성 단체 등록 및 관리 등의 업무는 여성가족부로 이관되었다. 여성가족부는 정책기획관, 여성정책국, 청소년정책관, 가족정책관, 권익증진국을 두고 업무를 담당하고 있다. 여성가족부의 업무 추진 방향은 성 평등이 지속 가능한 사회의 핵심 가치라는 공감대를 확산해 나가면서, 저출산 고령 사회에 대한 대응과 혁신 성장을 주도할 여성 인력의 중요성을 대두시키고자 한다. 가족 형태의 다변화 및 가족 위기 심화에 대한 적극적 대응이 요구되고 있는 현실적 해법으로 빈틈 없는 돌봄 체계 구축의 중요성을 강조한다.

그간 여성복지정책은 여성부와 보건복지부에서 이원적으로 정책이 수립되고, 그 서비스 전달은 지방자치단체를 통해 이루어지고 있음으로 인해 여성복지 사업의 일원화 내지 체계화의 혼선, 상부 하달식의 운영이 문제로 지적되었다. 또한 인력 측면에서의 전문성 부족이 문제로 지적되었다. 이와 함께 여성복지 서비스 관련 공무원 및 사회 복지사들은 역할 갈등을 경험하거나 과다한 업무 브담을 안고 있었으며, 각 지역의 여성들에게는 다양한 서비스가 효율적으로 전달되지 못하는 한계가 지적되어 왔다.

2005년 3월 정부 기능을 효율적으로 재배치하는 내용으로 「정부조직법」이 개정되면서 여성가족부로 출범하였다가, 2008년 가족 및 보육 정책 기능을 보건복지부로 이관되면서 다시 여성부로 변경되었다. 이후 보건복지부의 청소년 및 다둔화 가족을 포함한 가족 기능을 여성가족부로 이관하는 내용으로 「정부조직법」이 개정되고 이에 따라 여성부는 다시 2010년 3월 19일 여성가족부로 개편되었다.

여성부의 기존 업무와 통합적인 여성 정책을 수립하고, 각 부처의 여성 정책의 종합 조정, 협의, 분석, 평가, 지원하는 기능을 수행할 수 있도록 여성가족부로 개편한 이후에도 실행 부서가 없는 부처의 특성상 현재까지 앞서 제시한 문제의 해결 과정에 동력이 떨어지는 현상은 해결해야 할 과제이다.

2) 여성복지 담당 인력

여성복지 담당 인력은 별정직 혹은 일반직 공무원인 여성복지 과장, 여성복지 계장, 별정직 공무원인 여성복지 상담원, 사회 복지 공무원들이다.

건강가정·다문화가족지원센터 통합 서비스 운영 기관 및 건강가정지원센터 전문 인력은 건강 가정사와 사회 복지사들이 전담한다.

한국여성정책연구원, 한국양성평등교육진흥원, 한국건강가정진흥원, 한국여성인권진흥원은 여성 정책 연구 및 전문 강사 양성 교육 등 여성 인권 향상을 추진한다.

3) 여성복지 시설

여성복지 시설은 서비스 제공의 최일선 전달 체계이다. 여성복지 시설은 생활 시설과 이용 시설로 나누어진다. 여성복지 시설에서는 생활 서비스 제공, 치료 및 훈련 서비스 제공, 원조 서비스를 제공하는 기능을 담당하고 있으며, 이러한 기능은 주로 요보호 여성을 대상으로 사후 치료적 성격의 서비스를 제공하고 있다.

〈표 9-1〉 **시설 및 상담소 현황**(2018년 1월 기준)

	시설명	시설수	대상	보호 기간(최대)	비고
1	성폭력 피해 상담소	164	성폭력 피해자		이용 시설
2	성폭력 피해자 보호 시설(일반, 장애인, 특별 지원, 자립 지원 공동생활)	30	성폭력 피해 여성	–일반(1년+1년 6월) –장애인(2년+회복 시) –특별 지원(18세+2년) –자립 지원(2년+2년)	생활 시설
3	해바라기센터	38	성폭력, 가정 폭력, 성매매 피해자		이용 시설
4	성매매 피해자 지원 시설(일반, 청소년)	39	일반 성인 성매매 피해자 등	–일반(1년+1년 6월) –청소년(19서+2년)	생활 시설
5	자립 지원 공동생활 시설	13	탈성매매한 자로서 자활 조건이 성숙되었다고 판단되는 자	– 2년+2년	생활 시설
6	대안 교육 위탁 기관	2	청소년 성매매 피해자 등	–1년(1년 단위로 최대 3년까지 연장 가능)	이용 시설
7	외국인 여성 지원 시설	1	외국인 성매매 피해 여성	–3개월(수사+소송 진행 중인 경우 필요한 기간까지 연장)	생활 시설
8	자활지원센터	12	자활의 기반이 갖추어졌다고 볼 수 있는 탈성매매 여성		이용 시설
9	성매매 피해 상담소	29	성매매 피해자 등		이용시설
10	폭력 피해 이주 여성 보호 시설	32	가정 폭력 등 피해 이주 여성과 동반 자녀	–2년 이내	생활 시설
11	가정 폭력 상담소	202	가정 폭력 피해 여성(가정, 성폭력 피해 여성)		이용 시설
12	가정 폭력 피해자 보호 시설	67	가정 폭력 피해 여성과 아동	–6개월(+3개월) –장기 시설 : 2년 이내	생활 시설
13	여성 긴급 전화 1366센터	18	가정 폭력, 성폭력, 성매매 등 피해 여성		이용 시설
14	폭력 피해 여성 주거 지원	295	가정, 성폭력 피해 여성	–2년(+2년)	생활 시설
15	청소년 성문화센터	58	유아, 초, 중, 고생 부모 등 전 국민		이용 시설

출처: 여성가족부(2018).

• 주거 지원 사업

가정 폭력, 성폭력 등 폭력 피해 여성들의 자립을 지원하고 사회 적응 여건을 조성하고자 폭력 피해 여성과 그 가족들이 공동으로 생활할 수 있는 주거 공간을 제공한다. 국토교통부에서 '주거 복지 사업'으로 매입한 임대 주택 중 일부를 별도 물량으로 확보하여, 폭력 피해 여성과 그 가족들이 공동생활 가정(그룹 홈) 형태로 생활할 수 있도록 저가에 임대한다. 그룹 홈의 취지에 따라 임대 주택 1호당 2가구 이상 입주를 원칙으로 한다.

〈그림 9-1〉 주거 지원 사업 추진 체계

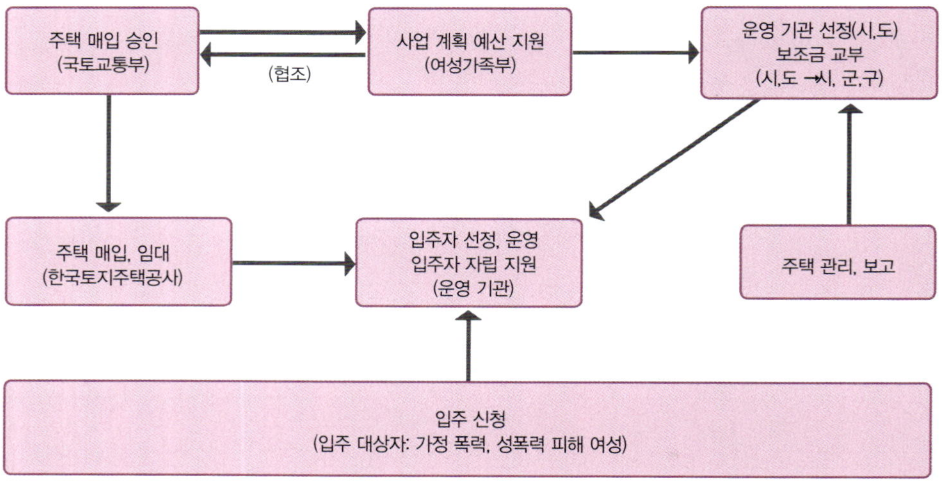

출처: 여성가족부(2018).

• 모자 보호 시설, 모자 자립 시설

18세 미만의 자녀를 양육하는 무주택 저소득 모자 가정을 대상으로 하여 저소득 모자 가정의 기본 생계 보장과 자립 기반을 조성하도록 돕고자 한다. 3년간 보호할 수 있는데, 상황에 따라 2년을 더 연장하여 보호할 수 있다.

• 부자 보호 시설

이혼 또는 사별로 인해 부자로 구성된 저소득 한 부모 부자(18세 미만의 자녀) 가정을 위한 시설이다. 상담을 통하여 구청에서 승인 후 입소가 결정되면 입소 비용 없이 3년간 주거 및 식사 등 생활 전반의 이용 시설이 무료로 제공되는 인천 소재 '아담채'를 시작으로, 서울시에서도 2013년 대한불교 진각종에서 운영하는 20세대 입주 보호 시설이 마련되었을 뿐 더 이상의 설치가 이루어지지 않고 있다. 이와 관련해 모·부자 보호 및 자립 시설의 성차별이 지적된 바 있다.

• 모자 일시 보호 시설

배우자로부터 물리적, 정신적으로 학대받는 여성과 아동을 대상으로 하며, 학대받는 여성의 정신적 여유와 신체적 휴식을 제공하는 역할을 한다. 이 시설은 6개월간 보호할 수 있으며 상황에 따라 3개월을 더 연장하여 보호할 수 있다.

• 미혼모 시설

임산부 및 출산 후 6개월 미만의 미혼모를 그 대상으로 하여 안전 분간과 정신 및 직업 교육을 돕는다. 6개월간 보호할 수 있으며 상황에 따라 6개월을 더 연장할 수 있다.

• 가정 폭력 피해자 보호 시설

가정 폭력의 피해자를 대상으로 하여 일시 보호하며, 신체적, 정신적 안정 및 가정으로의 복귀를 지원한다. 그 밖에 기타 피해자의 보호와 관련된 업무를 하게 된다. 6개월간 보호할 수 있으며 3개월을 연장할 수 있다.

• 성폭력 피해자 보호 시설

성폭력 범죄의 피해자를 대상으로 한다. 성폭력 피해자의 일시 보호, 신체적 정신적 안정 회복과 사회로의 복귀를 지원하며, 그 밖에 피해자의 보호와 관련된 업무를 하게 된다. 1년간 보호할 수 있고, 상황에 따라 1년 6개월을 연장할 수 있다. 장애인과 18세 미만의 미성년은 기간을 달리 적용한다.

• 자립 지원 공동생활 시설

탈성매매한 자로서 자활 조건이 성숙되었다고 판단되는 자가 대상이 되며, 상담 및 숙식 제공, 귀가 조치, 취업 안내 및 알선, 지역 사회 내 시설의 이용 안내 및 알선을 돕는다. 보호 기간은 2년을 기본으로 2년 더 연장할 수 있다.

• 여성회관, 여성새로일하기센터, 온라인경력개발센터, 여성플라자

일반 여성과 요보호 여성을 대상으로 하며, 여성복지 서비스의 중심 기관 역할을 담당한다. 전국 총 155개 여성새로일하기센터는 출산과 육아, 가사 등으로 경력이 단절된 여성의 취업을 지원하는 종합 취업 지원 기관이다. 직업 상담에서 직업 교육, 취업 연계, 취업 후 사후 관리에 이르기까지 구직과 취업에 관련된 모든 서비스를 지원한다. 여성가족재단에서 운영하는 여성플라자는 여성과 가족의 소통과 공유 공간으로, 여성 교육 기관의 조직화·활성화를 수행하며, 전문 복지 서비스를 제공하고, 전문 기술 교육을 하며, 여성 소집단 모임을 지원한다. 일·가족양립지원센터, 보육서비스지원센터, 성주류화지원센터를 통하여 성 평등 정책 형성 과정에 시민 참여를 확대해 나간다.

제10장 여성과 폭력

여성에 대한 남성의 폭력은 남성이 권력감(sense of power)을 느끼거나 이를 입증하기 위해 여성에게 자신의 의지를 강압적으로 행사하는 기제이며, 이는 여성이 남성보다 열등하고 종속적인 지위를 갖는 가부장제에 기인한다. 따라서 가부장제 사회에서 여성에 대한 남성의 폭력은 어느 곳에서든 일어날 수 있으며 여성은 어느 곳에서도 안전하지 못하다. 여성에 대한 폭력을 근절하기 위하여 이를 사회적으로 용인하지 않는 강력한 대책을 필요로 한다.

1. 가정 폭력

가족은 사회의 가장 기본적인 단위로서 모든 사람은 가족 집단 내에서 지속적인 상호 작용을 한다. 가정 폭력은 '가족 구성원 중의 한 사람이 다른 가족에게 의도적으로 물리적인 힘을 사용하거나 정신적 학대를 통하여 고통을 주는 행위'를 말한다.

즉 가정 폭력은 동거 가족을 포함한 가족 구성원 간에 발생하는 폭력으로 배우자, 부모 자식, 형제 등에서 주로 발생한다. 특히 아내, 아동, 느인 등 사회·경제적

약자를 대상으로 발생하고 있어 가족이 단순히 물리적 힘이 있고 없음에서 발생하고 있는 것이 아니라 사회, 경제적 제 권력 관계에서 발생하고 있음을 알 수 있다.

가정 폭력은 가해자의 계획적이고 반복적이고 다분히 의도적인 폭력으로 인해 피해자에게 심각한 신체적, 정신적 손상을 주는 행위이다. 그러므로 단순히 신체적 폭력만으로 생각해서는 안 된다. 실제 측정하기는 어렵다고 하더라도 피해자에게 막대한 심리적, 정서적 타격을 입히고 자아 존중감을 해치는 언어적 학대, 성적 학대의 경우를 포함하여 방임, 유기 등의 넓은 의미의 가정 폭력은 가족의 인권을 심각하게 침해하는 행위임을 명백히 하여야 한다. 사회의 기초 단위인 가정의 평화와 안정을 깨뜨리는 직접적 원인이 됨과 아울러 사회의 안전성에 심각한 위험 요소로 작용하고 있음을 깨달아야 한다.

가정 폭력은 외부에서 발견하기 매우 어려우며 외부의 개입이 시작될 정도가 되었을 때는 이미 상당히 심각한 정도에 이른 상황이라고 볼 수 있다. 가정 폭력은 은폐되고 세대 간 지속되며, 반복적으로 발생하는 특성이 있다. 따라서 가정 폭력을 근절시키기 위해서는 우리 사회의 지속적이고 적극적인 개입이 필수적이다.

1) 가정 폭력의 발생 추이 및 실태

가정 폭력 문제가 사회적 관심을 받기 시작한 지도 30년이 넘었고 법적, 제도적 변화가 시작된 지 20년이 지나도록 관련 정책을 꾸준히 펼쳐 왔지만 가정 폭력은 여전히 가정이라는 높은 담장 안에서 비밀스럽게 이루어지고 있다.

가정 폭력, 친밀한 관계에서의 폭력, 여성에 대한 폭력 등 용어도 혼재되어 사용되고 있지만 우리나라에서는 「가정폭력범죄의 처벌 등에 관한 특례법」으로 정의될 수 있다. 세계보건기구(WHO)를 중심으로 해외에서는 친밀한 관계에서의 폭력(IPV ; Intimate-Partner Violence)으로 정리하여 일반적으로 사용하고 있다. 용어에 대한 가정 폭력의 유형과 범위는 현재 신체적 폭력, 정서적인 학대, 경제적인 위협, 성적 폭력과 방임을 포함한다. 최근에는 여성의 문제로 다루어지던 가정 폭력의 문제를 건강의 문제이자 인권의 문제로 재조명하는 노력이 펼쳐지고 있다. 실제로 인권 자체는 성 중립적인 특성을 가지고 있음에도 불구하고, 사회적, 정치적 결정권을 통제하는 남성 중심의 체계 안에서 인권은 주도권을 지닌 남성에게 주어진 권리였다는 측면, 가정 폭력은 소수의 사람들이 경험하는 특별한 형태의 폭력으로 접근했던 기존의 개입이 아닌 사회적 비용을 야기하는 사회 문제로서 방향을 재구성하는 관점이 요구되는 시점이다.

그동안 가정 폭력 상담 실적의 증가에 대해 가정 폭력이 실제로 증가했다기보다는 사적 문제로 취급되던 가정 폭력이 사회 문제로 인식되어 노출되는 등 사회 환경 변화에 기인한 것으로 해석하는 것이 일반적이었다. 과거 가정 폭력 문제는 단순히 가정 내의 문제라는 시각이 우세하여 피해자들은 이를 가족 내에서 해결하거나 인내하려는 태도를 견지하였고 이로 인하여 제도권 내에서 적극적으로 상담을 통한 해결 방안을 모색하려는 의도가 약했으나, 여성 폭력에 대한 대국민 인식 개선 홍보 등 정부의 지속적이고 적극적인 노력의 결과, 가정 폭력 문제를 상담소 등으로 가져와 제도권 내에서 해결하려는 적극적인 피해자들이 증가하고 있는 것은 사실이다.

〈표 10-1〉 가정 폭력 발생률 변화 추이 (단위: %)

연도	부부 폭력률	신체적 폭력			정서적 폭력	경제적 폭력	성 학대	방임	통제
		경한 폭력	중한 폭력	전체 신체 폭력					
2007	40.3	11.1	4.8	11.6	33.1	4.1	10.5	19.3	
2010	53.8	16.3	3.3	16.7	42.8	10.1	10.4	30.5	
2013	45.5	7.2	0.5	7.3	37.2	5.3	5.4	27.3	
2016	41.5	3.6	0.4	3.7	12.5	2.5	2.2		37.7

출처: 여성가족부(2017).

〈표 10-2〉 **지역별 가정 폭력 상담소 현황**(2017년 7월 1일 기준) (단위: 개소)

구분	합계	서울	부산	대구	인천	광주	대전	울산	경기	강원	충북	충남	전북	전남	경북	경남	제주	세종
상담소	204 (29)	33 (2)	11 (4)	4 (2)	7 (1)	7	5 (1)	4 (2)	42 (1)	11 (5)	6 (2)	12 (2)	9	10 (1)	23 (5)	15	4	1 (1)
예산 지원	93 (10)	8 (1)	7 (1)	3 (2)	4 (1)	3	2	2	15 (1)	8 (2)	4 91)	5	7	7	9 (1)	7	2	

출처: 여성가족부(2017).
주: 1) ( )는 통합 상담소 수임. 통합 상담소 수는 가정 폭력 상담소 수에 포함됨.
2) 장애인 상담소는 2개소(광주 1, 대구 1)이며, 장애인+통합 상담소임.

〈표 10-3〉 **가정 폭력 피해자 보호 시설 현황**(2017년 7월 1일 기준) (단위: 개소)

구분	합계	서울	부산	대구	인천	광주	대전	울산	경기	강원	충북	충남	전북	전남	경북	경남	제주
전체	67	12	3	3	1	4	1	1	12	5	3	4	4	4	2	6	2
일반 시설	47	10	2	2	1	3		1	12	4	1	2	2	2	2	3	
가족 보호 시설	20	2	1	1		1	1			1	2	2	2	2		3	2

출처: 여성가족부(2017).
주: 1) 장애인 시설 : 서울 1(15명), 광주 1(10명), 경기 1(30명)
2) 중장기 시설 : 서울 1(12명), 부산 1(20명), 광주 1(18명), 경기 1(10명)

〈그림 10-1〉 가정 폭력 피해 방지 및 지원 추진 체계

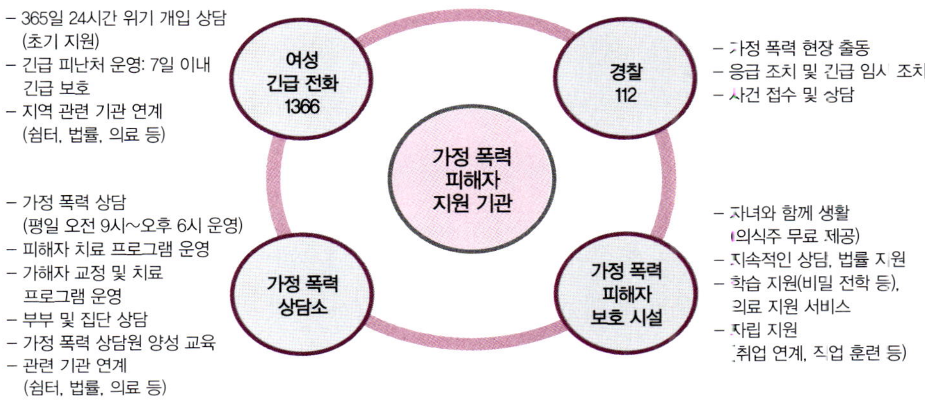

출처: 여성가족부(2018).

실제로 전국 가정 폭력 상담소의 상담 건수를 살펴보면, 2000년에는 7만 5,000여 건이었다. 불과 3년 후에 19만 5,000여 건으로 대폭 증가하였다. 이러한 증가 일변도의 추세를 보이던 상담 건수는 2010년에 들어와서 29만 6,000여 건으로 정점을 찍은 후 미미하지만 감소세를 보이다가 다시 2014년부터 상승세를 보이고 있다. 이러한 원인에 대해 우리 사회가 물어야 할 질문이 제대로 도출될 수 있도록 여러 가지 숙고를 필요로 한다. 아래 〈표 10-4〉는 「가정폭력방지 및 피해자보호 등에 관한 법률」에 근거해 3년마다 이루어지는 가정 폭력 실태 조사에 근거한 것이다.

〈표 10-4〉 전국 가정 폭력 상담소 상담 현황 (단위: 건)

구분	전체 상담	가정 폭력	기타 상담								
			소계	이혼	부부 갈등	가족 문제	성 폭력	성 매매	성 상담	중독	기타
2013	264,115	125,694	138,421	25,543	28,824	29,161	4,445	269	2,810	4,300	43,069
2014	291,244	143,190	148,054	24,037	29,754	28,809	6,665	565	3,462	4,097	50,665
2015	296,104	164,250	131,854	22,781	28,512	27,713	6,638	291	2,633	4,423	38,863

출처: 여성가족부. 가정 폭력 상담 실적 통계(각 연도).

가정 폭력 상담소의 상담 조치 결과는 피해자에 대해 '상담 후 귀가 조치'가 상당 부분을 차지하고 있는데 이는 상담소의 대부분이 여성 단체 등 NGO 단체에서 운영하고 있어 수사 등 적극적인 사법 조치가 어렵다는 것도 중요한 요인이 되었으나 '상담 후 귀가 조치'는 2004년부터는 통계 자료 수집 방법의 변경으로 인해 '심리·정서적 지원'이라는 항목으로 흡수 변경되었다. 이는 복권 기금의 지원으로 2004년부터 실시한 피해자 보호 프로그램 운영이 반영된 것으로 가해자에 대한 교정·치료 프로그램도 추가되었다. 가정 폭력 상담소의 상담 결과에 따르면 가정 폭력 행위자는 배우자가 대부분을 차지하고 있어 가정 폭력의 대부분이 부부 폭력이라는 것을 알 수 있다.

2016년 전국 가정 폭력 실태 조사 결과에 의하면 부부 폭력의 피해는 여성이 남성에 비해 높은 수준의 신체적 상처(여성 20%, 남성 6.3%), 정신적 고통(여성 43.4%, 남성 18.9%) 및 위협, 공포심(여성 45.1%, 남성 17.2%)을 경험하는 것으로 나타났다. 또한 가정 폭력 발생 시 60% 이상이 신고 의향이 있다고 응답하여, 3년 전 55.0%보다 높아졌는데, 이는 지난 20년 동안 펼쳐진 여성 권익 증진 활동과도 무관하지 않을 것이다.

〈그림 10-2〉 1년간 부부 폭력률(2013년과 2016년 비교) (단위: %)

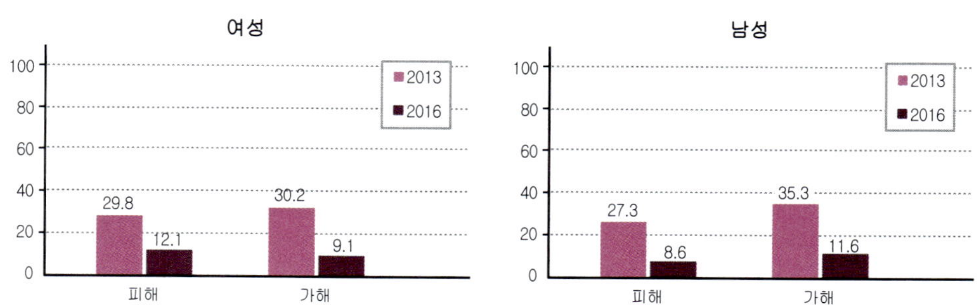

출처: 여성가족부(2017).

〈그림 10-3〉 가정 폭력 신고 의사 (단위: %)

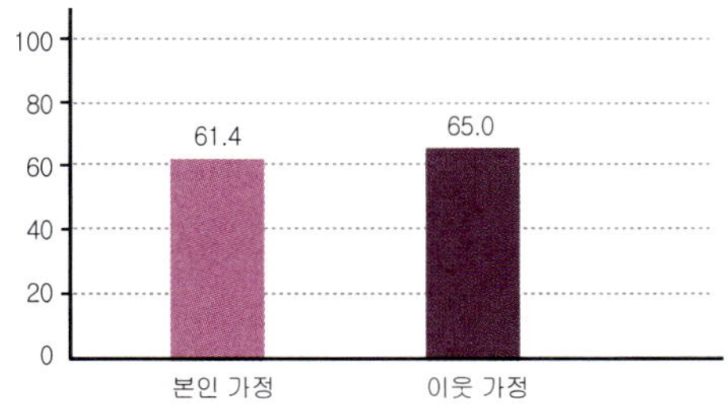

출처: 여성가족부(2017).

〈그림 10-4〉 부부 폭력 신고 의향 (단위: %)

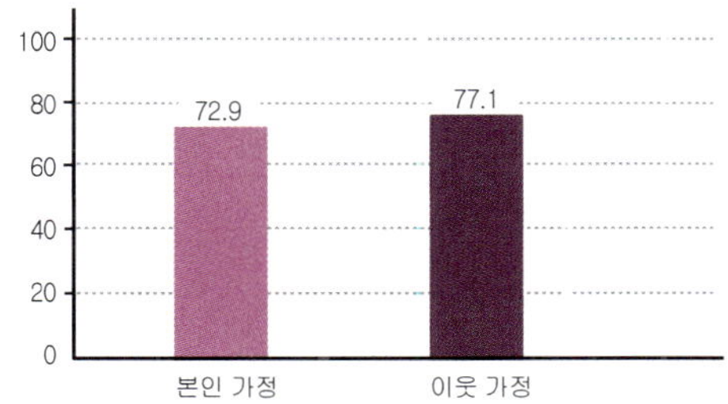

출처: 여성가족부(2017).

〈표 10-5〉 가정 폭력 피해자 지원 (단위: 건, %)

연도	피해자					
	계	심리·정서적 지원	수사·법적 지원	의료지원	시설 입소 연계	기타
2010	155,844	96,081	34,066	3,419	6,297	15,981
	100.0	61.7	21.9	2.2	4.0	10.3
2011	148,347	99,590	26,191	1,854	4,407	16,305
	100.0	67.1	17.7	1.2	3.0	11.0
2012	139,024	96,025	18,599	1,736	3,411	19,253
	100	69	13	1	3	14
2013	142,134	95,754	21,483	2,170	3,544	19,183
	100	67.4	15.1	1.5	2.5	13.5
2014	157,298	107,073	20,262	4,221	3,196	22,546
	100	68	12.9	2.7	2	14.3
2015	178,369	123,845	21,188	3,019	3,007	27,310
	100	69.4	11.9	1.7	1.7	15.3
2016	184,821	124,206	21,996	3,194	2,547	32,878
	100	67.2	11.9	1.7	1.4	17.8

출처: 여성가족부(2017).

〈표 10-6〉 가정 폭력 피해자 연령 (단위: 명, %)

연도	계	연령			
		19세 미만	19~60세 미만	60세 이상	미상
2010	102,677	4,150	83,265	6,068	9,194
	100.0	4.0	81.1	5.9	9.0
2011	96,584	3,575	77,942	7,863	7,204
	100.0	3.7	80.7	8.1	7.5
2012	94,272	4,747	75,766	6,320	7,439
	100	5	80	7	8
2013	91,264	5,449	70,153	6,937	8,725
	100	6	76.9	7.6	9.6
2014	103,920	4,464	82,081	10,181	7,194
	100	4.3	79	9.8	6.9
2015	132,239	5,603	103,682	12,590	10,364
	100	4.2	78.4	9.5	7.8
2016	148,400	5,710	115,761	12,218	14,711
	100	3.8	78.0	8.2	9.9

출처: 여성가족부(2017).

〈표 10-7〉 가정 폭력 가해자 지원 (단위: 건)

연도	계	일반 상담	교육 프로그램 운영	타 기관 의뢰	기타
2011	56,975	36,769	15,911	618	3,677
2012	53,426	33,554	14,736	641	4,495
2013	51,586	31,182	16,500	884	3,020
2014	64,344	38,603	19,074	839	4,828
2015	64,680	35,360	22,189	1,035	6,096

출처: 여성가족부. 가정 폭력 상담 실적 통계(각 연도).

〈표 10-8〉 가정 폭력 가해자 유형 (단위: 명, %)

연도	계	배우자	과거 배우자	직계 존속	직계 비속	계부모	동거하는 친족	기타
2010	102,069	83,405	2,704	6,835	2,329	647	1,315	4,834
	100.0	81.7	2.6	6.7	2.3	0.6	1.3	4.7
2011	98,228	80,970	2,890	6,067	2,105	870	985	4,341
	100.0	82.4	2.9	6.2	2.1	0.9	1.0	4.5
2012	94,492	78,998	1,914	5,861	2,588	437	825	3,869
	100	83.6	2	6.2	2.7	0.5	0.9	4.1
2013	90,678	73,341	2,568	7,782	2,624	541	857	2,965
	100	80.9	2.8	8.6	2.9	0.6	0.9	3.3
2014	106,648	87,579	2,146	8,622	2,829	629	948	3,895
	100	82	2	8.1	2.6	0.6	0.9	3.7
2015	129,359	104,668	2,139	9,302	3,511	366	935	8,438
	100	80.9	1.7	7.2	2.7	0.3	0.7	6.5
2016	146,938	114,957	2,337	12,904	5,082	774	2,265	8,619
	100	78.2	1.6	8.8	3.5	0.5	1.5	5.9

출처: 여성가족부(2017).

주: 1) 피해자 1인에 대한 다수 가해자 모두 표기, 피해자 총계와 불일치.

2) 폭력에 대한 정의와 원인

가정 폭력은 개인적 요인과 사회적 요인들이 복합적으로 상호 작용하여 발생한다고 볼 수 있다. 첫째로 일어나는 것은 육체적 학대로 주먹으르 때리고 발길질을 하고, 넘어뜨린다거나 계단 밑으로 떨어지게 한다거나, 물건을 들어 사람에게 던지든가, 깨진 병이나 작대기나 무기를 사용하여 심각하게 상처를 주든가, 죽이는 경우까지 발생할 수 있다. 둘째로 성적 학대를 들 수 있다. 결혼 관계에서의 성적인 학대가 일어날 때 그것은 부부 강간이라고 할 수 있겠다. 셋째는 심리적 학대이다.

가정 내에서 아내가 하는 일체의 문제를 남편이 지배할 때 그것은 육체적 학대에 근거를 둔 공포감을 동반하기 때문에 파괴적이다. 넷째는 기물 파괴이다. 그저 집 안에 있는 아무 것이나 마구 부시는 기물 파괴가 아니라 특별히 여성이 소유한 중요한 기물을 말한다. 아내의 기물을 파괴할 때에는 '이번에는 내가 네 물건을 깼지만 다음번에는 너를 때리겠다.'라는 의미가 들어 있기 때문에 중요하게 받아들여야 한다. 이상의 네 가지 학대 중 어느 것을 사용해서든지 아내를 지배하는 수단으로 학대를 이용한다.

미국에서는 한 해 300~400만 명의 여성이 남편이나 동거하는 남자로부터 폭력을 당하는 것으로 나타났으며, 한국은 기혼 여성의 40~50%가 결혼 생활 중 폭력을 경험한 것으로 나타나고 있다.

가정 폭력의 일반적인 원인들을 살펴보면 다음과 같다.

첫째, 개인적인 병리 현상으로 설명된다. 행위자는 일정한 성격적 특성, 성격적 장애를 가지고 있다는 것이다. 발달 과정상의 자애, 정신 지체, 정신 질환, 약물 남용 등의 영향으로 적절한 상황 판단 능력, 공격 성향의 통제 능력이 약화되어 폭력이 발생한다는 것이다.

둘째, 가정 폭력의 사회화 현상이다. 사회학습이론과 역할모델이론은 성장 과정 중 부모가 폭력적으로 문제를 해결하는 것을 보았을 경우 성인이 되었을 때 폭력적인 수단에 호소할 가능성이 높다. 가정 폭력의 세대 전수 가능성으로 설명된다.

셋째, 스트레스이론이다. 개인이 가지고 있는 각종 자원을 초과하는 부담스러움이 어떤 개인에게 장기적으로 주어질 때 경험하는 상태를 스트레스라고 하는데 이러한 현상에서 개인은 자포자기의 심정으로 폭력을 행사한다는 것이다. 심리적 좌절 상태에서 행하는 가정 폭력이 여기에 포함되는데 좌절 공격 이론은 어떤 목표 추구가 좌절되었을 때 욕구 불만의 결과로 공격적 행위가 발생한다는 이론이다. 모든 사람들이 공격적으로 되는 것은 아니나 일부의 사람들은 욕구 불만을 해소하기 위해 타인에 대하여 공격적인 행위를 하거나, 자신에게 자해 행위를 하거나 자책감에 빠지기도 한다. 남성들의 경우 좌절로 인한 욕구 불만을 가정에서 아내나 자녀를 통해 해소하려고 할 때 가정 폭력이 발생한다고 본다.

넷째, 사회적 고립이다. 사회적으로 고립되어 사회적 지지 체계가 상실되어 있는 가정에서 가정 폭력이 많이 발생한다는 것이다. 이 상황에서는 주위의 도움이 차단되거나 제한되어 있어 가정 또는 개인은 사회적, 개인적 스트레스를 혼자 감당해 내야만 하기 때문에 가정 폭력이 발생할 가능성이 높다고 보는 것이다. 또한 가정 폭력이 일어나도 중재 역할을 담당할 사람이 없어 가정 폭력 가능성은 더욱 높아진다.

다섯째, 사회·문화적 구조에서 가정 폭력의 원인을 찾는다. 부부 사이의 권력 관계, 주도권 싸움이 여기에 해당된다. 성적 불평등이 팽배한 가부장적 사회 구조 아래에서 가정 폭력이 많이 발생하며, 남편과 아내가 모두 또는 둘 중의 하나가 낮은 권력과 지위를 갖고 있을 때 폭력이 더 많이 발생한다는 것이다. 또한 아내가 학력 수준 또는 직업 지위에 있어 남편보다 더 높을 때 남편으로부터 폭력을 더 많이 당할 수 있다고 간주한다. 남편은 사회에서 기대되는 권력을 갖고 있지 않을 때 권력, 특히 배우자로부터 권력을 얻기 위한 수단으로 폭력을 사용할 수 있다고 본다. 반면, 남편이 자원을 많이 갖고 있을수록 신체적 폭력을 사용할 가능성이 낮다고 보고되고 있다. 같은 맥락에서 남편이 우월한 지위를 유지할 수 없는 가족에서 폭력이 보다 팽배한 것으로 드러나고 있다.

3) 가정 폭력으로 인한 문제점과 치료

• 폭력의 수용

– 제1기(분노의 시기) : 폭력을 당하는 초기에는 분노심, 수치심, 자존심의 손상으로 가득 차 있지만 수치심과 자존심 때문에 누구에게도 그 사실을 말하지 못하고 비밀로 한다.

– 제2기(공포의 시기) : 폭력이 반복되면 또 다시 폭력을 당할까봐 공포에 떨고 보복이 두려워 어디 가서 하소연도 하지 못하고 침묵을 지킨다. 이 시기부터 공포가 계속 반복되는데, 폭력 상황 혹은 남편과 관련된 상황을 회상하거나 기억에 떠오를 때는 공포에 휩싸인다. 남편과 비슷한 사람만 보아도 기절을 하거나 두려움, 불안, 우울, 위축감, 무력감, 절망감, 불면증, 가슴 떨림, 호흡 곤란, 신경 과민, 정신이 멍해지는 등의 외상 후 스트레스 장애(PTSD ; Post Traumatic Stress Disorder)가 생긴다.

– 제3기(무기력의 시기) : 폭력에 계속 시달리다 보면 외상 후 스트레스 장애와 더불어 낮아진 자존심과 공포 때문에 독립할 정신적 능력이 결여되어 아주 무기력하게 남편의 폭력에 순종하게 된다. 남편의 폭력에 대처할 아무런 힘이 없고 매사에 결단을 못 내리고 맞아 죽더라도 남편에 의지해서 살 수밖에 없다는 철저한 체념과 우울 속에 산다.

• 폭력의 상대화, 사소화

자신이 당하는 폭력을 남들과 비교하여 상대화하고 사소한 문제(부부 싸움, 흔히 있을 수 있는 일)로 치부한다. 특히 심각한 폭력이 일어나고 있는 관계에서는 아내나 남편 모두 폭력에 둔감해져서 정도가 약한 폭력은 폭력이 아니라는 생각을 한다. 따라서 남편의 폭력이 아내로서는 때린 후에 당연히 미안해할 것이므로 용서를 해주거나 혹은 애들을 봐서 참고 살아야 하는 폭력으로 인식한다. 이미 '견디기'로 결심한 이상 폭력 가정에 머물러 있는 상황을 스스로 설득하거나, 혹은 혼란 상태에서 갈등한다. 아내는 시간이 지나면, 혹은 아이를 낳으면 남편이 나아질 것이라는 학습된 희망으로 폭력 상황을 견딘다. 폭력을 '있는 그대로' 해석한다면 남편·가족을 떠나야 하는 더 큰 문제와 마주해야 하기 때문에 분열과 혼란, 끝없는 고민과 질문 속으로 자신을 밀어 넣는다.

• 폭력의 비밀화

사회의 몰이해로 피해 여성은 자신을 비난하는 희생양이 된다. 폭력을 당하는 아내에게 있어서 피해 사실은 나의 고통, 나의 피해 이전에 집안 문제이며 남이 알면 부끄러운 일이다. 따라서 가족·남편의 명예가 자신의 행동에 달려 있다고 생각하는 아내는 피해 사실을 숨긴다. 혹은 가해 사실을 경찰, 검찰에 신고하려 해도 '사소한 일을 가지고 사내 앞길 가로 막는다.'는 사회적 비난을 받거나 합의를 종용받고 갈등하며 스스로를 고립시킨다.

• 구타당하는 아내의 행동

– 첫 인상이 다르다 : 경계, 의심, 기죽어 있거나 객기를 부리거나 한다.
– 뭔가 숨기는 태도를 보인다.
  부부 관계에 대해 솔직한 대답을 안 한다.
  남편의 주벽, 외도, 낭비, 성격 차이로 핑계를 댄다.
– 임상 증상이 복잡하다.
  허리, 배, 옆구리, 머리, 가슴 등 동통을 호소한다.
  우울, 불안, 공포, 히스테리, 자살 사고, 건강 염려 등이 많다.
– 치료자의 지침을 따르지 않는다 : 사사건건 시비를 걸고 약속을 잘 안 지킨다.
– 치료에 대한 반응이 없고 기괴한 반응 표출이 많다 : 회복되지 않아야 안 맞는다는 이차적 이득의 영향을 고려한다.
– 의료적 방문을 여러 곳으로 다니는 경향성이 높게 나타난다.

• 아내 폭력의 경우

– 신체적인 상해 : 골절, 이 부러짐, 고막 파열, 타박상, 사망

– 심리적인 문제 : 낮은 자존감, 무가치함, 불안, 우울증, 두려움

– 구타자의 위험 : 구속, 이혼, 정서적 압박감, 친권 상실, 사회적 비난

• 아동 폭력의 경우

– 정서적인 상처 : 철수 경향, 분노, 공격심, 수치심

– 신체적인 영향 : 사망까지 이를 수 있음

– 개인 병리 현상 : 정신·신체 증상, 정신 증상, 행동 장애

– 사회 병리 현상 : 폭행 상습자(가정·사회에서), 폭력 희생자(구타당하는 아내로)

• 문제시되는 부부 폭력의 경우

– 때리고 싶은 충동이 일어나면 폭력을 행사한다.

– 때릴 구실을 만들어서 폭력을 행사한다.

– 무엇이든지 걸려들면 때린다.

– 때리고 나면 긴장이 풀린다.

– 이러한 현상이 주기적으로 일어난다.

• 치료의 7단계

– 1단계 : 상황 파악 단계

– 2단계 : 응급 처리 단계

– 3단계 : 관계 형성 단계 I

해결 방향 모색의 자세로 피해자에게 자극적 언행을 삼가야 한다.

폭력과 관계된 사항만 중점적으로 다루어야 한다.

– 4단계 : 관계 형성 단계 Ⅱ

폭력에 초점, 폭력 예방, 감소 방법 모색, 지원 체계를 확보한다.

남편에 대한 대책을 마련하고, 이혼 문제는 신중히 다룬다.

– 5단계 : 정신 치료 단계

손상된 자존심 회복, 자아 강화, 독립심 신장을 치료 목표로 한다.

(견디는 힘 키워 주기 방법 : 말하라! 알라! 인생을 생각하라!)

– 6단계 : 문제 해결 단계

이혼과 관련하여 충분히 탐색토록 한다.

직업 등 경제적 문제, 자녀 문제, 주거 문제, 보복 가능성을 고려한다.

– 7단계 : 재활 치료 단계

환경의 변화, 환경의 재적응, 대처 능력 키우기에 초점을 맞춘다.

• 매 맞는 아내를 위한 전략(ABCDES)

– Alone(혼자)가 아님을 확인시킨다. 다른 사람들도 같은 상황에 있다는 것과 도와줄 수 있음을 알린다.

– Belief(신념)을 부여한다. 여성에 대한 폭력은 어떤 상황에서도 용납될 수 없는 것임을 확신시킨다. 피해 여성 스스로 자기 보호와 경계를 받아들일 수 있도록 돕는다.

– Confidentiality(비밀 보장)를 유지해 준다. 학대에 노출된 아내는 남편의 보복을 두려워하므로 신변 보호를 위한 비밀 유지에 힘쓴다.

– Documentation(문서)으로 남긴다. 폭력에 대한 손상 정도, 폭력의 특성을 객관적인 진술로 기록하며 증거물 또는 컬러 사진을 찍어 객관적인 증거 자료를 확보한다.

– Education(교육)을 시킨다. 재발 가능성, 악화될 수 있는 폭력 주기, 선택적인 대안책에 대해서 교육한다.

- Safety(안전)를 유지한다. 피해 여성에게 도움을 받을 수 있는 자원 제공 및 법적 대응책 강구에 대한 정보를 제공한다.

4) 가정 폭력에 대한 잘못된 통념

- 가정 폭력은 부부 싸움이다.
- 맞을 짓을 했으니까 맞는다.
- 가정 폭력은 사소한 일이다.
- 자식이 잘못하면 때려서라도 가르쳐야 한다.
- 맞고 사는 사람에게 문제가 있다.
- 가해자는 성격 이상자나 알코올 중독자이다.
- 남의 집안일이니까 간섭해서는 안 된다.
- 남자는 남자답게 여자는 여자답게 길러야 한다.
- 가정 폭력은 학력이 낮거나 가난한 집에서 일어난다.
- 요즘은 맞고 사는 남자도 많다.

5) 가정 폭력 피해자 권리 헌장

- 폭력을 당하지 않을 권리
- 피해 상황에 대한 피해자로서 대우받을 권리
- 폭력을 행하는 배우자와 가족을 법적으로 고소할 권리
- 맞을 짓을 했으니 맞았다고 비난당하지 않을 권리
- 이혼녀라고 비난받지 않고 이혼할 수 있는 권리
- 한 부모 가족의 자녀라고 비난받지 않을 권리
- 불면, 불안, 악몽, 두려움, 초조함, 분노 등 피해 후 증상들을 표현할 권리
- 가족이나 친구 등 주변으로부터 정서적으로 지지받을 권리
- 피해에 대해 주변인에게 말할 권리 또는 말하지 않을 권리

– 피해를 극복하고 어려움을 이겨내기 위해 필요한 모든 정보와 지지를 주변, 관변 단체, 사회로부터 제공받을 권리
– 두려움에서 벗어나 스스로의 삶에 대한 자신감을 되찾을 권리
– 자녀를 양육할 수 있는 권리
– 자기 인생의 주인으로 행복해질 권리

2. 성폭력

성폭력(gender violence)은 여성에 대한 제반 폭력(violence against women)과 성(sexuality)을 매개로 한 폭력(sexual violence), 즉 상대방의 의사에 반하여 육체적, 심리적, 혹은 경제적 압력을 가하여 행하는 성행위를 말한다. 상대방이 성 결정 능력이 없거나 의사 표현 능력이 없는 것을 이용하여 행하는 성행위도 포함된다(어린이, 장애인 등을 상대로 한 성폭력). 성폭력의 개념을 명확히 규정짓는 것은 매우 어려운 일이다. 각 개인의 성에 대한 가치관에 따라 혹은 폭력에 대한 인식에 따라 달라지기 때문이다. 현행 「성폭력특별법」에 따르면 성폭력을 '정조에 관한 죄' 혹은 '풍속에 관한 죄'로 다루고 있어 기존의 인식을 대변하고 있다. 「성폭력특별법」에 따르면 성폭력은 상대방의 동의 없이 강제적으로 성적 행위를 하거나 성적 행위를 하도록 강요, 위압한 행위로 정의된다.

성폭력의 범위는 성희롱, 성추행, 성기 노출, 강간 미수, 강간, 윤간, 강도 강간, 성적 가혹 행위, 음란물 보여 주기, 음란물 제작에 이용, 매춘 행위 강요, 음란 전화, 인신매매, 어린이 성추행, 아내 강간 등 모든 신체에 가해지는 물리적 폭력과 음란한 말이나 눈짓, 정신적인 학대도 모두 포함된다.

그러나 법적 개념은 각각의 성폭력 행위들을 분리된 것으로 보고 있다. 각각의 행위가 성립되었는가의 여부만을 중심으로 보고 있기 때문에 강간의 법적 정의가 '여성의 동의 없이 여성의 성기에 남성의 성기를 삽입하는 행위'로 규정되어 있다.

그러므로 피해자의 저항이나 동의 여부, 성기의 삽입 여부만 따지게 되는 것이지만 성폭력은 특정 유형의 여성들만 겪는 문제가 아니며 모든 여성들의 공동의 문제이며 이의 해결도 개인적인 노력으로는 성취할 수 없는 사회 구조적 문제라고 보아야 한다. 성폭력은 성관계가 이루어진 것만이 아니라 여성에게 가해진 폭력이라는 것을 전제해야 한다.

우리 사회에서 성폭력 문제는 오랫동안 은폐되고 범죄로 인식되지 못하고 있다가 사회적으로나 문화적으로 사회적 통념과 편견이 팽배하던 1991년 개소한 한국성폭력상담소가 성폭력이 성별 권력 관계로 인해 발생하는 사회 구조적 문제라는 것을 알리고 대응하는 활동을 전개하면서 조심스럽게 속도를 내기 시작했다. 피해자는 단 한명도 똑같지 않았다.

드디어 1994년 「성폭력범죄의 처벌 및 피해자보호 등에 관한 법률」이 제정되면서 사회적 문제로 인식하게 되었다. 그동안 성폭력 방지를 위한 법적, 제도적 개선 방안들이 꾸준히 마련되어 왔으나 그럼에도 불구하고 성폭력 상담소의 상담 건수는 증가되고 있음을 보여 주고 있다.

최근 성폭력 사실을 공개하는 '미투(#Me Too)' 운동의 가해자들의 반응을 보더라도 한결같이 피해자의 경험과 절대 일치하지 않는다. 이는 아직도 우리 사회에 남아 있는 가부장적인 성 문화와 성에 대한 이중적인 편견 등에서 벗어나지 못하고 있는 남성들의 의식이 깨어나지 못했기 때문일 것이다. 사회 변화 또한 해석하는 관점이 이렇듯 다름에도 불구하고 성폭력이 여성에 대한 사회적 범죄로 인식되고 피해자를 위한 제도적 기반이 구축되면서 피해자의 적극적인 해결 의지와 함께 성희롱, 성폭력 고발은 점차 증가하고 있다.

이러한 현상은 더 이상 참고 또 참으며 살 수 없는 사람들의 선언이다. 인간의 존엄성을 지키기 위해 사회 근절 대책을 위한 다각적 추진 방향이 전개되고 있는 시점이다. 정부에서는 여성가족부 장관이 위원장인 범정부협의체를 구성하고 운영하면서 컨트롤 타워의 기능을 수행하고 있다.

「성폭력방지 및 피해자보호 등에 관한 법률」 제13조에 의거하여 피해자 보호를 위해서 성폭력 피해 상담소, 성폭력 피해자 보호 시설, 해바라기센터 등을 통해 성폭력 피해자 및 가족에 대한 상담, 보호, 의료, 법률, 수사 지원, 치유 회복 프로그램 등의 서비스를 제공하고 있다.

성폭력 피해 여성에게는 다양한 지원 서비스가 필요하다. 우선 성폭력이 발생했을 때 이에 대해 정밀한 조사가 실시되어야 하고 상황에 알맞은 개입이 시작되어야 한다.

〈표 10-9〉 성폭력 상담소 현황 (단위: 개소)

구분	합계	서울	부산	대구	인천	광주	대전	울산	경기	강원	충북	충남	전북	전남	경북	경남	제주	세종
성폭력 상담소	164 (24)	22 (4)	6 (1)	4 (1)	4 (2)	8 (1)	4 (2)	4 (1)	35 (3)	8	6 (1)	15 (2)	8 (1)	9 (1)	11 (2)	15 (2)	3 (1)	2
예산 지원	104 (23)	12 (4)	5 (1)	2	3 (2)	4 (1)	4 (2)	3 (1)	17 (3)	5	5 (1)	8 (2)	6 (1)	9 (1)	9 (2)	8 (1)	3 (1)	1

출처: 여성가족부(2018).

주: 1) 2017년 6월 기준 신고된 상담소(휴지 기관 2개소 포함), ( ) 수는 장애인 상담소 수

〈표 10-10〉 성폭력 피해자 보호 시설 (단위: 개소)

구분	합계	서울	부산	대구	인천	광주	대전	울산	경기	강원	충북	충남	전북	전남	경북	경남	제주	세종
전 체	30	2	2	1	1	2	2	1	5	1	2	1	2	2	2	2	2	–
일 반	16	2	1	1	1	1		1	3	1	1		2	1			1	
장애인	8		1			1	1		1		1	1		1			1	
특별 지원	4						1		1						1	1		
자립 지원 공동생활 시설	2														1	1		

출처: 여성가족부(2018).

주: 1) 2018년 1월 인가 시설 수 기준, 30개소 모두 국비 지원

〈표 10-11〉 성폭력 피해자 연령 (단위: %)

구분	2010	2011	2012	2013	2014	2015	2016
7세 미만	2.7	2.3	1.9	1.9	1.9	1.6	0.9
13세 미만	14.2	11.3	10.1	8.7	7.6	6.7	6.4
19세 미만	29.9	29.4	30.6	23.4	24.8	25.6	21.4
60세 미만	46.4	47.2	50.0	53.2	51.1	57.8	60.3
60세 이상	1.0	1.2	1.3	1.1	1.5	1.4	2.1
미상	5.9	8.6	6.2	11.7	13.1	6.8	8.9
합계	100	100	100	100	100	100	100

출처: 여성가족부(2016).

〈표 10-12〉 성폭력 가해자 유형 (단위: 건, %)

연도	계	친족 친인척 배우자	애인 동급생 후배	이웃	교사 강사	직장 동료 상사	모르는 사람	기타
2010	36,177	6,011	7,319	3,842	1,354	3,756	5,915	7,980
	100	16.6	20.2	10.6	3.7	10.4	16.4	22.1
2011	31,768	4,830	6,563	3,280	604	3,366	5,485	7,640
	100	15.2	20.7	10.3	1.9	10.6	17.3	24.0
2012	30,875	4,794	6,479	2,349	902	3,765	4,521	8,017
	100	15.5	21.0	7.6	2.9	12.2	14.6	26.1
2013	30,785	4,892	6,644	2,569	792	3,909	4,451	7,528
	100	15.9	21.6	8.3	2.6	12.7	14.5	24.4
2014	32,834	4,230	7,135	3,088	693	4,292	5,067	8,329
	100	12.9	21.7	9.4	2.1	13.1	15.4	25.4
2015	34,641	3,875	7,926	3,065	693	4,377	6,490	8,215
	100	11.2	22.9	8.8	2.0	12.6	18.7	23.7
2016	31,860	3,634	6,971	2,323	838	4,163	6,635	7,296
	100	11.4	21.9	7.3	2.6	13.1	20.8	22.9

출처: 여성가족부(2016).

〈표 10-13〉 **성매매 피해자 지원 시설 및 상담소 현황**(2018년 3월 기준) (단위: 개소)

구 분		계	서울	부산	대구	인천	광주	대전	울산	경기	강원	충북	충남	전북	전남	경북	경남	제주
계		96	21	10	7	3	5	4	2	12	2	2	3	4	6	3	9	3
성매매 피해 상담소		29	6	2	2	1	1	1	1	4	1	1	1	1	3	1	2	1
지원 시설	일반 지원 시설	25	5	3	2	1	1	1	1	3	1	1	1	1	1	1	1	1
	청소년 지원 시설	14	5	2	1	–	1	1	–	–	–	–	–	–	1	1	2	–
	외국인 지원 시설	1	–	–	–	–	–	–	–	1	–	–	–	–	–	–	–	–
	자립 지원 공동생활 시설	13	3	2	1	–	1	–	–	1	–	–	1	1	–	–	3	–
	자활 지원 센터	12	1	1	1	1	1	1	–	3	–	–	–	1	1	–	–	1
	대안 교육 위탁 기관	2	1	–	–	–	–	–	–	–	–	–	–	–	–	–	1	–

출처: 여성가족부(2018).

1) 성폭력에 대한 대응 방법

- 성폭력, 특히 강간 사고가 일어났을 때

– 증거를 보전한다.

– 씻거나 옷을 갈아입지 말고 곧장 병원이나 경찰서로 간다.

– 성폭행 당한 자리도 그대로 둔다.

– 증거품은 반드시 습기가 차지 않는 종이 가방에 보관한다.

– 피해 후에 술이나 약을 먹지 않는다.

- 주위에 도움을 요청한다.

– 목격자를 확보하거나 누군가에게 알려 두면 나중에 증인으로 부를 수 있다.

- 성폭력 상담소나 보호 시설을 찾는다.

– 병원에 간다.
– 당장은 고소, 고발할 생각이 없더라도 24시간 이내에 자료를 수집해 놓는다.
– 신체 손상 부위를 치료하고 구타 등 폭력 시 사진을 찍어 놓는 것이 좋다.
– 멍은 2~3일 후에 나타날 수 있으므로 그때 다시 찍는다.
– 진단서를 떼어 놓는다.
– 성병 감염에 대해 확인한다.
– 임신 가능성 여부를 확인한다.

- 전국 어디서나 국번 없이 1366(여성 긴급 전화)으로 전화해 도움을 청한다.

2) 성폭력 후유증

- 피해 직후 증상 : 남성에 대한 혐오, 수치심, 죄책감, 분노, 의욕 상실, 자기 혐오, 열등감, 공격적, 불면, 기억력 저하, 성에 대한 혐오 및 거부, 남성 기피, 대인 관계 장애, 과도한 성적 호기심

- 장기적 영향 : 자포자기, 자살 시도, 낮은 자아 존중감, 건망증, 고립감, 자기 파괴, 신경 쇠약, 관계 단절, 약물·알코올 중독, 가해자에 대한 증오심·복수심, 싫지만 매매춘 종사

- 피해 어린이 증상 : 악몽, 밤에 불을 켜고 자려 함, 잠자기를 두려워 함, 퇴행, 과식, 분노, 불안, 예민함, 혼자 있기를 두려워 함, 문단속 철저, 집중력과 성적 하락, 친구들과의 관계 기피, 신체적 증상 강박적

3) 성폭력 피해자 전담 의료 기관

여성가족부에서는 「성폭력방지 및 피해자보호 등에 관한 법률」에 근거하여 보건소(보건의료원 포함) 또는 보건지소, 의원급 또는 병원급 343개소(2017년 9월 기준) 의료 기관을 전담 의료 기관으로 지정하여 성폭력 피해자에 대한 의료 환경을 제공하고 있다.

4) 친족 성폭력

1991년 4월, 한국성폭력상담소가 문을 열었다. 개소 첫날부터 상담 전화는 폭주했다. 1년여 상담 통계를 낸 결과 전체 18%의 피해자는 가족 안에서 친척이나 인척에게 입은 성폭력 피해 상담이었다. 우리 사회에서 친족 성폭력이 드러나게 된 계기는 1992년, 딸이 13년간 자신을 강간한 의붓아버지를 남자 친구와 살해한 사건이었다. 가해자는 고위 공무원이었다. 피해자는 법정에서 "구속 후 감옥에서 보낸 시간이 지금까지 살아온 20년보다 훨씬 편안했다."고 진술했다. 이 사건은 「성폭력특별법」을 제정하는 직접적인 계기가 됐다. 친족 성폭력은 현행법상 사촌 이내의 혈족과 인척, 그리고 동거하는 친족이 저지르는 성폭력을 의미한다. 성폭력특별법 이전에는 '근친상간'이라는 왜곡된 용어가 사용됐었다. 가족의 가치를 소중히 이어 온 우리 사회에서 가족은 언제나 든든한 안전판이라고 믿었고, '중요한 타인(significant others)'이었던 친족 성폭력 가해자들이 그들의 보호 대상인 자식이나, 동생, 손녀, 조카 등을 성적 대상으로 이용한다는 사실은 그 누구라도 외면하고 싶은 불편한 진실이다. 실제 피해자들의 수기가 출간되고, 다큐멘터리도 제작됐다.

친족 성폭력은 피해자의 어린 시절부터 사랑을 위장해 시작되는 경우가 많다. 물리적인 폭력이 수반되지 않기에 피해자는 마치 특별한 사랑 표현으로 받아들이기도 한다. 시간이 지나면서 성폭력이라는 사실을 인지하게 됐을 때는 이미 피해자가 통제할 수 있는 수준을 넘어서 있다. 사실이 드러났을 때 가족의 반응 또한 다양했다. 그러한 사실을 없는 것처럼 해서라도 가족을 유지하고 싶어 하는 어머니도 있었고, 오히려 딸을 원망하는 어머니도 있었다. 이렇듯 친족 성폭력 피해자에게는 일반 가해–피해의 구도로 담아낼 수 없는 복잡한 현실이 있다. 한국성폭력상담소에서는 친족 성폭력 피해자 쉼터인 '열림터'를 마련했다. 열림터는 성폭력 피해자들이 일상을 회복하고 상처를 치유할 뿐만 아니라 자립해 세상 속에서 살아가기 위한 삶의 터전으로 자리 잡았다.

5) 스토킹, 데이트 폭력

그동안 우리 사회에서는 가정 폭력, 성폭력 등 여성에 대한 폭력의 심각성을 인식하고 이를 근절하기 위한 법, 제도적 인프라를 구축하였으며, 이를 토대로 관련 정책을 추진해 왔다.

그러나 스토킹, 데이트 폭력 역시 대부분의 피해자가 여성임에도 불구하고 아직 이에 대한 법적 규제가 미약하여 여성 폭력에 대한 사각지대로 평가된다. 특히 인터넷과 스마트폰의 발달로 정보 통신 기기를 이용한 사이버 성폭력도 사이버 공간의 사용자 증가에 따라 우리 사회에서 새로운 성폭력 유형으로 등장, 더욱 다양해지고 있다. 사이버 성폭력은 시공간적 무제한성, 그리고 물질적인 증거 확보의 어려움 등으로 많은 경우 여성이 피해자가 되고 있다. 사이버 스토킹, 스토킹, 데이트 폭력 등에 의한 심각한 피해가 사회 문제화되면서 이에 대한 대책 방안 마련이 요구되고 있다.

스토킹, 데이트 폭력 행위는 이 행위가 「형법」상 폭행(제260조), 협박(제283조), 주거 침입(제317조), 주거 및 신체 수색(제321조), 명예 훼손(제307조), 모욕(제311

조), 강요(제324조) 등의 구성 요건에 해당할 경우에 처벌할 수 있다. 이처럼 특정 유형의 스토킹, 데이트 폭력의 경우, 현행법에 따른 형벌 법규를 적용하여 처벌할 수 있다고 하더라도 이는 표면적 행위의 외관만을 포착한 것이며 본질적인 측면의 규제에는 미치지 못하는 것이 현실이다. 또한 스토킹, 데이트 폭력과 같은 관계 속의 폭력의 경우, 현행법상 형벌 법규를 적용하여 처벌할 수 있는 시점에서는 피해자가 이미 심각한 피해를 입은 경우가 대부분이다. 이에 따라 보다 빠른 시점에서 피해자를 보호하고 스토킹, 데이트 폭력이 심각한 폭력 범죄로 발전하기 이전에 효과적으로 피해를 예방하는 것이 필요하다.

3. 여성 긴급 전화(1366) 지원

가정 폭력과 성폭력 문제에 대해서는 그동안 피해자 보호에 중점을 둔 시책을 펼쳐 왔으나, 여성가족부의 주요 사업으로 자리 잡은 가정 폭력·성폭력 방지 및 피해자 보호 등의 업무는 '피해자 보호 강화 시책'과 함께 발생 예방을 위한 '사전 예방 정책'을 병행하고 있다.

여성가족부에서는 가정 폭력, 성폭력, 성매매 등으로 긴급한 구조, 보호 또는 상담을 필요로 하는 여성들이 언제라도 전화를 통해 피해 상담을 받을 수 있도록 전국적으로 통일된 국번 없는 특수 전화 '1366'을 365일 24시간 운영하고 있으며, 여성 인권을 보호하고자 기능을 강화하고 있다.

주요 임무는 여성 폭력 피해자에 대하여 신고 접수 및 긴급 상담, 관련 기관 및 시설과의 연계, 피해자 긴급 구조 지원 등이다. 이를 위하여 전문 상담소에 연계가 곤란한 야간, 휴일 등 특정 시간에는 1차 긴급 상담 후 익일 오전 전문 상담소로 연계 조치한다. 폭력 피해자에 대한 적절한 위기 개입이나 상담 활동, 긴급한 구조를 위해 112, 119 등과 연계 조치하며, 관련 상담, 의료, 법률 구조 기관 또는 보호 시설 등에 대한 정보 및 폭력 피해자가 요청하는 사항 등을 제공한다. 데이트 폭력, 스토킹 피해 여성 등에 대한 긴급 상담 및 임시 보호 등도 지원한다. 근거 법령은 「가정폭력방지 및 피해자보호 등에 관한 법률」에 의거하여 운영 주체 및 시설 설치 기준, 종사자 임면 및 근무 방법을 따르며, 운영 체계는 24시간 Hot-Line 운영, 긴급 보호 조치, 유관 기관과의 네트워크 구축, 정보 교류 및 자원 공유를 위한 지역 사회 자원의 DB 구축, 홍보 계획 수립 및 실시, 상담 기록의 보존, 개인 정보 보호, 재난 및 안전 사고 등에 대비한 안전 교육 실시 의무를 다해야 한다.

〈그림 10-5〉 여성 긴급 전화 운영 체계

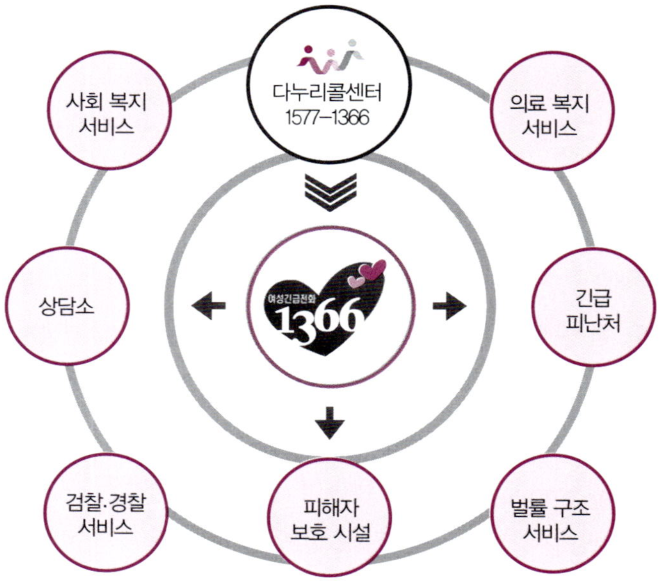

✻ 저는 오늘 꽃을 받았어요

– 작자 미상 –

저는 오늘 꽃을 받았어요.
제 생일이거나 무슨 다른 특별한 날이 아니었어요.
우리는 지난 밤 처음으로 말다툼을 했지요.
그리고 그는 잔인한 말들을 많이 해서 제 가슴을 아주 아프게 했어요.
그가 미안해하는 것도 저는 알아요.
왜냐하면 오늘 저에게 꽃을 보냈거든요.

저는 오늘 꽃을 받았어요.
우리의 결혼기념일이라거나 무슨 다른 특별한 날이 아닌데도요.
지난 밤 그는 저를 밀어붙이고는 제 목을 조르기 시작했지요.
마치 악몽 같았어요.
정말이라고 믿을 수가 없었어요.
온 몸이 아프고 멍투성이가 되어 아침에 깼어요.
그가 틀림없이 미안해할 거예요.
왜냐하면 오늘 저에게 꽃을 보냈거든요.

저는 오늘 꽃을 받았어요.
그런데 어머니 날이라거나 무슨 다른 특별한 날이 아니었어요.
지난 밤 그는 저를 또 두드려 팼지요.
그런데 그전의 어떤 때보다 훨씬 더 심했어요.
제가 그를 떠나면 저는 어떻게 될까요?
어떻게 아이들을 돌보죠?
돈은 어떻게 하구요?
저는 그가 무서운데 떠나기도 두려워요.
그렇지만 그는 틀림없이 미안해할 거예요.
왜냐하면 오늘 꽃을 보냈거든요.

저는 오늘 꽃을 받았어요.
오늘은 아주 특별한 날이에요.
바로 제 장례식 날이었거든요.
지난 밤 그는 드디어 저를 죽였어요.
저를 때려서 죽음으로 이르게 했지요.
제가 좀 더 용기를 갖고 힘을 내서 그를 떠났더라면
저는 오늘 아마 꽃을 받지는 않았을 거예요.

제11장 여성 노인

여성 노인 문제는 그동안 여성으로 살아오면서 누적된 성차별의 결과로 나타나는 경제, 건강 및 정서적 문제이다. 전통 사회에서는 아들 하나를 얻으면 확실한 생명 보험에 가입해 놓은 듯한 보장이 있었겠으나, 이제 자녀들을 통하여 안전한 노후를 보장받을 수 있는 사회는 더 이상 존재하지 않는다. 시간이 흐름에 따라 좌절은 더 깊어만 가고 두려움 또한 깊어갈 것이 자명한 여성 노인들의 복지 향상을 위해 어떤 대책을 마련해야 할 것인가를 생각해 본다.

1. 노인 인구의 여성화

세상에 늙고 싶은 사람은 없다. 그러나 21세기는 고령화 시대(era of population aging)다. 인구의 고령화는 전 세계적으로 보편적인 현상이 되었다. 우리나라 국민의 평균 수명은 사회·경제 발전에 따른 국민 생활 수준의 향상과 보건 의료 수준의 향상으로 꾸준한 증가세를 보여 왔다. 1971년 남녀의 평균 수명은 각각 59.0세, 66.1세였으나 그 후 빠른 속도로 증가하여 1991년에는 남자 67.7세, 여자 75.9세로, 2010년에는 남자 77.2세, 여자 84.0세로, 2016년에는 남성 79.3세, 여성 85.4세로 증가하였다(통계청, 2016). 남녀 간 평균 수명 차는 통계청이 생명표 작성을 시작한 1971년 이후 매년 벌어졌다가 미미하나마 줄어들기 시작하여 2016년에는 여자의 평균 수명이 남자보다 6년 길었다. 이와 같은 수준은 OECD 30개 회원국 평균과 비교해 남성은 1.4년, 여성은 2.3년 길었으나, 질병이나 사고로 인해 유병 상태로 보내는 기간은 남성 14.6년, 여성은 20.2년으로 남녀 평균 일생의 78.8%만 건강하게 보내는 것으로 예측되었다. 이렇듯 고령화 사회의 노인 문제는 곧 여성 문제라는 등식이 성립된다. 남녀 간 평균 수명 차이가 줄어드는 현상은 남편이 사망한 뒤 아내가 홀로 살거나 재혼해 사는 기간이 다소나마 줄어든 셈이다.

노인 문제가 여성 문제라고 하는 첫째 이유는, 연상의 남편과 사별의 가능성이 높은 '노인으로서의 여성' 비율이 남성보다 높고, 노후의 빈곤 문제나 건강 문제가 여성 노인의 문제인 경우가 많기 때문이다. 두 번째 이유는, '노인을 돌보는 이로서의 여성'의 비율 역시 남성보다 높다는 데서 찾을 수 있다. 노인 인구의 증가는 곧 장기적 요양 보호를 필요로 하는 노인이 점차 늘어나게 됨을 의미한다. 여성 노인들의 입장과 삶의 현실이 반영된 노인 복지가 실현되려면 우선 여성 노인에 대한 편견과 차별 문제가 해결되고 거시적인 정책 차원에서는 성 인지적 접근이 이루어져야 한다고 하지만 과연 어떻게 재구성될 수 있을 것인가가 관건이라고 하겠다.

〈표 11-1〉 남녀 평균 수명 추이 및 전망(1971~2050년) (단위: 세)

구 분	1971	1981	1991	2002	2010	2020	2030	2050
계	62.3	66.2	71.7	77.0	79.1	81.0	81.9	83.3
남 자	59.0	62.3	67.7	73.4	76.2	78.2	79.2	80.7
여 자	66.1	70.5	75.9	80.4	82.6	84.4	85.2	86.6
차 이	7.1	8.2	8.2	7.0	6.4	6.2	6.0	5.9

출처: 통계청(2005). 장래 인구 특별 추계.

〈표 11-2〉 기대 수명 및 건강 수명 추이 (단위: 세)

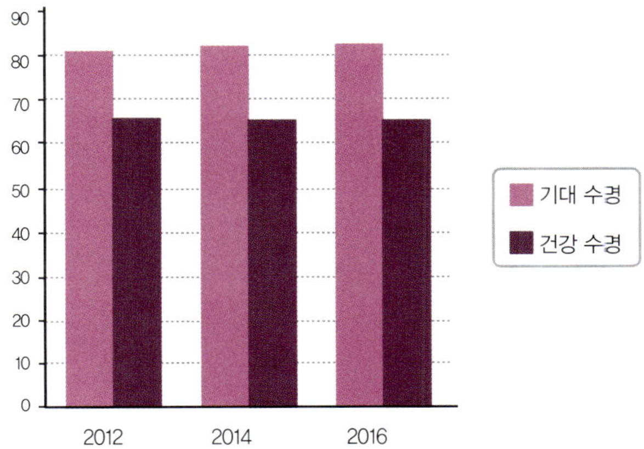

구분	2012	2014	2016
기대 수명	80.87	81.80	82.36
건강 수명	65.70	65.20	64.90

출처: 보건복지부(2017).

2. 고령 사회의 여성 문제

1) 여성 노인의 문제

오늘날 노인 문제가 여성 문제라고 인식되는 이유는 '노인으로서의 여성'의 비율이 남성보다 높고, 특히 가부장적 가치가 지배하는 사회 구조 속에서 발생하는 노후의 빈곤 문제나 건강 문제는 여성 노인의 문제인 경우가 더 많기 때문이다. 이른바 '노인의 3苦'라 일컬어지는 빈곤, 질병, 소외의 측면에서도 여성 노인들은 남성 노인을 포함한 타 연령 집단의 여성들과 비교하여 더 어렵고 취약한 상황에 처해 있다.

노인 문제는 개인적인 문제와 사회적인 문제로 대별할 수 있다. 개인적인 노인 문제는 어느 특정한 개인에게 일어나는 문제이다. 즉 개인이나 가족의 잘못으로 일어나는 가족 차원의 문제를 말하는데, 다른 사람들과 잘 어울리지 못한다든가, 과도하게 음주를 한다든가, 천식같은 특별한 질병이 있다든가, 맞벌이 부부나 핵가족, 1인 가구 증가 등 가족 구조가 변한 것 등을 들 수 있다.

사회적인 노인 문제는 많은 노인에게 공통적으로 일어나는 문제이다. 사회의 제도나 변화로 인해 일어나는 문제를 말하는데 퇴직하여 수입이 줄어들거나 없어지는 것, 퇴직으로 인하여 할 일이 없어 무료하게 시간을 보내는 것, 집안에서 간병이나 시중을 받기 어려운 것, 가족이나 사회에서 소외되어 고독감을 느끼는 것 등이다.

노인 문제는 다양하고 복잡하지만 크게 네 가지로 묶어서 말할 수 있다. 첫째, 소득이 부족하거나 없어서 생계 유지가 어려워 인간다운 생활을 영위하기 어려운 것(경제적 문제), 둘째, 질병이 생기거나 사고를 당해 치료를 제대로 받을 수 없거나, 질병이나 장애로 인하여 다른 사람으로부터 수발을 받아야 하지만 이를 제대로 받을 수 없는 것(건강 보호 문제), 셋째, 가정이나 사회에서 뚜렷이 할 일이 없고 무료하게 시간을 보내는 것(역할 상실과 여가 활동 문제), 넷째, 가정과 사회에서 심리적으로 소외되고 고독감을 느끼게 되는 것(심리적 소외와 고독 문제) 등으로 나눌 수 있다.

현재 여성 노인의 대부분은 일생 동안 가정을 중심으로 자녀 양육과 가사를 전담해 왔고 노후에도 자녀들과 함께 살기를 희망하며, 손자·손녀들의 양육과 가사 노동에 직접 참여하는 삶을 경험하고 있다. 그동안 남성 중심적인 가치가 지배하는 사회에서 일생을 살아 온 여성 노인들은 사회 구조 및 문화적 측면에서 참여의 기회가 제한되어 있었기 때문에 상대적으로 불리한 위치에 놓여 있다. 따라서 여성 노인들의 빈곤 문제를 예방하고, 사회 참여를 확대시키기 위해서는 이들이 가정이나 사회에서 격리되거나 소외되지 않고, 젊은 세대와 상호적인 관계 속에 다양한 사회 활동에 참여할 수 있는 대책을 마련할 필요가 있다.

2) 노인 부양 여성의 문제

한국 사회에서 노인의 문제는 가정에서 노인의 주 수발자 역할을 담당하고 있는 타 연령층의 여성 문제와도 깊이 연관되어 있다. '노인을 돌보는 이로서의 여성'의 비율 역시 남성보다 높다. 장기요양 보호를 필요로 하는 노인의 수발을 직접 담당하는 인력은 약 80%가 여성이다. 그러나 핵가족화와 여성의 사회 참여 확대 등으로 가족의 노인 부양 기능이 약해지는 상황 속에서 노인의 생활 보호 및 자립 기반을 마련하기 위해서는 정부와 지역 사회의 보다 적극적인 개입이 요구된다. 노인 복지 체계의 미흡한 부분의 상당한 영역을 여성의 가사 노동과 재생산 노동으로 충당하고 있는 상황이며, 뿐만 아니라 그러한 역할은 다시 여성의 적극적 경제 활동과 사회 참여를 제한하는 요인으로 작용하고 있기 때문이다. 따라서 여성들의 삶의 질을 향상시키기 위해서는 기존의 노인 복지 정책이 여성들의 욕구를 얼마나 잘 반영하고 있는지 평가하여 정책의 수립과 서비스 전달 과정에 여성의 관점이 적절히 반영되도록 할 필요성이 제기된다.

3) 여성 노인 정책의 필요성

우리나라의 고령화 속도는 유례없이 빠른 것으로 2000년에 노인 인구 비율이 7.2%로 '고령화 사회'에 진입했고, 2017년 말에는 14.2%로 이미 '고령 사회'에 진입했다. 노인 인구의 증가는 선진국에서 공통적으로 나타나는 현상이지만 우리나라와는 처한 상황이 사뭇 다르다. 선진국 사례를 보면 '고령화 사회(7%)'에서 '고령 사회(14%)'로 전환되는 기간이 일본 24년, 미국 71년, 스웨덴 85년, 프랑스 115년인 것으로 조사된 반면 우리나라의 고령화 속도는 17년으로 과히 세계 최고다. 또한 '고령화 사회'에서 '초 고령 사회'까지 가는데 프랑스는 155년이 걸렸으나 우리나라는 불과 26년 만에 진입할 것으로 예측되고 있다. 최근 국가 정책 차원에서 노인 복지에 대한 관심이 확대되고, 여성 노인에 관한 논의도 이에 프함되고 있다. 노인 복지 문제를 풀어갈 해법으로 혁명적인 기술 혁신이 나타나지 않는 한 활력과 역동성을 잃고 무기력한 사회로 변화하게 되지나 않을까 우려되는 시점이다.

고령 시대를 살아가는 여성과 남성의 경험은 차이를 보인다. 즉, 가부장적 사회에서 살아 오면서 가정이라고 하는 사적 영역의 재생산적 역할에 국한된 삶을 살아온 여성들에게 공적 영역에서의 교육, 취업 및 사회 참여 기회는 매우 제한적이었다. 가족 체계 내에서의 역할만을 강조하는 사회화 과정은 여성에게 결혼이 가장 중요한 기제로 작용하여 상대적으로 많은 시간을 가사 노동과 가족 보살피기에 활용해 왔기 때문에 가족 관계를 중심으로 하는 비공식적 지원 체계의 자원은 풍부한 편이지만 이들이 수행하는 재생산적 역할에 대한 사회적 인정이 미흡하여 경제적 자원에 대한 접근성이나 혜택은 제한적인 편이다. 따라서 노후에 경험하는 배우자 상실, 자녀의 독립, 손자·손녀 양육의 부담 등은 여성 노인들에게 불리하게 작용하며 결과적으로 다양한 문제를 유발한다.

고령 사회 여성 노인들의 빈곤, 질병 및 소외 문제에 보다 적극적으로 대응하기 위해서는 이들의 역할과 욕구에 대한 심층적인 분석과 이에 기초한 정책 개발이 이루어져야 할 것이다. 여성 노인들과 부양자들이 갖는 삶의 특수성을 외면한 노인 복지 정책이란 별로 실효성을 거둘 수 없기 때문에 여성 노인들이 전 생애에 걸쳐 경험한 성차별 문제가 노후의 삶에 미치는 영향을 고려하고, 노인 관련 정책이 여성과 남성에게 미치는 영향의 차이를 파악함으로써 성 인지적인 고령 사회 대책을 수립할 필요가 있다.

3. 국제적 정책 동향

1) 국제연합(United Nations)

인구의 고령화는 21세기 세계적인 이슈의 하나이다. UN에서는 각국 정부와 함께 2002년 스페인 마드리드에서 제2차 세계고령화회의(World Assembly on Aging)를 개최하여 '고령화 국제 행동 계획'을 채택하였다. 이 행동 계획은 20년 전 제1차 세계고령화회의에서 채택된 비엔나 행동 계획을 대체하여 각 국가가 고령화 관련 정책을 수립하는 데 지침서 역할을 하였다.

이 행동 계획은 행동 권고 부분에서 노인과 발전, 노년까지의 건강과 안녕 증진, 능력을 부여하고 지원하는 환경 확보, 이렇게 3가지 주요 방향을 설정하고 18개 분야의 과제를 제시하며 분야별로 다양한 행동 지침을 권고하고 있다.

1982년 제1회 세계노인총회에서 처음으로 각국의 욕구와 목적을 기초로 고령화 문제를 국제 사회에서 효율적으로 대처하기 위해 채택한 '고령화 국제 행동 계획'은 20년 동안 모든 수준에서 지속적인 이행과 후속 조치를 요구했다.

첫 번째 국제 행동 계획에서 노인 정책 수립 과정에서 고려해야 할 세부적인 분야로 건강, 노인 소득 보장, 주택과 환경 문제, 가족, 사회 복지, 임금 안정과 고용, 교육이 논의되었고, 이러한 행동 계획은 국제 사회에서 발전시켜 온 국제 규범 및 전략의 일부이므로 인권, 여성, 가족, 인구, 청소년, 장애인, 지속 가능한 개발, 복지, 건강, 주택, 임금 안정과 고용, 교육 분야에서의 국제 규범 및 전략과 더불어서 고려되기 시작하였다.

1991년 UN 총회에서는 18가지의 '노인을 위한 원칙(United National Principles for Older Persons)'이 공표되었다. 이 원칙은 노인의 독립(independence), 참여(participation), 보호(care), 자아실현(self-fulfillment)과 존엄성(dignity)을 기본으로 이루어져 있다.

자세히 살펴보면 첫 번째, 노인의 독립이란 일할 기회를 제공받으며 은퇴 시기는 자발적 의사에 따라야 하며 건강이 허락할 때까지 자신의 거주 공간에 머무를 수 있는 권리와 더불어 가족, 지역 사회의 지지와 자활을 통해 충분한 음식, 물, 숙소, 옷, 의료 서비스에 접근할 수 있는 권리를 포함한다.

두 번째, 노인의 참여란 그들의 지식과 기술을 다른 연령층과 나누며 자신들의 행복에 영향을 미치는 정책의 수립과 적용에 활발하게 참여하며 관심과 능력에 적합한 자리에서 자원봉사를 할 수 있는 기회 제공을 통하여 가정, 지역 사회, 정치 등 각 분야에 참여할 수 있는 권리를 말한다.

세 번째, 노인의 보호는 노인의 신체적, 정신적, 감정적인 건강을 유지하고 치료받기 위한 의료 서비스의 보장과 더불어 각 사회의 문화적 가치 체계 안에서 보호받고 가족과 지역 사회로부터 보호받을 권리이다.

네 번째, 노인의 자아실현은 교육, 문화, 취미 생활에서 노인의 자기 개발 기회 보장을 포함하고 있다.

다섯 번째, 노인의 존엄성은 노인의 나이, 성별, 인종, 장애 등이 노인을 차별하는 요인이 되어서는 안 되며 신체적, 정신적 학대와 착취로부터 자유로울 권리를 의미한다.

〈표 11-3〉 제2차 세계고령화회의 여성 노인 정책 방향

기본 방향	쟁점 분야	내용
사회 개발 (older persons and development)	사회개발에의 적극적 참여	• 노인들이 사회 개발에 적극 참여할 수 있는 기회 제공 • 의사 결정 과정에 노인들의 참여 보장(여성 노인들의 동등한 참여 기회 보장)
	고령 인력과 노동	• 노동 기회 제공(특히 여성 노인과 취약 집단의 기회 보장)
	농촌 개발, 이주 및 도시화	• 농촌 여성들의 경제적 자원에 대한 권리 및 접근성 보장 • 이주 노인들의 정착 지원
	지식, 교육 및 훈련 기회에 대한 접근	• 정보 통신 기술을 포함한 교육 및 훈련 기회에 대한 여성 노인의 접근성 보장
	세대 간 연대	• 세대 간 연대 및 상호 지원 증진
	빈곤 퇴치	• 여성 노인, 후기 노인, 독거 노인들의 욕구를 반영한 빈곤 퇴치 전략 및 프로그램 개발
	소득 보장, 사회 보장 및 빈곤 예방	• 연금, 의료 등 사회 보장에 있어서 양성평등 조치 • 노인의 기초 소득 보장
	긴급 상황	• 재해 등 긴급 상황에서 구호 서비스에 대한 노인들의 동등한 접근성 보장 • 재건설 과정에 노인들의 참여 기회 확대

기본 방향	쟁점 분야	내용
건강 증진 (advancing health and well-being into old age)	생애 전 주기에 걸친 건강 증진	• 성별에 따른 노인 건강 증진 목표 수립 • 성별에 따른 질병 예방 드로그램 제공
	의료 서비스에 대한 동등한 접근	• 의료 서비스 접근에 있어서의 모든 불평등 해소(연령, 성, 언어 등) • 1차 의료, 장기요양 보호 및 기타 사회적 서비스 간의 연계 강화
	HIV/AIDS 관련 노인	• 에이즈가 감염 노인 및 감염 가족을 돌보는 노인의 건강에 미치는 영향 파악 • 정보 제공, 간호 기술 훈련, 의료 서비스 및 지지 강화
	간병인 및 의료 전문인 양성	• 노인 간병 인력 및 보건 의료 전문가 양성을 위한 훈련 제공
	장애 노인	• 장애 노인의 기능 유지 및 참여 증진
지지적 환경 조성 (ensuring enabling and supportive environment)	주거 환경	• 다세대 주거 환경 조성 • 노인의 기동성과 접근성을 보장하는 환경 제공 • 노인을 위한 효율적인 교통 수단 제공
	보호 및 부양 환경	• 지역 사회 보호 및 가족 부양 지원, 부양자를 위한 훈련, 정보, 심리, 경제, 사회 및 법적 지원 제공 • 여성 노인들의 부양자로서의 역할 지지
	방임, 학대 및 폭력	• 여성 노인에 대한 모든 유형의 폭력 근절 • 노인 학대 관련 서비스 제공
	노인에 대한 이미지	• 여성 노인에 대한 긍정적인 이미지 확산

출처: Second World Assembly on Ageing(2002), Madrid International Plan of Action on Ageing.

노인에 대한 제1차 회의가 있은 후 2002년 4월 20년 만에 열린 제2차 세계고령화회의에서는 향후 고령 사회에 대처하기 위한 행동 계획 문서를 채택하였으며, ① 노인과 사회개발, ② 건강 증진, ③ 지지적인 환경 조성 등 세 가지 기본 방향을 설정하였다. 행동 계획의 선언문과 서론에서 젠더(gender) 관점 또는 양성평등 관점의 통합을 통하여 여성 노인들이 전 생애에 걸쳐 경험한 성차별이 노후의 삶에 미치는 영향을 고려하고, 노인 관련 정책이 여성과 남성에게 미치는 영향의 차이를 파악함으로써 양성평등한 대응 전략을 수립할 필요가 있음을 명시하고 있다.

고령화 시대의 여성 문제에 대한 논의는 1997년 UN이 말타에서 주최한 '성 관점에서 본 노인 부양(Gender Dimensions of Elder−care)' 회의에서 활성화되기 시작하였다. 그리고 2002년 마드리드 제2차 세계고령화회의에서는 고령화 사회의 두드러지는 특성으로 여성 노인의 절대적인 수적 증가, 후기 여성 노인의 급속한 증가와 더불어 여성 노인의 빈곤화가 주요 사안으로 등장하였다. 여성 노인에 대한 정책적 접근은 사회 참여, 노동 시장에의 참여, 교육과 훈련에의 참여, 탈빈곤, 사회 보장권, 생애 주기를 통한 건강 증진, 의료 혜택, 노인 수발자에 대한 지원, 주택 지원, 폭력으로부터 보호받을 권리 등 다각적인 측면에서 이루어져야 한다. 따라서 국가 정책 전반에 걸친 성 인지적 관점의 통합과 생애 주기에 걸친 여성에 대한 차별이 어떠한 방식으로 여성 노인의 삶에 영향을 미치는지에 대한 검토가 필요한 것으로 논의되었다.

2) 국제노동기구(International Labour Organization)

1970~1980년대의 경기 침체가 대부분의 국가에서 조기 퇴직을 정책적으로 추진하게 만들었으나 국제노동기구(ILO)에 따르면 이러한 조기 퇴직은 단기적인 경제 정책이며 청년 실업률을 낮추는 효과가 매우 미미한 것으로 평가되고 있다. 조기 퇴직 현상은 계속되는 고령화 흐름 속에서 정부의 사회 보장비 부담을 과중하게 만들었고 따라서 1990년대 이후부터 각국에서는 기업에 대한 경제 지원을 통해 '퇴직 연장'을 정책적으로 지원하고 있다. 그러나 이러한 '퇴직 연장' 정책에도 중년층과 고령의 여성들을 위한 고용 기회의 증가에 대한 지원 정책은 찾아볼 수 없었다.

여성 노인의 취업이 남성 노인의 취업보다 더 강조되어야 하는 이유는, 무엇보다도 여성의 평균 수명이 남성보다 훨씬 길고, 여성들은 출산, 육아와 부양 등 눈에 보이지 않는 수발자의 역할로 인하여 남성들에 비해 정규직이나 고용의 지속성이 떨어지고 그로 인하여 임금이 낮기 때문에 연금 수혜 시 낮은 급여를 받을 가능성이 높기 때문이다.

최근 많은 선진국에서 연금 제도를 개혁하고 있기는 하지만 여전히 여성 노인들은 그들의 노동 시장 참여 형태의 직접적인 결과로 연금 제도의 개혁이 여성 노인의 빈곤을 예방하기에는 어려움이 따른다. 따라서 사회 보장 제도가 남성과 여성에게 평등하게 적용되기 위해서는 무급으로 이루어지고 있는 여성의 부양 의무(care economy)에 대한 적절한 경제적 가치를 측정하여 여성들에게 보상하여야 한다는 논의가 제기되고 있다.

국제 사회는 1990년대 후반부터 북경 세계여성대회(The World Conference on Women in Beijing), 세계사회개발정상회의(The World Summit for Social Development), 세계 노인의 해(International Year of Older Persons) 등을 통해 연령에 따른 차별을 철폐하기 위해 노력했다. 또한 국제노동기구(ILO)는 1980년부터 고령 노동자의 노동권을 보호하기 위해 노력하고 있으며 노동 시장에서의 차별을 금지하는 국제 협약을 적용하여 국제 사회에서 연령에 의한 고용 차별을 줄이기 위해 노력하고 있다.

ILO에 따르면 고령자의 고용에 있어서 차별과 사회적 배제를 예방하기 위해 교육과 훈련이 가장 중요한 요소이다. 특히 여성 노인의 노동 참여가 농업 혹은 비전문적인 분야에 집중되어 있기 때문에 노동 시장 참여가 탈빈곤으로 직결되지 못했다는 점을 고려할 때 여성 노인들의 고용 형태와 직업 유형에 대한 심도 있는 조사, 연구와 더불어 여성 노인에게 적합한 교육과 직업 훈련이 필수적이다.

ILO(2000)는 최근 여성의 노동 시장 진입을 장려하기 위한 프로그램 중 여성 노인을 위한 적합한 일을 개발하는 정책을 제안하였는데, 여성 노인에게 적합한 일이란 각 나라마다 다르기에 명확한 기준은 없지만 그 개념은 '수용할 수 있는 수준의 일'이라는 의미를 함축하고 있다. 여성 노인에게 적합한 일을 개발하여 여성의 노동 시장 참여를 증대시킴과 동시에 지식 기반 사회에서 여성 노인들이 노동 시장에서 도태되지 않을 수 있도록 평생 교육 제도를 잘 활용하여 취업 훈련과 지속적인 사후 관리가 요구된다. 또한 중년층과 고령 여성들의 수발 의무와 노동 시장 참여를 동시에 가능하도록 하기 위해서는 노동 시간의 유연화와 더불어 지역 사회와 가족의 효율적인 지원이 필요한 것으로 지적되고 있다.

3) 세계보건기구(World Health Organization)

2002년 제2차 세계노인대회를 맞이하여 세계보건기구(WHO)는 '활기찬 노후(Active Ageing)'라는 정책 기틀을 발표하였다. '활기찬 노후'란 고령화 시대에 노인의 신체적 건강을 강화하고 질병을 예방하기 위한 정책 기반으로 정부와 민간 단체, 시민 단체의 다양한 분야에서의 참여를 통해 건강한 고령 사회를 만들기 위한 국제적인 정책 기준이다.

'활기찬 노후'란 구체적으로 노화 과정에서 삶의 질을 높이기 위하여 건강, 참여, 안전을 위한 기회를 최대화하는 과정을 말하며, 노인들이 그들의 욕구에 따라 사회에 참여하며 생애 주기를 통한 신체적, 정신적, 그리고 사회적인 안녕을 위해 그들의 잠재력을 인지할 수 있도록 지원해 주는 것이다. 활기찬 노후 접근법은 노인의 인권과 UN의 노인 관련 다섯 가지 원칙-독립, 참여, 보호, 자아실현, 존엄성-에 기초하고 있으며, 이는 과거 정책이 노인의 욕구 중심의 전략에서 노인의 권리를 기본으로 하는 전략으로 크게 변화하였음을 의미한다.

'활기찬 노후'는 문화적 가치와 전통, 성(gender), 경제적 요인, 개인적 요인, 건강과 사회적 서비스, 사회적 요인, 신체적 조건 등 복합적인 요인들에 의해 결정된다. 그리고 이러한 요인들이 노인들의 삶에 영향을 미치는 방식을 통해 참여, 건강, 안전이라는 세 분야에 정책 기틀을 세웠다.

노인의 건강을 위한 정책 기틀은 삶의 질을 위하여 질병의 예방과 효과적인 치료, 노인 친화적인 환경, 사회적 지지, 건강한 식사, 영양, 신체 활동, 깨끗한 환경과 더불어 노인의 수발자에 대한 지원, 지역 사회와 가정에서의 노인에 대한 서비스 제공 등을 그 내용으로 한다.

노인의 참여를 위한 정책 기틀은 기초 교육과 평생 교육, 노동 시장에의 참여, 빈곤 탈피와 자원봉사의 기회 제공을 통하여 노인들이 가족과 지역 사회에 충분히 참여할 수 있도록 하는 것을 목적으로 한다.

노인의 안전을 위한 정책 기틀은 사회 안전망, 쉼터가 제공되어야 하며 노인 학대, 특히 여성 노인에 대한 차별의 근절을 목적으로 한다.

WHO는 각 국의 노인 정책 수립에 그 기반이 될 수 있도록 '활기찬 노후' 정책 기틀을 제공함과 동시에 여성 노인의 건강에 관하여 고려해야 할 사항들에 대해서도 정책 제안을 계속하고 있다. 선진국에서 여성들이 남성에 비해 평균 수명이 6~8년 길지만, 많은 여성 노인들이 남성 노인에 비해 신체 기능상의 한계를 가지고 있을 가능성이 높다. 따라서 WHO는 만성 질환으로 인한 신체 기능의 제한이 없는 '건강한 삶의 여명(Healthy Life Expectancy)' 개념을 사용하여 단순한 장수의 개념보다 건강한 삶을 강조하고 있다.

그리고 여성의 건강과 삶의 질에 영향을 미치는 경제, 사회, 정치, 문화적 요소들을 찾고 여성에게 교육과 적절한 음식 제공, 깨끗한 식수 제공과 적절한 의료 서비스의 제공을 시도하며 모든 노인을 대상으로 하는 프로그램에 성 인지적 관점을 적용하고 있다.

4. 여성 노인의 장기요양 보호 욕구 증가

만성 질환으로 인하여 일상생활에 지장을 받고 있는 노인의 비율은 만성 질환 유병 노인의 72.2%에 이르고 있다. 노인들의 건강은 개인차가 있으나 65세 이상 노인의 만성 질환 유병률은 1998년 약 86.7%에 달하며 연령이 증가할수록 비율이 높아진다. 여성 노인과 남성 노인의 차이를 보면 만성 질환에 있어서 여성 노인은 남성 노인보다 약 15% 더 높은 유병률을 보임으로써 여성 노인의 건강 상태는 대체로 남성 노인에 비하여 열악한 것으로 나타난다. 특히 여성 노인들은 남성 노인들보다 관절염, 신경통, 골다공증, 중풍 등 만성적인 퇴행성 질환을 많이 앓으며 유방이나 자궁의 질환으로 고통받고 있다.

노화가 진행될수록 발병률이 높은 고혈압성 및 뇌혈관 질환과 치매성 질환은 신체적 거동의 어려움을 수반하는 경우가 많으며 이에 따라 장기적 요양 보호의 필요성도 증가된다. 요양을 필요로 하는 무의탁 저소득 노인이 입소하는 시설에 거주하는 노인 중 70% 이상이 여성 노인인 것으로 미루어 보아 시설에 거주하는 여성 노인의 건강 문제도 심각한 상황임을 유추해 볼 수 있다.

〈표 11-4〉 노인의 건강 상태 및 기능 장애 정도

<table>
<tr><td rowspan="3">신체적 자립 생활 가능 노인(57.4%)</td><td colspan="3">신체적 자립 생활 불가능 노인(42.6%)</td></tr>
<tr><td rowspan="2">IADL 제한 노인
(30.8%)</td><td colspan="2">ADL 제한 노인(11.8%)</td></tr>
<tr><td>ADL 일부 제한
(10.5%)</td><td>ADL 모두 제한
(1.3%)</td></tr>
</table>

출처: 한국보건사회연구원·보건복지부(2017)
주: 1) IADL : 일상생활 수단의 수행 능력(Instrumental Activities of Daily Living)
2) ADL : 일상생활에 꼭 필요한 활동(Activities of Daily Living)

5. 여성 노인에 대한 폭력 실태

가정 폭력의 문제는 주로 아동 학대, 아내 학대에 초점을 맞추고 있지만 가족 내에서 발생되고 있는 또 하나의 폭력으로 실제로 우리 주위에서 적지 않게 일어나고 있는 것이 노인 학대 문제이다. 그러나 우리나라가 효를 중심으로 한 전통 윤리 사상과 관습이 강해 아동이나 아내 학대보다도 사회적 노출이 쉽지 않아 전반적인 실태를 파악하기에는 아직 미흡하다. 전반적으로 학대를 일으키는 요인을 보면 노령과 만성적 질병 등으로 인한 육체적, 정신적 의존성이 학대를 유발시키고 있으며, 개인이나 가족의 정신 병리가 원인이 되는 경우도 있으나 정신적으로 건강한 가족들이라도 과도한 수발 부담이 학대를 가져오기도 하는데 특히 노령, 질병, 치매 등으로 인한 노인의 성격 변화는 돌보는 가족들을 지치게 하고, 또한 의료 비용의 과중한 부담도 스트레스의 원인이 되어 학대를 가져오기도 한다는 것이다.

외국의 여러 조사 결과를 통해 노인 학대의 특성을 종합해 보면, 노인 학대는 직접적인 신체적 폭력보다는 심리적 학대나 방임이 많고 노인 학대의 전형적인 희생자는 대부분이 고령의 여자 노인으로 학대자에게 육체적, 정신적, 경제적으로 의존 상태에 있는 것이 특징이다.

노인 학대에 대한 우리나라의 전국적인 조사는 아직 없지만 노인 상담 기관이나 신문, 노인 시설 실무자들을 통해 우리나라에도 노인 학대가 일어나고 있음을 보여 준다. 노인의 전화 상담 중 많은 부분을 차지하는 노인 시설에 관한 문의 가운데 자식들의 부양 거부와 관련한 상담도 많아 학대와 관련될 가능성이 크며, 최근 뉴스나 신문에서도 종종 볼 수 있는 노인 유기 사건이나, 노인 관련 시설에서 흔히 볼 수 있는 버려진 노인과 많은 가출 노인들의 실상은 이를 드러내 주고 있다고 하겠다. 다음은 최근 보도된 노인 학대의 사례들이다.

〈표 11-5〉 노인 학대 사례

내용	학대(폭력) 유형
• 치매 시어머니를 연탄 창고에 가둬 창고에서 숨지게 함	• 신체적 학대, 방임, 살해
• 치매 부인을 목 졸라 숨지게 한 후 본인도 투신 자살	• 방임
• 팔순 치매 노모가 옥상서 투신 자살	• 방임
• 아들이 치매 노인 머리를 벽에 부딪쳐 숨지게 함	• 신체적 학대, 살해
• 치매 노모 장날 구경 나간 뒤, 7개월 만에 계곡서 숨진 채 발견	• 방임
• 치매 노모 부양을 5형제가 미루다가 서로 다투어 폭력 혐의로 입건	• 방임(부양 거부)
• 치매 노인이 비관하여 목매어 자살	• 방임
• 고부 갈등으로 고민하던 아들이 노모를 강변에 버림	• 유기
• 치매 노모를 주먹으로 폭행 살해	• 신체적 학대, 살해
• 아버지의 치매를 비관하여 아들이 극약으로 숨지게 하고 자신도 자살	• 신체적 학대, 살해
• 70대 치매 노인 음성 '꽃동네'에 버려짐	• 유기
• 치매 노인이 세 자식에게 차례로 부양 거부를 당하고 결국은 택시에 태워 고려장	• 유기, 방임, 신체적 학대
• 치매 노인을 아들이 병원에서 퇴원시킨 후 상습적 폭력, 폭언	• 신체적 학대, 심리적 학대

출처: http://aids.hallym.ac.kr/d/질환

노인 복지 제도가 미비한 실정에서 노후를 자식에게 의존할 수밖에 없는 우리나라 대부분의 노인들은 학대의 위험성이 더욱 크다고도 할 수 있다. 따라서 과중한 수발 부담이 노인 학대의 한 요인이 되고 있음을 고려할 때 병든 노인을 그대로 집에 방치하거나, 노인 유기와 같은 극단적인 노인 학대를 방지하기 위해서는 가족의 수발을 보충 지원할 수 있는 보호 서비스 체계의 정비를 통해 노인을 돌보고 있는 가족이 경제적, 심리적으로 지쳐서 학대의 상태로 가지 않도록 노인 부양에 관한 사회적 지원 시스템을 구축해야 할 필요가 있다. 또한 실제로 가족이 부양할 수 없는 노인들이 갈 수 있는 시설의 확충과 정비, 치매 노인의 증가에 따른 치매 시설 등의 확충이 필요하며, 특히 노인 부부 또는 혼자 사는 노인들이 증가하고 있는 현실에서 사회적인 재택 보호 체계의 정비가 시급하다.

6. 여성 노인 정책의 기본 원칙 및 추진 전략

고령 사회에 대비하기 위해서는 UN의 노인을 위한 원칙 및 양성평등의 원칙을 토대로 여성 노인 정책을 수립할 필요가 있다.

• 양성평등(gender equality)

– 연령 차별을 포함한 모든 형태의 차별을 철폐한다

– 여성 노인과 남성 노인의 욕구와 경험을 고려하기 위하여 므든 정책과 사업에서 양성평등적 시각을 주류화할 필요가 있다.

• 독립(independence)

– 소득, 가족과 지역 사회의 지원 및 자조를 통하여 적절한 식량, 물, 주거, 의복 및 건강 보호에 접근할 수 있어야 한다.

– 일을 할 수 있는 기회를 제공받거나, 다른 소득을 얻을 수 있는 기회에 접근할 수 있어야 한다.

– 직장에서 언제 어떻게 그만둘 것인지에 대한 결정에 참여할 수 있어야 한다.

– 적절한 교육과 훈련 프로그램에 접근할 수 있어야 한다.

– 개인의 선호와 변화하는 능력에 맞추어 안전하고 적응할 수 있는 환경에서 살 수 있어야 한다.

– 가능한 오랫동안 가정에서 살 수 있어야 한다.

• 참여(participation)

– 사회에 통합되어야 하며, 그들의 복지에 직접 영향을 미치는 정책의 형성과 이행에 적극적으로 참여하고, 그들의 지식과 기술을 젊은 세대와 함께 공유하여야 한다.

- 지역 사회 봉사를 위한 기회를 찾고 개발하여야 하며, 그들의 흥미와 능력에 알맞은 자원봉사자로서 봉사할 수 있어야 한다.
- 노인들을 위한 사회 운동과 단체를 형성할 수 있어야 한다.

• 보호(care)

- 각 사회의 문화적 가치 체계에 따라 가족과 지역 사회의 보살핌과 보호를 받아야 한다.
- 신체적, 정신적, 정서적 안녕의 최적 수준을 유지하거나 되찾도록 도와주고 질병을 예방하거나 그 시작을 지연시키는 건강 보호에 접근할 수 있어야 한다.
- 그들의 자율과 보호를 고양시키는 사회적·법률적인 서비스에 접근할 수 있어야 한다.
- 인간적이고 안전한 환경에서 보호, 재활, 사회적·정신적 격려를 제공하는 적정 수준의 시설 보호를 이용할 수 있어야 한다.
- 그들이 보호 시설이나 치료 시설에서 거주할 때도 그들의 존엄, 신념, 욕구와 사생활을 존중받으며, 자신들의 건강 보호와 삶의 질을 결정하는 권리도 존중받는 것을 포함하는 인간의 권리와 기본적인 자유를 향유할 수 있어야 한다.

• 자아실현(self-fulfillment)

- 자신들의 잠재력을 완전히 개발하기 위한 기회를 추구하여야 한다.
- 사회의 교육적, 문화적, 정신적 그리고 여가에 관한 자원에 접근할 수 있어야 한다.

• 존엄성(dignity)

- 존엄과 안전 속에서 살 수 있어야 하며, 착취와 육체적·정신적 학대로부터 자유로워야 한다.
- 나이, 성별, 인종이나 민족적인 배경, 장애나 여타 지위에 상관없이 공정하게 대우받아야 하며, 그들의 경제적인 기여와 관계없이 평가되어야 한다.

7. 고령 사회, 대비해야 할 미래

새로운 시대는 일상의 아침처럼 오는 것은 아닐 것이다. 우리 사회의 노년은 편치 않다. 집에 있을 수도 없다. 노인이라고 생각하는 연령은 적어도 70세 이상은 되어야 노인이라고 생각하고 있지만, 나이와 무관하게 힘이 남아 있는 한 밖으로 나아가야 한다. 살아온 인생 여정에서 교육에 들인 시간만큼의 기간은 바깥세상의 공간을 구성하는데 여전히 의미 있게 작용한다. 사교 단체나 친목 단체에 가입하고 고품격 문화 공간을 누리는 계층, 평생 교육 차원의 다양한 여가 및 활동 프로그램에 모이는 계층, 노노 서비스 혹은 공공 일자리를 배정받으려는 계층, 폐지라도 수집하기 위해 거리를 계속 배회해야 하는 계층 등 노인의 경제 활동 참여율은 지속적으로 증가하는 추세만큼이나 다양하다.

J. Kotre는 『살아 남은 자기(*Outliving the self*)』(1996)에서 '자기를 지탱해 줄 삶의 형태와 일에 자신의 능력을 투자하는 것이 바로 노년의 생산성 과제'라고 언급하고 있다. 생산성의 핵심 요소는 희망이다. 하버드 대학 성인 발달 연구에서는 건강한 노화를 예측케 하는 일곱 가지 요소로, 50세 이후 흡연·알코올 및 적절한 체중 관리, 규칙적 운동, 적응적 방어 기제, 안정적인 결혼 생활, 그리고 교육을 꼽는다. 특히 건강과 교육의 연관성에 대해 두 가지를 설명하고 있다. 첫째, 앞을 내다보는 능력을 지닌 사람이라면 가능한 오래 교육을 받고 싶어 하며 자기 관리를 잘 한다. 둘째, 사람들은 자기 삶의 과정을 통제할 수 있다고 믿기 때문에 교육받기를 원한다. 교육을 받으면 받을수록 개인적 행동과 그 결과 사이의 우연적인 연관성에 대한 이해가 한결 쉬워진다는 것이다. 사회의 고령화, 경제적 노화, 정신적 노화, 생물학적 노화에도 노인들은 계속 살아가고 있는데, 미래를 이끌고 갈 생명들은 태어나지 않는다.

Malcolm Cowley라는 시인은 『80세에 본 세상(*The View from Eighty*)』(1980)에서 노년을 다음과 같이 묘사하고 있다.

약상자 속에 든 약병 수가 점점 더 늘어난다.
손에서 발까지의 거리가 점점 더 멀어진다.
오후가 되면 어김없이 낮잠이 든다.
뼈마디가 쑤시고 아프다.
더 이상 밤에 운전할 엄두를 못 낸다.
신발을 짝짝이로 신는다.

Florida Scott-Maxwell은 83세에 『내 인생의 척도(*The Measure of My Days*)』(1979)에서 다음과 같은 글을 남겼다.

노년은 매우 강렬하고 다양한 경험들로 가득 차 있다.
노년은 기나긴 패배이면서 동시에 승리이다.
나의 70대는 매우 즐겁고 평화로웠으며,
80대는 열정으로 가득 차 있다.
나는 나이가 들수록 점점 더 열정적으로 되고 있다.

아는 만큼 보이는 세상 속으로 발걸음을 시작하는 노년들에게 C. Dickens는 「크리스마스 캐럴(*A Christmas Carol*)」(1843)에 나오는 스크루지 영감을 통해 이렇게 이야기한다.

"인간의 삶에는 저마다 독특한 결말이 기다리고 있다. 예정된 길을 따라가다 보면 반드시 그 결말에 도달하게 될 것이다. 그러나 그 길에서 이탈하면, 생의 결말도 달라질 것이다."

제12장 여성과 장애

여성 장애인은 여성과 장애인으로서 '이중의 차별(double discrimination)'을 받고 있는 소외 계층이다. 여성 장애인은 장애인으로서의 차별과 장애인 중에서도 여성으로 성차별을 받음으로써 남성 장애인과 비장애 여성보다 교육과 취업의 기회가 제한되어 있고, 빈곤하며, 사회적으로 고립되어 있다. 많은 문화들에서는 사실상 장애가 있는 것과 외모가 못 생긴 여성은 밀접한 관련이 있는 것으로 인식되고 강조되어 왔다. 여성의 발을 성장하지 못하도록 하는 중국의 전족, 아프리카 여성의 방혈, 혹은 난자법과 음핵 제거, 서구에서 여성에게 코르셋을 착용토록 하는 행위들은 여성의 장애화의 형태로 이해할 수 있다.

모든 장애인들 가운데 과반수 이상이 여성이다. 모든 여성의 10% 이상이 장애 여성이다.

1. 장애와 사회적 성

모든 아기는 태어나는 순간부터 사회적 성(gender)이라는 문제 속에서 그 사회의 문화와 마주치게 된다. 사회적 성은 그것을 통해 아동들을 보고 이해하게 하는 강력한 프리즘 가운데 하나이다. 15일된 영아를 찍은 비디오 테이프를 보여 주며 연구 참여자들 가운데 반에게는 그 아이가 남자아이라고, 다른 반에게는 여자아이라고 알려 주었던 Condry(1976)의 연구에 의하면 어른들은 '성의 할당'에 의하여 주요한 판단을 만들어 낸다는 것이 밝혀졌다. 즉 똑같은 아기에 대해 남자냐 여자냐 하는 분류 자체가 어른들로 하여금 아주 다른 행동 평가를 내리도록 만들었다는 것이다.

장애와 사회적 성에 대해 심리학에서는 몇 가지 선행 가정들을 담고 있다. 첫째, 물질적, 생물학적 기초가 무엇이든 간에 장애와 사회적 성은 사회적으로 구성되고, 역사성이 개입되는 경험의 카테고리로 이해해야 한다는 것이다(Gliedman, 1980). 모든 장애는 사회적 의미를 가지고 있다. 둘째, 사회적 낙인이나 사회적 과정들은 개인에게 내면화되어 그 사람의 의식적인, 그리고 무의식적인 정신 내적 삶의 측면들이 된다는 것이다(Goffman, 1963). 셋째, 만일 그와 같은 내면화가 일어난다면 그것은 수동적인 과정이나 단순한 행동 조건화가 아니라 경험에 대한 적극적인 구성이라는 것이다.

정신 분석학적인 접근에서는 장애를 하나의 병리적 증상으로 개념화하였다. 겉으로 심리적인 갈등을 드러내지 않는 것은 흔히 자기 부정으로 읽혀졌고, 개인의 강점과 능력의 발달은 회피나 반동 형성으로 해석된다. 가족 생활에 대한 전문가들의 조언에 따라 어머니들의 사회 활동은 제한된다. 아동들에게 나타나는 병리적 증상에 대한 일차적인 원인으로 어머니에게 그 책임이 모두 전가된다. 전문가들 앞에서 많은 어머니들은 무기력과 통제력 상실을 느끼며 자신들이 책임과 비난의 중심에 서 있다는 것을 느낀다.

장애 영아와 그 부모들이 겪는 초기의 경험들은 두 가지 특징으로 나타난다. 첫째, 상상과 투사, 환상, 동일시와 같은 활동들이 양 방향적으로 일어나는 과정으로 이때 부모와 장애 영아는 다른 수준의 의식과 의식적 정교함을 가지고 참여하게 된다. 둘째, 선천적인 장애를 갖고 태어나는 영아의 경우, 자아 형성의 핵심이 되는 초기 애착 과정은 아이에게 붙여진 진단명과, 부모의 심리적 부담 속에서 적응하는 과정이 동시에 일어난다.

아기의 출산과 함께 행해지는 사회적 의례와 축하 행사들은 장애 영아의 출생에서는 이 같은 공적이고도 문화적으로 중요한 사회적 확인 과정이 이루어지지 않는다. 부모들, 특히 일차적인 양육자인 어머니에게는 소외감과 그독감을 불러일으키게 된다(Bleslau et al., 1982).

이후 재활적인 중재–성장과 역량을 촉진시키는 과정–는 유용하고도 필요한 것이지만 그 의도 속에 심리적인 부작용을 낳을 수 있다는 점을 간과하기 쉽다. 재활에 노력한다는 것은 뭔가 잘못되어 있고, 빠져 있으며, 결여되어 있다는 강한 메시지를 부모와 아동에게 전달한다. 아동은 고쳐져야 하는 것이다. 장애 아동을 고쳐야 한다는 끊임없는 요구 앞에 어머니와 아동이 어떤 정신적인 희생을 치르는가에 대한 사례를 Samuelson(1986)는 그의 논문에서 보여 주고 있다.

선천적인 장애가 영아에게 어떤 영향을 미치는가에 대한 답어서 중요한 변수는 주 보호자인 어머니가 자신의 아이를 어떻게 받아들이고 있는지, 어머니의 내적 삶이 얼마나 생동감 있는지, 어머니의 개별화 수준이 어떤 정도인지, 아동이 놀이와 활동과 분리를 통해 자신의 내부 세계와 외부 세계를 만들어 나갈 수 있도록 부모나 어머니가 어떻게 돕고 있는지 등이었다.

직업적 참여와 교육, 그리고 다양한 경제적, 정치적 수단의 획득이라는 측면에서 여성 장애인이 이중 차별로 고통 받고 있다는 점은 명백하다. 장애라는 요인과 여성이라는 요인이 아주 심각하게 차별적이고도 불리한 방식으로 상호 작용을 한다는 일반적인 관점에서 표면적인 관찰로부터 이야기한다면 성 역할의 틀에 박힌 고정 관념이 장애인들에게는 덜 적용된다는 증거들을 찾아내고 있다(Barsch, 1968). 부모와 장애 여아 사이에서 수립되고 구성되는 여성성(femininity)의 특정한 의미와 경험이 자아 정체성에 영향을 미친다는 측면에서 부모들은 자녀의 성적인 미래나 대인 관계의 미래에 대해 종종 모호한 입장을 보이거나 막연히 불안함을 보인다. 성적으로 덜 고정 관념화된 인간이라는 현상은 장애 여아를 주변화시킴으로써, 혹은 그녀의 성(sexuality)을 억압함으로써 파생된 결과일 수 있다는 결론이다.

보편적으로 어머니와 공유하는 사회적 성 정체성(gender identity)이 장애 여아와의 관계에서 절연으로 나타나게 되면 아동은 성에 대한 자신감과 강한 흥미, 그리고 자격이 있다는 느낌으로부터 이중적일 수 있다. 특히 자신의 쾌락에 대해 수동적이고 수용적이며 침묵을 당하는 여성의 일반적인 위치에서 더욱 배제되고 주변화되는 여성 장애인은 두 배의 침묵을 강요당하는 현상을 보인다.

결코 장애 여성은 무성적인 존재가 아님에도, 대중적 담론에서 성과 장애는 금기의 주제처럼 인식되고 있다. 여성으로 인정받지 못하고 여성성을 부정당하면서도, 다른 한편으로는 너무나 쉽게 성폭력의 대상이 되는 현실에 대항하면서 한 인간으로서의 주체로 인정받기 위하여 노력하고 있다. 장애 여성을 만나는 사회 복지사들은 가족이 장애를 어떻게 이해하고, 받아들이고, 거부하고 해석하는지, 그리고 장애 여성 자신은 그와 같은 상호 작용의 정신내적 결과를 어떻게 내면화하고, 이해하고, 초월하는지를 알아 가는 노력이 필요하다고 하겠다.

2. 소수 집단으로서의 여성 장애인

모든 성공적인 여성 장애인 뒤에는 그들을 밀어붙인 어머니가 있다. 이러한 단순한 공식에는 보다 신중한 태도를 가져야 하겠지만 부모가 강력한 영향을 미친다는 것은 우리 주변에서도 흔히 발견될 수 있는 모습일 것이다. 물론 부모가 자녀에게 미치는 영향의 본질에 모두 동의하거나 부모만이 유일하게 중요한 요소라고 주장하는 것은 아니다.

여성 장애인이 직면하는 방해물들을 제시한다면 이동(교통) 수단의 장벽, 건축 구조상의 방해물들, 자신감의 결여, 또래의 거부, 비관적인 부모와 지역 사회, 그리고 성공적인 참여를 위한 역할 모델의 결여 등을 들 수 있다. 그러나 그 작은 가능성에도 불구하고 어떤 여성 장애인은 성공적으로 사회에 참여하고 있다. Landies & Bolles(1942)의 연구에서는 사회적 참여를 성공적으로 촉진시키는 요소들로 가족의 역동성이 중요한 요소가 된다는 것을 강조하고 있다. 부모와 보다 밀접한 유대 관계를 갖고 있을 때 외부 세계와는 관계를 덜 맺는 경향성도 고려할 수는 있겠으나 딸로서 전형적인 여성의 역할 기대를 충족시키지는 못할 것이라고 믿기 때문에 교육적·직업적 기대는 더 높게 갖게 된다는 것이다.

사춘기가 되었을 때 대부분의 남자들은 장애가 여자로서의 자격을 박탈하는 것인 양 장애 여성을 여자가 아닌 친구로서만 대하는 경향성을 나타낸다. 이러한 반응은 곧 부끄러움으로 나타나고 그 누구도 장애 여성과 데이트하기를 원치 않을 것이라는 자신감 결여로 연결된다. '남자를 사귈 기회가 없을 것이라는 생각보다 남자를 거절할 수 있는 기회조차 없다는 것이 더욱 낮은 자존감으로 이어졌다.'고 한 여성은 이야기하였다.

그러나 Fox & Inazu(1980)의 장애 여성과 부모를 대상으로 한 면담 자료를 보면, 부모의 기대와 이성애 참여 정도 사이에 유의미한 상관 관계가 있다는 것을 확인할 수 있다. 이는 다음 네 개의 카테고리로 정리할 수 있다.

첫 번째 부모는 장애를 가진 딸을 온전한 여성으로 바라보았을 때 여성 장애인은 활발한 이성애 활동을 보였다. 장애와 도움이 필요한 것들을 인정했지만 그것에 사로잡혀 있지 않았으며 다른 형제들과 똑같이 사회적 수행이 기대되었다. 물론 물리적 장벽들과 사회적 편견을 의식하여 전략적으로 장애 여아를 더 지원할 수 있는 지역으로 이사를 간다든가 하는 방법으로 환경이 조성된 학교생활을 하는 것도 포함되지만 크든 작든 장애에 따르는 장벽을 드러내 놓고 다루는 부모는 자신의 딸을 온전한 여성으로 바라볼 뿐만 아니라 그런 장벽을 다루고 세상으로부터 여성성을 인정받기 위해 지원이 필요한 소수 집단의 여성으로 딸을 바라본다.

두 번째 부모는 전형적인 사회적, 성적 기대를 만족시킬 수 없는 결함 있는 여성으로 장애를 가진 딸을 바라보아 결혼을 하고 아이를 갖는 것에 기대를 하지 않았다. 적어도 부모 입장에서는 장애를 가진 딸에게 결혼은 선택 사항이 아니라고 받아들여 학업을 격려하게 된다. 이 집단의 부모들은 자신이 살아 있는 한 돌보아야 하며, 오로지 장애를 가진 딸이 직업적으로 성공할 수 있도록 지원하였다.

세 번째 부모는 장애를 가진 딸을 '결함 있는' 여성으로 바라보았고, 딸은 사춘기 동안 제한된 이성애 활동을 보였다. 부모의 태도는 자존감이나 자신감에 주된 영향을 미친다는 것이다. 딸을 결함이 있는 여성으로 보는 부모들은 장애인에 대한 편견이 있다는 것을 인식하거나 인정하지 않았다. 오히려 장애를 가진 딸이 사회 활동에서 배제되었을 때 딸을 위한 행동을 하거나 사회 편견을 이해하고 대처할 수 있는 극복 전략을 개발할 수 있도록 지원하는 일은 일어나지 않았다. 장애 때문에 놀림을 받거나 소외되었을 때 오히려 '정상적'으로 보여서 사람들이 받아들일 수 있도록 해야 한다고 재활에 대한 훈련을 더 강조했다. 마치 희생자를 비난하는 성차별주의가 똑같이 일어난 것이다.

네 번째 부모는 장애를 가진 딸을 결함 있는 여성으로 바라볼 뿐만 아니라 성(sexuality)은 잠재적으로 딸에게 위험한 것으로 생각했다. 여성 장애인은 제한된 교제 활동을 보였을 뿐만 아니라 이성애 영역에 있어서 정신적인 충격의 시간을 보냈다. 즉 남성들이 자신을 이용하거나 학대할 수 있고, 자신으로부터 원하는 것을 취한 다음 버려질 수 있으며, 지역 사회에 모욕적인 방법으로 퍼뜨릴 것이라는 강한 메시지를 전달받았다. 이와 같은 부정적 메시지의 결과는 아주 파괴적인 양태로 나타난다. 전형적인 장벽들로 인해 제한받는 것뿐만 아니라 성적 학대라는 공포로 인해 사교적인 상황들을 적극적으로 회피하게 된 것이다.

이 네 가지의 카테고리를 모든 장애 여성 가족에게 일반화할 수는 없겠지만 여기서 주목할 것은 극히 일부분의 부모만이 자신의 딸이 여성의 기회를 확실히 만족시킬 수 있는 온전한 여성으로 바라보고 있다는 점이다.

3. 여성 장애인을 보는 여성주의 관점

날마다 TV에서는 젊음과 신체적 아름다움에 의해 보장되는 즐거움, 행복, 돈, 성공, 그리고 성적 매력이라는 집단의 믿음을 구체화하여 전달하고 있다. 멋진 탤런트처럼 되는 것이 모든 여성들의 꿈이라도 되는 양 대중 매체는 더욱 부추기기까지 한다. 그러나 네 손가락으로 피아노를 치는 한 아동이 소개되었을 때 모두들 찬사를 보내면서도 그를 부러워하는 사람은 없다. 양 극단 즉 외부적인 신체적 특징의 한계를 대표하는 두 모습을 보면서 여성이자 장애인인 시청자들은 비판하는 것에 자유롭지 못하다. 모든 광고 매체에서 완벽한 신체가 행복의 핵심적인 조건으로 나타나는 왜곡된 현실 앞에서 과연 저항할 수 있을 것인가.

엄마와 아내로서 사회적으로 부여된 역할을 가진 비여성 장애인과는 달리 여성 장애인은 어떤 성인으로서의 역할을 담당하지 못한다. 그녀가 할 수 있는 엄마나 아내로서 노동자로서의 역할 부재의 의미는 여성 장애인은 엄마 또는 성적인 존재로서 부적절하다는 사람들의 생각에 의해 강화된다. 결혼을 하는 여성 장애인의 비율이 낮으며, 더 늦게 결혼하는 경향이 있으며, 비여성 장애인보다 이혼하는 비율이 더 높은 통계가 이를 뒷받침해 준다. 장애인 남성과 비교하여 여성 장애인은 별거, 이혼 또는 사별로 인하여 배우자가 없는 사람과 결혼하는 비율이 높다. 소수의 여성만이 임금 소득자이다. 이러한 역할 부재의 영향은 여성 장애인이 사회적 방랑자의 한 부류로 살아가게끔 만든다.

여성주의 입장에서 강조되는 것은 장애 아동의 어머니가 경험하는 삶의 현실은 매우 확대되고 있으며, 전통적으로 장애 아동에 대한 돌봄은 고성의 영역으로 인식되었기 때문에 그들은 교육과 의료 영역에서도 전문가여야 하며, 기본적인 권리와 서비스를 확보하기 위해 옹호자이자 조직가가 되어야 했다는 것이다. 심각한 장애를 가진 자녀를 양육하는 것과 돌보기는 중요한 욕구이다. 2년 내지 3년 동안 기저귀를 갈아주는 것과 20년 넘게 기저귀를 갈아주어야 한다는 것은 믿을 수 없을 만큼 정신적으로 육체적으로 힘든 노동이다. 장애 아동 양육 서비스는 여성 운동에 의해 가장 시급한 우선순위가 되어 왔다. 우리나라의 몇몇 장애인 단체들은 교육, 의학, 이동, 레크리에이션, 장비 등등에서 이미 전문가가 된 장애인 어머니들의 노력에 의하여 시작되었다. 장애 아동의 어머니는 잠재적인 지역 사회의 조직가가 되어 왔다. 여성주의 운동은 교육, 투표권, 고용에 있어서 여성 장애인의 권리가 침해받지 않도록 모든 사회 제도 내에 존재하는 여성과 장애인 차별에 대해 투쟁하도록 만들었다. 역할 모델은 장애인, 비장애인에게 모두 중요하기 때문이다. 현행법은 여성과 장애인에 대한 차별을 금지하고 있다. 차별적인 고용 관행을 철폐하고 과거의 차별을 수정하려는 적극적 조치 프로그램(affirmative action program)은 지속적인 장애물을 제거함에 분명히 기여를 한다.

장애인 권익 운동과 여성 운동은 공통적인 목적을 공유한다. 기회의 평등과 사회의 모든 면에 완전히 참여하기, 여기에는 부모 역할, 재생산의 선택, 교육, 투표, 고용이 포함된다. 그러나 동일 기회와 완전한 참여는 사회적 집합체의 일부분으로서 개인에 가치를 두는 사회에만 존재할 수 있다. 이러한 새로운 사회는 모든 여성과 장애인 또는 비장애인이 그들의 욕구에 근거하여 삶을 선택하는 것을 인정할 것이다.

4. 여성 장애인 현황

우리나라의 등록 여성 장애인은 2016년 12월 말 기준 전체 등록 장애인 251만 1,051명 중 41.9%인 105만 3,463명으로 나타났다.

〈표 12-1〉 여성 장애인 등록 현황(2016년 12월 기준) (단위: 명)

구분	계	지체	뇌병변	시각	청각	언어	지적	정신	신장	심장
계	2,511,051	1,267,174	250,456	252,794	271,843	19,409	195,283	100,069	78,750	5,507
남	1,457,588	732,667	143,359	150,752	147,749	13,900	117,725	51,838	45,769	3,450
여	1,053,463	534,507	107,097	102,042	124,094	5,509	77,758	48,231	32,981	2,057

출처: 보건복지부(2017). 등록 장애인 현황.

〈표 12-2〉 장애 인구-여성 장애인 비율

(단위: 명, %)

연 도	계(명)	비율(%)
2011	1,052,781	41.8
2012	1,050,669	41.8
2013	1,047,506	41.9
2014	1,045,582	41.9
2015	1,043,463	41.9
2016	1,053,463	42.0

출처: 보건복지부(2017). 등록 장애인 현황.

〈표 12-3〉 초혼 연령 비교

(단위: 세)

구분	남성	여성
전체 인구	32.8	30.1
장애 인구	28.1	22.7
차이	2.7	5.4

출처: 보건복지부(2017). 등록 장애인 현황.

〈표 12-4〉 장애인의 성별 · 연령별 경제 활동 상태(2017년) (단위: 명, %)

구분	15세 이상 인구	경제 활동 인구			비경제 활동 인구	경제 활동 참가율	실업률	고용률
		계	취업자	실업자				
장애 인구	2,460,080	953,008	898,475	54,533	1,507,072	38.7	5.7	36.5
남성	1,424,442	705,002	666,078	38,924	719,440	49.5	5.5	46.8
여성	1,035,638	248,006	232,397	15,609	787,632	23.9	6.3	22.4
15~29세	131,051	41,705	37,626	4,079	89,346	31.8	9.8	28.7
30~39세	149,078	84,023	78,524	5,499	65,055	56.4	6.5	52.7
40~49세	296,422	175,743	167,568	8,175	120,679	59.3	4.7	56.5
50~59세	513,567	282,926	270,027	12,899	230,641	55.1	4.6	52.6
60세 이상	1,369,963	368,612	344,730	23,882	1,001,351	26.9	6.5	25.2
전체 인구	43,735,000	27,828,000	26,824,000	1,003,000	15,907,000	63.6	3.6	61.3
남성	21,452,000	15,986,000	15,388,000	598,000	5,466,000	74.5	3.7	71.7
여성	22,283,000	11,842,000	11,436,000	405,000	10,441,000	53.1	3.4	51.3
15~29세	9,376,000	4,489,000	4,070,000	419,000	4,887,000	47.9	9.3	43.4
30~39세	7,491,000	5,820,000	5,636,000	184,000	1,671,000	77.7	3.2	75.2
40~49세	8,312,000	6,743,000	6,589,000	154,000	1,569,000	81.1	2.3	79.3
50~59세	8,247,000	6,399,000	6,252,000	147,000	1,848,000	77.6	2.3	75.8
60세 이상	10,308,000	4,378,000	4,278,000	100,000	5,930,000	42.5	2.3	41.5

출처: 한국장애인고용공단(2017). 2017년 장애인경제 활동실태 조사.

과연 여성 장애인의 문제는 무엇인가. 성적 차별은 남성과 여성이라는 구분에서부터 시작되었다. 장애인 문제만 가지고도 힘겨운데 여성 문제까지 안고 있는 여성 장애인들이 이중의 고통을 짊어지고 있음은 앞으로 우리 사회가 풀어나가야 할 과제로 인식하여야 한다. 여성 장애인 문제를 보다 분명하게 하기 위해서 여성 장애인들이 겪고 있는 문제가 무엇인가. 우리가 추상적으로 생각하고 있는 여성 장애인의 실상을 구체적으로 파악하는 노력이 필요하다.

그동안 우리 사회에서는 오랫동안 장애에 관한 이론들이 부정적인 측면에서 다루어져 왔다. 예를 들면, 개인의 장애를 개인의 운명과 실패로 이해하는 개인의 비극이론(personal tragedy theory), 장애를 병리적인 차원에서 이해하는 장애의 질병과 재활이론(Illness and rehabilitation theory), 장애를 사회–심리적인 측면에서 이해하는 장애의 사회억압이론(social oppression theory), 이 밖에도 장애의 낙인이론, 장애의 일탈이론, 기능주의 측면에서의 장애의 갈등이론 그리고 장애와 관련한 생산과 자본주의 측면에서의 물질주의적 장애이론 등 이 모든 이론을 장애 차별주의로 설명할 수 있다.

이러한 장애와 관련된 이론을 여성 장애인에게 적용시켰을 경우, 현재까지 우리 사회가 이해하고 있는 여성 장애인은 개인의 실패자로, 질병을 가진 재활 치료의 대상자로, 사회적인 일탈자로 낙인찍힌 대상인 것이다. 물론 기능적인 면에서도 상호 작용상의 갈등 요소를 내포하고 있으며, 노동 현장에서는 당연히 생산성이 떨어질 수밖에 없는 부정적인 대상으로 인식되어 왔다. 뿐만 아니라 여성 장애인의 경우에는 이 모든 장애 차별주의라고 하는 부정적인 상황에 성차별이라고 하는 또 다른 억압적인 요인을 가지고 생을 살아가야 하는 것이다.

한국보건사회연구원(1995)의 조사에 따르면 한국 사회의 장애인 중 90% 이상이 후천적 장애를 갖게 되는 것으로 나타났다. 즉 우리 사회의 모든 구성원이 장애를 입을 수 있는 사회적 환경에 놓여 있다는 것이다. 이러한 장애인 문제 속에서 특히 여성이라는 이유로 더 심한 차별과 고통을 받고 있는 여성 장애인 문제는 개인과 그 가족만의 문제가 아니라 우리 사회가 더불어 풀어 가야 할 당면 과제임을 인식하게 한다. 곧 여성 장애인 문제를 다룰 때에는 전반적인 장애인 문제와 함께 고려되어야 한다는 것이다.

5. 여성 장애인의 욕구 갈등

여성 장애인이 경험하는 가장 큰 어려움 중의 하나는 경제적인 어려움이다. 아울러 장애인에 대한 사회적 편견과 차별로 인한 어려움을 겪고 있으며, 특히 가정생활 혹은 성폭력과 관련된 어려움이 보고되고 있다.

1) 취업의 어려움

• 개인적 측면

여성 장애인의 연령, 소득 수준, 교육 수준은 취업 경험과 높은 상관 관계가 있다. 여성 장애인은 교육 기회를 가지지 못했기 때문에 직업을 갖지 못하고 경제적으로 어려운 상황에 처하게 된다. 여성 장애인의 낮은 교육 수준 경향은 성장기에 또래 친구와의 상호 작용 기회를 제한하여 대인 관계의 기술 습득에 영향을 주고 결과적으로 성인이 된 후에도 이성 교제나 직장 생활에서의 동료 관계에 영향을 미치게 된다.

한편 여성 장애인의 낮은 자아 존중감은 사회가 여성의 아름다운 신체상에 의미를 부여하여 신체 이미지를 자아 이미지와 동일시하는 사회의 가치 반영의 결과이며, 그 결과로 여성 장애인들은 부정적인 신체적 이미지와 자아 이미지를 갖게 되는 것으로 나타나고 있다. 여성 장애인의 수동적이고 의존적인 심리적 상태, 경쟁에 대한 공포심, 성 규범, 제한된 자아 존중감, 리더십에 대한 낮은 동기, 학습된 무력감 등으로 인해 취업에 어려움이 있다는 것이다.

• 가족적 측면

여성 장애인의 자기 수용 및 사회 적응을 위해서는 가족 태도 및 지원이 매우 중요하다. 특히 부모의 장애에 대한 수용은 장애 자녀에게 전반적인 삶의 영역에서의 적응력을 강화한다. 그리고 적극적인 가족 지원의 경우 여성 장애인들은 사회 생활이나 직장 생활에 자신감을 갖고 자아 존중감도 높게 형성되는 것으로 보고된다.

또한 가족 내에서의 가사와 육아 등의 문제가 여성 장애인의 취업을 어렵게 하고 있는 것으로 지적되기도 한다. 여성 장애인은 장애로 인한 어려움뿐만 아니라 여성이기 때문에 갖는 출산, 육아, 생리 등의 일상생활과 사회 생활에서 이중의 고통을 받는다.

• 서비스 환경적 측면

장애인을 위한 재활 서비스를 제공하는 서비스 환경 역시 여성 장애인의 자립 생활 및 고용에 매우 중요하다. 특히 직업 교육 및 훈련의 기회가 여성 장애인의 취업 욕구에 상당히 영향을 끼칠 수 있다. 그러나 여성 장애인은 훈련 기회에서 소외되는 경향이 있으며 직업 훈련을 받더라도 훈련 후 취업 과정에서 남성 장애인에게 우선적인 기회가 부여되는 것으로 나타났다. 장애인과 여성에 더한 차별적 편견이 암암리에 직업 훈련의 전 과정에 영향을 미쳐 여성 장애인들은 비전문적 기술만 배우게 되며 취업에 불리한 상황에 놓이게 된다.

• 사회 환경적 측면

장애인에 대한 사회적 인식은 장애인은 나와 다르다는 생각, 지나친 동정 등 부정적인 생각이 주류를 이루고, 특히 여성 장애인에 대해서는 취업에 대한 기대가 부족한 것으로 지적된다. 그 결과로 여성 장애인들은 고용 진입부터 유지에 이르는 전 과정에서 어려움을 겪는다. 취업 단계에서의 차별 51.6%, 급여 및 인사상에서의 차별 42.5%, 직장 생활에서의 차별 31.4% 등과 같은 차별이 인식되는 것으로 조사되었다.

한편 인간관계(상사, 동료), 출퇴근의 편리성, 직장 적응, 회사 내 편의 시설, 작업 여건, 직무 능력 향상을 위한 배려 등은 여성 장애인의 직장 생활 내외에서 영향을 미친다.

2) 폭력

폭력에 관한 문제는 장애 또는 비장애 여성들에게 공통적으로 문제가 되는 사항이나 특히 여성 장애인의 경우엔 저항할 수 없는 신체적 조건과 장애인이라는 불리한 조건 때문에 가정 내에서 혹은 시설 내에서 어찌하지 못하고 폭력을 당하면서 사는 경우가 많다.

여성 장애인에 대한 성폭력의 단적인 예는 시설 내 성폭력이다. 시설에 수용된 여성 장애인에 대한 성폭력에 있어서 가장 놀라운 부분은 가해자가 시설장, 이사장, 목사 등 정작 피해자들을 보호해야 할 책임이 있는 사람들이라는 사실이다. 이 경우 성폭력을 당했다고 하더라도 피해자가 피해를 당했다는 사실을 인식하지 못하거나, 대개 시설 내에서 조직적이고 암묵적으로 이를 공개하지 않기 때문에 그 악순환이 되풀이되고 있는 경우도 발견되고 있다. 장애인 학교 교직원의 장애인 성폭행 사건을 다룬 영화 '도가니'를 통해 전 국민의 관심이 그 사건에 집중되었다. 이후 2011년 '도가니 법'이 통과·시행됐다. 장애인 여성·13세 미만 아동에 대한 성폭행 범죄의 공소 시효도 폐지됐으며, 아울러 장애인 보호·교육 시설의 장이나 직원이 장애인을 성폭행하면 법정형의 1/2까지 형이 가중된다. 그러나 이후에도 지적 장애 소녀에 대한 친족 성폭행 사건 등이 끊임없이 일어나고 있어, 이 같은 성폭력에 대처하기 위해서는 가해 남성들의 행동에 대해 설명하고 행동에 책임을 묻는 태도로의 전환이 이루어져야 할 것이다. 이는 인간의 존엄과 생사의 가름, 동시대를 살아가는 사회 구성원에 대한 존중과 평등, 그리고 사회 정의에 관한 문제이기 때문이다.

6. 여성 장애인 복지 서비스

여성 장애인 문제는 사회적으로 그 심각성과 중요성을 새롭게 인식해야 할 분야이다. 여성 장애인의 인권 회복을 위해 다양한 계층의 특수한 욕구를 충족시킬 수 있는 실질적인 대안이 제시되고 실천되어야 할 것이다.

정부에서는 재가 여성 장애인의 복지 증진을 위해 전국의 장애인 복지관을 대상으로 여성 장애인의 상담 및 휴게소 운영 등 다양한 서비스를 제공하고 있다.

• 여성 장애인 상담실 운영

전국 장애인 복지관에서 여성 장애인에 대한 사회적 차별 및 부당한 대우에 대한 사례 접수와 상담 지도는 물론, 관련 복지 시책 문의 및 생활 고충 상담을 제공하고 있다.

• 여성 장애인 휴게소 설치·운영

여성 장애인이 자기 문제를 스스로 해결해 나가도록 하는 방향 모색을 위한 자체 토론 및 외부 관련 전문가 초청 간담회 개최, 취미 교실 등 여가 활용의 장을 제공하기 위해 장애인 복지관에 별도 공간을 마련하여 운영 중이다.

• 기혼 여성 장애인 가사 활동 지원

지역 내 자원봉사자를 확보하여 기혼 여성 장애인에 대한 외출 보조 등 가사 보조와 육아 보조를 수행토록 지원하고 있다.

– 가사 보조 서비스 : 심부름, 외출 보조, 청소, 빨래, 반찬 담그기 등

– 육아 보조 서비스 : 산전·산후 육아 보조 활동 등

• 미혼 여성 장애인 결혼 주선

여성 장애인의 결혼율은 장애와 여성이라는 이중적 차별 요소 및 사회적 인식 부족 등으로 일반 여성에 비해 매우 낮은 실정이나, 매년 장애인 복지관에서 부분적으로 맞선 대회 등 결혼을 위한 만남의 장을 제공하고 있다. 2017년 20~30대 여성 장애인 결혼율은 27.2%로, 일반 여성 74.8% 대비 상당히 낮은 수준으로 나타났다(보건복지부, 2017).

• 여성 장애인 사회 참여 확대 지원

여성 장애인에 대한 교육 및 사회 진출 확대를 위한 취업 지원이다. 이를 위하여 여성 장애인 역량 강화 프로그램을 확대하고, 특화된 교육 기관을 운영하며, 여성 장애인 리더 발굴을 위한 DB 관리를 통하여 지역 사회 맞춤형 취업을 지원한다.

• 장애 여성 노동자를 위한 직장 보육 서비스 제공

장애 여성 노동자가 자녀를 양육하며 안정적으로 경제 활동을 할 수 있도록 일과 가정 양립 기반을 조성하고, 안정적 사회 참여와 복지 생활로 기업의 이미지 제고 및 생산성 향상에 기여하도록 직장 보육 시설 설치 의무 이행률을 매년 10%씩 지속 확대해 나간다.

• 한국장애인고용촉진공단 여성 취업 목표제 시행

한국장애인고용촉진공단의 고용 서비스 중 취업 인원 35% 이상, 직업 훈련 30% 이상을 여성에게 제공하는 목표제를 시행하고, 훈련 과정 중 매년 5개 과정 이상을 여성을 위한 과정으로 개발·운영한다.

7. 장애여성공감 활동

• 목적

'장애여성공감(Women with Disabilities Empathy)'은 장애 여성 인권의 향상을 표방하는 운동 단체(http://www.wde.or.kr)로서, 장애 여성을 배제하는 제도와 기준이 가진 문제에 공감하고, 다양성이 인정되는 새로운 기준을 만들어 나가기 위한 다양한 활동을 한다. 사회의 주변부에서 장애를 이유로 분리되어 있는 여성들의 문제를 알리고 동등한 사회 구성원으로서의 권리를 위한 운동을 전개한다. 장애여성공감은 장애를 가진 여성들은 모든 여성에게 주어지는 서비스와 지원을 공급받을 권리가 있으며, 장애를 가진 남성과는 다른 욕구들을 가지고 있으며, 자신의 욕구를 스스로 알고 있으며, 자신의 삶의 모든 영역에서 선택의 자유에 대한 권리가 있으며, 자신의 장애에 대해 자랑스러워할 수 있으며, 자기 정체성에 대한 선택권이 있다고 본다. 따라서 장애여성공감은 이러한 신념을 바탕으로 장애 여성의 인권 보장과 사회 변화를 그 목적으로 활동한다.

• 가치

1. 차이를 소통하기, 공감하고 연대하기
2. 경험을 말하기, 장애 여성의 관점으로 이야기하기
3. 정상성에 도전하며 세상을 변화시키는 도전과 실험을 멈추지 않기

• 비전

1. 조직 교육 확대로 회원 조직의 강화
2. 장애 여성 운동의 제도화를 경계하며 법·정책을 연구하고 제안
3. 차별에 반대하고 평등한 사회를 만들기 위해 연대하고 실천

- 부설센터

– 장애 여성 성폭력 상담소

성폭력 피해 장애 여성을 위한 상담 및 지원 활동

장애 여성 인권 향상 조사 연구 및 인식 개선 활동

성폭력 예방 및 관련 프로그램 개발

– 장애 여성 독립생활 센터 '숨'

장애 여성 독립 지원 활동

장애인 활동 지원

특히 장애여성공감에서는 '자립'이라는 용어 대신 '독립'이라는 용어를 선택한다. 일반적으로 비장애인들은 '독립한다.'는 표현을 하는데 반해 장애인들은 '자립해야 한다.'는 언급을 한다. 이것은 장애인들에게 '누구의 도움도 받지 않고 스스로 살 것'을 강요하는 맥락에서 나온 것으로 보기 때문이다. 그리고 '자립'이 누군가의 도움을 전제로 하는 제한적인 의미를 담고 있다면 '독립'은 자신의 의사가 존중되고, 자신의 삶을 결정하고 자신에게 주어지는 도움을 선택할 수 있다는 보다 능동적이고 주체적인 의미라 할 수 있기에 그렇다.

그러므로 장애여성공감에서는 장애 여성들이 원하는 것은 '자립'이 아닌 '독립'이라고 주장한다. 물론 우리 사회에서 장애인 자립 생활 운동이 진행되면서 '자립'의 의미도 예전과 다르게 변화했고, 장애인을 대상화시킨 용어의 부정적인 느낌도 많이 사라졌지만 장애인계에서 '자립'의 부정적 의미가 사라졌다고 해도 여전히 전체 사회에서 '자립'과 '독립'의 용어가 분리되어 사용되는 현상은 여전히 존재하고 있기에 그렇다.

■ 장애인 인권 헌장

장애인은 인간의 존엄과 가치를 가지며 행복을 추구할 권리를 가진다. 장애인은 사회 구성원으로 책임 있는 삶을 살아 가며 자신의 능력을 계발하여 자립하도록 노력하여야 한다. 국가와 사회는 헌법과 국제연합의 장애인 권리 선언의 정신에 따라 장애인의 인권을 보호하고 완전한 사회 참여와 평등을 이루어 더불어 살아가는 사회를 만들기 위한 여건과 환경을 조성하여야 한다.

1. 장애인은 장애를 이유로 정치·경제·사회·교육 및 문화 생활의 므든 영역에서 차별을 받지 아니한다.
2. 장애인은 인간다운 삶을 영위할 수 있도록 소득·주거·의료 및 사회 복지 서비스 등을 보장받을 권리를 가진다.
3. 장애인은 다른 모든 사람과 동등한 시민권과 정치적 권리를 가진다.
4. 장애인은 자유로운 이동과 시설 이용에 필요한 편의를 제공받아야 하며, 의사 표현과 정보 이용에 필요한 통신·수화·통역·자막·점자 및 음성 도서 등 모든 서비스를 제공받을 권리를 가진다.
5. 장애인은 자신의 능력을 계발하기 위하여 장애 유형과 정도에 따라 필요한 교육을 받을 권리를 가진다.
6. 장애인은 능력에 따라 직업을 선택하고 그에 따른 정당한 보수를 받을 권리를 가지며, 직업을 갖기 어려운 장애인은 국가의 특별한 지원을 받아 일하고 인간다운 생활을 보장받을 권리를 가진다.
7. 장애인은 문화, 예술, 체육 및 여가 활동에 참여할 권리를 가진다.
8. 장애인은 가족과 함께 생활할 권리를 가진다. 장애인이 전문 시설에서 생활하는 것이 필요한 경우에도 환경이나 생활 조건은 같은 나이 사람의 생활과 가능한 한 같아야 한다.
9. 장애인은 사회로부터 분리, 학대 및 멸시받지 않을 권리를 가지며, 누구든지 장애인을 이용하여 부당한 이익을 취하여서는 안된다.
10. 장애인은 자신의 인격과 재산의 보호를 위하여 필요한 법률상의 도움을 받을 권리를 가진다.
11. 여성 장애인은 임신, 출산, 육아 및 가사 등에 있어서 생활에 필요한 보호와 지원을 받을 권리를 가진다.
12. 혼자 힘으로 의사 결정을 하기 힘든 장애인과 그 가족은 인간다운 삶을 영위하기 위하여 필요한 지원을 받을 권리를 가진다.
13. 장애인의 특수한 욕구는 국가 정책의 계획 단계에서부터 우선 고려되어야 하며, 장애인과 가족은 복지 증진을 위한 정책 결정에 민주적 절차에 따라 참여할 권리를 가진다.

■ 제4차 장애인 정책 종합 계획(2013~2017)

– 비전 : 장애인과 비장애인이 더불어 행복한 사회

– 정책 과제 : 4대 분야 19대 중점 과제 71개 세부 과제

– 분야

01. 장애인 복지·건강 서비스 확대
- 장애인 서비스 전달 체계 확립
- 발달 장애인 지원 강화
- 장애인 복지 서비스 확대
- 장애인 주거 지원 강화
- 장애발생 예방 및 의료 재활 강화

02. 장애인 생활 주기별 교육 강화 및 문화·체육 향유 확대
- 생애 주기별 교육 지원 체계 구축
- 특수 교육 지원 강화
- 장애 학생 인권 보호 및 인식 개선
- 장애인 문화 활동 활성화
- 장애인 체육 활동 강화

03. 장애인 경제 자립 기반 강화
- 장애인 소득 보장 강화
- 장애인 기업 및 우수 고용 기업 지원
- 장애인 고용 지원 강화
- 장애인 고용 인프라 확대

04. 장애인의 사회 참여 및 권익 증진
- 장애인 정보 접근성 강화
- 장애인 이동·편의 증진
- 장애인 인권 보호 강화
- 여성 장애인 인권 보호 및 사회 참여 활성화
- 장애인 정책 관련 국제 협력 강화

제13장 여성과 한 부모 가족

여성 빈곤에서 가구주의 성은 중요한 의미를 가진다. 지금까지의 경제 활동은 주로 남성이 담당해 왔고 여성은 가족 내에서 가사 및 자녀 양육을 담당해 왔다. 그리고 이러한 성별 분업은 여성의 경제 활동 참여 시 여성에게 주어지는 일의 유형과 취업의 기회를 제한한다. 따라서 여성이 취업 활동을 하고 있는 경우에도 저임금의 불안정한 고용 상태에 있는 경우가 많아 특히 한부모인 여성은 남성보다 취약한 경제 상태에 놓여 있을 가능성이 크며, 경제적인 생계 문제 이외에도 부모의 이혼이나 사별 후 가족 간의 관계 형성, 역할 분담 등 많은 재적응 문제를 가지고 있으므로 지원 방안이 검토되어야 한다.

1. 한 부모 가족

한 부모 가족은 이혼, 사별, 별거, 유기 등에 의한 양친 중의 한쪽과 그 자녀로 이루어진 가족을 말한다. 이러한 가족에 대한 용어는 편부모 가족, 모자 가정/부자 가정, 편친 가족, 모자 세대/부자 세대, 결손 가족, 한 부모 가족 등 다양했으나 2007년 한 부모 가족이 건강하고 문화적인 생활을 영위할 수 있도록 함으로써

한 부모 가족의 생활 안정과 복지 증진에 이바지함을 목적으로 하는 「한부모가족지원법」(한 부모 가족법)이 개정되었다.

「모자복지법」은 배우자와의 사별, 이혼, 별거 등의 사유로 배우자가 없거나 또는 배우자가 있어도 폐질·불구 등으로 장기간 노동 능력을 상실하여 여성이 생계를 책임지고 있는 모자 가정을 지원하기 위해 1989년 4월 1일 제정되었다.

한편 경제 구조 및 사회 인식의 변화로 부자 가정에 대한 복지 지원의 필요성이 제기되었고 정부에서는 1995년부터 부자 가정에 대해서도 모자 가정과 동일한 내용의 지원을 하기 시작하였고, 2002년 12월 18일자로 법률 제명을 「모자복지법」에서 「모·부자복지법」으로 개정하고 모자 가정과 부자 가정을 동법의 적용 대상으로 명시하였다.

「모·부자복지법」에 의하면 모자 가정은 모가 세대주로서 18세 미만(취학 시에는 20세 미만)의 자녀를 부양하고 있는 가정으로 저소득 가정을 말한다. 대부분의 한국 여성들은 아버지나 남편 또는 친정이나 시집 식구들에 의존하여 살아 왔으며 피동적인 존재로 살아 왔다. 40대 이상의 성인 여성들은 대부분 전업주부 계층으로서 전통적으로 가정 관리와 자녀 출산 및 양육 전담자로서의 역할을 수행해 왔다.

농업 생산자의 위상을 지니고 있는 농촌 여성과는 달리 전통적인 남녀 역할의 분담에 따라 대부분의 도시 여성들의 경우 남편은 공적(public) 일에 종사하는 생산인으로, 아내는 사적(private) 집단인 가족의 주요한 책임자로 소비를 담당하여, 부부는 각기 다른 경험 세계에서 살아 왔다. 이렇듯 안정과 조화를 바람직한 가치로 받아들이며, 남편에게 경제적·심리적으로 의존함과 동시에 정서적 서비스를 제공함으로써 상호성에 기반을 둔 교환 체제에 안주하거나 익숙했던 여성들은 가족 성원들 가운데 다른 사회 제도와 직접적으로 연관이 없었던 유일한 성원이었다. 실제로 선택의 여지없이 사회 속에서 고립되어 자연스럽게 남편의 경제력과 사회적 활동에 따른 사회적 신분이라는 매우 불안정한 사회 복지 체제(=남편)에 자신의 생을 맡기던(자발적이든 비자발적이든) 여성의 모습이었다.

지금까지 부인의 역할로서만 사회에 참여했던 여성들이라면 그 역할을 상실했을 때 여러 가지 문제에 직면하게 됨은 자명한 일이다. 한 부모 가족이 겪고 있는 주된 문제는 경제적 어려움, 가족 생활 문제, 심리 정서적 문제, 역할 변화의 문제, 대인 관계 문제 등 다양하고 새로운 문제와 역할에 봉착하여 갖가지 어려움을 겪으며 위기적 상황에 놓일 수밖에 없는 취약 계층으로 남을 가능성이 높게 된다. 게다가 아직도 결손 가족을 경원시하는 사회적 분위기로 말미암아 부가적 어려움을 경험하고 있다.

1) 경제적 문제

한 부모 가족의 가장 심각한 문제 중 하나는 경제적 문제이다. 한 부모 가족 중 여성 가구주의 경우에는 이혼이나 사별 후 수입원인 소득이 반 혹은 1/3이 감소되거나 상실된다. 특히 여성의 사회 진출이 어려운 상황에서 홀르 부모가 된 여성은 경제적으로 이중의 어려움이 있다. 취업을 하더라도 서비스업 종사자, 저임금의 직종에 종사하는 비율이 높기 때문에 경제적인 문제가 더욱 심각하게 나타나고 있다. 빈곤층 한 부모 여성의 취업은 주로 식당 등 장시간 일해야 하는 근로 조건인 경우가 많아 직업 역할과 자녀 양육 역할에 부담을 느끼게 된다. 또 이혼한 여성의 경우에는 자녀 양육비를 지급받을 수 있음에도 불구하고 현실적으로 잘 이루어지지 않아 경제적 어려움을 겪기도 한다.

한 부모 여성이 경험하는 소득의 상실과 감소는 가정의 경제 수준 하락을 가져오고 이는 다시 빈곤의 악순환이 만성화되는 결과를 가져온다. 한 부모 여성의 이러한 빈곤 경험은 이들 여성의 삶뿐만 아니라 그 자녀에게도 지대한 영향을 미친다. 한 부모 가정의 빈곤화는 건강 상태의 부실, 사회적 고립, 스트레스, 낙인, 무기력을 동시에 경험하게 한다는 데 문제의 심각성이 있다. 한 부모 여성이 빈곤 속에서 산다는 것은 이들 여성으로 하여금 더 많은 신체적, 심리적 노력을 요구하게 한다.

2) 가족 생활

한 부모가족은 한쪽 배우자의 부재로 인해 가족 생활에서의 변화가 불가피하게 일어난다. 가족 생활 중에서 부모 역할과 자녀와의 관계 등 가족 관계 문제, 자녀 양육 및 교육 문제, 자녀의 비행화 가능성에 대한 염려, 과중한 가사일과 직업으로 인한 시간 부족으로 인해 자녀를 충분히 보호하고 돌볼 수 없는 방임에 대한 정서적 문제 등에 어려움을 겪고 있다.

부모 역할은 한 명의 부모가 양 부모의 역할을 해야 하는 데서 오는 어려움이다. 이는 아버지 혹은 어머니의 부재에서 오는 역할 모델이 없는 문제와 부부가 함께 해야 할 부모 역할을 혼자서 해야 하는 데서 오는 심리적 갈등과 정서적 어려움 등을 경험할 수 있다. 그러나 자녀 관계가 좋아지는 예도 있으며 특히 이혼한 가정의 경우 이혼 전의 부부 갈등, 남편의 폭력 등이 없어지고 가족 관계가 더 좋아지는 예도 있다. 대체로 한 부모 여성들은 자녀에 대한 관심이 많아 자녀를 잘 돌보며 이에 자녀들은 정서적으로 안정된 상태를 보인다. 그러나 한 부모 가족이 경험하는 자녀 문제는 생계 유지를 위해 일을 해야 하기 때문에 겪는 어려움이다. 특히 문제가 되는 것은 시간의 부족이다. 저소득 여성 한 부모의 경우 대부분이 장시간의 근로를 하기 때문에 자녀 양육 역할에 시간을 내기가 어려운 실정이다. 자녀의 연령이 어릴수록 더 심각하다. 영유아의 경우 자녀 양육을 어린이집 등 보육 시설에 맡긴다고 하여도 돌보아 줄 사람이 필요하므로 한 부모 가족 여성은 직업을 선택하는데 어려움이 많다. 초등학생이나 중고생 자녀의 경우에도 시간 부족으로 인해 학업 지도나 인성 지도에 어려움이 많으며 자녀들이 보호자 없이 방치되는 데서 오는 여러 가지 문제도 발생하게 된다.

3) 심리 정서적 문제

한 부모 가족 여성이 경험하는 심리적 문제는 경제적 문제와 연관된 가계 부양자 역할로 인한 부담, 자녀 양육자 역할로 인한 문제, 사회적 편견으로 인한 심리적 위축, 우울증이나 불안증, 고독감 등 심리적 불안정 상태 등이 있을 수 있다. 한편으로 오히려 심리적으로 편안한 상태가 되었다거나 모든 결정을 스스로 할 수 있어서 더 나아졌다는 사례도 있긴 하지만 혼자서 부모 역할을 다하는 데서 오는 자녀 양육 부담이나 가계 부양자로서 경제적 책임에 대한 부담감을 크게 느끼는 것 또한 사실이다. 게다가 혼자 부모가 된 것에 대해 인생의 실패로 여기거나 한 부모 가족은 결손 가족이라는 사회적 인식으로 인해 한 부모 가족이라는 사실을 비밀에 붙이려는 사례도 적지 않은 실정이다. 자녀에 대한 주변이나 이웃의 부정적인 시각과 그에 따른 문제, 즉 자녀들은 한 부모 가족이라는 사실이 알려지면 학교에서 왕따나 집단 폭행의 대상이 되고 더 나아가 비행 아동으로 낙인찍히는 데서 오는 여러 가지 심리적 부담 속에서 문제가 발생한다. 또 한 부모 여성은 혼자 사는 사실이 알려지게 되면 남성들로부터 성희롱의 대상이 되는 등 직장이나 사회생활에서 상당한 불이익을 당하게 되는 경우가 많다. 따라서 이러한 사회적 편견으로 인해 한 부모 여성들은 심리적으로 위축되고 고독감을 느끼게 되는데 이러한 심리적 문제는 사별보다는 이혼으로 인한 경우가 더 크게 나타난다. 한 부모 여성들은 배우자와의 이별로 인해 상실감, 가족에 대한 책임감, 슬픔, 죄책감으로 인해서 심리적인 부적응 상태가 나타나며 개인의 사회적 역할 수행에 있어서 분노, 불안, 양가 감정, 고통, 매력 없음, 무기력, 무능력, 외로움 등의 심리적 상태를 경험하게 된다.

사회 복지 제도가 직면하고 있는 딜레마는 이러한 여성들에게 불가능한 두 가지 일을 동시에 요구하고 있다는 것이다. 사회는 한 부모가 된 그 여성들에게 자신의 자녀들이 빈곤에서 오는 고통을 받지 않도록 보살피라는 심정적인 압력을 가하면서 자신들의 생활을 유지하기 위한 일을 해야 한다는 요구를 한다.

어린 자녀들을 돌볼 수 있는 자원이 없는 상황에서 그들이 일을 하는 동안 수많은 사회적인 문제, 정서적인 문제가 가족과 관련해서 발견되는 것은 그리 놀라운 일이 아닐 것이다.

한 부모 여성들은 다음과 같이 이야기한다.

가난한 여성들이 빈곤 속에서 절망과 어려움 속에서도 꿋꿋해야만 하는가, 인생의 어려움을 직면한 상태에서 화를 내면 안 되는가, 삶의 그러한 고통 속에서도 가족들을 위해 희생해야 하는가, 이렇듯 버겁고 힘든 투쟁 속에서도 인간의 존엄성은 존재하는가.

특히 최근에 경험한 생활 사건으로 인하여 빈곤 계층으로 이동하게 된 한 부모가 된 여성들은 사회적으로 고립되고, 심리적 혹은 정서적으로 혼란된 상태를 경험하면서 의미 있는 생활 유형이나 사회적 기능으로부터 유리될 가능성이 더욱 높을 것이다.

한 부모라는 상황을 과도한 스트레스로 경험하는 그들의 심리 사회적 상관 관계를 다음과 같이 도표화할 수 있겠다.

• 한 부모 스트레스의 심리 사회적 상관 관계

상관 관계 분야	스트레스 유형	심리 사회적 반응
사회적 관계	사회 역할 반응	역할 긴장, 역할 변동, 역할 팽창, 역할 진입, 역할적응
	사회적 접촉	고립, 낙인
대인 관계	관계 장애	철수/회피, 의존 증대, 폭력/갈등, 충동성, 지배적/권위적
	상호 작용 감소	외로움
정신 내적 관계	자아 개념 위협	자긍심, 자기통제, 능력에 대한 일시적인 분열
	감정 표출	불안, 우울, 상실감, 무기력, 죄의식, 수치심, 신체적 호소, 분노

2. 한 부모 가족에 대한 사회 복지 서비스 현황

우리나라에서는 한 부모 여성 개인에 대한 공적 부조 정책이나 제도보다는 한 부모 여성 가정에 대한 지원을 통해 한 부모 여성을 지원하는 방식을 택하고 있다. 공적 부조 측면에서 「국민기초생활보장법」에 의해 빈곤한 한 부모 가족은 생계 보호, 자활 보호, 교육 보호, 해산 보호, 장제 보호 등의 생계 지원을 받을 수 있다.

2016년 말 현재 「한부모가족지원법」과 「국민기초생활보장법」에 의해 보호받고 있는 저소득 모·부자 가정은 23만 1,411세대이며 가구원 수는 56만 5,648명이지만, 지속적으로 한 부모 가족은 증가 추세를 보이고 있고 2016년 말 전국 한 부모 가족 총 가구수는 189만 4,800가구에 이르고 있다. 한 부모 가정 형성 배경을 보면 2010년 이후 이혼 가족이 사별 가족을 앞서가기 시작했다.

아울러 한 부모 가족의 자녀에 대하여 자녀 학비와 아동 양육비를 지원함으로써 가정의 경제적 부담을 덜어주고 자활·자립을 지원하고 있다. 2016년부터 저소득층 생업 자금 융자 사업은 금융위원회 '미소금융사업'으로 통폐합되었다.

〈표 13-1〉 전국 한 부모 가구 현황 (단위: 천 가구, %)

연도	총 가구 수	한 부모 가구		
		계	모자 가구	부자 가구
2011	17,687	1,639(9.3)	1,278	361
2012	17,951	1,677(9.3)	1,304	373
2013	18,206	1,714(9.4)	1,329	385
2014	18,457	1,749(9.4)	1,352	397
2015	18,705	1,783(9.5)	1,374	409
2016	18,948	1,816(9.6)	1,395	421

출처: 여성가족부(2017).

〈표 13-2〉 한 부모 가족 형성 요인별 현황 (단위: 천 가구, %)

연도	총 가구 수	한 부모 가구					한 부모 가구 비율
		사별	이혼	미혼	유배우	계	
2000	14,312	502(44.7)	246(21.9)	123(10.9)	253(22.5)	1,124(100)	7.9
2005	15,887	501(36.6)	399(29.1)	142(10.4)	328(23.9)	1,370(100)	8.6
2010	17,339	474(29.7)	523(32.8)	185(11.6)	413(25.9)	1,594(100)	9.2

출처: 여성가족부(2017).

〈표 13-3〉 한부모가족지원법 지원 대상 가구 소득 인정액 기준(2017년) (단위: 원/월)

구분	2인	3인	4인	5인	6인
기준 중위 소득	2,814,449	3,640,915	4,467,380	5,293,845	6,120,311
생계 급여 수급자 (기준 중위 소득의 30%)	844,335	1,092,274	1,340,214	1,588,154	1,836,093
한 부모 및 조손 가족 (기준 중위 소득의 52%)	1,463,513	1,893,276	2,323,038	2,752,799	3,182,562
청소년 한 부모 가족 (기준 중위 소득의 60%)	1,688,669	2,184,549	2,680,428	3,176,307	3,672,187

출처: 여성가족부(2017).

〈표 13-4〉 한 부모 가족 지원 사업 요약(2017년)

사업명 및 개요	사업 대상	수행 기관
〈한 부모 가족 자녀 양육비 등 지원〉 • 아동 양육비 : 만 13세 미만 자녀, 월 12만 원 • 추가 아동 양육비 : 조손 및 만 25세 이상 미혼 한 부모 가족 5세 이하 자녀, 월 5만 원 • 학용품비 : 중학생, 고등학생 자녀, 연 541만 원 • 생활 보조금 : 시설 입소 가구, 월 5만 원	소득 인정액 기준 중위 소득 52% 이하 한 부모 및 조손 가족	자치단체
〈청소년 한부모 자립 지원〉 • 아동 양육비 : 월 17만 원 • 검정 고시 학습비, 고등학생 교육비, 자립 촉진 수당 등 지원	소득 인정액 기준 중위 소득 60% 이하 만 24세 이하 한 부모 가족	자치단체
〈권역별 미혼모, 부자 지원 기관 운영〉 • 미혼모, 부의 임신, 출산, 자녀 양육을 위한 초기 양육 지원, 상담 및 정보 제공 등	미혼모, 부자 가족	지방자치단체 17개 지원 기관
〈한 부모 가족 복지 시설 지원〉 • 시설 기능 보강 : 시설, 신축, 증개축, 개보수, 장비 보강 지원 • 한 부모 가족 복지 단체 지원 : 시설 종사자 역량 강화 등 • 한 부모 가족 복지시 설 입소자 상담, 치료 지원 • 시설 배치 사회 복무 요원 인력 경비 지원 • 공동생활 가정형(매입 임대) 주거 지원	각 시설 시설종사자 시설입소자 사회복부요원 등	자치단체 민간단체 한부모시설/단체
〈한 부모 가족 무료 법률 구조〉 • 한 부모 가족 대상 법률 상담, 소송 대리, 기타 법률 사무 등 무료 법률 구조 지원	「한부모가족지원법」 제5조, 제5조의 제2항 한 부모 가족	대한법률구조공단
〈법원 연계 이혼 위기 가족 회복 지원〉 • 이혼 위기 가족 대상 가족 기능 강화를 위한 상담, 교육, 문화 서비스 제공	이혼을 준비 중인 부부와 아동	지방자치단체 (전문 기관 선정, 운영)

출처: 여성가족부(2017).

3. 한 부모 여성에 대한 실천적 서비스·프로그램 및 상담

1998년에 제정된 국민기초생활보장 제도는 단순 보호 차원의 시혜적인 생활 보호 제도를 벗어나 빈곤에 대한 사회적 책임을 강조하는 종합적 대책으로 대전환을 이룬 제도라고 하겠다.

그러나 개인이나 가족의 실직 또는 저소득으로 인하여 경제적 어려움을 겪고 있는 빈곤 계층의 한 부모 여성들은 남성들에 비하여 일자리가 없거나 불안정하여 당면한 물질적 생활 문제를 해결해야 한다는 현실적인 문제와 아울러 정서적 지지를 필요로 하는 심리·사회적인 문제를 안고 있다. 현실적으로 자녀를 양육하고, 가계를 부양하며, 친족 관계를 비롯한 관계망의 변화를 겪으며 사회·문화적, 경제적, 상황적 동요와 혼란을 극복해 나가야 하는 한 부모 여성들은 우울·불안과 같은 심리적·정서적 혼란을 경험하게 되고 환경 변화에 적응해야 하는 도전에서 실패하게 되면 계층 하강의 사회적 이동이 불가피하게 될 것이기에 더욱 압도당하는 느낌, 수치심, 무력감 등을 경험하고 있다고 보고하고 있다.

오늘날 우리가 접하는 사회는 사회에 들어갈 수 있는 통로나, 여러 사회를 볼 수 있는 창문들이 매스 미디어, 신문, 전화, 컴퓨터 등을 통해서 열려 있으며, 우리에게는 더 이상 고립된 지역 사회란 존재하지 않게 되었다.

지역 사회들이 모두에게 개방되어 있을 뿐만 아니라 예전에는 불가능했던 기회들도 여러 사람들에게 개방되어 있는 상태이다. 예전에는 남성에게만 가능했던 직업 기회가 여성에게도 주어지고 있어 지역 사회와 가족의 가치관 및 구조를 바꾸고 있다.

이러한 환경 속에서는 교육을 잘 받고, 생존을 위한 준비를 잘 한 사람들은 살아남는다. 설사 가족 내 안정감이 없다 할지라도 스스로를 돌볼 수 있는 능력을 키웠고 가족에게나 지역 사회에 의존할 필요가 적은 사람들의 모습이다.

그러나 빈곤한 사람들, 특히 빈곤 여성들은 어떻게 해야 하는가. 교육을 제대로 받지 못한 사람들은 어떻게 해야 하는가. 이 사회 내에서 빈곤 계층이 어떠한 존엄성을 느끼고, 삶을 진실로 가치 있다고 생각할 수 있는 그러한 동기를 주는 영적인 평안함은 어디에서 확보할 수 있을 것인가.

저소득 한 부모 여성의 심리 사회적 문제는 개인적, 환경적 요인이나 가족 관계 등 여러 가지 상황적 요인들이 복합적으로 영향을 미치면서, 그들은 사회적으로 새롭고 다른 변화를 점차적으로 받아들여 인생을 재조직하고 재설립해야 하는 과제에 직면한다.

한 부모 여성들이 사회의 한 성원으로서 새로운 생활과 새로운 자아 정체감을 형성하는 작업에 직면할 때, 그들의 신체적·심리적 건강, 안녕의 강화는 시작되어질 것이다. 따라서 새로운 생활, 새로운 일련의 역할 관계, 그리고 새로운 정체감을 구축하는데 관련된 문제들을 지원받기 위해 내부로 향하지 않고 외부에서 도움을 제공받을 수 있도록, 사회의 보편적인 존재(a being universal)로 전환해야 하는 심리적 국면을 헤쳐 나갈 수 있도록 서비스가 구성되어야 할 것이다. 특히 그들에게 효과적인 프로그램을 제공하기 위해서 '어린이'는 가족의 브분으로, '가족'은 이웃과 지역 사회 공동체의 부분으로 보아야 한다.

이 시대를 살아가는 누구라도 개인 문제와 가족 문제를 모두 가지고 있을 것이지만 만성적인 사회 문제와 경제 문제에 의해 약화된 개인적, 가족적, 그리고 지역 사회 공동체적 구조의 복합적인 문제들이 어우러진 계층화된 자본주의 사회에서 저소득 한 부모 여성은 계층적 불평등과 성적 불평등이 서로 마주치는 가장 하위 층에 위치하고 있기에 그들을 대상으로 하는 사회 복지적 접근은 가장 훌륭한 심리적인 치료여야 하며 세련된 기술을 모두 가져야만 한다. 동시에 사회 과학자의 통찰력과 지역 사회 활동가들의 추진력도 가져야만 한다. 그들이 서비스를 통해서 삶의 목적과 의미를 찾아 삶을 선택할 수 있는 힘을 찾을 수 있도록 하는 방법을 찾는 것은 사회 전반에 걸쳐 도움이 될 것이다

1) 사회 복지사가 개입할 수 있는 영역

영역	유형	문제	개입 방법	W'er의 역할	집단 활동	목표
사회적 관계	역할 반응	역할 긴장 역할 혼동 역할 팽창 역할 진입 역할 적응	정보 제공 적절한 훈련 자원 연계	사회적 거리 조정 사회 진입 촉진 사회 적응 지원	사회적 관심 안전지대	사회적 접촉 독립적 자아실현
	접촉	고립, 낙인				
대인 관계	관계 장애	철수 충동적 회피 의존적 폭력적 지배적 권위적	관심, 경청 존중, 배려 존재 확인	자녀, 가족 친구 관계 회복 촉진	준거 집단 상호 의존적	소속감 상호 작용
	상호 작용 감소	외로움				
심리적 관계	자아 개념 위협	자긍심 자기 통제력 일시적 분열	긍정, 공감 감정 명료화 개별 상담	전문적 서비스	동료 상담 감정 나누기 정서적 지지	심리적 안정
	감정 표출	불안, 우울 분노 무기력 죄의식 수치심 신체적 호소				

2) 한 부모 여성들을 돕는 방법

– 따뜻한 편지나 메일 보내기
– 같은 상황에서 내가 받고 싶은 위로 보내기
– 불가능한 질문 피하기
– 스스로 말할 수 있도록 마음 열어 주기
– 마음껏 울 수 있도록 내버려 두기
– 함께 머물러 주기
– 따뜻한 마음 보내기
– 무심한 조언 피하기

제14장 여성과 이주

인류 역사상 이주는 지속되는 일이었지만 세계화는 계속해서 더욱 많은 인구의 이동과 이주를 초래하고 있다. 국제이주기구(IOM ; International Organization for Migration)에 따르면, 국제 이주 인구는 2000년에 1억 7,300만여 명에서 2010년에 2억 2,100만여 명 정도로, 2017년에는 2억 5,800만여 명으로 증가했다. 특히 눈에 띄는 점은 여성의 이주 현황이 증가하였다는 것으로서, 2000년에 8,500만여 명에서 2010년에 1억 600만여 명으로, 2017년에 1억 2,500만여 명으로 증가하였다. 즉, 전체 이주 인구 중 여성이 차지하는 비율이 거의 절반에 이르고 있음을 보여 주었다. 이처럼 여성 인구의 이주 비율이 높은 비중을 차지하는 만큼 여성 이주에 대한 이해가 필요하다.

〈그림 14-1〉 국제 이주 현황 변화 (단위: 백만 명)

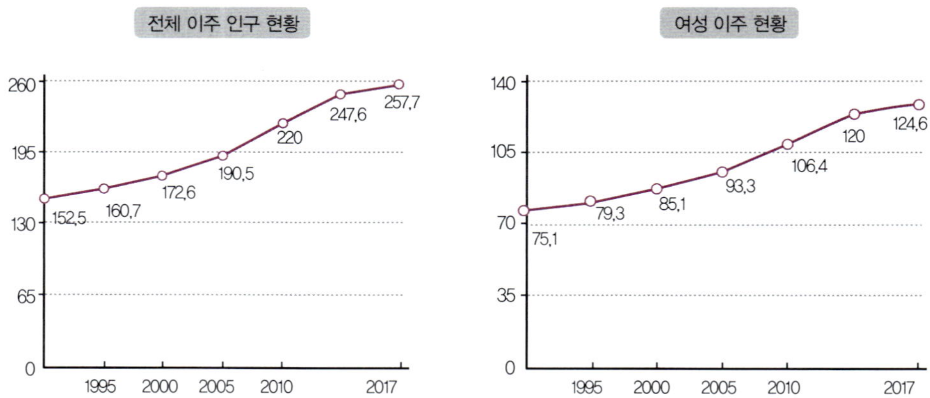

출처: Migration Data Portal(https://migrationdataportal.org/?i=stock_abs_female_&t=2017)

1. 이주와 젠더

이주 인구의 지속적인 증가에서 두드러지는 특성이 이주의 여성화이다. 이주의 여성화(feminization of migration)는 국가 간 노동 이동 중 다수가 여성 이주자에 의해 구성되며 더 나아가 여성 스스로 주체적인 노동자의 신분으로 이주하는 취업 이주가 많아졌음을 의미하는 개념이다(황정미, 2009; 이혜경 외, 2006). 이주의 여성화는 글로벌한 보편성을 갖는 동시에 송출국과 개별적 맥락에 따라 상이한 형태로 나타난다. 그러나 2004년 UN여성개발기금(UNIFEM) 보고에 따르면 이주의 여성화에 두 가지 경향이 나타난다고 한다(한국염, 2017). 한 가지는 기혼 여성 비율이 증가하고, 미혼 여성의 경우는 나이가 점점 어려진다는 점이다. 또 다른 한 가지는 이주하는 여성의 일자리가 대부분 전통적인 성 역할에 따라 배치되고 있다는 점이다.

기혼 여성의 이주 비율 증가와 미혼 여성의 연령이 낮아지는 이유는 무엇일까? 외채가 늘어남에 따라 개발 도상국 정부는 자국의 인력을 수출하고 그들이 본국으로 송금하는 외화를 통해 경제를 유지하려는 전략을 가지게 된다. 경제적 위기에 직면한 개발 도상국의 여성들은 더욱 민감하게 영향을 받을 수밖에 없고, 그로 인해 여성들이 가족의 생계 유지를 위한 방편으로 이주를 선택하게 된다. 이주하는 남성은 주로 노동 이주를 통해 유입되지만, 여성은 결혼 이주와 노동 이주가 동시에 늘어났다. 이주를 결정할 때 여성들은 남성에 비해 해외의 일자리를 구하기 어렵고, 그로 인해 더 열악한 일자리를 감수할 수밖에 없다. 취업이 어렵다면 송출국의 가부장제는 여성들의 선택을 제한하며 국제결혼에 대한 압박을 증가시키게 된다. 여성들이 안정적이고 제도화된 이주의 경로를 선택하기 어려운 상황에서 상대적으로 비용이 적게 드는 국제결혼(초기의 비용을 모두 남성이 지불하는 경우가 많음)과 유흥업 분야의 이주를 선택하게 되는 것이다. 그래서 위장 결혼과 진짜 결혼의 구분이 명확하지 않은 경우가 증가하게 된다(김현미, 2006). 출신국과 유입국의 가부장제가 연계됨으로써 이주 여성들의 선택은 더욱 좁아지고 더 많은 경제적, 규범적 제약을 받을 수밖에 없게 된다.

이주 여성의 일자리가 전통적 성 역할에 따라 배치되는 이유는 개인적 선택이 아닌 세계적인 구조적 문제와 관련한다(김문수, 2015). 그리고 이러한 문제는 특히 아시아 지역이 주요한 배경이 된다(황정미, 2009). 즉, 이주 여성은 아시아로부터 유럽과 북미로 이주를 하려고 하며, 아시아 내에서는 동남아시아로부터 중동이나 동북아시아로 이주하는 경향이 나타난다. 이러한 이유는 글로벌 케어 체인(global care chain)이라는 개념과 연결되는데, 이는 유급 혹은 무급의 케어 노동에 근거한 사람들 사이의 전 지구적인 일련의 연계 관계를 말한다. 보살핌의 영역이 시장의 영역에 포함되면서 동남아시아 여성들이 보살핌의 노동력을 제공하기 위해 고향을 떠나 산업 선진국의 다른 아시아 국가로 유입되는 보살핌 노동 이주의 지구적 현상이 나타나는 것이다.

산업화된 사회의 전문직에 고용된 사람들은 주로 아내와 여성이 맡아서 해왔던 잡다한 가사일을 해줄 사람을 필요로 한다. 산업화된 사회에서도 여전히 가사일과 돌봄의 일을 해줄 사람을 필요로 하지만 이 일을 담당할 사람이 부족한 상황에서 송출국 여성들은 이러한 가사 및 돌봄 노동과 같은 일을 담당하게 된다. 즉, 송출국의 빈곤과 수용국의 돌봄 노동의 공동화에 의해 싼값의 돌봄 노동 시장이 형성되는 것이다. 가족 돌봄, 특히 자녀 양육에 최대의 관심을 갖고 있는 우리 사회는 전형적인 여성의 일로 취급되던 돌봄 노동 즉, 아동과 노인에 대한 돌봄, 가사 서비스 노동에 종사하는 이주 여성에게 전통적 대가족 문화, 정감 있고 희생적인 어머니의 모습, 모성상을 기대하며 가사 노동을 전가하고 있다.

이와 같이 이주의 여성화는 가부장적 질서와 관련한다. 전통적 성 역할이 요구되는 가사 노동 등의 서비스 분야에서 여성의 노동력을 필요로 하며, 여성의 노동력을 매칭하는 송출국의 브로커 비용은 남성에 비해 낮아 여성 노동력 송출이 증가하게 된다. 이주 여성들은 단순 산업 노동, 가사 노동 등의 노동력을 필요로 하는 일자리를 구하기 위해 송출국의 브로커 비용을 지불한다. 그런데 송출국에서는 일자리를 중개하는 시스템의 비리 등의 문제로 거액의 송출 비용이 발생하게 되는데, 여성의 송출 비용은 남성의 1/2 또는 2/3 정도이다. 그렇기 때문에 남성보다는 여성, 딸이 외국에 나가서 생활비를 벌어 송금해 주기를 바라는 아버지와 남편에게 떠밀려 이주 노동을 하게 되는 경우가 많다. 또한 국제결혼 중개 업체 알선을 통한 결혼의 경우 이주 여성은 본국 집안 경제를 돕고 좀 더 나은 삶을 위한 새로운 기회를 가질 수 있다는 희망을 가지고 유입국의 자국민, 주로 결혼하기 힘든 계층의 남성들과 결혼을 한다.

이러한 이주의 여성화는 이주 여성들로 하여금 다른 나라의 가족 부양과 돌봄을 담당하고 있는 동시에 본인의 가족은 돌봄을 받지 못하는 등 가족 구조의 변화와 여성의 삶에 부정적인 변화를 경험하게 한다. 돌봄 노동을 위해 이주를 한 여성의 가족 내에 필요한 돌봄은 그 가족 내의 또 다른 여성 즉, 할머니, 어머니를 비롯한 여성들에 의해 이루어지게 된다. 이는 여성을 억압하는 가부장적 위계가 강화하는 측면과 가부장제 위기 상황에서 여성들이 새로운 사회적 공간으로 이동하게 되는 측면이 이주의 여성화에 존재함을 보여 준다.

더 나아가 이주의 여성화는 단순하게 설명될 수 없는 삶의 복잡성을 가지고 있다. Piper & Roces(2003)는 이주 여성의 경험 안에서 결혼–노동–이주가 복합적으로 얽혀 있음을 강조하였다. 즉 이주 여성들은 취업을 위해 이주한 후 결혼을 하기도 하고, 결혼을 통해 이주했다가 노동자가 되기도 한다. 그리고 이주 여성들은 자녀를 고향에 남겨둔 채 노동 이주를 하는 분리된 모성의 삶을 감당하곤 한다.

〈그림 14-2〉 세계화와 이주의 여성화

출처: 이지영(2013). 국제이주와 여성–세계화와 이주의 여성화. 세계정치, 19. pp. 233–268.

2. 이주 여성의 현황

이주 여성의 한국으로의 이주는 1980년대 후반에 시작되었고 1990년대부터 한국에 유입된 이주 여성은 전체 이주자의 30~35% 정도를 차지하였다. 여성 이주는 노동자 중심에서 결혼 이주, 예술 흥행 이주 등 점점 다양한 영역으로 확대되었다.

첫 번째 이주 여성 집단은 중국 동포와 고려인 동포이다. 중국 동포와 고려인 동포 이주 여성들은 대부분 숙박업소나 음식점의 점원, 간병인으로 일하는 경우가 많았는데, 그 과정에서 저임금, 임금 체불, 성추행 등의 많은 인권 침해를 경험하였다. 이후 재외 동포 출입국과 법적 지위에 대한 법률에 근거하여 동포 방문 취업 제도가 2004년에 도입되었고, 이 제도를 통해 이주한 여성들은 간병인, 가사 도우미와 같은 단순 노무직에 취업하였다.

두 번째 이주 여성 집단은 해외투자법인 연수생과 산업 연수생이다. 1991년부터 해외투자법인 연수생 제도가 실시되면서 연수생 명목으로 많은 중국 여성들이 한국에 들어왔다. 해외투자법인은 주로 제조업 분야가 많았기 때문에 여성 인력이 많았는데, 외국인 노동자를 저임금으로 고용해 노동을 착취하는 경우가 많았다. 또한 1993년에 산업 연수생 제도가 도입되면서 이 제도를 통해 우리나라에 입국한 산업형 이주 여성들도 많았다. 산업 연수생 제도를 통한 인력 도입 나라가 다양해져서 몽골, 필리핀, 베트남, 네팔, 태국 등 다양한 나라의 여성들이 입국하게 되었지만, 낮은 임금과 체류 기간 초과로 인한 미등록 이주 여성 노동자들이 생겨나면서 인권 침해가 나타나기도 하였다.

세 번째 이주 여성 집단은 예술흥행 비자를 통해 입국하는 집단이다. 1990년대 초반부터 유흥업소에 이주 여성이 들어오기 시작하였는데, 이들은 관광협회에서 가수, 무희로 일한다지만 대부분 주한 미군 기지촌에서 일했다. 예술흥행 비자로 입국한 이주 여성들은 유흥업소에서 일하며 때로 성매매업소에 유입되기도 하고 전형적 취업 사기를 통해 인신매매를 경험하였다.

네 번째 이주 여성 집단은 결혼을 통해 이주해 온 집단이다. 결혼 이주는 통일

교에 의한 집단적 국제결혼이 시작이었고, 한국의 농촌 총각 장가 보내기 프로젝트로 중국 동포들이 한국 남성과 결혼하고 입국하였다. 그 이후 중국 동포 여성을 중심으로 이루어진 결혼 이주가 동남아 지역으로 넓게 퍼졌다. 결혼 이주가 증가한 이유는 송출국의 입장에서 보다 나은 삶을 위한 결단과 생존 및 계층 상승을 위해 부모로부터 떠밀려 온 점을 들 수 있겠고, 유입국의 입장에서는 남녀 성비의 불균형과 여성들의 결혼 기피 현상, 초국적 결혼 중개업의 등장을 들 수 있다. 국제결혼 중개업에 의해 아시아 여성의 상품화, 가부장적 여성 이미지의 상업화, 인신매매성 결혼 중개 과정으로 인해 결혼 이주 여성은 가정 폭력, 인격 모독 등의 인권 사각지대에 놓였다.

이주 여성 노동자들의 현황을 살펴보면, 이주 여성 노동자들의 수는 계속해서 증가하고 있다. 특히 아시아 지역의 이주 여성 노동자들의 수가 전체 이주 여성 노동자들 중 높은 비중을 차지하고 있다. 전체 이주 여성 노동자의 수가 2013년에 70만 6,858명, 2014년에 80만 3,404명, 2015년에 85만 4,533명, 2016년에 93만 2,235명에 달하고, 이중 아시아 지역의 이주 여성 노동자는 2013년에 60만 8,881명, 2014년에 70만 2,670명, 2015년에 74만 8,688명, 2016년에 81만 6,309명으로 매년 87%가 넘는 비율을 차지하고 있다. 이들의 대부분은 결혼 이민(F-6비자)과 비전문 취업(E-9비자)에 해당된다. 이는 결혼 이민의 형태가 아닌 대다수의 이주 여성 노동자들은 단순 노동의 형태로 취업을 하고 있음을 보여 주는 것이다.

〈그림 14-3〉 여성 이주 노동자의 출신 지역 분포 현황 (단위: 명)

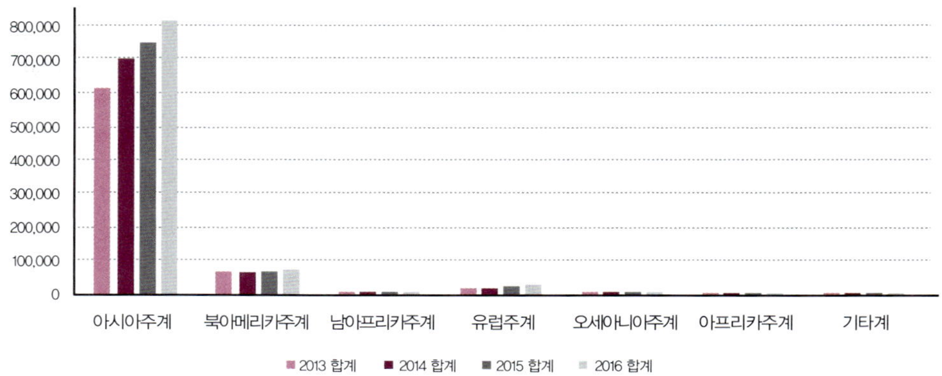

출처: 통계청(http://kosis.kr/statisticsList/statisticsListIndex.do?menuId=M_01_01&vwcd=MT_ZTITLE&parmTabId=M_01_01#SelectStatsBoxDiv)

〈그림 14-4〉 여성 이주 노동자의 국적별 비전문 취업(E-9) 현황 (단위: 명)

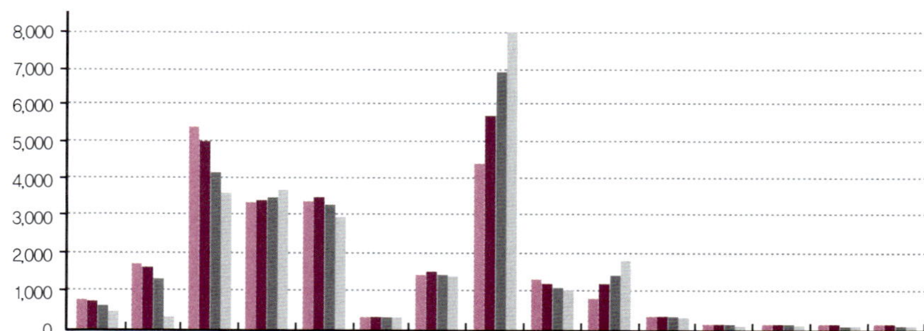

	중국	한국계 중국인	베트남	태국	필리핀	우즈베키스탄	인도네시아	캄보디아	몽골	네팔	스리랑카	방글라데시	키르키스스탄	티모르민주공화국	기타
2013 비전문 취업	765	1,721	5,386	3,375	3,411	283	1,439	4,406	1,342	851	340	50	67	79	89
2014 비전문 취업	720	1,619	4,979	3,438	3,510	297	1,506	5,674	1,222	1,235	340	61	59	68	77
2015 비전문 취업	643	1,353	4,172	3,543	3,299	294	1,453	6,897	1,116	1,462	331	56	60	40	47
2016 비전문 취업	419	317	3,631	3,733	3,011	277	1,339	7,943	1,051	1,814	298	55	60	40	46

출처: 통계청(http://kosis.kr/statisticsList/statisticsListIndex.do?menuId=M_01_01&vwcd=MT_ZTITLE&parmTabId=M_01_01#SelectStatsBoxDiv)

다양한 유형의 이주 여성이 우리나라에 존재하지만 이중 결혼 이주 여성에 대한 사회적 관심과 지원이 중심축을 이뤄왔다. 이주 여성 노동자들의 문제에 관심을 가졌던 단체들은 가정 폭력 피해를 경험한 결혼 이주 여성들을 만나면서 이들의 인권 문제가 더 심각함을 알게 되고 결혼 이주 여성의 인권 문제를 중심으로 한 활동을 펼쳐나가기 시작하였다(한국염, 2017). 이러한 변화로 인해 우리나라의 이주 여성과 관련한 접근은 결혼 이주 여성에 초점을 맞추고 있다.

〈그림 14-5〉 성별 결혼 이주자 현황 (단위: 명, %)

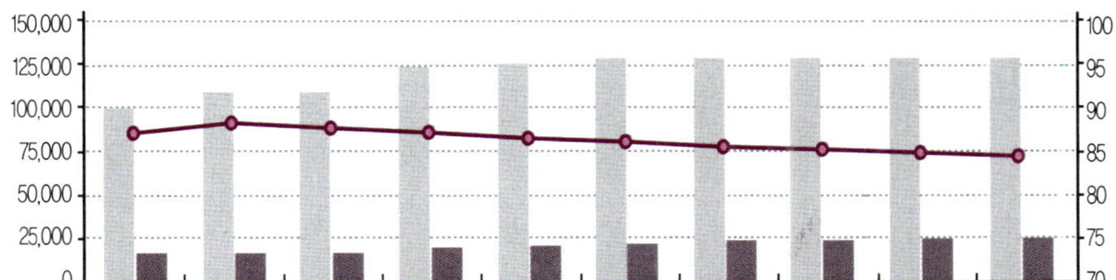

	2007	2008	2009	2010	2011	2012	2013	2014	2015	2016
총계/여자	97,853	107,799	109,211	123,093	125,031	127,540	128,826	128,193	128,336	128,518
총계/남자	14,660	14,753	15,876	18,561	19,650	20,958	22,039	22,801	23,272	23,856
총계/여자 비율	87.0	88.0	87.3	86.9	86.4	85.9	85.4	84.9	84.6	84.3

출처: 한국여성정책연구원 성인지통계정보시스템(https://gsis.kwdi.re.kr/gsis/kr/stat/StatDetail.html)

결혼 이주 여성은 1990년대 중반 이후 지속적인 증가 추세를 보였는데, 2007년 9만 7,853명에서 계속 증가하여 2013년 12만 8,826명으로 가장 많았고, 2014년 소폭 감소하였다가 2015년부터 계속적으로 증가하고 있다. 2014년도의 감소의 원인은 결혼 이민 비자의 심사 기준이 까다로워진 데에 기인한다. 2014년부터 결혼 이주 여성에 대한 한국어 구사 능력, 한국인 배우자의 소득과 주거 공간 확보 여부 등의 조건을 확인함으로써 건전한 국제결혼을 유도, 결혼 이주 여성의 안정적인 정착을 위해 기준을 강화하였고, 이러한 기준의 변화는 결혼 이주 여성의 수를 다소 감소시키는 결과를 가져왔다. 그러나 그 이후 제도에 대한 적응을 통해 결혼 이주 여성의 수는 다소 증가하고 있지만 전체적인 국제결혼의 비율에서 결혼 이주 여성의 비율은 감소하는 경향이 나타난다.

〈그림 14-6〉 결혼 이주 여성 국적별 현황 (단위: 명)

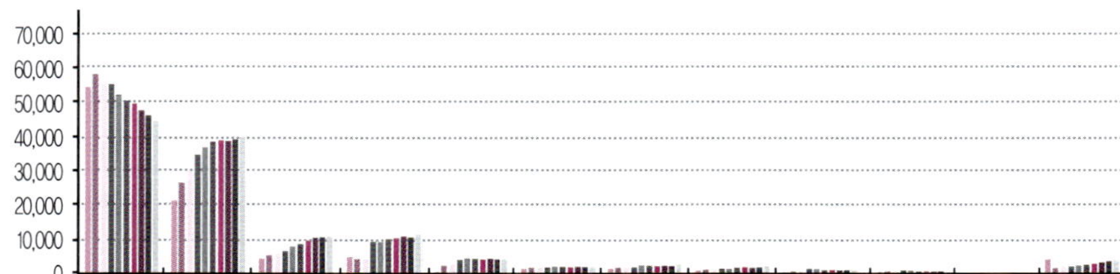

	중국	베트남	필리핀	일본	캄보디아	몽골	태국	우즈베키스탄	러시아	네팔	파키스탄	기타
2007 여자	55,042	21,513	4,881	5,297	–	2,060	1,779	1,170	1,014	–	–	4,880
2008 여자	58,530	26,951	5,657	4,708	2,674	2,288	2,001	1,339	912	–	–	2,136
2009 여자	55,874	30,014	6,157	4,557	3,221	2,249	1,988	1,389	880	–	25	2,259
2010 여자	55,488	35,191	7,272	9,603	4,188	2,366	2,494	1,678	1,218	575	33	2,286
2011 여자	52,718	37,335	8,140	10,152	4,577	2,334	2,561	1,788	1,249	705	51	2,670
2012 여자	51,220	39,068	9,334	10,617	4,535	2,326	2,568	1,962	1,250	880	60	2,940
2013 여자	50,325	39,427	10,091	10,617	4,638	2,287	2,580	2,076	1,230	965	78	3,267
2014 여자	48,575	39,099	10,736	11,037	4,601	2,312	2,605	2,147	1,222	984	88	3,584
2015 여자	46,909	39,953	11,039	11,641	4,510	2,280	2,746	2,163	1,215	932	105	3,905
2016 여자	45,301	40,479	11,272	11,892	4,412	2,264	3,105	2,215	1,098	879	122	4,456

출처: 한국여성정책연구원 성인지통계정보시스템(https://gsis.kwdi.re.kr/gsis/kr/tblInfo/TblInfoList.html)

결혼 이주 여성의 국적별 현황을 살펴보면, 중국이 2010년에 5만 5,488명, 2016년에 4만 5,301명으로 가장 높게 나타났고, 그 다음으로 베트남이 2010년에 3만 5,191명, 2016년에 4만 479명으로 나타났다. 그 다음으로 일본과 필리핀이 높게 나타났음을 볼 수 있다. 결혼 이주 여성의 국적별 현황에서 보면 점차적으로 국적이 다양하게 분포되어 있음을 볼 수 있다. 또한 결혼 이주 여성이 주로 분포하고 있는 지역을 살펴보면, 2016년 기준으로 경기도에 3만 4,049명, 서울특별시에 2만 209명, 경상남도에 8,853명, 인천광역시에 7,641명 충청남도에 7,258명의 순으로 많이 거주하고 있는 것을 볼 수 있다.

〈그림 14-7〉 결혼 이주 여성 지역별 분포 (단위: 명)

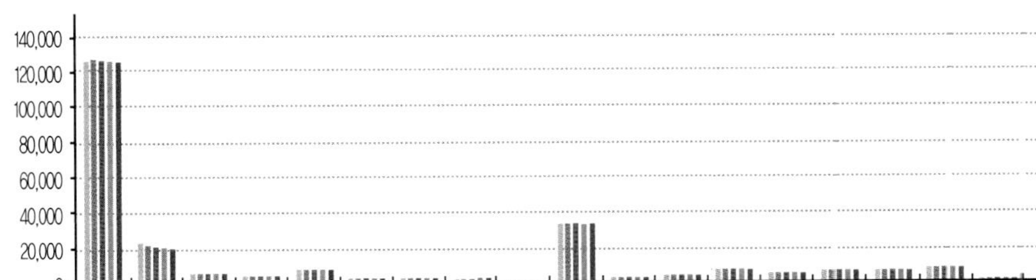

	총 계	서울 특별시	부산 광역시	대구 광역시	인천 광역시	광주 광역시	대전 광역시	울산 광역시	세종특별 자치시	경기도	강원도	충청 북도	충청 남도	전라 북도	전라 남도	경상 북도	경상 남도	제주특별 자치도	키타
2012 여자	126,704	23,289	5,781	4,008	7,195	2,840	3,090	2,489	338	33,283	3,622	4,319	7,033	5,540	6,660	7,040	8,541	1,636	-
2013 여자	127,811	22,289	5,943	4,181	7,408	2,896	3,141	2,634	354	33,939	3,579	4,332	7,296	5,569	6,622	7,187	8,694	1,747	-
2014 여자	126,533	21,487	5,945	4,255	7,394	2,957	3,109	2,684	375	33,413	3,532	4,322	7,207	5,522	6,634	7,178	8,373	1,846	-
2015 여자	126,765	20,810	5,999	4,263	7,609	2,993	3,106	2,833	456	33,789	3,438	4,316	7,216	5,631	6,508	7,074	8,320	1,904	0
2016 여자	126,923	20,209	6,071	4,349	7,641	3,042	3,025	2,933	521	34,049	3,372	4,326	7,258	5,626	6,560	7,060	8,353	2,028	-

출처: 통계청(http://kosis.kr/statisticsList/statisticsListIndex.do?menuId=M_01_01&vwcd=MT_ZTITLE&parmTabId=M_01_01#SelectStatsBoxDiv)

3. 이주 여성의 삶

2015년에 실시된 전국 다문화 가족 실태 조사의 결과를 통해 결혼 이주 여성을 중심으로 한 삶의 모습을 살펴보고자 한다.

첫째, 결혼 이주 여성의 40.9%가 한국 국적을 취득하였는데 이는 2012년에 조사된 37.1%보다 높아졌으며, 국적 미취득 결혼 이주 여성의 54.8%가 국적 취득의 계획을 가지고 있었고, 21.2%는 영주권만 취득할 것으로 응답하였다. 또한 한국 문화에 대한 동화에 58.1%가 지지하고 있었는데, 연령이 높을수록, 국내 거주 기간이 길수록 동화를 지지하는 태도를 보였다. 그리고 자녀에게 모국어를 가르치는 결혼 이주 여성은 40.7%로 2012년 20.5%의 응답보다 높아졌는데, 배우자나 가족이 결혼 이주 여성의 모국어 사용을 격려하는 응답은 36.0%로 나타났다.

둘째, 결혼 이주 여성의 가족 형성에 관한 내용을 살펴보면, 부부와 자녀로 구성된 가구가 46.0%로 가장 많았으며 그다음으로 부부만으로 이루어진 가구가 21.8%, 대가족이 12.6%, 결혼 이주 여성 1인 가구는 6.6%로 나타났다. 이러한 결과는 3세대 이상의 가구가 2012년 조사에 비해 증가하였고, 1인 가구의 비중도 다소 증가한 것이다. 결혼 이주 여성의 27.4%는 친구 및 동료의 소개로 배우자를 만났고, 결혼 중개 업체를 통해 만난 경우는 20.8%로 나타났다. 이혼이나 별거 중인 결혼 이주 여성은 6.9%이며 이들의 혼인 지속 기간은 7.9년으로 나타났고, 이혼과 별거의 사유는 성격 차이가 45.3%로 가장 높고, 경제적 무능력 17.7%, 외도 등의 애정 문제 10.0%, 배우자와의 갈등 8.7%로 나타났다.

셋째, 결혼 이주 여성의 부부 관계를 살펴보면, 배우자와의 관계에 대한 만족도는 3.98점으로 다소 낮게 나타났고, 문화적 차이를 경험한 비율은 59.2%로 나타났는데, 주로 식습관, 가족 의례, 자녀 양육 방식, 경제 생활 방식의 차이를 경험하는 것으로 나타났다. 그리고 가족 내 역할에 대해 가사일을 분담한다는 응답이 높았고 자녀 교육과 본인의 취업 및 직장과 관련해서 스스로 더 많이 의사 결정에 참여하는 것으로 응답하였다. 자녀 양육 및 부모 역할에 있어서 자녀와의 관계에서 친밀하다고 느끼는 응답이 높았고, 자녀가 어린 경우 부모 역할 수행에 어려움을 느끼고 있었고, 학령기 자녀가 있는 경우 학습과 학교생활, 경제적 지원의 어려움이 있는 것으로 나타났다.

넷째, 결혼 이민자의 한국어 능력 및 사회적 관계망에 대해 살펴보면, 결혼 이주 여성들의 한국어 능력은 5점 만점에 3.81점으로 보통보다는 잘하는 편으로 인식하고 있었다. 한국 생활에서의 어려움을 경험하는 요인으로는 언어적 문제 34.0%와 외로움 33.6%, 경제적 어려움 33.3% 순으로 응답하였다. 또한 주변에 도움이 필요할 때 사회적 관계를 맺고 도움을 요청하는 사람들이 없는 것으로 응답한 비율이 30% 이상으로 나타났다. 한국 거주 기간이 증가하고 한국어 능력은 좋아지고 있지만 한국인과의 사회적 관계는 위축되는 것으로 나타났다. 그 대신 주로 모국인 친구 모임(59.8%) 위주로 관계를 맺고 있었고, 종교 활동, 지역 주민 모임, 민간 단체 활동의 참여율은 낮았다.

다섯째, 경제 활동과 관련하여 결혼 이주 여성 중 63.9%가 취업을 한 것으로 나타났고, 단순 노무 영역에 종사하는 비율이 29.0%로 가장 높고, 서비스 종사자 18.7%의 순으로 나타났다. 일자리를 구한 경로를 보면 결혼 이주 여성들은 모국인 친구나 아는 사람 27.6%, 전단지나 대중 매체 17.8% 등으로 사적 네트워크나 개인적 정보 취득에 의존하고 있었고, 월평균 임금은 100~150만 원 미만인 경우가 30.8%로 가장 많았고 150~200만 원 미만이 19.2%로 나타났다.

4. 이주 여성을 위한 사회 복지 정책과 서비스

결혼 이주보다 국내에 체류한 역사가 상대적으로 더 길었던 외국인 근로자들로 인해 그동안 이들을 위한 사회보험제도의 변화는 꾸준히 진행되어 왔다. 그러나 여성 외국인 노동자들을 위한 특화된 제도적 변화가 있던 것은 아니었고, 일반적인 외국인 근로자들을 위한 제도적 변화를 통해 서비스가 제공되었다. 그러면서 결혼 이주가 급격히 증가하고 이들에 대한 처우에 관심을 갖게 되면서 이주 여성에 대한 사회 복지 정책과 제도의 변화가 보완되고 있다.

1) 이주 여성과 사회 보장 제도

사회 보험은 노동에 의한 기여를 핵심으로 하며, 사회 보험의 각 제도별로 취지가 다르고 보호되는 사회적 위험도 다르기 때문에 적용 요건에 있어 조금씩 차이가 난다.

공적 부조의 경우는 국가가 자산 조사를 통해 경제적 상태가 일정한 빈곤선 이하에 있으며 부양을 받을 수 없는 상태가 핵심적 요건이 된다. 그리고 사회서비스 및 평생 사회 안전망에 속하는 제도들은 필요에 따라 인구학적 기준이 충족되면 국가 부담과 수익자 일부 부담 등의 방식을 혼용하여 기여금이나 자산 조사와 상관없이 현금, 현물, 서비스의 급여가 제공된다.

사회보험제도는 임금 노동과 소득의 연결을 전제로 하기 때문에 자신의 노동이 국가에 의해 확인된다는 공식 고용을 통해서 기여가 존재하는지의 여부가 기준이 된다. 이주민에 대한 사회 보험 적용에 있어서 고용 보험은 정주와의 관련성을 적게 고려하지만, 국민연금과 건강 보험은 정주와의 관련성을 많이 고려한다. 비공식 고용의 영역에 남아 있는 노동자의 경우 공식적인 노동의 평가를 받을 수 없으므로 사회 보험의 사각지대에 놓이게 된다.

산재 보험의 경우는 근로자인지 아닌지의 여부가 적용 여부를 결정하므로 원칙상 이주민을 배제할 이유가 없고, 합법적 체류 자격을 요구하지 않고 모든 이주민 근로자에게 적용된다. 단 이주민 근로자가 불법, 무허가 사업장 소속이라면 산재 보험의 적용을 받지 못하는 경우가 생길 수는 있다. 또한 요양 급여 신청 과정에서 체류 자격이 드러나는 것에 대한 우려와 강제 송환을 두려워하는 이주민과 산재 보상에 따른 보험료 부담과 미등록 이주민 근로자 고용으로 인한 처벌 회피를 위한 사업주의 이해 관계로 인해 산재를 신청하지 않고 은폐되는 경우가 발생하기도 한다(노호창, 2017).

고용 보험, 국민연금, 건강 보험의 경우는 체류 자격이 적용 여부에 있어 중요한 기준이 된다. 고용 보험은 원칙적으로 근로자에게 적용되지만 이주민 근로자에게 일정한 제한이 따른다. 「고용보험법」 시행령에 따르면 이주민 근로자는 고용 보험 적용이 안되는 것으로 되어 있는데, 이는 체류 기간이 종료되면 귀국하는 것이 원칙이므로 실업 중 생계 보장이라는 실업 급여의 취지와 맞지 않기 때문이다. 그러나 이주민 근로자 중에서 일정한 경우에는 고용 보험 가입이 가능한데, 「외국인 근로자의 고용 등에 관한 법률」상 이주민 근로자에게 고용 관계 종료의 책임을 지울 수 없고 체류 제한에 걸리지 않는 경우라면 실업 급여를 받을 수 있다. 출산 전후 휴가 급여나 육아휴직 급여에 대해서는 「고용보험법」상 실업 급여의 재원을 통해 지급할 수 있다. 이는 이주민에게도 모성 보호와 일·가정 양립은 인권의 중요한 내용이므로 배제되지 않는다.

건강 보험은 이주민의 경우 특례에 따라 가입이 인정되는데, 외국 정부가 사용자인 사업장 근로자의 건강 보험에 관하여 외국 정부와 한 합의에 따라 이를 따로 정할 수 있다고 「국민건강보험법」에서 규정하고 있다. 또한 「국민건강보험법」에서 직장 가입자에 해당하지 않는 이주민은 보건복지부령으로 정하는 기간 동안 국내에 거주하였거나 지속적으로 거주할 것으로 예상할 수 있는 사유로서 보건복지부령에 정하는 사유에 해당되면 국민건강보험공단에 신청하여 지역 가입자가 될 수 있다. 즉, 「재외동포의 출입국과 법적 지위에 관한 법률」에 따라 주민등록을 한 재외 국민과 국내 거소 신고를 한 외국 국적 동포가 90일 이상 대한민국 안에 체류하는 경우 건강 보험 관계 법령으로 정하는 바에 따라 건강 보험을 적용받을 수 있다고 규정하고 있다. 다만 국내 체류가 법률에 위반되는 경우 사용자가 보건복지부령으로 정하는 바에 따라 가입 제외를 신청한 경우 가입자와 피부양자가 될 수 없다.

국민연금은 「국민연금법」에 적용을 받는 사업장에 사용되고 있거나 국내에 거주하는 이주민으로서 대통령령으로 정하는 자 외의 이주민은 당연히 사업장 가입자 또는 지역 가입자가 된다. 대통령령으로 정하는 바에 따라 국민연금 당연 적용에서 제외되는 이주민은 「출입국관리법」에 따라 체류 기간 연장 허가를 받지 아니하고 체류하는 자, 외국인 등록을 하지 아니하거나 강제 퇴거 명령서가 발급된 자를 말한다. 이러한 제외 대상자를 제외하면 이주민은 국민연금의 당연 적용에 해당된다. 그런데 「국민연금법」에서 국민연금에 상응하는 연금에 관하여 상호주의의 입장을 표방하고 있어서, 그 이주민의 본국 법이 우리나라 국민에게 적용되지 않으면 이주민에게도 적용되지 않는다.

공공 부조는 보충성 원리와 자산 심사가 중요한 기준이 된다. 특히 공공 부조는 이주민에 대한 적용에 있어서 높은 장벽으로 작용한다. 「국민기초생활보장법」에 있어서 원칙적으로 국민을 적용 대상으로 하고 있으므로 이주민의 경우에는 아주 엄격한 요건 아래 특례를 두어 적용 대상으로 규정한다. 국내에 체류하고 있는 등록 이주민 중에서 대한민국 국민과 결혼하여 본인 또는 대한민국 국적의 배우자가 임신 중이거나, 대한민국 국적의 미성년 자녀를 양육하고 있거나, 배우자의 대한민국 국적인 직계 존속과 생계나 주거를 같이하고 있는 자, 또는 대한민국 국민인 배우자와 이혼하거나 그 배우자가 사망하였는데 대한민국 국적의 미성년 자녀를 양육하고 있거나 사망한 배우자의 태아를 임신하고 있는 자 중 어느 하나의 조건에 해당되어야 한다. 동시에 이러한 인적 조건을 충족하였다 할지라도 공공 부조의 기본 원리상 소득 요건과 부양 의무자 요건도 갖추고 있어야 한다. 그런데 「국민기초생활보장법」이 2014년 개정되면서 수급자 요건 중 소득 기준과 관련하여 최저 생계비 부분이 삭제되고 중위 소득의 일정 비율로 변경되었고, 급여가 종류별로 수급 요건이 달라지는 개별 급여화가 되면서 현재는 급여의 종류별로 수급자 선정 기준 및 최저 보장 수준이 결정되는 방식으로 변경되었다. 그래서 「의료급여법」, 「주거급여법」도 신설되었지만 이주민에 대한 적용 여부는 기본적으로 「국민기초생활보장법」과 연동되어 있다.

2) 이주 여성과 사회서비스

이주 여성을 위한 중요한 사회서비스 중 한 가지는 교육 서비스이다. 90일 이상 한국에 체류할 목적으로 한국에 입국한 이주민에 대하여는 사회 통합의 관점에 의해 교육 서비스 지원을 하고 있다. 「출입국관리법」에서 대한민국 국적, 대한민국에 영주할 수 있는 체류 자격 등을 취득하려는 외국인의 사회 적응을 지원하기 위해 교육, 정보 제공, 상담 등의 사회 통합 프로그램을 시행할 수 있도록 규정하여 근거를 마련하고 있다. 이에 따라 한국어 교육, 한국 사회 이해 교육, 그 밖에 외국인의 사회 적응 지원에 필요하다고 법무부 장관이 인정하는 교육, 정보 제공, 상담 등을 지원한다.

또한 이주민의 경우 건강 보험 가입이 가능하지만, 미등록 이주민의 경우에는 건강 보험에 가입이 불가할지라도 보건복지부의 외국인 근로자 등 소외 계층 의료 서비스 지원 사업의 대상이 되기 때문에 응급 상황에 대해서는 지원을 받을 수 있다. 특별히 미등록 이주민의 경우에는 발견되어 추방될 것에 대한 두려움이 있어서 의료 서비스를 받고 싶어도 받지 못하는 경우가 있다. 그러나 「출입국관리법」에 의거하여 미등록 이주민의 발견 사실에 대한 의료 기관의 통보 의무가 없고 공무원들의 경우에도 의료 서비스를 이용하는 미등록 이주민에 대해 통보 의무를 면제받고 있으므로 의료 보장의 기본적 권리는 법률적 차원에서 보장하고 있다.

「출입국관리법」에 따라 외국인 등록을 한 자 중에서 우리나라에 영주할 수 있는 체류 자격을 가진 자와 「재한외국인 처우 기본법」에 따른 결혼 이민자에 한해 장애인 등록이 가능하고, 이들에 대해 사회서비스 지원이 이루어진다. 그리고 한 부모 가족 지원 서비스의 경우 우리 국민과 혼인하여 우리 국적의 아동을 양육하고 있는 자로 「출입국관리법」에 따른 외국인 등록을 마친 합법적 체류자의 경우 지원을 받을 수 있다. 또한 이주민의 경우 경제적, 언어적 문제 등으로 사법 접근법이 제대로 보장되기 어려운 경우가 많다. 그래서 이주민의 법률 복지를 위한 정부 차원의 시책으로 무료 법률 상담을 하는 외국인을 위한 마을 변호사 제도가 시행되어 왔고, 2017년 3월부터 국내 거주 전체 이주민으로 대상을 확대하여 운영하고 있다.

이주 여성 단체들은 젠더 관점에서 이주 여성들이 안전하게 이주하고, 더 나아가 이주한 나라에서 안전하게 정착할 수 있도록 여건을 조성하고 시민으로서 살아갈 수 있도록 당사자성을 강화하는데 초점을 두고 활동을 수행하였다. 특히 한국 가족의 테두리에서 벗어나거나, 한국인 자녀를 출산하지 못하면 한국에서 살 권리를 보장받지 못하고 추방당하는 이주 여성들을 위한 활동에 관심을 가졌다. 이들의 활동은 다문화 가족 지원 사업과 센터로 대표될 수 있다.

결혼 이주 여성의 적응과 통합을 도모하기 위해 「다문화가족지원법」에 근거하여 지역별로 전국에 211개 다문화가족지원센터가 설립, 운영되고 있다. 다문화가족지원센터의 주요 이용 대상은 결혼 이주자, 결혼 이주자의 가족, 외국인 근로자 가족, 유학생 가족, 북한 이탈 주민 가족이다. 다문화가족지원센터는 여성가족부가 주무 부서로서 시·도, 시·군·구에서 위탁하고 감독하는 형태의 전달 체계를 갖는다. 중앙 관리 기관으로서 한국건강가정진흥원이 다문화가족지원센터의 총괄 관리 업무를 수행하는데, 프로그램의 개발 보급, 전문 인력 양성, 현장에 대한 평가 지원 사업들을 수행한다. 거점센터는 관할 지역의 센터를 지원하고 네트워크를 구축하며 지역의 특성화 사업을 개발하는 역할을 수행한다. 그리고 각 지역의 다문화가족지원센터는 기본 프로그램과 특성화 사업 등을 수행하며, 다문화 가족 종합정보센터(1577−1366)를 운영하고 있다.

〈그림 14-8〉 다문화가족지원센터의 사업 추진 체계

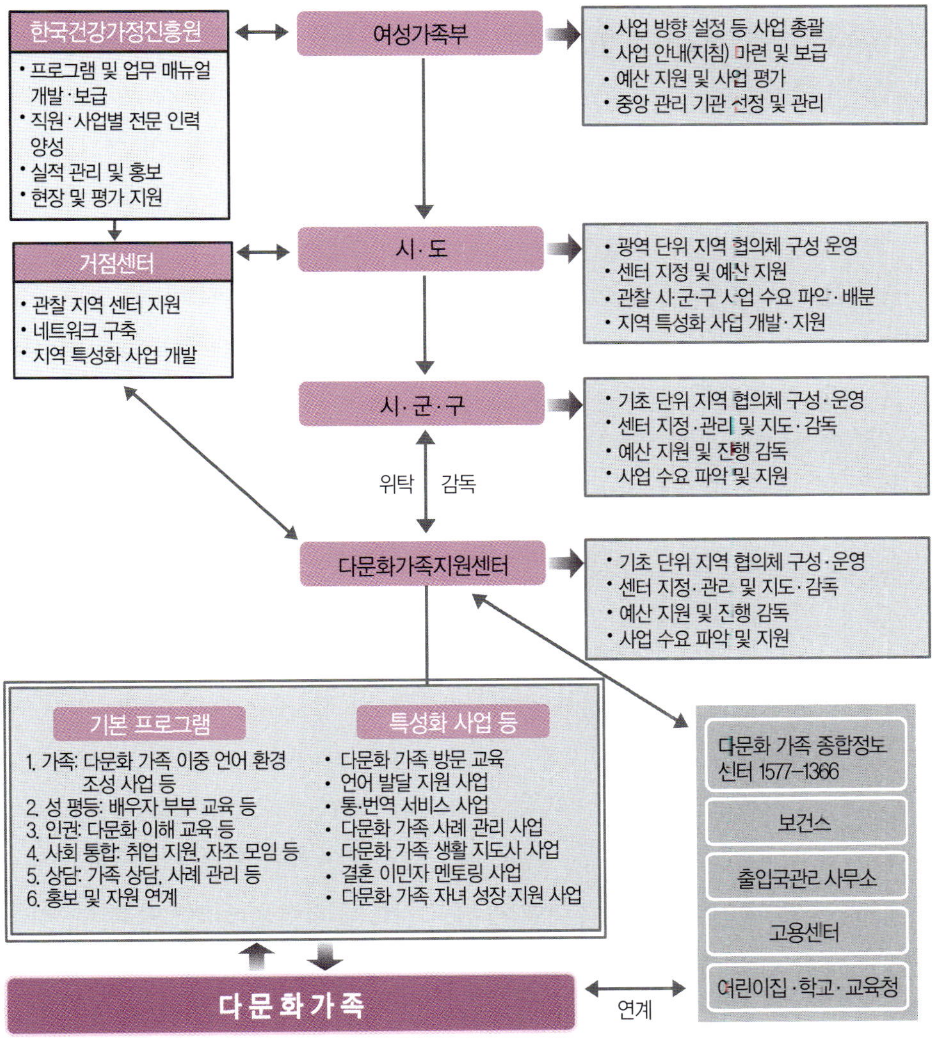

출처: 한국건강가정진흥원(2017). 2016 다문화가족지원사업 결과 보고서.

다문화가족지원센터는 다문화 가족의 안정적 정착과 가족 생활 지원을 위해 가족 및 자녀 교육, 상담, 통·번역 및 정보 제공, 역량 강화 지원 등의 종합적 서비스를 제공함으로써 다문화 가족의 한국 사회 조기 적응 및 안정적인 가족 생활 영위, 사회·경제적 자립 지원을 도모하기 위한 전달 체계로서의 역할을 수행하고 있다. 다문화가족지원센터는 2016년에 사업 영역을 개편하여 가족, 성 평등, 인권, 사회 통합, 상담, 홍보 및 자원 연계 영역으로 사업을 구분하여 영역별 특성에 맞는 공통 필수 프로그램과 선택 프로그램을 운영한다. 다문화가족지원센터의 개편된 사업은 서비스 중심 사업에서 벗어나 가족 간 관계 향상, 배우자 성 평등, 인권 관점에 기반을 둔 다문화 이해 교육, 취업 지원과 자조 모임 지원을 포함한 사회 통합, 상담 기능 강화 등으로 변화되었다. 이에 따라 결혼 이주 여성들은 안정적인 초기 한국 사회 적응을 넘어 자녀 양육 지원, 상호 문화에 대한 수용성 향상, 가족 간 갈등 해소, 편견과 차별 해소 등을 통한 자긍심 향상, 경제적 자립 지원 등을 도모하는 결혼 이민자 서비스 수요 및 정책 환경의 변화에 부합하도록 하였다.

다문화가족지원센터의 주요 사업 내용을 살펴보면, 가족 영역의 사업은 가족 간의 소통을 통한 믿음과 사랑을 증진시키는 것을 목적으로 부모 교육, 부모–자녀 상호 작용 교육, 가족 의사소통 프로그램, 아버지 교육 등의 프로그램이 진행된다. 성 평등 영역의 사업은 가족 부부 간의 성 평등 인식 고취를 목적으로 배우자 부부 교육, 예비 배우자 교육 프로그램, 부부 갈등 해결 프로그램 등이 진행된다. 인권 영역의 사업은 다문화 가족의 인권 감수성 향상을 목적으로 하며, 다문화 이해 교육, 인권 감수성 향상 교육, 이주민과 인권 교육, 다문화 가족 관련법과 제도 교육 등의 프로그램이 진행된다. 사회 통합 영역은 다문화 가족의 취업·창업 지원, 사회 활동 역량 강화 및 사회적 지지를 도모함을 목적으로 취업 기초 소양 교육, 취업 훈련, 전문 기관 연계, 다문화 가족 나눔봉사단 소양 교육, 다문화 가족 나눔봉사단 활동, 한국 사회 적응 교육, 다문화 가족 자조 모임, 다문화 인식 개선 등의 프로그램이 진행된다.

〈표 14-1〉 다문화가족지원센터의 주요 사업

• 중앙 관리 기관(한국건강가정진흥원)

사업	내용
다문화가족지원센터 중앙 관리 사업	–신규 사업 개발 및 연구 –인적 자원 역량 강화 교육 –센터 관리 및 평가 –자원 연계
방문 교육 사업	–방문 교육 지도사 교육 및 평가 체계 연구 –방문 교육 서비스 매뉴얼 및 워크북 인쇄 배포 –방문 부모 교육 서비스(유아기) 매뉴얼 및 워크룩 제작 배포 –업무 전환 지도사 및 방문 교육 지도사 교육 –방문 교육 지도사 평가 –방문 교육 사업 실적 관리
지자체 한국어 사업	–지자체 한국어 사업 실적 관리 –지자체 한국어 교육 담당자 역량 강화 교육 –한국어 교육 교재 제작 및 보급
언어 발달 지원 사업	–프로그램 및 매뉴얼 개발 보급 –다문화 언어 발달 지도사 양성 교육, 역량 강화 교육 –언어 발달 지원 사업 슈퍼비전 –지원 및 평가, 이용자 만족도 조사
통·번역 서비스 사업	–프로그램 및 매뉴얼 개발 보급 –통·번역 서비스 사업 지원 및 평가, 이용자 만족도 조사 –사업 실적 및 시스템 관리, 결과 보고서 제작 –전문가 자문위원단 운영 –사업 홍보 및 사업 현황 관리 –통·번역 전담 인력 양성 및 역량 강화 교육, 공개 슈퍼비전 –온라인 콘텐츠 개발 및 운영, 멘토링 시스템
다문화 가족 사례 관리 사업 및 생활 지도사 사업	–다문화 가족 생활 지도사 및 사례 관리 실적 관리 –가족 생활 지도사 직무 교육 –다문화 가족 사례 관리사 직무 교육 –다문화 가족 생활 지도사 및 사례 관리사 슈퍼비전
결혼 이민자 멘토링 사업	–결혼 이민자 멘토링 실적 관리 –결혼 이민자 멘토링 프로그램 워크북 인쇄 및 배포 –멘토 대표자 간담회

사업	내용
다문화 가족 자녀 성장 지원 사업	–운영 매뉴얼 개발 및 제작 –사업 안내 및 직무 교육 –전문가 사업 컨설팅 –다문화 가족 자녀 성장 지원 사업 실적 관리
다누리콜센터 (1577–1366)	–폭력 피해 긴급 지원 및 사후 관리 –종합 생활 정보 제공 –생활 통역 및 3자 통화 서비스 –가족 상담 및 부부 상담 –변호사 상담

• 거점센터

사업	내용
특성화 사업	–시·도별 특성에 맞는 다문화 가족 지원 프로그램 개발 및 보급
다문화가족지원센터 사업 지원 및 관리	–직원 교육 실시 –방문 교육 지도사 직무 지식 평가 실시 –센터 운영 지원 및 현장 지원 –슈퍼비전 지원 및 실시 –만족도 조사 지원
네트워크 구축 및 운영	–중앙 관리 기관과 권역 내 센터와의 연계 –권역 내 센터·관련 기관 간 네트워크 구축·운영

• 지역센터

사업	내용
기본 사업	–가족 영역 프로그램 –성 평등 영역 프로그램 –인권 영역 프로그램 –사회 통합 영역 프로그램 –상담 영역 프로그램 –홍보 및 자원 연계
특성화 사업	–다문화 가족 방문 교육 –언어 발달 지원 사업 –통·번역 서비스 사업 –다문화 가족 사례 관리 사업 –다문화 가족 생활 지도사 사업 –결혼 이민자 멘토링 사업 –다문화 가족 자녀 성장 지원 사업

출처: 한국건강가정진흥원(2017). 2016 다문화가족지원사업 결과 보고서.

부록

✻ 부록1

- 생각해 볼 문제

✻ 부록2

- 여성에 대한 모든 형태의 차별 철폐에 관한 협약
- 여성에 대한 차별 철폐에 관한 협약 선택 의정서
- 부녀자의 정치적 권리에 관한 협약

✻ 부록3

- 전국 다문화가족지원센터 기관 현황

✲ 부록 1. 생각해 볼 문제

- 어린이의 사회화 과정에서 성차별적 고정 관념을 심어 주는 언어 사용의 예를 찾아보자.
- 각자 남녀에 대해 가지고 있는 편견들을 나누어 보자.
- 추구하고자 하는 바람직한 가족에 대해서 논의해 보자.
- 여성 문제가 계급에 따라서 어떻게 다르게 나타나는지 토론해 보자.
- 여성의 취업을 저해하는 요인들은 어떤 것이 있는지 토의해 보자.
  (조직의 입장에서, 여성의 입장에서, 사회 구조적인 면에서)
- 일터에서 느끼는 여성과 남성의 차이에 대해서 토의해 보자.
  (긍정적인 측면과 부정적인 측면에서)
- 21세기에 적합한 리더십에 대해서 이야기해 보자.
- 양성평등 실천을 위한 생활 수칙을 만들어 보자.
- 캠퍼스 커플에 대해 이야기해 보자.
- 이상적인 남녀 관계에 대해 이야기해 보자.
- 살아오면서 여성으로서(남성으로서) 금기시해 왔던 것들에 대해 이야기해 보자.
- 이혼 숙려 제도에 대해 생각해 보자.
  (개인의 행복 추구권 침해인가, 가정 해체를 예방할 수 있는 제도인가)
- 여성과 남성이 느끼는 두려움이 어떻게 다른지 조사해 보자.
- 여성 노인의 문제가 계층에 따라 어떻게 다르게 나타나는지 인터뷰해 보자.
- 조남주 작가의 소설 『82년생 김지영』(2016)을 읽고 생각을 나누어 보자.
- 주변에서 남녀의 역할에 어떤 변화가 있는지 살펴보자.
- 어머니의 하루 일과를 구체적인 시간표로 작성해 보자.
- 맞벌이 부부의 경우 퇴근 후 남편과 아내의 생활을 구체적으로 비교해 보자.
- 여성의 몸을 도구로 이용하는 광고가 여성, 남성에게 미치는 영향에 대해 알아보자.
- 내가 여자로(남자로) 살면서 불편했던 점들을 이야기해 보자.

- 현대의 결혼 풍속도에 대해 이야기해 보자.
- 이혼율의 증가 이유에 대해 생각해 보자.
- 졸혼에 대한 생각을 나누어 보자.
- 남자들에게 군대 경험이 미치는 영향에 대해 이야기해 보자.
- 여성들의 신데렐라 콤플렉스와 슈퍼우먼 신드롬, 남성들의 마징가 제트 신드롬과 피터팬 신드롬에 대해 이야기해 보자.
- '내가 다시 태어난다면….' 이라는 상상을 해 보자.
- 미투(#Me Too)와 펜스 룰(Pence Rule)에 대해 생각해 보자.
- 세대별 여성, 남성의 삶을 비교해 보자.
- 캠퍼스 없는 미네르바 스쿨(Minerva School)에 대해 이야기해 보자.
- 노인들을 위한 커뮤니티 케어(community care)에 대해 생각해 보자.

✲ 부록 2

• 여성에 대한 모든 형태의 차별 철폐에 관한 협약[6)]

채택일 1979. 12. 18 / 발효일 1981. 9. 3 / 당사국 수 166 / 대한민국 적용일 1985. 1. 26

본 협약 당사국은,

국제연합 헌장이 기본적 인권, 인간의 존엄과 가치 및 남녀평등권에 대한 신뢰를 재확인하고 있음에 유의하고,

세계인권선언은 차별이 허용될 수 없다는 원칙을 확인하고 있으며 모든 인간은 자유롭게 그리고 존엄과 제반 권리에 있어 평등하게 출생하며 성에 기인한 차별을 포함한 어떠한 종류의 차별도 받지 아니하고 동 선언에 규정된 모든 권리와 자유를 누릴 권리가 있다고 선언하고 있음에 유의하고,

국제인권규약 당사국은 모든 경제적, 사회적, 문화적, 시민적 및 정치적 권리를 향유할 남녀의 평등권을 보장할 의무를 지고 있음에 유의하고,

국제연합 및 전문 기구의 후원하에 체결된 남녀 권리의 평등을 촉진하는 제 국제협약을 고려하고,

국제연합 및 전문 기구에 의해 채택된 남녀 권리의 평등을 촉진하는 결의, 선언 및 권고에도 유의하고,

그러나 이러한 제도에도 불구하고 여성에 대한 광범위한 차별이 계속 존재하고 있음을 우려하고,

여성에 대한 차별은 권리 평등 및 인간의 존엄성의 존중 원칙에 위배되며, 여성이 남성과 동등한 조건하에 국가의 정치적, 사회적, 경제적 및 문화적 생활에 참여하는 데 장애가 되며, 사회와 가정의 번영의 증진을 어렵게 하며, 그들 국가와 인류에 대한 봉사에 있어 여성의 잠재력의 완전한 개발을 더욱 어렵게 함을 상기하고,

궁핍한 상황하에서는 식량, 건강, 교육, 훈련 및 취업 기회와 기타의 필요에 있어 여성이 가장 혜택받기 어려운 점을 우려하고,

형평과 정의에 기초를 둔 신국제경제질서의 수립이 남녀평등을 도모하는 데 크

게 기여할 것임을 확신하고,

인종 격리 정책, 모든 형태의 인종주의, 인종 차별, 식민주의, 신식민주의, 침략, 외국의 점령 및 지배와 국내 문제에 대한 간섭 등의 제거가 남성과 여성의 권리의 완전한 향유에 필수적임을 강조하고,

국제 평화와 안전의 강화, 국제 긴장의 완화, 국가의 사회적, 경제적 체제에 관계없이 국가 간의 상호 협력, 전반적이고 완전한 군비 축소, 특히 엄격하고 효과적인 국제적 통제하의 핵 군축, 국제 관계에 있어서의 정의 평등 및 호혜의 원칙의 확인, 외국의 식민 지배와 외국의 점령하에 있는 인민의 자결권 및 독립권의 실현 그리고 국가주권 및 영토 보전에 대한 존중 등이 사회 진보와 발전을 촉진하며 결과적으로 남성과 여성 사이의 완전한 평등의 성취에 기여할 것임을 확인하고,

국가의 완전한 발전과 인류의 복지 및 평화를 위해서는 여성이 모든 분야에 남성과 평등한 조건으로 최대한 참여하는 것이 필요함을 확신하고,

현재까지 충분히 인식되지 못하고 있는 가정의 복지와 사회의 발전에 대한 여성의 지대한 공헌, 모성의 사회적 중요성 및 가정과 자녀 양육에 있어서의 부모의 역할을 명심하며 또한 출산에 있어서의 여성의 역할이 차별의 근거가 될 수 없으며, 아동의 양육에는 남성, 여성 및 사회 전체가 책임을 분담해야 함을 인식하고,

남성과 여성 사이에 완전한 평등을 달성하기 위하여 사회와 가정에서의 여성의 역할뿐만 아니라 남성의 전통적 역할에도 변화가 필요함을 인식하고,

여성에 대한 차별의 철폐에 관한 선언에 명시된 제 원칙을 이행하며, 이러한 목적으로 모든 형태 및 양태에 있어서의 차별을 철폐하는 데 필요한 조치를 취할 것을 결의하면서 다음과 같이 합의하였다.

---

6) 유보 : 대한민국 정부는 이 협약을 검토한 후 동 협약 제9조와 제16조 제1항 중 (c), (d), (f), (g)에 대하여 유보하면서 동 협약을 비준한다.
유보 철회 : 상기 유보 선언에 대해 대한민국은 동 협약 제16조 제1항 중 (c), (d), (f)를 1991년 3월 15일 유보 철회하였고, 동 협약 제9조를 1999년 8월 24일 유보 철회하였다.

제 1 부

제1조 본 협약의 목적을 위하여 "여성에 대한 차별"이라 함은 정치적, 경제적, 사회적, 문화적, 시민적 또는 기타 분야에 있어서 결혼 여부에 관계없이 남녀동등의 기초 위에서 인권과 기본적 자유를 인식, 향유 또는 행사하는 것을 저해하거나 무효화하는 효과 또는 목적을 가지는 성에 근거한 모든 구별, 배제 또는 제한을 의미한다.

제2조 당사국은 여성에 대한 모든 형태의 차별을 규탄하고 여성에 대한 차별을 철폐하기 위한 정책을 모든 적절한 수단을 통해 지체 없이 추진하기로 합의하며 이러한 목적으로 다음을 약속한다.

(a) 남녀평등의 원칙이 헌법 또는 기타 적절한 입법에 아직 규정되지 않았다면 이를 구현하며 법 또는 기타 적절한 수단을 통해 동 원칙의 실제적 실현을 확보할 것

(b) 여성에 대한 모든 차별을 금지하는 적절한 입법 및 기타 조치를 채택하고 필요한 경우 제재를 포함시킬 것

(c) 남성과 동등한 기초 위에서 여성의 권리에 대한 법적 보호를 확립하며 권한 있는 국내 법정과 기타 공공 기관을 통하여 여성을 여하한 차별행위로부터 효과적으로 보호하도록 확보할 것

(d) 여성에 대한 여하한 차별 행위 또는 관행에 따르는 것을 삼가며 공공 당국과 기관이 동 의무와 부합되게 행동하도록 확보할 것

(e) 여하한 개인, 조직 또는 기업에 의한 여성 차별도 철폐되도록 모든 적절한 조치를 취할 것

(f) 여성에 대한 차별을 구성하는 현행 법률, 규칙, 관습 및 관행을 수정 또는 폐지하도록 입법을 포함한 모든 적절한 조치를 취할 것

(g) 여성에 대한 차별을 구성하는 모든 국내 형사법 규정을 폐지할 것

제3조 당사국은 여성이 남성과 동등하게 인권과 기본적 자유를 행사하고 향유하는 것을 보장하기 위한 목적으로 모든 분야, 특히 정치적, 사회적, 경제적 및 문화적 분야에서 여성의 완전한 발전 및 진보를 확보해 줄 수 있는 입법을 포함한 모든 적절한 조치를 취하여야 한다.

제4조 1. 남성과 여성 사이의 사실상의 평등을 촉진할 목적으로 당사국이 채택

한 잠정적 특별 조치는 본 협약에서 정의한 차별로 보지 아니하나, 그 결과 불평등한 또는 별도의 기준이 유지되어서는 결코 아니된다. 기회와 대우의 평등이라는 목적이 달성되었을 때 이러한 조치는 중지되어야 한다.

2. 당사국이 모성을 보호할 목적으로 본 협약에 수록된 제 조치를 포함한 특별 조치를 채택하는 것은 차별적인 것으로 보아서는 아니된다.

제5조 당사국은 다음을 위하여 모든 적절한 조치를 취하여야 한다.

(a) 일방의 성이 열등 또는 우수하다는 관념 또는 남성과 여성의 고정적 역할에 근거한 편견, 관습 및 기타 모든 관행을 없앨 목적으로, 남성과 여성의 사회적 및 문화적 행동 양식을 수정할 것

(b) 사회적 기능의 하나로서의 모성에 대한 적절한 이해와 자녀의 양육과 발전에 있어서 남녀의 공동 책임에 대한 인식이 가정 교육에 포함되도록 확보하되, 모든 경우에 있어서 자녀의 이익이 최우선적으로 고려되도록 할 것

제6조 당사국은 여성에 대한 모든 형태의 인신매매 및 매춘에 의한 착취를 금지하기 위하여 입법을 포함한 모든 적절한 조치를 취하여야 한다.

제 2 부

제7조 당사국은 국가의 정치적 및 공적 생활에서 여성에 대한 차별을 철폐하기 위하여 모든 적절한 조치를 취하여야 하며 특히 남성과 동등한 조건으로 다음의 권리를 여성에게 확보하여야 한다.

(a) 모든 선거 및 국민 투표에서의 투표권 및 선거에 의해 선출되는 모든 공공 기구에의 피선거권

(b) 정부 정책의 입안 및 동 정책의 시행에 참여하며 공직에 봉직하여 정부의 모든 직급에서 공공 직능을 수행할 권리

(c) 국가의 공적, 정치적 생활과 관련된 비정부 기구 및 단체에 참여할 권리

제8조 당사국은 여성이 남성과 동등한 조건으로 또한 아무런 차별 없이 국제적 수준에서 그들 정부를 대표하며 국제기구의 업무에 참여할 기회를 확보하

기 위한 모든 적절한 조치를 취하여야 한다.

제9조 1. 당사국은 여성이 국적을 취득, 변경 또는 보유함에 있어 남성과 동등한 권리를 부여하여야 한다. 당사국은 특히 외국인과의 결혼 또는 혼인 중 부에 의한 국적의 변경으로 처의 국적이 자동적으로 변경되거나, 처가 무국적으로 되거나 또는 부의 국적이 처에게 강제되지 아니하도록 확보하여야 한다.

2. 당사국은 자녀의 국적에 관하여 남성과 동등한 권리를 여성에게 부여하여야 한다.

제 3 부

제10조 당사국은 교육 분야에서 여성에게 남성과 동등한 권리를 확보하기 위하여 특히 남녀평등의 기초 위에 다음을 확보할 목적으로 여성에 대한 차별을 철폐하기 위한 모든 적절한 조치를 취하여야 한다.

(a) 도시 및 시골의 각종 교육 기관에서 취업과 직업 보도, 학문의 혜택 및 학위 취득에 있어서의 동등한 조건; 이러한 평등은 취학전 교육, 일반 교육, 기술 교육, 전문 교육 및 고등 기술 교육에서 뿐만 아니라 모든 형태의 직업 훈련에서 확보되어야 함

(b) 동일한 교과 과정, 동일한 시험, 동일 수준의 자격 요건을 가진 교수진, 동질의 학교 건물 및 장비의 수혜

(c) 모든 수준 및 모든 형태의 교육에 있어서 남성과 여성의 역할에 관한 고정 관념을 제거하기 위해 본 목적을 달성하는 데 기여할 수 있는 남녀 공학 및 기타 형태의 교육을 장려하며 특히 교과서와 교과 과정의 개편 및 교수 방법의 개선을 기함

(d) 장학금 기타 연구 장려금의 혜택을 받을 수 있는 동일한 기회

(e) 성인용 및 문맹자용 교과 과정을 포함한 계속 교육 과정 특히 교육에 있어서의 남녀 간의 격차를 가능한 한 조속히 감소시키기 위한 교과 과정의 혜택을 받을 수 있는 동일한 기회

(f) 여학생 중퇴율의 감소 및 일찍이 학업을 포기한 소녀 및 여성을 위한 교과 과정의 마련

(g) 스포츠와 체육 교육에 적극적으로 참여할 수 있는 동일한 기회
(h) 가족 계획에 관한 정보 및 조언을 포함하여 가족의 건강과 복지를 확보하는 데 도움을 주는 구체적인 교육 정보의 수혜

제11조 1. 당사국은 고용 분야에서 남녀평등의 기초 위에 동일한 권리 특히 다음의 권리를 확보할 목적으로 여성에 대한 차별을 철폐하기 위한 모든 적절한 조치를 취하여야 한다.
(a) 모든 인간의 불가침의 권리로서의 근로의 권리
(b) 동일한 채용 기준의 적용을 포함한 동일한 고용 기회를 보장받을 권리
(c) 직업과 고용의 자유로운 선택권, 승진, 직장안정 및 역무에 관련된 모든 혜택과 조건을 누릴 권리, 그리고 견습, 고등직업 훈련 및 반복훈련을 포함한 직업 훈련 및 재훈련을 받을 권리
(d) 수당을 포함하여 동등한 보수를 받을 권리 및 노동의 질의 평가에 있어 동등한 처우와 동등한 가치의 노동에 대한 동등한 처우를 받을 권리
(e) 유급 휴가를 받을 권리 및 사회 보장, 특히 퇴직, 실업, 질병, 병약, 노령 및 기타 노동 무능력의 경우에 사회 보장에 대한 권리
(f) 건강보호에 대한 권리 및 생식 기능의 보호 조치를 포함한 노동 조건의 안전에 대한 권리

2. 당사국은 결혼 또는 모성을 이유로 한 여성에 대한 차별을 방지하며 여성의 근로에 대한 유효한 권리를 확보하기 위하여 다음을 위한 적절한 조치를 취하여야 한다.
(a) 임신 또는 출산 휴가를 이유로 한 해고 및 혼인 여부를 근거로 한 해고에 있어서의 차별을 금지하고 위반 시 제재를 가하도록 하는 것
(b) 종전의 직업, 선임 순위 또는 사회 보장 수당을 상실함이 없이 유급 또는 이에 상당하는 사회 보장급부를 포함하는 출산 휴가제를 도입하는 것
(c) 특히 아동 보육 시설망의 확립과 발전의 촉진을 통하여 부모가 직장에서의 책임 및 사회 생활에의 참여를 가사의 의무와 병행시키는 데 도움이 될 필요한 사회 보장 혜택의 제공을 장려하는 것
(d) 임신 중의 여성에게 유해한 것이 증명된 유형의 작업에는 동 여성에

대한 특별한 보호를 제공하는 것

3. 본 조에 취급된 문제와 관련한 보호적 입법은 과학적 및 기술적 지식에 비추어 정기적으로 검토되어야 하며, 필요하다면 개정, 폐기 또는 연장되어야 한다.

제12조 1. 당사국은 남녀평등의 기초 위에 가족 계획에 관련된 것을 포함한 보건사업의 혜택을 확보하기 위하여 보건 분야에서의 여성에 대한 차별을 철폐하기 위한 모든 적절한 조치를 취하여야 한다.

2. 본 조 제1항의 규정에도 불구하고 당사국은 여성에 대해 임신 및 수유기 동안의 적절한 영양 섭취를 확보하고 임신, 해산 및 산후조리 기간과 관련하여 적절한 역무 제공을 확보하여야 하며, 필요한 경우에는 무상으로 이를 제공하여야 한다.

제13조 당사국은 경제적, 사회적 생활의 다른 영역에 있어 남녀평등의 기초 위에 동일한 권리, 특히 다음의 권리를 확보할 목적으로 여성에 대한 차별을 철폐하기 위한 모든 적절한 조치를 취하여야 한다.

(a) 가족급부금에 대한 권리

(b) 은행 대부, 저당 및 기타 형태의 금융 대부에 대한 권리

(c) 레크리에이션 활동, 체육과 각종 문화 생활에 참여할 권리

제14조 1. 당사국은 시골 여성이 직면하고 있는 특수한 문제와 화폐로 표시되지 않는 경제 부문에서의 노동을 포함하여 시골 여성이 가족의 경제적 생존을 위하여 수행하는 중요한 역할을 고려하여야 하며, 시골 여성에게 본 협약의 제 조항의 적용을 확보하도록 모든 적절한 조치를 취하여야 한다.

2. 당사국은 남녀평등의 기초 위에 시골 여성이 지역 개발에 참여하며 그 개발에 따른 이익을 향유할 수 있도록 보장하기 위하여 시골 여성에 대한 차별을 철폐하기 위한 모든 적절한 조치를 취하여야 하며, 특히 시골 여성에 대하여 다음의 권리를 확보하여야 한다.

(a) 모든 수준에서 개발 계획의 작성 및 실시에 참여하는 것

(b) 가족 계획에 대한 정보, 상담 및 서비스를 포함한 적절한 보건 시설의 혜택을 받는 것

(c) 사회 보장 계획으로부터 직접적인 혜택을 받는 것

(d) 기술적 능력을 향상시키기 위하여 기능적 문자 해독 능력에 관한 것을 포함한 모든 형태의 공식, 비공식 훈련 및 교육과, 특히 지역 사회 교육 및 특별 교육의 혜택을 받는 것

(e) 취업 또는 자가 경영을 통한 경제적 기회에 있어 평등한 혜택을 받을 수 있도록 자조 집단 및 협동 조합을 결성하는 것

(f) 모든 지역 사회 활동에 참여하는 것

(g) 농업 신용 및 대부, 매매 시설, 적절한 공업 기술의 혜택을 받으며, 토지 및 농지 개혁과 재정착 계획에 있어 동등한 대우를 받는 것

(h) 적절한 생활 조건, 특히 주거, 위생 시설, 전력 및 용수 공급, 운송 및 통신 등과 관련한 생활 조건을 향유하는 것

제 4 부

제15조 1. 당사국은 여성에 대하여 법 앞에서의 남성과의 평등을 부여하여야 한다.

2. 당사국은 민사 문제에 있어서, 여성에게 남성과 동등한 법적 능력 및 동 능력을 행사할 동일한 기회를 부여하여야 한다. 특히, 당사국은 계약을 체결하고 재산을 관리할 동등권을 여성에게 부여하여야 하며 법원과 법정의 절차상 모든 단계에서 여성을 동등히 취급하여야 한다.

3. 당사국은 여성의 법적 능력을 제한하는 법적 효과를 가지는 모든 계약과 기타 모든 종류의 사적 문서를 무효로 간주하는 데 동의한다.

4. 당사국은 사람의 이전에 관한 법과 그들의 주거 및 주소 선택의 자유와 관련하여 남성과 여성에게 동일한 권리를 부여하여야 한다.

제16조 1. 당사국은 혼인과 가족 관계에 관한 모든 문제에 있어 여성에 대한 차별을 철폐하기 위한 모든 적절한 조치를 취하여야 하며, 특히 남녀평등의 기초 위에 다음을 보장하여야 한다.

(a) 혼인을 할 동일한 권리

(b) 자유로이 배우자를 선택하고 상호 간의 자유롭고 완전한 동의에 의해서만 혼인을 할 동일한 권리

(c) 혼인 중 및 혼인을 해소할 때의 동일한 권리와 책임

(d) 부모의 혼인 상태를 불문하고 자녀에 관한 문제에 있어 부모로서의 동일한 권리와 책임: 모든 경우에 있어서 자녀의 이익이 최우선적으로 고려되어야 함

(e) 자녀의 수 및 출산 간격을 자유롭고 책임감 있게 결정할 동일한 권리와 이 권리를 행사할 수 있게 하는 정보, 교육 및 제 수단의 혜택을 받을 동일한 권리

(f) 아동에 대한 보호, 후견, 재산 관리 및 자녀 입양 또는 국내 법제상 존재하는 개념 중에 유사한 제도와 관련하여 동일한 권리와 책임: 모든 경우에 있어서 아동의 이익이 최우선적으로 고려되어야 함

(g) 가족성(姓) 및 직업을 선택할 권리를 포함하여 부부로서의 동일한 개인적 권리

(h) 무상이든 혹은 유상이든 간에 재산의 소유, 취득, 운영, 관리, 향유 및 처분에 관한 양 배우자의 동일한 권리

2. 아동의 약혼과 혼인은 아무런 법적 효과가 없으며 혼인을 위한 최저 연령을 정하고 공공 등기소에 혼인 등록을 의무화하기 위하여 입법을 포함한 모든 필요한 조치를 취하여야 한다.

제 5 부

제17조 1. 본 협약의 이행상 행하여진 진전을 심의할 목적으로 여성에 대한 차별철폐위원회(이하 위원회라 함)를 설치하며, 위원회는 협약의 발효 시에는 18인, 그리고 35번째 당사국이 비준 또는 가입한 후에는 23인의 본 협약의 규율 분야에서 높은 도덕적 명성과 능력을 갖춘 전문가로서 구성한다. 동 전문가는 당사국에 의해 그들의 국민 중에서 선출되어 개인 자격으로 봉사하여야 하며, 선출에 있어서는 공평한 지리적 배분과 주요 법 체계 및 상이한 문명 형태가 대표될 수 있도록 고려되어야 한다.

2. 위원회의 구성원은 당사국에 의해 지명된 자의 명부 중에서 비밀 투표로 선출한다. 각 당사국은 그 국민 중에서 1인을 지명할 수 있다.

3. 최초 선거는 본 협약의 발효일로부터 6개월 후에 행한다. 국제연합 사무총장은 최소한 각 선거 3개월 이전에 당사국에 서한을 발송하여 2개

월 이내에 그들의 지명자를 제출해 줄 것을 요청하여야 한다. 사무총장은 이렇게 지명된 전원의 명단을 알파벳순으로, 그들을 지명한 당사국을 명시하여, 작성하여 당사국에 송부하여야 한다.

4. 위원회 구성원의 선거는 사무총장에 의해 소집되어 국제연합본부에서 열리는 당사국 회의에서 행한다. 당사국의 3분의 2가 정족수를 구성하는 동 회의에서 참석 및 투표한 당사국 대표의 최다수표 및 절대 다수표를 획득한 피지명자가 위원회 구성원으로 선출된다.
5. 위원회의 구성원은 4년 임기로 선출된다. 그러나 최초 선거에서 선출된 구성원 중 9인의 임기는 2년으로 만료되며 최초 선거 후 즉시 동 9인 구성원의 명단을 위원회 의장이 추첨으로 선정한다.
6. 위원회는 추가 구성원 5인의 선거는 35번째 비준 또는 가입 후 본 조 제2항, 제3항 및 제4항의 규정에 따라 행한다. 동 기회에 선출된 추가 구성원 중 위원회 의장이 추첨으로 선정한 2인의 임기는 2년으로 만료된다.
7. 불시의 공석을 보충하기 위하여 자국의 전문가가 위원회 구성원으로서의 기능을 종료한 당사국은 위원회의 승인을 조건으로 그 국민 중에서 다른 전문가를 임명하여야 한다.
8. 위원회 구성원은 위원회 책무의 중요성을 고려하여 총회가 승인하고 결정하는 조건에 따라 국제연합 재원으로부터 보수를 받는다.
9. 국제연합 사무총장은 본 협약에 따른 위원회 임무의 효율적 수행을 위하여 필요한 직원 및 시설을 제공한다.

제18조 1. 당사국은 그들이 본 협약의 규정을 실시하기 위하여 채택한 입법, 사법, 행정 또는 기타 조치와 이와 관련하여 이루어진 진전에 대한 보고서를 위원회가 심의하도록 국제연합 사무총장에게 제출할 의무를 진다. 즉,

(a) 관계국에 대하여 발효한 후 1년 이내에 제출하며

(b) 그 이후에는 최소한 매 4년마다 제출하며 위원회가 요구하는 때는 언제든지 제출한다.

2. 보고서에는 본 협약상 의무의 이행 정도에 영향을 주는 요인 및 애로점을 지적할 수 있다.

제19조 1. 위원회는 자체의 의사 규칙을 채택하여야 한다.
2. 위원회는 2년 임기의 자체 직원을 선출하여야 한다.

제20조 1. 위원회는 본 협약 제18조에 따라 제출되는 보고서를 심의하기 위하여 매년 2주를 넘지 않는 기간 동안 정규로 회합한다.
2. 위원회 회의는 국제연합 본부 또는 위원회가 정하는 다른 편리한 장소에서 정규로 개최된다.

제21조 1. 위원회는 경제사회이사회를 통하여 그 활동에 관한 보고서를 매년 국제연합 총회에 제출하며, 당사국으로부터 접수한 보고서 및 정보에 대한 심사를 기초로 하여 제안 및 일반적 권고를 할 수 있다. 동 제안 및 일반적 권고는 당사국으로부터의 논평이 있는 경우 이와 함께 위원회의 보고서에 수록하여야 한다.
2. 사무총장은 위원회의 보고서를 참고용으로 여성 지위위원회에 송부하여야 한다.

제22조 전문 기구는 본 협약 규정 중 그 활동 범위에 속하는 규정의 시행에 대한 심의에 참가할 권한이 있다. 위원회는 전문 기구에 그 활동 범위에 속하는 분야에서의 협약의 시행에 관한 보고서를 제출하도록 권유할 수 있다.

제 6 부

제23조 본 협약상 어떠한 것도 아래에 포함될 수 있는 남녀평등의 달성에 더욱 이바지하는 규정에 영향을 미치지 아니한다.
(a) 당사국의 법령 또는
(b) 동 국에 대하여 발효 중인 여하한 기타 국제 협약, 조약 또는 협정

제24조 당사국은 본 협약상 인정된 권리의 완전한 실현을 달성할 목적으로 국가적 수준에서 모든 필요한 조치를 취할 의무를 진다.

제25조 1. 본 협약은 모든 국가의 서명을 위하여 개방된다.
2. 국제연합 사무총장은 본 협약의 수탁자로 지정된다.
3. 본 협약은 비준되어야 한다. 비준서는 국제연합 사무총장에게 기탁되어야 한다.
4. 본 협약은 모든 국가의 가입을 위하여 개방된다. 가입은 국제연합 사무

총장에게 가입서를 기탁함으로써 이루어진다.

제26조 1. 본 협약의 개정 요구는 국제연합 사무총장에 대한 서면 통고의 방법으로 당사국이 언제든지 행할 수 있다.

2. 국제연합 총회는 동 요구가 있으면 이에 대하여 취할 조치를 결정한다.

제27조 1. 본 협약은 국제연합 사무총장에게 20번째의 비준서 또는 가입서가 기탁된 날로부터 30일 후에 발효한다.

2. 본 협약은 20번째의 비준서 또는 가입서가 기탁된 후에 본 협약을 비준하거나 가입한 각 국가에 대하여는 비준서 또는 가입서가 기탁된 날로부터 30일 후에 발효한다.

제28조 1. 국제연합 사무총장은 비준 또는 가입 시에 각국이 행한 유보문을 접수하고 이를 모든 국가에 회람시켜야 한다.

2. 본 협약의 대상 및 목적과 양립하지 아니하는 유보는 허용되지 아니한다.

3. 유보는 국제연합 사무총장에 대한 통고로서 언제든지 철회할 수 있으며, 사무총장은 이를 모든 국가에 회람시켜야 한다. 그러한 통고는 접수된 날에 발효한다.

제29조 1. 본 협약의 해석 또는 적용에 관한 둘 또는 그 이상 당사국 간의 분쟁이 직접 교섭에 의해 해결되지 아니하는 경우 그들 중 하나의 요구가 있으면 중재 재판에 회부되어야 한다. 중재 재판 요구일로부터 6개월 이내 당사국이 중재 재판 구성에 합의하지 못하면 동 당사국 중 일방은 국제사법재판소 규정에 부합하는 요청에 의해 동 분쟁을 국제사법재판소에 회부할 수 있다.

2. 각 당사국은 이 협약의 서명, 비준 또는 가입 시에 동 국이 본 조 제1항에 기속되는 것으로 보지 않는다고 선언할 수 있다. 타 당사국은 그러한 유보를 행한 당사국에 대하여는 전항에 기속되지 아니한다.

3. 본조 제2항에 따라 유보를 행한 당사국은 국제연합 사무총장에 대한 통고로서 언제든지 동 유보를 철회할 수 있다.

제30조 본 협약은 아랍어, 중국어, 영어, 불어, 노어 및 서반아어본이 동등히 정본이며 국제연합 사무총장에게 기탁된다.

이상의 증거로서 정당히 권한이 주어진 하기 서명자는 본 협약에 서명하였다.

• Convention on the Elimination of All Forms of Discrimination against Women

Noting that the Universal Declaration of Human Rights affirms the principle of the inadmissibility of discrimination and proclaims that all human beings are born free and equal in dignity and rights and that everyone is entitled to all the rights and freedoms set forth therein, without distinction of any kind, including distinction based on sex,

Noting that the States Parties to the International Covenants on Human Rights have the obligation to ensure the equal rights of men and women to enjoy all economic, social, cultural, civil and political rights,

Considering the international conventions concluded under the auspices of the United Nations and the specialized agencies promoting equality of rights of men and women,

Noting also the resolutions, declarations and recommendations adopted by the United Nations and the specialized agencies promoting equality of rights of men and women,

Concerned, however, that despite these various instruments extensive discrimination against women continues to exist,

Recalling that discrimination against women violates the principles of equality of rights and respect for human dignity, is an obstacle to the participation of women, on equal terms with men, in the political, social, economic and cultural life of their countries, hampers the growth of the prosperity of society and the family and makes more difficult the full development of the potentialities of women in the service of their countries and of humanity,

Concerned that in situations of poverty women have the least access to food, health, education, training and opportunities for employment and other needs,

Convinced that the establishment of the new international economic order based on equity and justice will contribute significantly towards the promotion of equality between men and women,

Emphasizing that the eradication of apartheid, all forms of racism, racial discrimination, colonialism, neo-colonialism, aggression, foreign occupation and domination and interference in the internal affairs of States is essential to the full enjoyment of the rights of men and women,

Affirming that the strengthening of international peace and security, the relaxation of international tension, mutual co-operation among all States irrespective of their social and economic systems, general and complete disarmament, in particular nuclear disarmament under strict and effective international control, the affirmation of the principles of justice, equality and mutual benefit in relations among countries and the realization of the right of peoples under alien and colonial domination and foreign occupation to self-determination and independence, as well as respect for national sovereignty and territorial integrity, will promote social progress and development and as a consequence will contribute to the attainment of full equality between men and women,

Convinced that the full and complete development of a country, the welfare of the world and the cause of peace require the maximum participation of women on equal terms with men in all fields,

Bearing in mind the great contribution of women to the welfare of the family and to the development of society, so far not fully recognized, the social significance of maternity and the role of both parents in the family and in the upbringing of children, and aware that the role of women in procreation should not be a basis for discrimination but that the upbringing of children requires a sharing of responsibility between men and women and society as a whole,

Aware that a change in the traditional role of men as well as the role of women in society and in the family is needed to achieve full equality between men and women,

Determined to implement the principles set forth in the Declaration on the Elimination of Discrimination against Women and, for that purpose, to adopt the measures required for the elimination of such discrimination in all its forms and manifestations,

Have agreed on the following:

PART I

Article 1

For the purposes of the present Convention, the term "discrimination against women" shall mean any distinction, exclusion or restriction made on the basis of sex which has the effect or purpose of impairing or nullifying the recognition, enjoyment or exercise by women, irrespective of their marital status, on a basis of equality of men and women, of human rights and fundamental freedoms in the political, economic, social, cultural, civil or any other field.

Article 2

States Parties condemn discrimination against women in all its forms, agree to pursue by all appropriate means and without delay a policy of eliminating discrimination against women and, to this end, undertake:

(a) To embody the principle of the equality of men and women in their national constitutions or other appropriate legislation if not yet incorporated therein and to ensure, through law and other appropriate means, the practical realization of this principle;

(b) To adopt appropriate legislative and other measures, including sanctions where appropriate, prohibiting all discrimination against women;

(c) To establish legal protection of the rights of women on an equal basis with men and to ensure through competent national tribunals and other public institutions the effective protection of women against any act of discrimination;

(d) To refrain from engaging in any act or practice of discrimination against women and to ensure that public authorities and institutions shall act in conformity with this obligation;

(e) To take all appropriate measures to eliminate discrimination against women by any person, organization or enterprise;

(f) To take all appropriate measures, including legislation, to modify or abolish existing laws, regulations, customs and practices which constitute discrimination against women;

(g) To repeal all national penal provisions which constitute discrimination against women.

Article 3

States Parties shall take in all fields, in particular in the political, social, economic and cultural fields, all appropriate measures, including legislation, to en sure the full development and advancement of women, for the purpose of guaranteeing them the exercise and enjoyment of human rights and fundamental freedoms on a basis of equality with men.

Article 4

1. Adoption by States Parties of temporary special measures aimed at accelerating de facto equality between men and women shall not be considered discrimination as defined in the present Convention, but shall in no way entail as a consequence the maintenance of unequal or separate standards; these measures shall be discontinued when the objectives of equality of opportunity and treatment have been achieved.
2. Adoption by States Parties of special measures, including those measures contained in the present Convention, aimed at protecting maternity shall not be considered discriminatory.

Article 5

States Parties shall take all appropriate measures:

(a) To modify the social and cultural patterns of conduct of men and women, with a view to achieving the elimination of prejudices and customary and all other practices which are based on the idea of the inferiority or the superiority of either of the sexes or on stereotyped roles for men and women;

(b) To ensure that family education includes a proper understanding of maternity as a social function and the recognition of the common responsibility of men and women in the upbringing and development of their children, it being understood that the interest of the children is the primordial consideration in all cases.

Article 6

States Parties shall take all appropriate measures, including legislation, to suppress all forms of traffic in women and exploitation of prostitution of women.

PART II

Article 7

States Parties shall take all appropriate measures to eliminate discrimination against women in the political and public life of the country and, in particular, shall ensure to women, on equal terms with men, the right:

(a) To vote in all elections and public referenda and to be eligible for election to all publicly elected bodies;

(b) To participate in the formulation of government policy and the implementation thereof and to hold public office and perform all public functions at all levels of government;

(c) To participate in non-governmental organizations and associations concerned with the public and political life of the country.

Article 8

States Parties shall take all appropriate measures to ensure to women, on equal terms with men and without any discrimination, the opportunity to represent their Governments at the international level and to participate in the work of international organizations.

Article 9

1. States Parties shall grant women equal rights with men to acquire, change or retain their nationality. They shall ensure in particular that neither marriage to an alien nor change of nationality by the husband during marriage shall automatically change the nationality of the wife, render her stateless or force upon her the nationality of the husband.
2. States Parties shall grant women equal rights with men with respect to the nationality of their children.

PART III

Article 10

States Parties shall take all appropriate measures to eliminate discrimination against women in order to ensure to them equal rights with men in the field of education and in particular to ensure, on a basis of equality of men and women:

(a) The same conditions for career and vocational guidance, for access to studies and for the achievement of diplomas in educational establishments of all categories in rural as well as in urban areas; this equality shall be ensured in pre-school, general, technical, professional and higher technical education, as well as in all types of vocational training;

(b) Access to the same curricula, the same examinations, teaching staff with qualifications of the same standard and school premises and equipment of the same quality;

(c) The elimination of any stereotyped concept of the roles of men and women at all levels and in all forms of education by encouraging coeducation and other types of education which will help to achieve this aim and, in particular, by the revision of textbooks and school programmes and the adaptation of teaching methods;

(d) The same opportunities to benefit from scholarships and other study grants;

(e) The same opportunities for access to programmes of continuing education, including adult and functional literacy programmes, particularly those aimed at reducing, at the earliest possible time, any gap in education existing between men and women;

(f) The reduction of female student drop-out rates and the organization of programmes for girls and women who have left school prematurely;

(g) The same Opportunities to participate actively in sports and physical education;

(h) Access to specific educational information to help to ensure the health and well-being of families, including information and advice on family planning.

Article 11

1. States Parties shall take all appropriate measures to eliminate discrimination against women in the field of employment in order to ensure, on a basis of equality of men and women, the same rights, in particular:

(a) The right to work as an inalienable right of all human beings;

(b) The right to the same employment opportunities, including the application of the same criteria for selection in matters of employment;

(c) The right to free choice of profession and employment, the right to promotion, job security and all benefits and conditions of service and the right to receive vocational training and retraining, including apprenticeships, advanced vocational training and recurrent training;

(d) The right to equal remuneration, including benefits, and to equal treatment in respect of work of equal value, as well as equality of treatment in the evaluation of the quality of work;

(e) The right to social security, particularly in cases of retirement, unemployment, sickness, invalidity and old age and other incapacity to work, as well as the right to paid leave;

(f) The right to protection of health and to safety in working conditions, including the safeguarding of the function of reproduction.

2. In order to prevent discrimination against women on the grounds of marriage or maternity and to ensure their effective right to work, States Parties shall take appropriate measures:

(a) To prohibit, subject to the imposition of sanctions, dismissal on the grounds of pregnancy or of maternity leave and discrimination in dismissals on the basis of marital status;

(b) To introduce maternity leave with pay or with comparable social benefits without loss of former employment, seniority or social allowances;

(c) To encourage the provision of the necessary supporting social services to enable parents to combine family obligations with work responsibilities and participation in public life, in particular through promoting the establishment and development of a network of child-care facilities;

(d) To provide special protection to women during pregnancy in types of work proved to be harmful to them.

3. Protective legislation relating to matters covered in this article shall be reviewed periodically in the light of scientific and technological knowledge and shall be revised, repealed or extended as necessary.

Article 12

1. States Parties shall take all appropriate measures to eliminate discrimination against women in the field of health care in order to ensure, on a basis of equality of men and women, access to health care services, including those related to family planning.
2. Notwithstanding the provisions of paragraph 1 of this article, States Parties shall ensure to women appropriate services in connection with pregnancy, confinement and the post-natal period, granting free services where necessary, as well as adequate nutrition during pregnancy and lactation.

Article 13

States Parties shall take all appropriate measures to eliminate discrimination against women in other areas of economic and social life in order to ensure, on a basis of equality of men and women, the same rights, in particular:

(a) The right to family benefits;

(b) The right to bank loans, mortgages and other forms of financial credit;

(c) The right to participate in recreational activities, sports and all aspects of cultural life.

Article 14

1. States Parties shall take into account the particular problems faced by rural women and the significant roles which rural women play in the economic survival of their families, including their work in the non-monetized sectors of the economy, and shall take all appropriate measures to ensure the application of the provisions of the present Convention to women in rural areas.

2. States Parties shall take all appropriate measures to eliminate discrimination against women in rural areas in order to ensure, on a basis of equality of men and women, that they participate in and benefit from rural development and, in particular, shall ensure to such women the right:
   (a) To participate in the elaboration and implementation of development planning at all levels;
   (b) To have access to adequate health care facilities, including information, counselling and services in family planning;
   (c) To benefit directly from social security programmes;
   (d) To obtain all types of training and education, formal and non-formal, including that relating to functional literacy, as well as, inter alia, the benefit of all community and extension services, in order to increase their technical proficiency;
   (e) To organize self-help groups and co-operatives in order to obtain equal access to economic opportunities through employment or self employment;
   (f) To participate in all community activities;
   (g) To have access to agricultural credit and loans, marketing facilities, appropriate technology and equal treatment in land and agrarian reform as well as in land resettlement schemes;
   (h) To enjoy adequate living conditions, particularly in relation to housing, sanitation, electricity and water supply, transport and communications.

PART IV

Article 15

1. States Parties shall accord to women equality with men before the law.
2. States Parties shall accord to women, in civil matters, a legal capacity identical to that of men and the same opportunities to exercise that capacity. In particular, they shall give women equal rights to conclude contracts and to administer property and shall treat them equally in all stages of procedure in courts and tribunals.

3. States Parties agree that all contracts and all other private instruments of any kind with a legal effect which is directed at restricting the legal capacity of women shall be deemed null and void.
4. States Parties shall accord to men and women the same rights with regard to the law relating to the movement of persons and the freedom to choose their residence and domicile.

Article 16

1. States Parties shall take all appropriate measures to eliminate discrimination against women in all matters relating to marriage and family relations and in particular shall ensure, on a basis of equality of men and women:
   (a) The same right to enter into marriage;
   (b) The same right freely to choose a spouse and to enter into marriage only with their free and full consent;
   (c) The same rights and responsibilities during marriage and at its dissolution;
   (d) The same rights and responsibilities as parents, irrespective of their marital status, in matters relating to their children; in all cases the interests of the children shall be paramount;
   (e) The same rights to decide freely and responsibly on the number and spacing of their children and to have access to the information, education and means to enable them to exercise these rights;
   (f) The same rights and responsibilities with regard to guardianship, wardship, trusteeship and adoption of children, or similar institutions where these concepts exist in national legislation; in all cases the interests of the children shall be paramount;
   (g) The same personal rights as husband and wife, including the right to choose a family name, a profession and an occupation;
   (h) The same rights for both spouses in respect of the ownership, acquisition, management, administration, enjoyment and disposition of property, whether free of charge or for a valuable consideration.

2. The betrothal and the marriage of a child shall have no legal effect, and all necessary action, including legislation, shall be taken to specify a minimum age for marriage and to make the registration of marriages in an official registry compulsory.

PART V

Article 17

1. For the purpose of considering the progress made in the implementation of the present Convention, there shall be established a Committee on the Elimination of Discrimination against Women (hereinafter referred to as the Committee) consisting, at the time of entry into force of the Convention, of eighteen and, after ratification of or accession to the Convention by the thirty-fifth State Party, of twenty-three experts of high moral standing and competence in the field covered by the Convention. The experts shall be elected by States Parties from among their nationals and shall serve in their personal capacity, consideration being given to equitable geographical distribution and to the representation of the different forms of civilization as well as the principal legal systems.
2. The members of the Committee shall be elected by secret ballot from a list of persons nominated by States Parties. Each State Party may nominate one person from among its own nationals.
3. The initial election shall be held six months after the date of the entry into force of the present Convention. At least three months before the date of each election the Secretary-General of the United Nations shall address a letter to the States Parties inviting them to submit their nominations within two months. The Secretary-General shall prepare a list in alphabetical order of all persons thus nominated, indicating the States Parties which have nominated them, and shall submit it to the States Parties.
4. Elections of the members of the Committee shall be held at a meeting of States Parties convened by the Secretary-General at United Nations

Headquarters. At that meeting, for which two thirds of the States Parties shall constitute a quorum, the persons elected to the Committee shall be those nominees who obtain the largest number of votes and an absolute majority of the votes of the representatives of States Parties present and voting.

5. The members of the Committee shall be elected for a term of four years. However, the terms of nine of the members elected at the first election shall expire at the end of two years; immediately after the first election the names of these nine members shall be chosen by lot by the Chairman of the Committee.
6. The election of the five additional members of the Committee shall be held in accordance with the provisions of paragraphs 2, 3 and 4 of this article, following the thirty-fifth ratification or accession. The terms of two of the additional members elected on this occasion shall expire at the end of two years, the names of these two members having been chosen by lot by the Chairman of the Committee.
7. For the filling of casual vacancies, the State Party whose expert has ceased to function as a member of the Committee shall appoint another expert from among its nationals, subject to the approval of the Committee.
8. The members of the Committee shall, with the approval of the General Assembly, receive emoluments from United Nations resources on such terms and conditions as the Assembly may decide, having regard to the importance of the Committee's responsibilities.
9. The Secretary-General of the United Nations shall provide the necessary staff and facilities for the effective performance of the functions of the Committee under the present Convention.

Article 18

1. States Parties undertake to submit to the Secretary-General of the United Nations, for consideration by the Committee, a report on the legislative, judicial, administrative or other measures which they have adopted to give

effect to the provisions of the present Convention and on the progress made in this respect:

(a) Within one year after the entry into force for the State concerned;

(b) Thereafter at least every four years and further whenever the Committee so requests.

2. Reports may indicate factors and difficulties affecting the degree of fulfillment of obligations under the present Convention.

Article 19

1. The Committee shall adopt its own rules of procedure.
2. The Committee shall elect its officers for a term of two years.

Article 20

1. The Committee shall normally meet for a period of not more than two weeks annually in order to consider the reports submitted in accordance with article 18 of the present Convention.
2. The meetings of the Committee shall normally be held at United Nations Headquarters or at any other convenient place as determined by the Committee.

Article 21

1. The Committee shall, through the Economic and Social Council, report annually to the General Assembly of the United Nations on its activities and may make suggestions and general recommendations based on the examination of reports and information received from the States Parties. Such suggestions and general recommendations shall be included in the report of the Committee together with comments, if any, from States Parties.
2. The Secretary-General of the United Nations shall transmit the reports of the Committee to the Commission on the Status of Women for its information.

Article 22

The specialized agencies shall be entitled to be represented at the consideration of the implementation of such provisions of the present Convention as fall within the scope of their activities. The Committee may invite the specialized agencies to submit reports on the implementation of the Convention in areas falling within the scope of their activities.

PART VI

Article 23

Nothing in the present Convention shall affect any provisions that are more conducive to the achievement of equality between men and women which may be contained:

(a) In the legislation of a State Party; or

(b) In any other international convention, treaty or agreement in force for that State.

Article 24

States Parties undertake to adopt all necessary measures at the national level aimed at achieving the full realization of the rights recognized in the present Convention.

Article 25

1. The present Convention shall be open for signature by all States.
2. The Secretary-General of the United Nations is designated as the depositary of the present Convention.
3. The present Convention is subject to ratification. Instruments of ratification shall be deposited with the Secretary-General of the United Nations.
4. The present Convention shall be open to accession by all States. Accession shall be effected by the deposit of an instrument of accession with the Secretary- General of the United Nations.

Article 26

1. A request for the revision of the present Convention may be made at any time by any State Party by means of a notification in writing addressed to the Secretary-General of the United Nations.
2. The General Assembly of the United Nations shall decide upon the steps, if any, to be taken in respect of such a request.

Article 27

1. The present Convention shall enter into force on the thirtieth day after the date of deposit with the Secretary-General of the United Nations of the twentieth instrument of ratification or accession.
2. For each State ratifying the present Convention or acceding to it after the deposit of the twentieth instrument of ratification or accession, the Convention shall enter into force on the thirtieth day after the date of the deposit of its own instrument of ratification or accession.

Article 28

1. The Secretary-General of the United Nations shall receive and circulate to all States the text of reservations made by States at the time of ratification or accession.
2. A reservation incompatible with the object and purpose of the present Convention shall not be permitted.
3. Reservations may be withdrawn at any time by notification to this effect addressed to the Secretary-General of the United Nations, who shall then inform all States thereof. Such notification shall take effect on the date on which it is received.

Article 29

1. Any dispute between two or more States Parties concerning the interpretation or application of the present Convention which is not settled by negotiation shall, at the request of one of them, be submitted to arbitration. If within six months from the date of the request for arbitration the parties are unable to agree on the organization of the arbitration, any one of those parties may refer the dispute to the International Court of Justice by request in conformity with the Statute of the Court.
2. Each State Party may at the time of signature or ratification of the present Convention or accession thereto declare that it does not consider itself bound by paragraph 1 of this article. The other States Parties shall not be bound by that paragraph with respect to any State Party which has made such a

reservation.

3. Any State Party which has made a reservation in accordance with paragraph 2 of this article may at any time withdraw that reservation by notification to the Secretary-General of the United Nations.

Article 30

The present Convention, the Arabic, Chinese, English, French, Russian and Spanish texts of which are equally authentic, shall be deposited with the Secretary- General of the United Nations.

In witness whereof the undersigned, duly authorized, have signed the present Convention.

• 여성에 대한 차별 철폐에 관한 협약 선택 의정서

채택일 1999. 10. 6 / 발효일 2000. 12. 22 / 당사국 수 11 / 대한민국 미가입

전문은 의정서의 대상과 목적을 수립하는 의정서의 서론 부분이다.

이는 국제연합 헌장, 세계인권선언, 여성에 대한 모든 형태의 차별 철폐에 관한 협약을 포함한 그 밖의 국제 인권 문서들에 구현된 평등과 비차별의 원칙에 유의한다.

이는 여성이 모든 인권과 기본적 자유를 완전하고 평등하게 향유하도록 하고, 이러한 권리와 자유의 침해를 방지하는 효과적인 조치를 취하기 위하여 의정서를 채택하는 당사국의 결정을 재확인하는 것이다.

제1조 이 조는 선택의정서의 당사국이 된 국가로 하여금 의정서에 따른 통보를 접수하고, 검토할 위원회의 권한을 인정하도록 한다.

제2조 이 조는 개인이나 개인 집단이 위원회에 대하여 개인 청원을 제출하는 것을 허용하는 통보 절차를 제공한다. 동의가 부여되지 않은 이유가 제시되지 않는 한, 통보는 개인 또는 개인 집단의 동의하에 그들을 대신하여 제출될 수 있다.

제3조 이 조는 통보가 의정서의 당사국이 된 국가에 관한 내용인 경우에만 위원회에 의하여 검토될 것임을 규정한다. 또한 통보는 서면으로 제출되어야 하고, 익명이어서는 아니된다.

제4조 이 조는 통보의 허용 기준을 규정한다. 청원이 검토되기 전에 위원회는 이용 가능한 모든 국내적 구제 절차가 완료되었는지, 청원이 위원회에 의하여 심사되고 있거나 심사된 바 있었는지, 다른 국제적인 조사 절차나 해결 절차에서 심사되고 있거나 심사된 바 있었는지를 판정하여야 한다. 또한 청원은 협약 조항과 양립될 수 있어야 하며, 통보 제출권의 남용이 아니어야 하며, 청원인의 주장이 구체성을 가질 수 있어야 하며, 제출된 사실이 당사국이 의정서를 비준한 이후에 발생한 경우에만 수락될 수 있다.

제5조 통보 접수 후 최종 결정 이전에 위원회는 당사국이 회복할 수 없는 피해로부터 피해자를 보호하기 위한 조치를 취하라는 긴급 요청을 하며 당사

국과 접촉할 수 있다.

제6조 이 조는 통보 절차를 수립한다. 통보가 수락 가능하다고 판단되는 경우 청원인이 자신의 신원을 공개하는 데 동의하였다면, 위원회는 당사국에 대하여 비공개로 통보 내용을 전달한다. 당사국에 대하여는 청원에 대한 서면 설명서나 진술서를 작성하는데 6개월이 부여된다.

제7조 이 조는 청원 검토 절차를 개관한다. 위원회는 비공개 회의에서 청원인에 의하여 제공된 모든 정보를 조사하고 검토한다. 위원회의 견해와 권고는 당사자들에게 전달된다. 당사국은 6개월 간 위원회의 견해를 검토하고, 취하여진 보상 조치를 포함하는 서면 답변서를 제출한다. 위원회는 당사국에 대하여 후속 보고서를 포함한 그 이상의 정보를 요청할 수 있다.

제8조 이 조는 협약에 규정된 권리가 당사국에 의하여 심각하게 또는 조직적으로 침해된다고 믿을 만한 정보를 접수한 경우 위원회가 하나 또는 그 이상의 위원에 의한 비밀 조사를 시작할 수 있는 조사 절차를 규정한다. 충분한 근거가 있고, 당사국이 동의하는 경우 위원회는 당사국을 방문할 수 있다. 위원회의 판단, 논평 또는 권고는 관련 당사국에게 전달되며, 당사국은 6개월 내에 답변할 수 있다.

제9조 이 조는 위원회에서의 후속 절차를 규정한다. 제8조에 규정된 6개월 이후 당사국은 조사 이후 취한 보상 노력의 세부 내용을 위원회에 제공하도록 요청될 수 있다. 세부 내용은 협약 제18조에 따른 위원회에 대한 당사국 보고서에서도 제공될 수 있다.

제10조 이 조는 선택 조항을 규정한다. 선택의정서 비준시 당사국은 제8조와 제9조에 의하여 규정된 조사를 개시하고 수행할 위원회 권한의 수락을 거부할 수 있다. 그러나 이 선언은 이후 철회될 수 있다.

제11조 이 조는 당사국에게 통보 제출자에 대한 보호를 보장하도록 요구한다.

제12조 의정서와 관련된 위원회 활동의 개요는 협약 제21조에 따른 보고에 포함된다.

제13조 이 조는 당사국들이 협약과 의정서를 널리 공표하고, 의원회의 견해와 권고에 대한 접근을 개방하도록 요구한다.

제14조 이 조는 위원회가 선택 의정서에 따라 검토되는 통보와 조사를 취급할 때, 자체 절차 규칙을 제정할 것을 요구한다.

제15조 이 조는 국가가 의정서에 서명, 비준, 가입하는 자격을 규정한다. 협약의 모든 당사국은 의정서의 당사국이 될 수 있다.

제16조 이 조는 의정서가 효력을 발하기 전에 10개 이상의 국가가 의정서에 서명하거나 가입하여야 함을 규정한다. 의정서는 10번째 비준 또는 가입으로부터 3개월 후에 발효한다.

제17조 이 조는 의정서에 대하여는 유보가 허용되지 아니함을 규정한다.

제18조 이 조는 의정서의 개정 절차를 수립한다. 어떠한 당사국도 개정을 제안할 수 있는데, 이는 국제연합 사무총장에게 송부되어 의정서의 모든 당사국에게 통보되도록 한다. 당사국 1/3 이상의 요청이 있으면, 개정에 대한 토론과 투표를 하기 위한 회의가 소집될 수 있다. 당사국 2/3 이상과 총회의 동의로 개정은 발효하며, 개정을 수락한 국가를 구속한다.

제19조 이 조는 당사국이 사무총장에 대한 서면 통고에 의하여 의정서로부터 탈퇴할 수 있음을 규정한다. 탈퇴는 탈퇴의 발효일 이전에 제출된 어떠한 통보에 대하여도 영향을 미치지 아니한다.

제20조 국제연합 사무총장은 서명, 비준, 가입한 국가들에 대하여 의정서의 발효일과 여하한 개정 및 철회를 통보하여야 한다.

제21조 의정서는 국제연합 문서 보관소에 기탁되고, 아랍어, 중국어, 영어, 프랑스어, 러시아어, 스페인어로 작성되며, 사무총장에 의하여 모든 당사국에게 송부된다.

• Optional Protocol to the Convention on the Elimination of Discrimination against Women

PREAMBLE

The preamble is the introductory part of the Protocol which sets out the object and purpose of the Protocol.

It refers to the principles of equality and non-discrimination as embodied in the UN Charter, the Universal Declaration of Human Rights, and other international human rights instruments, including the Convention on the Elimination of All Forms of Discrimination against Women.

It reaffirms the determination of States parties which adopt the protocol to ensure the full and equal enjoyment by women of all human rights and fundamental freedoms and to take effective action to prevent violations of these rights and freedoms.

Article 1

Establishes that States who become parties to the optional protocol recognise the competence of the Committee to receive and consider communications under the protocol.

Article 2

Provides a Communications Procedure which allows either individuals or groups of individuals to submit individual complaints to the Committee. Communications may also be submitted on behalf of individuals or groups of individuals, with their consent, unless it can be shown why that consent was not received.

Article 3

Establishes that a communication will only be considered by the Committee if it concerns a country that has become party to the protocol. In addition, a communi- cation must be submitted in writing and may not be anonymous.

Article 4

Stipulates admissibility criteria of communications. Before a complaint is considered, the Committee must determine that all available domestic remedies have been exhausted and the complaint is not, nor has been examined by the Committee or has been or is being examined under another procedure of international investigation or settlement. In addition, a complaint will only be admissible provided the complaint is compatible with the provisions of the Convention; is not an abuse of the right to submit a communication; the claimants' allegations can be substantiated, and the facts presented occurred after the State party ratified the Protocol.

Article 5

After receipt of a communication and prior to its final decision, the Committee has the option of contacting the State Party with an urgent request that the State Party take steps to protect the alleged victim or victims from irreparable harm.

Article 6

Establishes the communications procedure. Where a communication has been found admissible, the Committee will confidentially bring a communication to the attention of the State Party, provided the complaint has consented to disclosure of their identity to the State Party. The State Party is given six months to provide a written explanation or statement to the complaint.

Article 7

Outlines the process of complaint consideration. The Committee will examine and consider all information provided by a complaint in closed meetings. The Committee's views and recommendations will be transmitted to the parties concerned. The State Party has six months to consider the views of the Committee and provide a written response, including remedial steps taken. The Committee may request further information from the State Party, including in subsequent reports.

Article 8

Establishes an inquiry procedure that allows the Committee to initiate a confidential investigation by one or more of its members where it has received reliable information of grave or systematic violations by a State Party of rights established in the Convention. Where warranted and with the consent of the State Party, the Committee may visit the territory of the State Party. Any findings, comments or recommendations will be transmitted to the State Party concerned, to which it may respond within six months.

Article 9

Establishes a follow-up procedure for the Committee. After the six-month period referred to in article 8, the State Party may be invited to provide the Committee with details of any remedial efforts taken following an inquiry. Details may also be provided in the State Party report to the Committee under article 18 of the Convention.

Article 10

Provides an opt-out clause. At ratification of the Optional Protocol, a State Party has the option of refusing to recognize the competence of the Committee to initiate and conduct an inquiry as established under articles 8 and 9. However, this declaration may be withdrawn at a later time.

Article 11

Requires a State Party to ensure the protection of those submitting communications.

Article 12

A summary of the Committee's activities relating to the Protocol will be included under article 21 of the Convention.

Article 13

Establishes a requirement that States Parties widely publicize the Convention and its Protocol and provide access to the views and recommendations of the Committee.

Article 14

Requires the Committee to develop its own rules of procedure when dealing with communications and inquiries considered in accordance with the Optional Protocol.

Article 15

Governs eligibility for States to sign, ratify or accede to the Protocol. Any State Party that is party to the Convention may become party to the Protocol.

Article 16

Establishes that a minimum of ten countries must have ratified or acceded to the Protocol before the Protocol enters into force. The Protocol will enter into force three months after the 10th ratification or accession.

Article 17

Provides that there shall be no reservations to the Protocol.

Article 18

Establishes procedures for amending the Protocol. Any State Party may suggest amendments to be sent to the Secretary-General of the United Nations to be communicated to all States Parties to the Protocol. If requested by a minimum of one-third of States Parties, a conference may be convened to discuss and vote on any amendments. With the support of a two-thirds majority and the General Assembly, an amendment comes into force and is binding on States that have accepted the amendments.

Article 19

Provides for a State Party to withdraw from the Protocol by written notification to the Secretary-General. Withdrawal will not impact any communications submitted prior to the effective date of withdrawal.

Article 20

States that the Secretary-General of the United Nations shall inform States of signatures, ratifications and accessions, the date the Protocol comes into force and any amendments and withdrawals.

Article 21

Provides that the Protocol will be deposited in the United Nations archives, made available in Arabic, Chinese, English, French, Russian and Spanish and sent to all States Parties by the Secretary General.

• 부녀자의 정치적 권리에 관한 협약

채택일 1953. 3. 31 / 발효일 1954. 7. 7 / 당사국 수 115 / 대한민국 적용일 1959. 9. 21

체약국은 UN헌장에 규정된 남녀평등의 원칙을 실현할 것을 희망하며,

모든 인민은 직접 또는 자유로이 선출된 대표를 통하여 국정에 참여할 권리가 있으며 또한 그 국가의 공직을 평등하게 담임할 수 있음을 인정하고,

UN헌장과 세계인권선언의 규정에 따라 남성과 여성이 정치적 권리의 향유 및 행사에 있어서 동등한 지위를 유지할 것을 희망하여,

이 목적을 위하여 협약을 체결할 것을 결의하고 다음과 같이 합의한다.

제1조 여성은 남성과 동등한 조건으로 아무런 차별 없이 모든 선거에 있어서 투표할 권리가 있다.

제2조 여성은 남성과 동등한 조건으로 아무런 차별 없이 법률에 의하여 설치되고 선거에 의하여 구성되는 어떠한 기관에 대하여도 피선거권을 갖는다.

제3조 여성은 남성과 동등한 조건으로 아무런 차별 없이 법률에 의하여 설치된 공공 기관에서 공무를 담임하고 또한 공적 직무를 수행할 권리가 있다.

제4조 1. 이 협약은 국제연합의 모든 가맹국과 국제연합 총회가 초청장을 발송한 비가맹국에 대하여 서명이 개방된다.

2. 이 협약은 비준되어야 하며 비준서는 국제연합 사무총장에게 기탁하여야 한다.

제5조 1. 제4조 제1항에 규정한 모든 국가는 이 협약에 가입할 수 있다.

2. 가입은 국제연합 사무총장에게 가입서를 기탁함으로써 행한다.

제6조 1. 이 협약은 여섯 번째의 비준서나 가입서의 기탁이 있은 후 90일 후에 실시된다.

2. 여섯 번째의 비준서나 가입서의 기탁이 있은 후에 이 협약에 비준 또는 가입하는 국가에 대하여는 그 비준서나 가입서의 기탁이 있은 후 90일 만에 이 협약이 실시된다.

제7조 어떤 국가가 서명, 비준 또는 가입할 때에 유보를 하는 경우에는 국제연합 사무총장은 이 협약에 가입한 국가와 장차 가입할 모든 국가에 대하여 유

보문을 통고한다. 이 유보에 반대하는 국가는 이 통고를 받은 날로부터 90일 이내에(또는 이 협약의 당사국이 되는 날에) 국제연합 사무총장에게 그 유보를 수락하지 않는다고 통고하여야 한다. 이 경우에 이 협약은 유보하는 국가와 유보에 반대하는 국가 간에는 효력이 발생하지 않는다.

제8조 1. 체약국은 국제연합 사무총장에게 서면으로 통지함으로써 이 협약을 폐기할 수 있다. 폐기는 국제연합 사무총장이 그 통지를 받은 후 1년을 경과함으로써 효력을 발생한다.

2. 이 협약은 당사국 수를 6개국 이하로 하는 폐기가 효력을 발생하는 날로부터 효력을 상실한다.

제9조 이 협약 당사국 간에 이 협약의 해석 및 적용에 관하여 분쟁이 발생하고 그 분쟁이 교섭에 의하여 해결되지 않고 또한 다른 해결 방법에 의할 것이 합의에 도달하지 못하는 때에는 분쟁 당사국의 일방의 요구에 의하여 국제사법재판소에 부탁할 수 있다.

제10조 국제연합 사무총장은 국제연합의 모든 가맹국과 이 협약의 제4조 제1항에 규정한 비가맹국에 대하여 다음 사항을 통고한다.

(a) 제4조에 의하여 접수한 서명 및 비준서
(b) 제5조에 의하여 접수한 가입서
(c) 제6조에 의하여 이 협약이 실시되는 일자
(d) 제7조에 의하여 접수한 통고 및 통보
(e) 제8조 제1항에 의하여 접수한 폐기의 통고
(f) 제8조 제2항에 의한 이 협약의 효력 상실

제11조 1. 이 협약의 중국어, 영어, 불어, 러시아어 및 스페인어로 된 원본은 동등하게 유권적이며 국제연합의 문서 보관소에 보관한다.

2. 국제연합 사무총장은 이 협약의 인증 등본을 국제연합의 모든 가맹국과 제4조 제1항에 규정한 비가맹국에 송부한다.

이상의 증거로서 각자의 정부에 의해 정당히 권한을 위임받은 하기 서명자는 뉴욕에서 서명을 위해 개방된 이 협약에 1953년 3월 31일 서명하였다.

• Convention on the Political Rights of Women

The Contracting Parties,

Desiring to implement the principle of equality of rights for men and women contained in the Charter of the United Nations,

Recognizing that everyone has the right to take part in the government of his country directly or indirectly through freely chosen representatives, and has the right to equal access to public service in his country, and desiring to equalize the status of men and women in the enjoyment and exercise of political rights, in accordance with the provisions of the Charter of the United Nations and of the Universal Declaration of Human Rights,

Having resolved to conclude a Convention for this purpose,

Hereby agree as hereinafter provided:

Article 1

Women shall be entitled to vote in all elections on equal terms with men, without any discrimination.

Article 2

Women shall be eligible for election to all publicly elected bodies, established by national law, on equal terms with men, without any discrimination.

Article 3

Women shall be entitled to hold public office and to exercise all public functions, established by national law, on equal terms with men, without any discrimination.

Article 4

1. This Convention shall be open for signature on behalf of any Member of the United Nations and also on behalf of any other State to which an invitation has been addressed by the General Assembly.
2. This Convention shall be ratified and the instruments of ratification shall be deposited with the Secretary-General of the United Nations.

Article 5

1. This Convention shall be open for accession to all States referred to in paragraph 1 of article 4.
2. Accession shall be effected by the deposit of an instrument of accession with the Secretary-General of the United Nations.

Article 6

1. This Convention shall come into force on the ninetieth day following the date of deposit of the sixth instrument of ratification or accession.
2. For each State ratifying or acceding to the Convention after the deposit of the sixth instrument of ratification or accession the Convention shall enter into force on the ninetieth day after deposit by such State of its instrument of ratification or accession.

Article 7

In the event that any State submits a reservation to any of the articles of this Convention at the time of signature, ratification or accession, the Secretary-General shall communicate the text of the reservation to all States which are or may become Parties to this Convention. Any State which objects to the reservation may, within a period of ninety days from the date of the said communication (or upon the date of its becoming a Party to the Convention), notify the Secretary- General that it does not accept it. In such case, the Convention shall not enter into force as between such State and the State making the reservation.

Article 8

1. Any State may denounce this Convention by written notification to the Secretary-General of the United Nations. Denunciation shall take effect one year after the date of receipt of the notification by the Secretary General.
2. This Convention shall cease to be in force as from the date when the denuncia- tion which reduces the number of Parties to less than six becomes effective.

Article 9

Any dispute which may arise between any two or more Contracting States concerning the interpretation or application of this Convention, which is not settled by negotiation, shall at the request of any one of the parties to the dispute be referred to the International Court of Justice for decision, unless they agree to another mode of settlement.

Article 10

The Secretary-General of the United Nations shall notify all Members of the United Nations and the non-member States contemplated in paragraph 1 of article 4 of this Convention of the following:

(a) Signatures and instruments of ratification received in accordance with article 4;

(b) Instruments of accession received in accordance with article 5;

(c) The date upon which this Convention enters into force in accordance with article 6;

(d) Communications and notifications received in accordance with article 7;

(e) Notifications of denunciation received in accordance with paragraph 1 of article 8;

(f) Abrogation in accordance with paragraph 2 of article 8.

Article 11

1. This Convention, of which the Chinese, English, French, Russian and Spanish texts shall be equally authentic, shall be deposited in the archives of the United Nations.
2. The Secretary-General of the United Nations shall transmit a certified copy to all Members of the United Nations and to the non-member States contemplated in paragraph 1 of article 4.

❀ 부록3. 전국 다문화가족지원센터 기관 현황

시도	시군구	소재지	전화번호
서울	종로구	서울 종로구 창신길 124 동부여성 문화센터 2층	02-764-3521
	중구	서울시 중구 퇴계로 460, 중구종합복지센터10층	02-2254-3670
	용산구	서울 용산구 이태원로 224-19 한남동 공영주차장 부대시설 3층	02-792-9174~5
	성동구	서울 성동구 무학로6길 9(홍익동 373-1) 3층	02-3395-9445
	광진구	서울 광진구 능동로30길 23, 2층	02-458-0666
	동대문구	서울 동대문구 청계천로 521 다사랑행복센터 7층	02-957-1073
	중랑구	서울 중랑구 용마산길 369(면목본동 62-2)	02-435-4149
	성북구	서울 성북구 안암로 145(안암동 5가) 고려대학교 라이시움 102호	02-3290-1660
	강북구	서울 강북구 인수봉로66길 9 강북여성보육정보센터 4층	02-945-7381
	도봉구	서울 도봉구 도봉로 552(창동) 도봉구민회관 2층	02-990-5432
	노원구	서울 노원구 동일로 173 가길 94 가온빌딩 3층	02-979-3502
	은평구	서울 은평구 서오릉로 174(갈현동 469-1), 3층	02-376-3731
	서대문구	서울 서대문구 증가로 244(북가좌동), 2층	02-375-7530
	마포구	서울 마포구 양화로 19 홀트아동복지회 3층	02-3142-5027
	양천구	서울 양천구 남부순환로88길 5-7 지층	02-2699-6900
	강서구	서울 강서구 강서로5길 50, 곰달래 문화복지센터 4층	02-2606-2037
	구로구	서울 구로구 디지털로 32 가길 50	02-869-0317
	금천구	서울 금천구 금하로 11길 40 1층	02-803-7743
	영등포구	서울 영등포구 영등포로84길 24-5(신길1동 465-2) 주민센터 4층	02-846-5432
	동작구	서울 동작구 동작대로29길 63-26, 3층	02-599-3260
	관악구	서울 관악구 신림로3길 35(김삼준 문화복지기념관) 다문화복합시설 3층	02-883-9383~4
	강남구	서울 강남구 개포로 617-8	02-3414-3346
	송파구	서울 송파구 마천로41길 12(마천2동 127-1)	02-403-3844
	강동구	서울 강동구 양재대로138길 41 강동청소년회관 2층	02-473-4986
부산	동구	부산 동구 범곡로 8-1(범일동)	051-465-7171
	진구	부산 부산진구 백양대로 160, 부산진구 여성가족 문화센터 2층	051-817-4313
	동래구	부산 동래구 사직북로63번길 20-7	051-506-5766
	남구	부산 남구 수영로 356 부산광역시 여성회관	051-610-2020
	북구	부산 북구 효열로 76	051-365-3408
	해운대구	부산 해운대구 양운로 91 좌1동 주민센터 2층	051-702-8002
	사하구	부산 사하구 신산로 177(신평동) 농협신평동지점 2층	051-205-8345
	사상구	부산 사상구 가야대로196번길 51, 다누림센터 4층	051-328-1001

시도	시군구	소재지	전화번호
부산	기장군	부산 기장군 기장읍 차성로 206(기장종합사회 복지관내)	051-723-0419
대구	동구	대구 동구 안심로 300 대구가톨릭대학교 부설유치원 4층	053-961-2202~3
	서구	대구 서구 옥산로 28(2층)	053-341-8312
	남구	대구 남구 이천로 10	053-475-2324
	북구	대구 북구 칠곡중앙대로 473 조은빌딩 2층	053-327-2994
	수성구	대구 수성구 들안로16길 78 두산문화센터 1층	053-764-4317
	달서구	대구 달서구 달구벌대로 1095 계명대학교 성서캠퍼스 산학협력관 411호	053-580-6819
	달성군	대구 달성군 화원읍 성천로 5, 5층	053-637-4374
인천	중구	인천 중구 제물량로 122, 답동신협빌딩 4층	032-891-1094
	동구	인천 동구 화도진로 44번길 21	032-773-0297
	남구	인천 남구 소성로 189, 새암빌딩 5층	032-875-1577
	연수구	인천 연수구 청능대로 109 탑피온빌딩 4층	032-851-2740
	남동구	인천 남동구 소래로 645(만수동, 남동복지관 2층)	032-467-3912
	부평구	인천 부평구 열우물로 103(십정1동 279-20) 십정1동 청사 7층	032-511-1800~1,9
	계양구	인천 계양구 계양산로102번길 5사회 복지회관 3층	032-541-2860~1
	서구	인천 서구 경명대로693번길 6(공촌동 305-13)	032-569-1560~2
	강화군	인천 강화군 강화읍 북문길 11-1	032-933-0980
광주	서구	광주 서구 상무대로1224번길 18	062-369-0073
	남구	광주 남구 군분로 155 초당빌딩 2층	062-35[illegible]-5432
	북구	광주 북구 하서로 195	062-363-2963
	광산구	광주 광산구 광산로 57-1	062-954-8004
대전	동구	대전 동구 동대전로 171 우송도서관 706호	042-630-9945
	중구	대전 중구 대흥로 128	042-335-4566
	서구	대전 서구 배재로 155-40 106호(도마동, 배재대학교 서재필관)	042-520-5928
	유성구	대전 유성구 테크노6로 40-17	042-252-9997
	대덕구	대전 대덕구 오정로 112 대전가톨릭 사회 복지회관 3층	042-639-2664~5
울산	중구	울산 중구 중앙길 162, 4층(시티빌딩 4층)	052-248-1102~4
	남구	울산 남구 대공원로 84 가족 문화센터 A동 3층	052-274-3185
	동구	울산 동구 대학길 59, 3층	052-232-3357
	북구	울산 북구 호계로 237, 2층	052-286-0025
	울주군	울산 울주군 범서읍 점촌5길 39-7 중부종합 사회 복지관 구영관 2층	052-229-9600
세종	세종시	세종특별자치시 조치원읍 조치원5길 75번지 여성회관 1층	044-862-9338
경기	수원시	경기 수원시 팔달구 동말로 77번길 47-36, 교육관 2층	031-257-8504,8530

시도	시군구	소재지	전화번호
경기	성남시	경기 성남시 중원구 광명로395번길 1 신구대학교 평생교육원 103호	031-740-1174~5
	고양시	경기 고양시 일산서구 송산로 486-28(덕이동 1363-13)	031-938-9801
	부천시	경기 부천시 부천로122번길 60 부천시다문화가족지원센터(1층)	032-320-6391
	안양시	경기 안양시 동안구 동안로 158(비산동) 동안구청별관 동안문화관 2층	031-8045-5705
	안산시	경기 안산시 단원구 화정로 26(초지동) 안산 글로벌다문화센터 2층	031-599-1700~16
	용인시	경기 용인시 수지구 법조로 242(상현동 1129-2, 광교지구 내) 3층 용인 종합가족 지원센터 내	031-323-7133
	의정부시	경기 의정부시 경의로118번길 49(의정부동)	031-878-7880~1
	남양주시	경기 남양주시 경춘로 522 남양주시청 제2청사 2층	031-590-8215
	평택시	경기 평택시 서정로 295 북부복지타운 1층	031-615-3959~65
	광명시	경기 광명시 디지털로 34 철산별관 노둣돌 1동 2층	02-2060-0453
	시흥시	경기 시흥시 봉우재로 63, 4층(정왕동, 상경빌딩)	031-319-7997
	군포시	경기 군포시 청백리길 6 군포시여성회관2층	031-395-1811
	화성시	경기 화성시 태안로 145 유앤아이센터 4층	031-267-8786
	파주시	경기 파주시 중앙로 229	031-949-9164
	이천시	경기 이천시 남천로 31 종합복지타운 여성회관 3층	031-631-2260
	구리시	경기 구리시 동구릉로 8 건영빌딩 3층	031)556-4139
	김포시	경기 김포시 사우중로3번길 13-17 평생학습센터 여성회관 1층	031-996-5923
	포천시	경기 포천시 호국로 1007 대진대학교 대진교육관 지하 1층	031-532-2065~6
	광주시	경기 광주시 통미로52번길 19	031-798-7141
	안성시	경기 안성시 산수유길 15 안성종합사회 복지관 3층	031-677-7191
	하남시	경기 하남시 신장로 130-5 계명빌딩 7층	031-794-5158
	의왕시	경기 의왕시 덕장로 19 청계종합사회 복지관 4층	031-429-4782
	양주시	경기 양주시 평화로1475번길 39(덕계동, 회천2동 복합청사 6층)	031-848-5622
	오산시	경기 오산시 성호대로 83번지	031-376-3427
	여주시	경기 여주시 세종로 61, 상가3층(홍문동 현대아파트)	031-886-0327
	양평군	경기 양평군 양평읍 양근로 302-1	031-775-5952
	동두천시	경기 동두천시 중앙로 249 두드림희망센터 2층	031-863-3822
	가평군	경기 가평군 가평읍 향교로 38 행정정보관 2층	070-7510-5876
	연천군	경기 연천군 전곡읍 온골로13번길 37 삼성프라자 2층	031-835-1107
강원	춘천시	강원 춘천시 공지로 305	033-251-8014
	원주시	강원 원주시 예술관길 31 명륜종합사회 복지관 3층	033-765-8134~5
	강릉시	강원 강릉시 옥가로 48(강릉농협 2,3층)	033-648-3019

시도	시군구	소재지	전화번호
강원	동해시	강원 동해시 천곡로1길 22-1	033-535-8378
	태백시	강원 태백시 해지개길 41, 태백시다문화가족지원센터	033-554-4003, 4006
	속초시	강원 속초시 도리원길 5 (노학동)경동대 설악캠퍼스 유아교육관 2층	033-638-3523
	삼척시	강원 삼척시 원당로2길 72-6 삼척종합사회 복지회관 3층	033-573-5434
	홍천군	강원 홍천군 홍천읍 너브내길 123번지 종합사회 복지관 3층	033-433-1915
	횡성군	강원 횡성군 횡성읍 횡성로 379 횡성종합보건복지타운 3층	033-344-3458~9
	영월군	강원 영월군 영월읍 단종로 12 영월군 종합 사회 복지관 내 4층	033-372-4769
	평창군	강원 평창군 평창읍 평창중앙로 67 평창군 문화복지센터 2층	033-332-2063~4
	정선군	강원 정선군 정선읍 봉양7길 16	033-562-3458
	철원군	강원 철원군 갈말읍 삼부연로 22-1	033-452-7800
	화천군	강원 화천군 화천읍 산천어길 212	033-442-2344
	양구군	강원 양구군 양구읍 장터길 43 행복나눔센터 1층	033-481-8663
	인제군	강원 인제군 인제읍 비봉로44번길 100 하늘내린센터 1층	033-462-3651
	고성군	강원 고성군 간성읍 간성로 97 여성회관 1층	033-681-9390
	양양군	강원 양양군 양양읍 안산1길 36 여성회관 2층	033-670-2777
충북	청주시	충북 청주시 서원구 청남로 2156 (모충동)	043-298-8830, 8831
	충주시	충북 충주시 봉방9길 12	043-856-2253
	제천시	충북 제천시 명륜로13길 3(의림동)	043-643-0050
	청원	충북 청원군 남일면 단재로 480	043-293-8887
	보은군	충북 보은군 보은읍 남부로 4515 거성아파트상가 2층	043-544-5422
	옥천군	충북 옥천군 옥천읍 중앙로 126 다목적회관 2층	043-733-1915
	영동군	충북 영동군 영동읍 성안길 8 여성회관 1층	043-745-8489
	증평군	충북 증평군 증평읍 문화로 75-1	043-835-3572
	진천군	충북 진천군 진천읍 중앙북1길 11-10 생거진천종합사회 복지관 2층	043-537-5431~2
	괴산군	충북 괴산군 괴산읍 금산길 3	043-832-1078
	음성군	충북 음성군 음성읍 음성천서길 103 여성회관 2층	043-873-8731
	단양군	충북 단양군 단양읍 별곡12길 5 여성 발전센터 2층	043-421-6200
충남	천안시	충남 천안시 서북구 동서대로 17-17 신구빌딩 2층	070-7733-8334
	공주시	충남 공주시 영명학당1길 13	041-856-0883
	보령시	충남 보령시 한내로 45 문화빌딩 2층	041-936-8506, 8516
	아산시	충남 아산시 시장길 29 시민문화복지센터 4층	041-548-9779
	서산시	충남 서산시 율지6로 10, 2층	041-664-2710
	논산시	충남 논산시 관촉로277번길 23-13(3층)	041-746-5345

시도	시군구	소재지	전화번호
충남	금산군	충남 금산군 금산읍 군청5길 35 금산군가족통합지원센터	041-750-3990
	부여군	충남 부여군 부여읍 나성북로 17(구아리 110번지)	041-830-2648
	서천군	충남 서천군 서천읍 서천로 38, 2층	041-953-1911
	청양군	충남 청양군 청양읍 칠갑산4길 37 선우빌딩 3층	041-944-2333~5
	홍성군	충남 홍성군 홍성읍 조양로75번길 17	041-634-7432
	예산군	충남 예산군 예산읍 산성공원2길 15 2층	041-334-1368
	태안군	충남 태안군 태안읍 후곡로 83 여성회관(남문리 712-13)	041-670-2396
	당진시	충남 당진시 시청1로 38 종합복지타운 4층	041-360-3160
전북	전주시	전북 전주시 완산구 태평5길 26 3층	063-243-0333
	군산시	전북 군산시 축동1길 15-2(수송동)	063-443-0053
	익산시	전북 익산시 고현로 10-3 (송학동) 익산시다문화가족지원센터	063-841-6040
	정읍시	전북 정읍시 중앙2길 22	063-531-0309 063-535-1283
	남원시	전북 남원시 용성로 43	063-635-5474
	김제시	전북 김제시 요촌길 45 지평선어울림센터 3층	063-545-8506
	완주군	전북 완주군 용진읍 완주로 462-9 완주가족 문화교육원 1층(운곡리 905-2)	063-290-1298
	진안군	전북 진안군 진안읍 중앙로 28	063-433-4888
	무주군	전북 무주군 무주읍 한풍루로 425 무주종합복지관 내	063-322-1130
	장수군	전북 장수군 장수읍 싸리재로 15	063-352-3362
	임실군	전북 임실군 임실읍 운수로 27 새마을금고 2층	063-642-1837
	순창군	전북 순창군 순창읍 장류로 192 순창군 청소년센터 3층	063-652-3844
	고창군	전북 고창군 고창읍 성산로 57 1층	063-561-1366
	부안군	전북 부안군 부안읍 오리정로 89 2층	063-580-3941~4
전남	목포시	전남 목포시 산정로150번길 22	061-278-4222
	여수시	전남 여수시 새터로 33(신기동)	061-659-5428~9
	순천시	전남 순천시 제일대학길 17 순천제일대학교 학생회관 3층	061-742-1050 061-741-1050
	나주시	전남 나주시 예향로 4075 (송월동 921-5)	061-331-0709
	광양시	전남 광양시 중마로 410번지 커뮤니티센터 6층	061-797-6800
	담양군	전남 담양군 담양읍 완동길 10-5 여성회관 1층	061-383-3655
	곡성군	전남 곡성군 곡성읍 학정3길 6	061-362-5411
	고흥군	전남 고흥군 고흥읍 고흥로 1656 새마을회관 3층	061-832-5399
	보성군	전남 보성군 보성읍 송재로 186-5	061-852-2664

시도	시군구	소재지	전화번호
전남	화순군	전남 화순군 화순읍 광덕로 180, 부영3차상가 3층 304호	061-375-1057
	장흥군	전남 장흥군 장흥읍 흥성로 37-24 장흥종합사회 복지관 4층	061-864-4810~1
	강진군	전남 강진군 강진읍 사의재길 41	061-433-9004
	해남군	전남 해남군 해남읍 북부순환로 10	061-534-0017~8
	영암군	전남 영암군 삼호읍 세가래로 88 삼호종합복지회관 2층	061-463-2929
	무안군	전남 무안군 무안읍 무안로 511 (2층)	061-452-1813 070-4202-1813
	함평군	전남 함평군 함평읍 남일길 52	061-324-5431
	영광군	전남 영광군 영광읍 중앙로3길 6-11번지 여성 문화센터 3층	061-353-7997
	장성군	전남 장성군 충무5길 24 (가정복지회관)	061-393-5420
	완도군	전남 완도군 완도읍 개포로 34-10	061-554-3400
	진도군	전남 진도군 진도읍 진도대로 7195 (진도여성플라자 1층 우측)	061-544-9993
	신안군	전남 신안군 압해읍 천사로 1004 보건소동 3F	061-240-8706
경북	포항시	경북 포항시 남구 시청로 1(시청의회동 지하 1층)	054-270-5556
	경주시	경북 경주시 금성로 236 서라벌문화회관 2층	054-779-8709
	김천시	경북 김천시 공단로 152-32	054-439-8280
	안동시	경북 안동시 은행나무로 106-5	054-853-3111
	구미시	경북 구미시 형곡동로5길 6-15 2층	054-464-0545
	영주시	경북 영주시 명륜길28번길 25 (하망동, 182)	054-634-5431
	영천시	경북 영천시 운동장로 41 (교촌동) 2층	054-334-2882
	상주시	경북 상주시 경상대로 3063-10	054-531-1342~4
	문경시	경북 문경시 매봉로 65, 4층	054-554-5591
	경산시	경북 경산시 경산로 131	053-816-4071
	군위군	경북 군위군 군위읍 중앙길 31-10번지(군위군 구 보건소 2층)	054-383-2511
	의성군	경북 의성군 의성읍 후죽1길 21	054-832-5440
	청송군	경북 청송군 청송읍 금월로 244-30	054-872-4320, 4322
	영양군	경북 영양군 영양읍 군민회관길 36	054-683-5432
	영덕군	경북 영덕군 영덕읍 강변길 324 영덕문화체육센터 내 여성회관 2층	054-730-7388
	청도군	경북 청도군 화양읍 청려로 1846 여성회관 4층	054-373-7421
	고령군	경북 고령군 고령읍 왕릉로 55(고령군청 별관 내)	054-956-6336
	성주군	경북 성주군 성주읍 성산9길 45 문화예술회관 2층	054-931-0537
	칠곡군	경북 칠곡군 북삼읍 인1길 54 (새마을회관 2층)	054-975-0834
	예천군	경북 예천군 예천읍 충효로 239, 2층(베스트프라자A)	054-654-4321
	봉화군	경북 봉화군 봉화읍 거촌로 12-3	054-673-9023

시도	시군구	소재지	전화번호
경북	울진군	경북 울진군 울진읍 울진북로 496-11	054-789-5414
	울릉군	경북 울릉군 울릉읍 봉래 2길 31	054-791-0205
경남	창원시	경남 창원시 성산구 대정로20번길 11 창원시 여성회관 창원관 1층	055-225-3951
	창원시 마산	경남 창원시 마산합포구 중앙북5길 20 마산YWCA 지하1층	055-245-8745
	진주시	경남 진주시 진양호로 305	055-749-2326
	통영시	경남 통영시 안개4길 94 1층	055-640-7780~4
	사천시	경남 사천시 동금로 12 농협 3층	055-832-0345
	김해시	경남 김해시 전하로304번길 24, 4층(외동)	055-329-6349
	밀양시	경남 밀양시 밀양대로 2089 희망나눔봉사센터 1층	055-356-8875
	거제시	경남 거제시 탑곡로 75(아주동) 근로자 가족 복지회관 2층	055-682-4958
	양산시	경남 양산시 양주1길 7-1 2층	055-382-0988
	의령군	경남 의령군 부림면 대한로 1782 가족 문화센터 1층	055-574-8833
	함안군	경남 함안군 산인면 가야로 217 산인면종합복지관 1층	055-583-5430
	창녕군	경남 창녕군 창녕읍 명덕로 36 태백빌딩 3층	055-532-1606~7
	고성군	경남 고성군 고성읍 성내로135번길 10-1	055-673-1466
	남해군	경남 남해군 남해읍 망운로 32 종합사회 복지관 2층	055-864-6965
	하동군	경남 하동군 하동읍 섬진강대로 2214번지 종합사회 복지관 4층	055-880-6530
	산청군	경남 산청군 산청읍 꽃봉산로 79번길 31-3	055-972-1078
	함양군	경남 함양군 함양읍 함양여중길 10 함양문화원 1층	055-962-2013
	거창군	경남 거창군 거창읍 아림로 66 거창군 종합사회 복지관 1층	055-945-1365
	합천군	경남 합천군 합천읍 동서로 39 합천군 종합사회 복지관 2층	055-930-4738
제주	제주시	제주특별자치도 제주시 중앙로 265(이도이동, 성우빌딩 6층)	064-712-1140
	서귀포시	제주특별자치도 서귀포시 중앙로 81 동산빌딩 3층	064-762-1141

참고 문헌

강남식(2001). 성 주류화 관점에서의 생산적 여성복지정책 연구. 서울: 한국여성연구소.

강이수 외(2009). 여성과 일. 서울: 동녘.

고용노동부(2016). 2015년 산업 재해 현황 분석.

고용노동부(2016). 일·가정 양립 실태 조사.

고용노동부(2017). 고용 보험 통계.

고용노동부(2017). 2016년 산재 보험 사업연보.

고용노동부(2017). 모성 보호와 일·가정 양립 지원 업무편람.

국민건강보험공단(2018). 노인장기요양 보험 등급판정결과 현황 자료(2018년 3월 기준). 국민건강보험공단.

권현정·고지영(2015). 노인장기요양보험제도의 노동공급효과 분석. 한국사회복지학, 67(4), pp. 279-299.

김난주·박건표·박미연(2016). 근로자 모성보호 최근 연구동향 및 시사점. 한국여성정책연구원.

김문수(2015). 글로벌 아시아의 이주와 젠더. 현대 사회와 다문화, 제5권 2호, pp. 258-268.

김미경(2000). 노인복지에 대한 가족사회학적 접근. 한국 사회학, 제34집, pp. 65-84.

김상희(2004). 모성보호제도의 인지도 및 사용실태에 관한 연구: 김해지역 노동자를 중심으로. 인제대학교 사회 복지대학원.

김수완(2004). 크레딧 제도의 도입방안(Working paper series 2004-01). 국민연금연구원.

김병인(2017). 상호의존성의 관점에서 국민기초생활보장 제도에 대한 새로운 모색. 비판사회정책, (55), pp. 85-120

김영숙·김효주·황남희·정주연(2017). 정부부처의 사회복지 관련 사업의 성인지적 분석과 효율성 제고 방안. 한국여성정책연구원.

김영옥·이택면·강민정·임희정·나성은(2014). 남성의 육아휴직 활용 및 육아기 근로시간 단축제도 활성화 방안 연구. 고용노동부.

김인숙 외(2000). 여성복지론. 서울: 나남.

김인숙(2000). 여성주의 사회복지실천의 정립을 위한 고찰. 한국사회복지학, 제41호, pp. 93-118.

김재희 엮음(2000). 깨어나는 여신. 서울: 정신세계사.

김종숙·마경희·권소영·윤자영·안주희(2015). 정부정책의 여성고용영향과 분야별 개선과제. 한국여성정책연구원.

김진이(2001). 직장 보육 서비스의 개선방향. 한국영유아보육학, 제26권. pp. 113-136.

김태성·성경륭(1995). 복지국가론. 서울: 나남출판사.

김태진(2003). 여성복지론. 대구대학교 출판부.

김태홍·김영옥·김나영·최재성·이선행(2016). 정부정책의 여성고용영향과 분야별 개선과제. 한국여성정책연구원.

김현미(2006). 국제결혼의 전 지구적 젠더 정치학. 경제와 사회, 제70호. pp. 10-37.

노동부(2005). 2004년도 산업 재해 현황 분석.

노스럽(1994). 여성의 몸 여성의 지혜(강현주 역(2000)). 서울: 한문화.

노호창(2017). 이주여성과 사회보장법제. 이화젠더법학, 제8권 2호, pp. 159-214.

또 하나의 문화(1991). 새로 쓰는 성 이야기. 서울: 또 하나의 문화.

또 하나의 문화(2003). 누구와 함께 살 것인가. 서울: 또 하나의 문화.

마경희(2004). 한국 사회보험의 부양자 가정에 대한 검토. 페미니즘연구, 제4권 1호. pp. 9-53.

마경희·김경희·박수범·이솔(2016). 양성평등정채개 추진방향 연구. 한국여성정책연구원.

밀레트(1970). 성의 정치학(정의숙 역(1986)). 서울: 현대사상총서.

박복순·송효진·구미영·김수완·유혜경(2015). 여성·가족 관련 법제의 실효성 제고를 위한 연구: 2015년 여성·가족 관련 입법과제. 한국여성정책연구원.

박복순·송효진·구미영·김수완·유혜경(2015). 여성·가족 관련 법제의 실효성 제고를 위한 연구: 출산 크레딧에 관한 심층분석. 한국여성정책연구원.

박영란 외(2001). 외국의 여성복지 서비스에 관한 연구, 2000연구보고서. 한국여성개발원.

박영란·황정임(1998). 여성복지서비스 전달 체계의 기능평가: 여성복지 담당 공무원의 업무를 중심으로. 한국사회복지학, 제36권, pp. 147-173.

박영란·황정임(2000). 외국의 여성복지서비스에 관한 연구. 한국여성개발원.

반정호(2014). 1인가구의 고용과 빈곤에 관한 연구. 한국노동연구원.

베벨(1879). 여성과 사회(선병렬 역(1982)). 서울: 한밭출판사.

보건복지부(1990). 보건사회.

보건복지부(2017). 등록 장애인 현황.

보건복지부(2017). 통계로 보는 사회 보장 2017.

보건복지부(2017). 2016년 국민기초생활보장 수급자 현황.

보건복지부(2017). 2017 보건복지통계연보.

보건복지부(2018). 2018년 국민기초생활보장사업 안내.

보건복지부(2018). 2018년도 보육사업안내.

보건복지부(2018). 2018 시간제보육 사업안내.

보건복지부(2018). 2018년 자활사업안내.

변화순·백경희·김현주(2000). 한국가족의 변화와 여성의 역할 및 지위에 관한 연구. 한국여성개발원.

석재은(2001). 여성의 노후소득보장을 위한 연금제도 개선 방안: 장기적인 측면과 단기적인 측면. 양성평등한 노후보장을 위한 연금제도 개선 방안 심포지움 자료집, 한국여성단체연합. pp. 25-46.

송승숙·장승옥(2013). 빈곤여성가장의 자활의지에 관한 질적연구. 한국행정학보, 제47권 4호. pp. 345-368.

슈네어(1972). 여성의 권리(강기원 역(1981)). 서울: 문학과 지성사.

심영희 외(2002). 함께 이루는 남녀평등. 서울: 나남출판사.

아시아여성연구소(2001). 성인지적 관점에서 본 여성복지정책-한국과 아시아 국가사례

안상희 외 역(2001). 여성 장애인. 서울: 장애우권익문제연구소.

여성가족부(2004). 여성백서.

여성가족부(2010). 성인지 예산제도의 안정적 정착과 운영 내실화 방안.

여성가족부(2015). 육아휴직 복귀지원 프로그램 활용 가이드라인.

여성가족부(2015). 2015년 가족실태 조사 분석연구.

여성가족부(2016). 여성인력 관련 주요통계.

여성가족부(2016). 여성폭력 사각지대 해소방안 연구.

여성가족부(2017). 여성가족패널조사.

여성가족부(2017). 한부모가족지원사업 안내.

여성가족부(2017). 2016년 한국의 성평등보고서.

여성가족부(2018). 여성, 아동권익증진사업 운영지침.

여성가족부(2018). 제2차 양성평등 정책 기본 계획(2018~2022).

여성사회연구회 편(1998). 여성과 한국 사회. 사회문화연구소.

연세대학교 여학생처(1986). 남녀평등과 인간화. 서울: 현상과 인식.

우테 에하르트(1994). 모나리자 신드롬(홍미정 역(1995)). 서울 : 글담.

유경미·정성배(2013). 여성의 노후소득보장 강화를 위한 국민연금제도의 개선과제. 지역사회연구, 21(4), pp. 171-189.

유호선(2010). 분할연금 관련 급여체계 개선 방안 검토. 국민연금연구원.

윤조덕(2012). 산재보험 사각지대 해소방안. 보건복지포럼, 통권 185호. pp. 33~49.

이경아 외 역(2004). 사회복지에서의 역량강화실천. 서울: 양서원.

이다미(2017). 한국 노동 시장의 젠더불평등과 성별 연금격차. 비판사회정책, (57), pp. 231-271.

이득재(2001). 가족주의는 야만이다. 서울: 소나무.

이숙진(2002). 여성주의 시각에서 본 자활 사업. 한국여성학, 18(2), pp. 37-72.

이영자(1989). 성일탈과 여성. 한국여성학, 제5집, pp. 80-119

이용숙 역(1995). 섹스북. 서울: 박영률출판사.

이지영(2013). 국제이주와 여성-세계화와 이주의 여성화. 세계정치, 19. pp. 233-268.

이혜경(1999). 여성주의적 관점에서 국민연금제도의 분석. 평택대학교 논문집, 제13집, pp. 151-165.

이혜경(2001). 여성주의적 관점에서 생활보호법과 국민기초생활보장법의 비교. 평택대학교 논문집, 제15집, pp. 51-63.

이혜경(2005). 혼인이주와 혼인이주 가정의 문제와 대응. 한국인구학, 제28권 1호, pp. 73-100.

이혜경·정기선·유명기·김민정(2006). 이주의 여성화와 초국가적 가족: 조선족 사례를 중심으로. 한국 사회학, 제40권 5호, pp. 258-298.

이화여자대학교 아시아여성학센터(2011). 글로벌 아시아의 이주와 젠더. 파주: 한울.

장애 여성공감(2013). 장애여성운동, 15년 동안의 사고.

전경근(2015). 다문화가족지원법제의 현황과 개선방안. 저스티스, 통권 제146 2호,

한국법률가대회 특집호, pp. 293-314.

전광석(2013). 한국의 노인장기요양 관련 법제도의 현황과 과제. 사회보장법학, 제2권 1호, pp. 103-150.

정영애(2013). 노인장기요양정책과 돌봄노동. 젠더리뷰, 30권, pp. 52-58

주디스 워렐(1996). 여성주의 상담의 이론과 실제(김민예숙·강김문순 역(2004)). 서울: 한울아카데미.

최성재(1993). 여성 노인-사회복지. 한국여성개발원.

콜레트 다울링(1982). 신데렐라 콤플렉스(홍수원 역). 서울: 우아당.

톰피터스(2003). 미래를 경영하라(정성묵 역(2004)). 서울: 21세기 북스.

통계청(2002 : 2005). 장래 인구 특별 추계.

통계청(2003). 생명표.

통계청(2016). 한국의 사회지표.

통계청(2017). 한국의 사회지표.

파이어스톤(1970). 성의 변증법(김예숙 역(1983)). 서울: 풀빛.

한국건강가정진흥원(2017). 2016 다문화가족지원사업 결과 보고서1.

한국성폭력상담소(2014). 우리들의 삶은 동사다. 서울: 이매진

한국여성정책연구원(2017) 여성가족패널조사.

한국여성연구소(1979). 여성학. 서울: 이화여자대학교 출판부.

한국여성연구소(1985). 한국여성과 일. 서울: 이화여자대학교 출판부.

한국여성연구소(1989). 여성학 영역별 연구. 서울: 이화여자대학교 출판부.

한국여성연구소(1999). 새 여성학 강의. 서울: 동녘

한국여성학연구회(1998). 여성학의 이해. 서울: 경문사

한국염(2017). 우리 모두는 이방인이다: 사례로 보는 이주여성인권운동 15년. 파주: 한울아카데미.

홍승아·김은지·선보영(2013). 가정내 육아지원정책 현황과 개선 방안: 양육수당 제도와 아이돌봄서비스를 중심으로. 한국여성정책연구원.

홍승아·마경희·최인희·배지영·김희진(2013). 젠더관점에서 본 복지패러다임 발전방안 연구. 한국여성정책연구원.

홍승아·최진희·진미정·김수정(2015). 가족변화 대응 가족정책 발전방향 및 정책과제 연구. 한국여성정책연구원.

홍승아(2017). 1인 가구 증가에 따른 가족정책 대응방안 연구. 한국여성정책연구원.

황정미(2009). '이주의 여성화' 현상과 한국 내 결혼이주에 대한 이론적 고찰. 페미니즘연구, 제9권 2호, pp. 1-37.

국민건강보험공단 www.nhic.or.kr

국민기초생활보장 제도 blss.mohw.go.kr

국민연금관리공단 www.nps4u.or.kr

국제이주기구 www.iom.int

근로복지공단 www.welco.or.kr

노동부 www.molab.go.kr

통계청 국가통계포털 http://kosis.kr/index/index.do

한국여성정책연구원 www.kwdi.re.kr

http://aids.hallym.ac.kr/d/질환

https://migrationdataportal.org

Ann Ferguson(1996). *Feminist Philosophy and Feminism Ethics.* Asian Center for Women's Studies.

Barsch, N(1968). The parent of the handicapped child: A study of child-rearing practice, *Springfield,* Ⅲ: Charles Thomas.

Bell Hooks(2000). *Feminism is for Everybody: Passionate Politics.* Cambridge : South End Press.

Breslau, J., & D. Salkevr, & K. Stanch(1982). Women's labor force activity and responsibility for the disabled dependents: A study of families with disabled children, *J. Health and Social behavior* 23: pp. 169-183.

Condry, J., & S. Condry(1978). Sex differences: A study of the eye of the beholder. *Child Development* 47: pp. 812-819.

Cowger, C. D.(1991). Assesment of strengths, In D. Saleby(Ed.), *The Strengths perspective in social work practice.* New York: Addison Wesley Longman Publishers.

Esping-Andersen, G.(1990). *Three world of welfare capitalism.* Princeton: Princeton University Press.

Esping-Anderson, G.(2000). "The Sustainability of Welfare States Into The Twenty-First Century", *International Journal of Health Services, 30.*

Fellmeth, A.(2000). "Feminism And International Law : Theory, Methodology and Substantive Reform", *Human Rights Quarterly, 22*(3).

Fisher, N. B.(1994). *Exploratory Study of How Women Changing during Separation/Divorce Process.* Ph. D. Dissertation, University of Pennsylvania.

Fox, G. L., & G. L Inazu(1980). Patterns and outcomes of mother-daughter communication about sexuality. *Journal of Social: Issues 36*(1). pp. 7-29.

Freeman, J.(1975). *Women : A Feminist Perspective.* Mayfield Publishing.

Gilligan, C.(1982). *In a different voice.* Cambridge, MA: Harvard University Press.

Gliedmam, J., & W. Roth(1980). *The unexpected minority Handicapped children in America.* New York: Harcourt Brace Jovanovich.

Goffman, E(1963). Stigma : Notes on the management of spoiled identity, Englewood Cliffs, N. J. : Prentice-Hall.

Gutierrez, L. M.(1990). *"Working with Women of Color : An Empowerment Perspective", Social Work, 35*(2, Mar.), pp. 149-153.

Gutierrez, L. M.(1994). Beyond coping: An empowerment perspective on stressful life events, *Journal of Sociology and Social Welfare, 21*(3), 201-219.

Jackson, C.(1998). *Feminist Visions of Development : Gender, Analysis and Policy.* Routledge.

Jean D'Cunha(UNIFEM)(2004). "Mobility and Gender Aspect in Migration", *Migration for Development and its Feminization Process(Regional Conference on Migration in Asia).*

Landis, C., & M. M. Bolles(1942). *Personality and sexuality of the physically handicapped women.* New York: Hoeber.

Lee, J. A. B.(1994). *The empowerment approach to social work practice.* New York: Columbia University Press.

Littleton, Christine A.(1994). "Reconstructing Sexual Equality", in Jaggar(ed.), *Living with Contradictions: Controversies in Feminist Social Ethics.* Boulder: Westview Press.

Mamsen, J. H(1993). *Different Places, Different Voices : Gender and Development In Africa, Asia and Latin America.* Routledge.

Match, T.(2000). *Three Essays on Welfare Reform.* The Ohio State University.

Meyer, C. H.(1995b). Assesment. In E. Edwards(Ed.), *Encyclopedia of Social Work.* Washington, D.C : NASW Press.

Meyer, H. M.(2000). *Care Work : Gender, Class and The Welfare State.* Routledge.

Miley, K., O'Melia. M. and Dubois, B.(1998). *Generalist social work practice: An empowering approach.*

Boston: Allyn & Bacon.

Mitchell, M.(2010). Gender and unemployment insurance: Why women receive unemployment benefits at lower rates than men and will unemployment insurance reform close the gender gap?". Texas Journal of Women and the Law. 20(1): pp. 55-74(홍승아 외, 2013, 재인용)

Mulroy, A. E.(1988). *Women as Single Parents.* Massachusetts: Auburn House Publishing Company.

OECD(2016). OECD employment outlook 2016

Parsons, Ruth J.(1991). "Empowerment: Purpose and Practice Principle in Social Work", *Social Work with Groups, 14*(2), pp. 7-21.

Peterson, V. S.(1999). *Global Gender Issues.* Westview Press.

Piper, N. and Roces M.(2003). Introduction: Marriage and Migration in an Age of Globalization?. N. Piper and M. Roces(eds.). *Wife or Worker?: Asian Women and Migration.* Lanham, MD: Rowman & Littlefield Publishers.

Popay, J.(1998). *Men, Gender Divisions and Welfare.* Routledge.

Porter, A. V.(1998). *Gender, Class and The Welfare State : The Case of Canadian Unemployment Insurance.* York University(Canada).

Sainbury, D.(1994). *Women's and men's social rights: gendering dimensions of welfare states.* In Sainbury, D.(Ed.), Gendering Welfare States, Sage Publications.

Saulnier, C.(1996). *Feminist theories and social work approaches and applications.* New York: Haworth Press.

Simon, B. L.(1994). The empowerment tradition in American social work: A history. New York: Columbia University Press.

Weitzman, L.(1985). *The Divorce Revolution: The Unexpected Social and Economic Consequences for Women and Children in America.* New York: The Free Press.

Zimmerman, M.(1995). Psychological empowerment: Issues and illustrations. *American Journal of Community Psychology, 23*, pp. 581-599.

저자 소개

정은

- 성균관대학교 불어불문학과 문학사
- 이화여자대학교 여성학과 문학석사
- 숭실대학교 사회사업학과 문학석사·박사
- Post-Granduate Training Program in Bowen Ramily Systems Theory 수료
- 서울특별시립청소년수련관 상담 실장 역임
- 꽃동네대학교 교수 역임
- 고려사이버대학교 사회 복지학부 정년 퇴임

- 한국가족 치료학회 슈퍼바이저 제17호
- 한국상담학회 수련감독자 제141호
- 한국사티어변형체계치료학회 슈퍼바이저 제4호

저서 및 역서

- 『인간 행동과 사회환경』(2010). 학지사.
- 『가족상담 모델과 사례』(2009). 창지사.
- 『여성복지론』(2009). 창지사.
- 『가족 치료 슈퍼비전의 이론과 실제』(2008). 학지사.
- 『싱글아빠로 살아가기』(2007). 이너북스.
- 『현대 사회복지의 이해』(2006). 공동체.

은선경

- 숭실대학교 사회과학대학 사회복지학과 문학사
- 숭실대학교 일반대학원 문학석사(사회복지실천전공)
- 숭실대학교 일반대학원 사회 복지학박사(사회복지실천전공)
- 나사렛대학교 사회복지학부 겸임 교수 역임
- 백석예술대학교 사회복지학부 조교수 역임
- KC대학교(구, 그리스도대학교) 사회 복지학부 조교수

박효진

- 순천향대학교 사회과학대학 사회복지학과 문학사
- 숭실대학교 일반대학원 문학석사(사회복지정책행정전공)
- 숭실대학교 일반대학원 사회 복지학박사(사회복지정책행정전공)
- 한국직업능력개발원 박사후과정
- 순천향대학교 사회복지학과 초빙 교수
- 서울제일대학원대학교 사회복지행정전공 조교수 역임
- 협성대학교 사회복지학과 외래 교수
- 신구대학교 사회복지학과 외래 교수

여성복지론

초 판 1쇄 인쇄 2018년 9월 1일
초 판 1쇄 발행 2018년 9월 7일

지 은 이 | 정은 · 은선경 · 박효진
펴 낸 이 | 김기섭
편 집 인 | 이윤희
펴 낸 곳 | 창지사 www.changjisa.com
08589 서울시 금천구 가산디지털 1로 83 파트너스타워 1차 9층
전화 (02)719-2211~3
팩스 (02)701-9386
등 록 | 1977년 4월 28일 · 제1-421호

© 정은 · 은선경 · 박효진, 2018
• 이 책 내용의 전부 또는 일부를 재사용하려면
반드시 저작권자와 창지사 양측의 동의를 받아야 합니다.
• 저자와 협의하여 인지는 생략합니다.

ISBN 978-89-426-1134-8 (93330)

값 21,000원

이 도서의 국립중앙도서관 출판예정도서목록(CIP)은 서지정보유통지원시스템 홈페이지(http://seoji.nl.go.kr)와 국가자료공동목록시스템(http://www.nl.go.kr/kolisnet)에서 이용하실 수 있습니다.(CIP제어번호: CIP2018026905)